王冶秋文博文集

国家文物局 编

文物出版社

封面题字　谷　牧

顾　　问　谢辰生
　　　　　罗哲文
主　　编　彭卿云
副 主 编　白　浪

向王治秋同志
为保护祖先文物
而奋斗

李瑞环
一九九〇年五月

李瑞环同志题词。

继承和发扬王冶秋同志等老一辈奉献的敬业精神努力做好新时期的文物工作

李铁映 一九九二年八月五日

李铁映同志题词。

摄于人民大会堂门前。

陪同毛泽东主席参观古代绘画。

1961年6月陪同国家副主席董必武参观中国革命博物馆。右起：何连芝、董必武、王冶秋、文化部副部长齐燕铭。

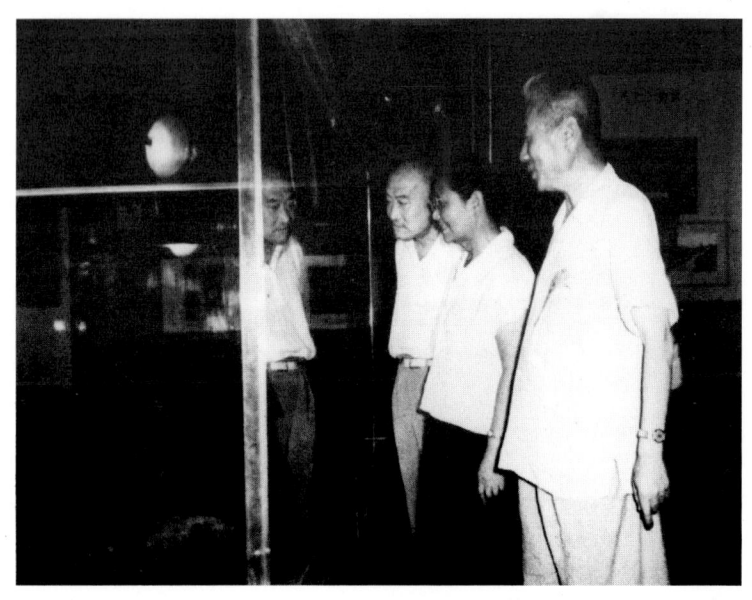

1961年6月陪同冯玉祥夫人、卫生部部长李德全参观中国革命博物馆。右起：王冶秋、李德全、中国革命博物馆副馆长徐彬如。

1963年为麦积山石窟的保护，赴甘肃麦积山实地考察，与当地工作人员合影。左起：(2)保管所所长张子荣、(5)南京博物院院长曾昭燏、(7)王冶秋、(8)王毅、(11)罗哲文。

1963年在日本。

1972年参加广西壮族自治区召开的地、市、县文物系统工作会议。这是在阳朔与参加会议的部分同志合影。

考察山西云冈时与当地工作人员合影。

1973年4月与郭沫若副委员长合影。

1973年9月陪同周恩来总理和法国总统蓬皮杜参观山西大同云冈石窟。

1973年11月为在日本展出的中华人民共和国汉唐壁画剪彩。

接受电台记者采访。

1973年赴澳大利亚参加中华人民共和国出土文物展览时,观看野生动物树袋熊。

1974年10月在故宫。右起：杨富春、白土吾夫、郭劳为、王冶秋、中岛健藏、吴仲超、中岛健藏夫人。

1974年5月与故宫博物院院长吴仲超在故宫御花园。

1974年为佛光寺的保护维修,两次赴山西五台山考察,这是在佛光寺大殿前留影。

粉碎"江青反革命集团"后,带队参加游行,途经天安门。

1978年4月在香港出席"中华人民共和国出土文物展览"开幕式后留影。

1978年4月与夫人高履芳在香港。

欣赏画册。

文物局一九〇〇年工作計劃和預算

一、計劃部分

總的精神是根據"共同綱領"中第三章"文教政策"来改革舊有的，以及其他文物机構，使之能成為反映，科学化。大眾化的文化教育的場所，起着社會宣傳教育作用。同時並逐步着手改革博物館，自然博物館，以進行階級教育，科学教育，配合國家經濟建設，發揚文化高潮的到来。

1. 廣泛的建立和加強及重要的文物机構，全部由文物局接收，建立正常的領導關係，其中在北京的6个文物机關（故宮博物院，北京圖，歷史博，文物整王冶秋手稿。

序

　　王冶秋同志是新中国文物、博物馆事业的主要开拓者和奠基人之一。他的思想风范、学者品格、敬业精神和千秋功业，在文博界至今广为传颂。

　　冶秋同志是我素所崇敬的革命前辈。他 1925 年就加入了中国共产党，从事革命活动。大革命失败后，他曾回到家乡安徽霍丘搞过农民暴动，此后又奉命长期从事党的隐蔽战线工作。1948 年底，新中国成立前夕，他以北平军管会文教部负责人的身份着手接受和管理北平文物工作，从此他与新中国文物事业结下了不解之缘，无私奉献，鞠躬尽瘁。新中国成立后，他协助著名学者郑振铎先生组建了文化部文物局，并出任副局长、局长，首任国家文物局局长。在长达四十余年的时间里，他为新中国文物、博物馆事业及其发展，呕心沥血，勤奋工作，兢兢业业，一以贯之，做出了巨大贡献。

　　冶秋同志十分重视马列主义、毛泽东思想的学习与研究，并密切联系文博工作的实际，指导文物、博物馆的实践。在他奉命筹建中国历史博物馆和中国革命博物馆的过程中，不仅从内容上坚持以马列主义、毛泽东思想为指导，正确、全面地体现我国历史发展的进程和鸦片战争以来中国人民反帝反封建斗争的历史，更要突出表现在中国共产党领导下全国各族人民反对帝国主义、封建主义、官僚资本主义的革命斗争历史，而且还精心策划，从组织机构、人员调配、文物选择、文字说明上都一一经过他亲自审定。他深入实际，亲临山东、陕西、河北、山西、内蒙古、河南、安徽、广东、广西、湖南、江西、云南、新疆等省、自治区调查研究，对地方博物馆的性质、任务作出明确回答，发表了重要意见。在全国重大考古发现的工地上，也都留下了他的足迹，他的热情指导和支持，至今为考古工作者深切怀念。在工作之余他还撰写了《北京琉璃厂史话》、《大理访古记》、《晋南访古记》等，为我们留下了一笔文物考古的宝贵财富。

冶秋同志十分重视人才培养工作，尊重和爱护人才。新中国成立初期，文物队伍匮乏，大规模的经济建设急需有一支文物考古队伍配合基本建设，进行文物清理发掘工作。为此，他主持了文化部、中国科学院和北京大学三家联合主办的考古人员培训班，共办了四期，被文博界称之为"黄埔四期"，这次培训班的学员，后来绝大多数成为文博事业的骨干和各省文博部门的负责人，不少同志已经成为著名的专家和学者。在"文化大革命"的十年浩劫中，他不畏权势，爱憎分明，不顾个人安危，尽其所能，保护了一批文物干部。他被"解放"以后，即提出全国各省市文物干部归队问题，表达了他对文博工作和专业干部的极大关心。为适应文博工作需要，继北京大学之后全国又有一些高等院校陆续举办考古专业，他多次和部分院校的师生座谈，对培养考古人才寄予了厚望。冶秋同志处处顾全大局，以事业为重。他那光明磊落的作风和坦荡胸怀，深深地教育了一批又一批文博干部。

冶秋同志十分重视文物、博物馆队伍的思想道德建设。建国初期，冶秋同志就把文博队伍的职业道德教育放在极其重要的位置，他多次讲到：搞文物的同志既要热爱熟谙文物，却千万不要个人收藏文物，更不能利用工作之便，化公为私、贪图不义。他身体力行，率先垂范，使之逐渐形成为文物、博物馆工作人员的道德规范。他还多次严肃批评了文物、考古学界一些人垄断资料、搞本位主义的错误行为。他的那些语重心长的话，直到今天仍值得我们深思。

冶秋同志十分重视文物工作的法制、法规建设。从五十年代起，冶秋同志就着手文物工作的法制、法规建设，在他的倡导和主持下，经国务院审定，先后颁发了《关于在基本建设工程中保护历史及革命文物的指示》、《关于在农业生产建设中保护文物的通知》，六十年代初，国务院颁发了《文物保护管理暂行条例》、《关于进一步加强文物保护和管理工作的指示》，并于1961年公布了第一批全国重点文物保护单位。此后，冶秋同志还主持制定了《关于博物馆和文物工作的几点意见（十一条）》和《古遗址、古墓葬调查、发掘暂行管理办法》，为以后文物、博物馆工作的法制建设奠定了基础，迈出了坚实的第一步。

冶秋同志十分重视文物的对外交流展览工作，积极配合我国的外交工作。弘扬民族文化，增进中国人民同各国人民的友谊，促进文化交流，是文物工作的重要任务和优势。冶秋同志亲自主持了赴日、赴英、赴法等国的文物展览，为这些国家的人民了解中国灿烂辉煌的古代文明，增进中国人民同这些国家人民的友谊做出了不可磨灭的贡献。

冶秋同志对文物、博物馆事业的巨大贡献和他工作中的优良作风，已在许多同志的回忆文章中都做过很好的介绍，这些文章亲切生动，感人至深。我知道王冶秋同志的名字，还是在北京大学读书的时候，看到鲁迅先生同他的一些书信往来，对冶秋同志为鲁迅先生搜集南阳汉画像石资料感到很大兴趣，后来，又听到一些冶秋同志的传奇经历，在心中油然产生对他的崇敬之情。1964 年，冶秋同志到河南洛阳博物馆视察工作，特地接见我们几位大学生，详细询问了我们的学习、工作和生活情况，要求我们重视理论学习，加强文物、考古实践，还亲自约我们写关于洛阳出土文物的文章。他的和蔼可亲、循循善诱，当时给我以极大的感动，今日回想起来，仍有如沐春风之感。后来，我听考古学家蒋若是先生讲，我们几个人之所以能到洛阳工作，是他找到冶秋同志，请冶秋同志给北大历史系主任翦伯赞先生写了一封信才要来的。所以，从某种意义上说，我能到文博基层单位去实践、锻炼，应当说是同冶秋同志有密切关系的。"文革"后期，我因遭受"批判"而被迫离开洛阳，谢辰生同志闻讯后还曾致信有关同志为之惋惜。所以，我深深地怀念冶秋同志对我们这一辈人的关怀和教育。

冶秋同志是忠诚的共产主义战士，我们党的优秀领导干部。其人难再，风范长存；千秋功业，永载史册。他的思想品德、高风亮节将永远激励着文物、博物馆广大干部职工为文物、博物馆事业发展奋发努力、开拓前进。冶秋同志的《文博文集》，既是新中国文物、博物馆事业发展的忠实记录，更是我们今天文博工作的宝贵财富，对我们了解过去，总结经验，汲取教益，进而推动文博工作，会有很大帮助。所以这部《文集》的出版是很有意义的。

党的十一届三中全会以来，中国实行改革开放，经济迅速发展，社会全面进步，城乡面貌发生了巨大变化。文物、博物馆工作也取得了显著成就。党的十四届六中全会通过了《中共中央关于加强社会主义精神文明建设若干重要问题的决议》，国务院于1997年3月下发了《关于加强和改善文物工作的通知》，这两个文件，为新时期做好文物、博物馆工作进一步指明了方向和任务。我们要认真学习贯彻落实。我们一定要按照江泽民同志讲话中提出的"讲学习，讲政治，讲正气"的要求，高举邓小平同志建设有中国特色社会主义伟大旗帜，在新的跨世纪的征途上，扎实工作，团结奋进，开创文物、博物馆工作的新局面，为社会主义物质文明和精神文明建设做出新的贡献。

值此《王冶秋文博文集》出版之际，写出我的一点感受，求教于各位专家学者，不当之处，敬请批评指正。

张文彬

1997年6月11日

多亏有个王冶秋

——写在《王冶秋文博文集》之前

冶秋同志离开我们已经十周年了。然而，他开创的文物保护事业，他留下的耕耘果实，他为事业鞠躬尽瘁的精神，他胸怀坦荡、坚韧不拔的品德……却随着时光的流逝而愈益焕发光彩，愈益为人们所怀念、景仰、珍惜……《王冶秋文博文集》的编辑出版，正是人们称颂他的业绩、感佩他的精神、学习他的品德的集中体现。国家文物局局长张文彬同志到任伊始，慨然接受倡议，批准"文集"出版计划并为之作序，确是一件适应时代与群众之需的好事。

冶秋同志的人生之路，漫长而又富有传奇色彩；他对民族和国家的贡献，卓越而又有许多鲜为人知。但是，当他随着战火的平息，从"隐蔽战线"凯旋而专力于文物保护事业之后，却"一举成名天下知"，在国内外同行中享有崇高声望。在近四十年的文物管理工作中，他作为领导者，统筹全局，高瞻远瞩，为开创国家文物事业而呕心沥血；他作为作家、学者，思路开阔，胸有成竹，为保护、宣传祖国文物而笔耕不息；他作为战士，立场坚定，旗帜鲜明，为真理和事业而勇于同邪恶势力作斗争。《王冶秋文博文集》所收录的七十余篇讲话、报告、专论、史话、游记、诗歌、书信等等，都是他的工作实录，不仅完整地记载着他后半生在文物战线上奔波劳碌、开拓进取的足迹、心声，更重要的是充分展现了新中国文物管理事业的创建、成就、发展的历程、轨迹。《文集》的出版，无疑将有助于全国文博工作者从中了解历史、借鉴经验、汲取教益，进而有力地把我国文物管理事业推向前进。

冶秋同志，作为新中国文物管理事业的主要奠基人，是举国公认，当之无愧的。现存的文物古迹和文物藏品，绝大部分都是在他主持和策划之下，从旧中国城乡的废墟上抢救、保护下来的；现行的文物工作方针、政策和法规，绝大多数都是在他主政期间的基础上形成、发展、完备起来的；现有的文物专业队伍的主力和领军，绝大多数都是在他的领导和支持之下培养出来的……万丈高楼平地起，正是由于冶秋同志等老一辈文物工作者积数十年之心血所打下的这个基础，我国文物事业才能有今天蓬勃发展的大好局面。这个基础，经历了近半个世纪的时空风雨的考验，是我国文物事业和全体文物工作者的宝贵财富。它将与世长存，永放光彩。

作为曾经在冶秋同志领导下工作过的一名小卒，我和当时许多同事者一样，对冶秋同志怀有一种特殊的敬佩与感激之情。每当人们赞扬他的功绩与品德时，我们总是相互传诵，内心感到亲切和满足。九十年代初，李瑞环同志作为中央领导人主管文化、文物工作期间，曾经多次对当时的国家文物局领导班子和部分专家评论过冶秋同志的功绩。他在故宫参观"文物精华展"之后指出：保护文物是关系到全民族的大事，既要坚定不移,又要有远见卓识。过去搞城市建设,对王冶秋这也要保,那也要保,这也不能动,那也不能动的做法感到不理解,很反感。现在看来,多亏有个王冶秋。没有他当时的强硬态度,今天北京城里的文物古迹早就被拆毁得差不多了。1992年5月,瑞环同志在西安全国文物工作会议上宣布"保护为主,抢救第一"方针之前,又一次肯定王冶秋对文物保护的功绩,要求我们向王冶秋学习,以坚韧不拔的精神抓紧抢救那些正在濒临毁灭的文物古迹。瑞环同志以切身经验对冶秋同志所做出的正确评价,对当今的文物工作者有着十分深刻的现实指导和教育意义。做任何重大的事情,但凡人们不认识、不理解的时候,不可避免地要遭到种种非议、指责乃至谩骂。然而,每当实践与历史证明其正确性与必要性的时候,又总是会重新得到人们的肯定、拥护和称颂。这种现实生活中屡见不鲜的现象,对广大文物保护工作者则是最有力的支持。我们应该坚信:依法保护祖国文物,不论当时是多么艰难曲折,都要敢于挺身而出,当仁不让地做好各项工作,克服各种困难,把文物保护下来,最终历史会记住你,人民会感激你。让我们从《王冶秋文博文集》里更多更好地学习冶秋同志为国家文博事业坚韧不拔、鞠躬尽瘁的献身精神,把现存的祖国文物保护好,利用好,使之传诸后世,光照千秋!

彭卿云

1997 年 5 月

目　录

序 …………………………………………… 张文彬 1
多亏有个王冶秋
　　——写在《王冶秋文博文集》之前 …………… 彭卿云 6

论文　讲话

发展博物馆事业，为科学研究服务，为广大人民群众服务！
　　——在全国博物馆工作会议上的发言 ……………………… 3
在全国地志博物馆工作经验交流会议上的发言 ………… 18
在纪念性博物馆工作座谈会上的发言（提纲） ………… 27
在纪念性博物馆工作座谈会闭会时的发言 ……………… 38
要善于和虚心地学习苏联先进经验 ……………………… 49
反浪费，反保守，思想大跃进，工作大跃进！
　　——1958年3月6日在全国文物、博物馆工作会议上的发言 …… 55
在全国文物、博物馆工作会议闭会时的发言摘要 ………… 65
文物局"务虚"小结 ………………………………………… 71
谈几点体会和几点意见
　　——在全国省级地志博物馆和革命纪念馆馆长会议上的发言 …… 81

对中央指示的一点体会……………………………………… 88
全国文物、博物馆工作会议小结…………………………… 104
关于革命博物馆陈列工作一周务虚的小结………………… 114
关于博物馆和文物工作的几点意见（草稿）……………… 119
在筹备出国文物展览工作人员会上的讲话………………… 125
关于长沙马王堆仓库建设及文物保护问题的讲话………… 137
在湖北云梦文化馆座谈会上的讲话………………………… 142
在湖北武汉市文博干部大会上的讲话（摘录）…………… 147
在全国文物、博物馆、图书馆工作学大庆
　座谈会上的讲话………………………………………… 155
突出地方特色　加强科学研究
　——对办好省馆基本陈列的两点意见………………… 184

北京琉璃厂史话

北京琉璃厂史话杂缀………………………………………… 193
读《琉璃厂小志稿》………………………………………… 212
北京琉璃厂史话……………………………………………… 215

散文　诗

访苏观感……………………………………………………… 261
难忘的一件事………………………………………………… 273
悼念彼得罗夫斯基同志……………………………………… 275
难忘的记忆…………………………………………………… 277
一枚小石子——忆中岛健藏先生…………………………… 280
虎丘塔发现北宋经卷等文物目击记………………………… 283

目 录	
八十八年前的一本旅行指南	287
太平军保护藏书家一例	293
瑞金行	295
井冈山	307
遵义	320
中国革命博物馆巡礼	328
丽江行	355
大理访古记	371
大理漫记	396
野史过目偶录	403
发表《龙门造像目录(稿本)》按语	422
悼念郑振铎副部长	424
悼念郑振铎同志逝世三周年	425
上海杂咏(二首)	426
旅途杂咏	427
内蒙古忆旅	433
晋南访古记	438
"神宫"变异记	466
拨开"涩"雾看园池	471
《海市杂诗》——夜读偶记	477
喜赋忠王剑归国	490
台湾厅	492
大地春回百事新	493
祝贺永乐宫壁画(摹本)在日本展出	496
访日杂咏(四首)	501

东游琐记 … 503
东游记忆新 … 520
版画《富士山之绘》——难忘的记忆 … 524
读书偶记——关于"番薯"的来源 … 527
夜读偶记 … 528
夜读偶记 … 533
古装书法 … 535
刊登砚史资料说明 … 536
刊登张珩同志遗著说明 … 543
夜读偶记——曹学佺《宛羽楼记》 … 546
谈蠹鱼 … 551
画史外传 … 558

书　信

致郑振铎等 … 569
致郑振铎并转局中同志 … 571
致钱俊瑞 … 574
致钱俊瑞、夏衍 … 577
致钱俊瑞、夏衍并转周扬 … 579
复中共嘉兴县委员会 … 582
致夏衍、徐平羽并党组转文委、外办 … 584
致姜德明 … 589

后记 … 591

论文　讲话

发展博物馆事业，
为科学研究服务，
为广大人民群众服务！[①]

——在全国博物馆工作会议上的发言

一　博物馆事业基本情况和主要收获

1949年中华人民共和国成立的时候，文化部接收了21所博物馆，基本上不外两种类型：一种是帝国主义者的文化侵略机构在中国所筹办带有侵略性质的博物馆；一种是中国自办的"古物陈列所"。总的说来，旧中国半殖民地半封建社会的特点同样反映在博物馆事业中。

解放后，博物馆事业也随着社会主义经济建设与文化建设的飞跃发展而得到发展。在党和政府正确的领导和全体博物馆工作同志的努力下，经过旧有博物馆的整顿和新馆的筹建，博物馆的性质已经发生了根本变化，它已经成为向广大人民群众进行爱国主义、社会主义思想教育和提高科学文化水平的机

---

① 1956年在全国博物馆工作会议上的发言。

构。截至1955年，全国博物馆发展达到50所，为解放初期的两倍半，其中专门性博物馆11所、地志性博物馆29所、纪念性博物馆10所。目前除青海、西藏外，每个省、自治区、直辖市都有了博物馆或筹备处，基本改变了旧中国博物馆事业忽视边疆和兄弟民族地区的情况；从事博物馆工作的队伍也相应地壮大了，全国博物馆工作人员现在总数达到2 300多人。

博物馆的陈列、展览工作日益开展，根据41个博物馆的不完全统计材料（下同），1955年内新举办了85个陈列、展览，为1950年（20个）的425%。其中以新民主主义革命和社会主义建设与改造为内容的有29个，而1950年只有5个。

几年来，各博物馆广泛开展了征集工作，六年来共收集了藏品129万号。1955年一年内各博物馆增加藏品22万号，为1950年（8 520号）的2 628%。截至1955年底止，各博物馆实有藏品达到330万号。

对藏品的保管工作，基本上克服了解放前库房的混乱状态，一般都有了专人负责、专库庋藏，并建立了一些保管制度，保障了藏品的安全，对全部藏品大都进行了初步的清理和整顿，处理了混杂在藏品中没有文物价值的一般物品，对藏品进行了登记、编号、分类、排架等工作；藏品的编目工作，多数博物馆已在开始，个别博物馆已经完成，少数博物馆完成大部分。

各博物馆普遍建立了群众工作部门，凡是举办的陈列、展览大都有人讲解，此外，并主动组织观众参观，利用各种宣传工具如招贴画、广播等广泛宣传了博物馆的活动。这些工作在解放前是少有的。解放前的博物馆是"等人上门"，观众参观懂不懂听随自便。六年来博物馆参观人数逐年有了显著增加，1955 年参观人数达到 7 887 936 人次，是 1950 年（2 772 837 人次）的 284%。河南省博物馆 1954 年参观人数达到 280 000 人次，占开封市全城人口的 94%。

几个有条件的博物馆配合国家经济建设进行了考古发掘，既保护了祖国的历史文化遗产，又丰富了科学研究的资料，也补充了本馆的陈列品，如南京博物院、东北博物馆[①]、原西南博物院等在这方面都做了许多工作。

此外，特别值得提出的，是在提供其他单位科学研究和教学资料方面，在国际文化交流方面，博物馆开始进行了工作，起了一定的作用，例如中央革命博物馆 1955 年供给 49 个单位 4 607 件照片。北京历史博物馆 1952 至 1955 年四年中供给 400 多个单位 4 万多件资料与模型。故宫博物院 1955 年接待了 53 个国家的外宾 4 832 人参观。六年来博物馆方面参加或举办了多次出国展览（包括到苏联、民主国家、资本主义国家），介绍并宣扬了祖国悠久的历史和灿烂的文化。

六年来博物馆事业的根本变化和博物馆活动的日益开展，取得了以下的主要收获：

（一）博物馆通过陈列、展览、群众工作，宣传了党的方针政策，向广大人民进行了爱国主义和社会主义的教育，增强了民族自尊心，培养了对祖国的热爱和鼓舞着人民参加经济建设、文化建设的劳动热情。

（二）有条件的馆开始向科学研究机关、文化教育机关提

[①] 即现在辽宁省博物馆。

供了研究资料；博物馆本身大多进行了初步的科学研究工作，使各项业务逐渐纳入科学的轨道。

（三）通过征集、采集和发掘，将全国的或某一地方的物质文化、精神文化的遗存，以及自然标本逐渐的加以集中、保管，为今后的科学研究、陈列、展览提供了物质基础。

由于进行了以上的基本工作，旧社会所遗留下来的，对于博物馆一套不正确的看法，也改变了，或者正在改变；博物馆工作人员的思想问题，也逐步得到解决。

因此，六年来博物馆事业是取得了一定的成绩，奠定了初步基础，为今后开展工作创造了有利条件。

二 存在的主要问题和缺点

虽然上面肯定了成绩，但由于中国博物馆事业基础差，经验少，干部弱，存在的问题和缺点还是很多的，其中最主要的问题，也是这次会议需要解决的中心问题，是科学研究的问题。不可讳言，我们对这个问题是认识不足，重视不够，甚至于是完全加以忽视的。

自从今年党中央和政府号召向科学进军，要求十二年要接近世界先进科学水平，并且在周总理的报告中把博物馆作为"必须为发展科学研究准备一切必要的条件"之一来提出，我们才意识到这个问题确实是博物馆的中心问题。既要求博物馆为科学研究服务，不首先开展博物馆本身的科学研究是无法完成这个任务的。我们在征集、保管、陈列、群众工作，以及修复等本身的业务工作方面，不从科学研究的基础上来进行，也是无法更好地为群众服务的。

有人认为博物馆的工作如何叫科学研究工作？我想引一段毛主席的话：

"什么是知识？自从有阶级的社会存在以来，世界上的知识只有两门，一门叫生产斗争知识，一门叫阶级斗争知识。自然科学，社会科学，就是这两门知识的结晶，哲学则是关于自然知识和社会知识的概括和总结。此外还有什么知识呢？没有了。"

我们的博物馆也不外陈列这两门斗争知识以教育人民，若是对这两门科学不进行研究，尤其是不以马克思列宁主义的普遍真理结合中国具体的客观实际来进行研究，则我们的陈列永远不会提高的。而我们对于掌握马克思列宁主义的理论及党的原则作为我们博物馆全部工作的基础，是非常不够的。

例如：我们在历史博物馆中如何表现历史是劳动人民创造的，是阶级斗争的历史，是生产力与生产关系的发展史……，不以马列主义的观点方法进行研究，写出陈列计划，然后通过实物、文献等表现出来，是不会有系统的、正确的陈列的。例如：不少博物馆的陈列（展览）只有简单的陈列（展览）提纲，缺乏周密的陈列（展览）计划，没有认识到陈列（展览）是严肃的科学研究工作，制定陈列（展览）计划的过程就是科学研究的过程，而认为陈列（展览）就是把东西排列出来。有的博物馆一个晚上、一个礼拜搞出一个陈列，有什么，摆什么，对陈列品的说明卡片只注名称，不注年代、来源、产地……。甚至有些陈列品没有经过科学鉴定，真假不分，年代不确，产地不明。因此，这样的陈列只是罗列文物，罗列现象，缺乏思想性、科学性、艺术性，既无法提供科学研究资料，对群众的教育效果也不会大，甚至产生相反的效果。

有些同志认为征集工作就是简单地把需要的东西拿到馆里来，事先没有经过科学研究定出征集计划，征集的目的不明，也没有调查研究，如何根据实际情况，选择典型地区和典型的工厂、农村……找典型人，征集所需要的代表性文物（标本），往往是大海捞针，心中无数，碰到什么拿什么，给什么要什么。以致有的时候扑空；有的时候虽然征集到不少东西，但有用的很少，或者是由于征集的时候缺乏必要的调查和科学记录，以致有用的东西也完全失掉了科学研究和陈列价值而成为废品，实际上等于破坏了文物。

有些同志认为保管工作就是看摊子，不过是把藏品根据已经规定的老一套办法按步就班地分类、登记、编号、上架……，是机械的事务工作，不需要科学研究。因此，有些博物馆的保管工作是：不区别其有无保存价值，有什么，保存什么；交什么，登记什么。对待分类编目工作是：自己知道多少写多少，甚至把大概的估计写下，有的时候只写件数、名称；有的时候不注完整情形，或者有缺写缺，有残写残，而不详细注明缺多少，残哪些……。由于保管方法不科学，制度不严密，保管凭记忆，以致需要的材料找不着，或者要找半天。藏品的丢失、损坏、虫蛀、发霉等现象还没有杜绝。至于风化的石刻，古代的竹、木、丝、绸、漆器和书画等如何科学保藏，也都是应该研究解决的问题。而保管方面最主要的问题是把藏品通过科学的鉴定、科学记录，使之成为有价值的材料。

有些同志满足于群众工作争取的观众数量，忽略了讲解工作的效果和质量，认为讲解工作就是背熟已经准备好的一套讲解词，能起留声机的作用就可以，而没有想办法不断提高；对待讲解稿，草草写一下，有些专家还不屑于动手修改或帮助。因此，我们的讲解内容贫乏，一大堆口号和名词、术语，不生动、不深刻。没有认识到讲解工作是博物馆文化教育工作的最前线，讲解的效果直接影响广大观众，讲解员就是观众的老师，作为老师只有进行科学研究，精通自己的业务，熟悉每一件陈列品，并能解答观众提出的问题，才能更好地帮助观众提高思想水平和科学文化水平，才能更好地发挥博物馆的文化教育作用。

上述各项业务工作中的缺点，是在各个博物馆不同方面、不同程度存在的，但是没有把博物馆的业务工作很好地建立在科学研究基础之上是一致的。而这些问题也只有加强科学研究才能够逐步求得解决。

博物馆的科学研究工作所以没有能够开展的原因，首先是作为全国博物馆事业管理机构的文化部，特别是主管的文物局，在过去工作中片面地强调了博物馆的文化教育工作，忽略了科学研究工作，没有认识到博物馆本身既是"文化教育机关"和"物质文化与精神文化遗存以及自然标本的主要收藏室"，同时也是"科学研究机关"，科学研究是博物馆一切活动的基础，博物馆各项业务工作都是科学研究的内容。

三 发展博物馆事业，为科学研究服务，为广大人民群众服务

为了适应社会主义建设的需要和向科学进军的需要，在今后十二年里，博物馆将要增加很多，博物馆工作质量要求提高

到接近世界先进水平。这一任务是光荣的，也是艰巨的。为了更好地完成这一任务，必须全面规划，加强领导。兹提出下列几个问题供研究讨论：

（一）十二年规划，尤其是最近两年至五年的规划问题。

从文化部文物管理局到各省、自治区、直辖市文化局及各博物馆，都要在统一领导下，根据需要与可能，并在经过科学研究的基础上定出切实可行的博物馆事业十二年远景规划，其中特别是最近两年至五年内的具体规划（包括馆的性质、方针、任务和具体措施），要分别轻重缓急，着重办起并办好几个重点博物馆；各博物馆则着重完成基本陈列或首先办好几个部分，以配合和推进学术研究工作及工农业的生产建设。

例如文化部着重在两年至五年内办好几个具有学术研究价值又可为广大人民服务的专门性博物馆，其中更以自然博物馆和革命博物馆为重点。

对省、自治区、市地志性博物馆，主要由地方负责筹办，文化部将选择其中两三个馆加以重点帮助，以吸取并推广经验，训练干部，

对纪念馆也采用上述办法。

（二）开展科学研究。

科学研究是博物馆全部活动的基础，因此，加强博物馆科学研究是不断提高博物馆各项业务工作质量的关键。

博物馆进行科学研究的原则是：必须首先加强政治理论学习，逐步掌握马克思列宁主义的思想武器作为科学研究的基础，必须与本身的业务相结合，必须与本身的特点、条件相结合，理论和实践必须统一。其目的首先是为了不断提高博物馆

各项业务工作的质量；其范围涉及博物馆各项业务工作；其内容根据各个博物馆不同性质、方针、任务，应包括：研究学术上没有解决的问题，研究陈列（展览）计划、陈列的空白点和征集计划，鉴定藏品，研究讲解稿、藏品的目录、图录的编辑，以及围绕博物馆学研究陈列、征集、保管、群众工作、美化陈列室等有关方针、原则、技术、方法的问题……。

根据我国博物馆目前干部情况，博物馆开展科学研究的方针应该是：从学习马克思列宁主义和党的原则做起，因为这是一切研究工作的基础；从干部现有水平出发，从精通本行业务做起，循序渐进，刻苦钻研。也就是"文化水平低的首先提高文化水平；业务生疏的应当先熟悉业务；科学知识基础缺乏的应当加强科学基础方面的学习；在科学研究上具有独立工作能力的可以专攻自己的专业。"各个博物馆应该根据本馆的性质、方针、任务及干部的不同条件、不同业务，实事求是地订出开展科学研究的计划。

为了顺利地展开博物馆的科学研究工作，应做到以下几点：

1. 必须解决思想认识问题。

有些同志把科学研究"神秘化"，认为"高不可攀"，不敢接触；有些同志所做的工作已经是或者包含科学研究的成分，自己还认识不到，其实各个部门、各种业务都不能缺少自己的科学研究。因为不如此，就不能掌握这项业务的客观规律，工作就带有盲目性，也就无法总结工作提高工作。一个科学家和高级知识分子都不是天生的，而是经过不断学习、不断刻苦钻研的结果，是经过由低到高、由浅入深的过程。由此可见，把科学研究"神秘化",不敢接触的思想是不对的,是妨碍博物馆科学研究的开展的。

另外一方面也要防止把科学研究"庸俗化",认为一切工作都是科学研究,事实上是取消了科学研究。既然叫"科学研究",必须有一定的研究对象,经过思考和刻苦钻研来揭示各种现象的客观规律和解释各种现象。因此第二部分所提出的如陈列工作中没计划、没提纲,有什么,摆什么,不能给人以历史发展规律的揭示和解释,便不能叫作科学研究。博物馆各项业务工作本身都基于科学研究,但绝不等于随便怎样做都叫科学研究,这样就把科学研究庸俗化了。

2. 对科学研究工作的领导应该区别于对行政工作的领导。提倡学术上的自由讨论,展开争论和批评与自我批评,做到"百家争鸣",然后取得较为一致的意见,进行工作。博物馆在过去是"风平浪静"的,但是不等于我们在学术上、思想上没有问题,恰恰相反,由于争论与批评不够,存在的问题不得解决,大大妨碍了科学研究的开展与提高。争论的目的是为了统一与提高,为了搞好工作。因此借口批评与自我批评,作私人攻击,或者借口争论使工作计划拖延很久而不执行都是不对的。

3. 有条件的馆,要逐步克服一揽子工作方法,做到各有所专,各发挥所长。

4. 准备条件,首先是围绕业务所需,购置必要的图书、杂志及资料、设备等。

(三)总结、交流推广工作中的先进经验,学习外国博物馆先进经验。

刘少奇同志在全国先进生产者代表会议上的祝词中指出：

"目前我国各个生产战线上的先进生产者，各个工作部门中的先进工作者，正是我国社会主义建设事业中的一种最积极的因素。这种因素应当受到我们最大的重视。"又说："人民群众是历史的创造者。人类社会的历史，归根结底，是生产者的历史。生产是永远处在发展变动的状态中的，新的生产技术不断地代替着旧的生产技术。因此，在任何时代，在任何生产部门中，总是有少数比较先进的生产者，他们采用着比较先进的生产技术，创造着比较先进的生产定额。随后，就有愈来愈多的生产者学会了他们的技术，达到了他们的定额。直到最后，原来是少数先进分子的生产水平就成为全社会的生产水平，社会生产就提高了。如果有重大的生产技术的发明，就要引起生产技术的重大改革，创造生产的巨大高涨。因此，先进生产者是人类经济生活向前发展的先驱，也是人类社会历史向前发展的先驱。"

我们应该承认在过去的工作中，从文物局到各博物馆，对博物馆先进工作者所创造的经验，或集体创造出来的先进经验是重视得很不够的，例如这次开会，有些博物馆交不出总结，或是现赶总结，说明我们过去没有进行工作总结，也说明我们对工作总结"清规戒律"太多，强调"十全十美"，强调"水平低"总结不好，而不是实事求是地有一点总结一点。其实有许多博物馆是创造了先进经验而我们没有总结、推广。有关苏联博物馆工作的书籍，虽然译出的还不多，但是有些人根本没有翻；有些人学习了，但没有研究如何贯彻到实际中。我们如果能够重视总结，推广工作中的先进经验，学习外国博物馆，尤其是学习苏联博物馆的先进工作经验，并加以运用，就可以加快提高自己，改进工作，这也就是"迎头赶上"。因此，今后要求每个博物馆随时总结先进经验并加以推广、交流。对合理化建议应予以大力支持帮助；对先进工作者的革新精神、首创精神，应该予以表扬，并号召大家学习这种新的劳动态度，新的道德品质；那种"安于落后，把落后的技术和落后的定额当作先进的东西，或者当作不能更改、至少是目前不能更改的东西"；或者是"口头上甚至是主观上不但不反对先进生产者运动，而且是热烈支持的，但是他们满足于空喊……一般号召……发奖旗，……但是他们很少认真地为先进生产者创造条件，使之不断前进，很少认真地研究先进生产者的经验，认真推广这些经验"的各种各样的官僚主义是应该反对的。

（四）大力训练干部。

干部的数量和质量与博物馆事业的发展之间存在很大矛盾。随着博物馆事业的发展，今后必须壮大博物馆的队伍。在这里主要谈一谈干部的质量与工作的矛盾问题，因为开展博物馆科学研究工作，也必须相应地扩大博物馆科学研究队伍。

干部质量与工作需要的矛盾，是每一位领导或从事博物馆工作的同志都感觉到的迫切问题。都认识到干部不行，工作搞不好，但是如何解决这一矛盾，却存在不同的看法和做法。例如文物局几年来对训练干部停留在一般号召，没有具体措施组织进行此项工作，强调没有成熟的教材，没办法训练，实际上是在训练干部问题上的右倾保守思想。这样做是永远等不出来一套成熟的教材的，应该是在进行训练干部工作中逐渐使得教材完整起来。有些博物馆年年喊干部问题（人数确实少的博物馆还要充实干部），年年向领导伸手要得力干部，要专家，而不积极进行培养馆内干部。因此，这些博物馆这样做了几年的结果是，得力干部和专家没有来，或者来的有限，馆内干部也没有很好提高，工作上更加被动。有的博物馆，例如天津市人民科学馆认识到干部的重要，同时认识到干部问题在各个部门都很紧张，因此采取了"自力更生"的办法，大力进行了训练干部工作，两年多来，使得刚刚从话剧团转来的相当于高中文化水平的同志，学完了有关生物学的基础理论，达到接近大学毕业水平，初步掌握了博物馆的业务，俄文也达到三年级的程度，可以看书。这位同志计划在十二年内继续提高业务，再学会一种外国语，争取达到副博士水平。这一个实际例子，可以告诉我们，关键问题是：只要"领导重视，亲自动手"，问题就可以大部解决了。训练干部工作中，应该注意的是首先要学习马克思列宁主义的基本理论，防止重业务轻政治的做法。训练干部必须与实际工作密切结合，防止脱离业务孤立地学习。除了学习以外，尤其要在工作中大胆放手让这些未来的专家去做，在实际工作中去锻炼。既然四五年可以大学毕业，为什么十二年的时间训练不出新专家？天津市人民科学馆训练干部的精神和经验值得我们学习。为此，要求各博物馆应将训练干部列为中心工作之一，并应保证有一定业务学习时间和制度。要求十二年内，把现有高、初中水平的干部基本上提高到大学文化水平，大学毕业的都应该有不同程度的成就，这个要求是不算高的。

（五）应该依靠社会力量。

基础差、干部弱、经验少，而且博物馆业务比较广泛，有些问题也比较专门，有很多问题，尤其是有关科学研究的问题，不是靠博物馆自己就可以很好解决的。必须依靠社会力量。过去这方面也做了一些工作，主要是请有关部门、专家为陈列（展览）提意见，共同合作办展览，以及解决某些学术问题、具体问题等，应该说这方面的工作还是不经常，范围小，做得很不够。今后应该：

1. 用一定组织形式固定下来，首先是把学术委员会建立起来，这个委员会是咨询机构，是由博物馆的负责人、科学工作人员和聘请的馆外专家，以及有关部门代表组成。其任务是：讨论博物馆的年度计划与总结、陈列（展览）计划、科学研究计划，及馆内科学著作、论文、报考等。委员会应该密切结合工作需要，以能起实际作用为原则，不要追求形式，过于庞大。

2. 扩大范围，例如训练干部、征集工作、群众工作、保管工作（尤其是鉴定与修复）等都要依靠社会力量来进行。在这里应该注意的是："依靠"社会力量不等于"依赖"社会力量。

（六）发挥"母机"作用。

从整个博物馆事业来看，是基础差、干部弱、经验少，但是从各个博物馆来看，还是有基础好与差，干部强与弱，经验多与少的区别。因此，应该是基础好的、干部强的、经验多的博物馆在藏品方面，在训练干部、学术问题、技术方法等方面帮助基础差的、干部弱的、经验少的博物馆。此外，十二年内博物馆事业发展得很快，但到现在全国还没有一所培养博物馆干部的学校。文化部计划在 1958 年成立社会文化学院，设博物馆学系，培养博物馆干部。但是博物馆事业发展得很快，仅仅依靠这个学校来培养干部，还是不能适应工作需要的。博物馆的工作需要一定的专业知识，博物馆不可缺少的文物，又有很多是容易散失损坏的，如果第三个五年计划期间建立的博物馆，安下摊子后再征集，必然会有些材料毁掉了，或者征集起来增加很多困难，因此，先建立的博物馆应该发挥学校作用和收藏室的作用，希望先建立的博物馆在征集工作中要考虑到后建立的博物馆的需要，并采取各种方式为将来新建立的博物馆训练干部。这样做，对整个博物馆事业的发展与提高会有很大好处。希望各博物馆发挥互助精神，克服本位主义。

上述六个问题是博物馆事业今后发展的关键问题，同时也是我们过去工作中的缺点。产生这些缺点的根源是一个——右倾保守思想。因此，做好上述六方面工作的先决条件，在于克服右倾保守思想。我们的右倾保守思想主要不是表现在博物馆事业发展的数量、规模等方面，而是表现在提高工作和干部质量方面，因此，归根结底是要在各项工作中不断克服右倾保守思想，树立马克思列宁主义的思想、共产主义的人生观、共产主义的道德品质，反对墨守成规、一成不变，提倡革命的首创精神，充分发挥馆内外积极的因素。只要把潜在力量充分挖掘出来，博物馆事业就可以在不太长的时期内繁荣起来，同时可以把工作质量提高到接近国际先进水平。

在全国地志博物馆工作经验交流会议上的发言[①]

我的发言，不能算作总结发言，因为时间赶不及，不能事先写出来请许多同志讨论改正，所以只能是我个人的发言，可能有许多错误的地方，请批评指正。

我们这次到山东来开会，一方面是看一看山东博物馆的陈列，一方面交流地志博物馆的工作经验。几天以来，经过了认真而热烈的讨论，对有关地志博物馆业务上的各个重要的问题，有了较明确的认识；这将使全国地志博物馆事业大大地向前推进一步。

通过这次会议的讨论，可以肯定地志博物馆的方针、任务和方向是正确的。如果一个省地志博物馆不按照自然、历史、社会主义建设三部分来陈列，它就不可能全面地介绍一个地区的各方面情况。如果脱离了这个方向，它也不会得到当地党政领导以及有关单位的重视和支持。从山东博物馆在筹备期间，得到省的党政领导的重视和各有关机关热情地支援的情形，就

---

① 1956年在全国地志博物馆工作经验交流会议上的发言记录。

可以充分说明了这一点,也只有这样才可以发挥博物馆的教育作用,使观众在很短的时间内对整个地区的各方面,有了概括的了解;使观众不仅看到本地区的过去和现在,而且也看到了将来;不仅了解本地区的自然、历史,而且也了解社会主义的建设和发展;既进行了爱国主义教育,又进行了社会主义教育,鼓舞了人民前进的信心。

地志博物馆的性质是地方科学研究机构,文化教育机构,物质文化与精神文化遗存和自然标本的主要收藏室。这三位一体的性质是正确的。科学研究是博物馆一切工作的基础,不进行科学研究工作,就无法进行工作,也无法提高工作质量。山东博物馆在陈列工作中碰到的主要困难,就是缺乏科学研究的资料,以致在陈列中有许多部分缺乏可靠的材料。博物馆是文化教育机构,如山东博物馆这三部分陈列开放以来,受到群众的热烈欢迎,有10万多当地和外来的群众参观了博物馆;对山东不熟悉的人,在很短时间内看过了博物馆的陈列以后,对山东有了概括的认识,对山东也有了感情;这种教育对当地人作用更大。最近夏衍副部长写了一篇《知识就是力量》,提出了很多普通的而又都是最容易忽略的知识。例如我们现在在座的人是否都知道山东有多大面积,人口多少?这些题目都是参观了地志博物馆后可以迅速得到解答的。博物馆是物质文化与精神文化遗存和地方自然标本的主要收藏室,如山东博物馆几年来征集到不少这几方面的材料,为陈列和科学研究提供了条件。但征集和采集的范围还不够广,如野生动物和野生植物没有着手采集;近百年的生产工具和生活用具征集得不多,还不能满足陈列和研究的需要。今后还必须加强文物征集和标本采集工作。

过去一段时间内我们对于地志博物馆的工作，只是纸上谈兵，1951年我参观了苏联的赤塔州地志博物馆，回国后不断地进行宣传，文化部也同意这个发展方向。然而，形象化的东西不可能凭嘴说一说就解决问题，必须要拿出个样子来给大家看看。1953年文化部决定以山东博物馆为地志性博物馆的试点。二年多的功夫，现在已将三部分陈列初步地摆出来了，搭起来的架子虽然不算很合理，但规模大体上已经具备。大家看了以后，对于地志博物馆是什么样子，心中有了数。相信今后几年内各省、自治区，都可以建立起来这样的博物馆。在这方面，山东博物馆是起了很好的示范作用。

山东博物馆的成绩主要表现在如下几方面：

1. 争取领导的重视和搞好有关方面的关系，取得大力支援是工作中最大的收获，也是工作取得成绩的关键。关于这方面的经验，山东博物馆应当总结一下。有很多同志们问，取得各方面的重视和支持的窍门在哪里？我认为关键问题在于我们博物馆的工作表现了当前的社会主义建设。对人民的建设社会主义的热情和积极性起了宣传鼓舞的作用。如果我们只搞一些古物陈列，距离现实很远，那就不会得到这样广泛的、各方面的重视和支持。

2. 山东博物馆对于自然、历史、社会主义建设三部陈列已经搭起架子，如同盖房子已经打好基础一样。这个工作很重要。山东博物馆是在一定的科学研究工作的基础上并经过反复修改才完成现在的陈列的。在设计陈列时是经过了一番艰苦而细致的斗争过程。有的馆终年搞展览而没有为正式陈列打下基础。有的馆过急地想把三部分陈列一下搞出来。有的馆筹备了很久，想一切都齐备妥当后再开放。这几种做法都是不适当的。事实上我们可以积极地、有准备地先把陈列的架子搭起来，然后再不断地修改补充，使其逐渐完善。不要企图一下子十全十美，尽美尽善。事实上博物馆的陈列要一下成功地摆出也是不可能的，必须长期地不断地修改和补充。

3．山东博物馆在实践的过程中对于陈列工作摸到了一些经验，同时也发现和解决了一些问题。从山东博物馆筹备陈列经过的报告中，我们听到了很多新的问题和解决问题的方法。这些经验和方法绝不是只念念几本翻译的小册子和只坐在办公室里可以获得的。这是由于认真学习苏联先进经验并结合中国具体情况才搞出这样的陈列的。

4．解答了"地方小、花钱少、时间短是否可以搞好陈列"的问题。目前山东博物馆的陈列所占的面积是1 800平方米，用去了一年多的时间（陈列设计工作从1954年8月开始到1956年2月正式开放）花了事业费7万多元（另外建筑仓库花了4.5万元），完成了现在的陈列。虽然还有许多地方利用得不够好；例如有些墙壁、陈列柜和空间还可以更加充分利用。但是这样的事实对其他博物馆有很大启发。

5．互助合作与帮助别人的精神是值得学习的。山东博物馆自成为全国地志博物馆的试点以后，首先是全国有许多馆支援了干部、力量。其次是全国各省、自治区、市博物馆同志都来参观学习，而山东馆对兄弟馆的帮助是不厌其烦的。这种团结互助是我们博物馆事业发展的重要因素，今后应当大大地发扬。

以上成绩的取得是山东省委、省人民委员会及有关单位重视、领导、帮助以及全馆工作同志辛勤劳动的结果。

下面来谈一谈在山东博物馆的陈列中所存在的一些问题，这些也是各地博物馆共同存在的问题：

1. 地方与全国结合在陈列中如何表现的问题。山东博物馆的陈列中对于这个问题处理得不够好，几位负责同志看了山东博物馆的陈列都指出了这个缺点。这个问题如何解决才算好呢？有的同志提出：应以表现全国为主，表现地方为辅。这样做，很容易表现不出来地方的特点，是不够适当的。但是过分地突出地方而忽略了全国，这是政治上的错误。两种偏向都要防止。我同意第一小组及其他组的意见。有的代表打了比方，说博物馆陈列中表现地方与全国的关系就像人民日报与大众日报的情况一样；人民日报是党中央的机关报，大众日报是山东省委机关报。后一种有很明显的地方性，但是它是在党中央的方针政策下办事的，在地方报纸上我们看得到中央的各项事业的方针和政策以及国内国外大事，同时也能看到地方贯彻中央的方针和政策的实施情况。这个例子很好。我们可以体会这个例子的精神，不仅在社会主义建设部分的陈列中要这样，在自然、历史两部分陈列中也必须照顾到这个关系。

2. 历史陈列如何分期的问题。在历史的陈列中是按社会发展的阶段来分期呢？还是按照历代王朝来分期呢？这是一个重大的问题。山东博物馆目前是按王朝来分期的。将来一定要按照社会发展史来分期。但是按社会发展史的分期中，无妨以王朝来代表时间，因为大多数的观众都习惯于按照王朝来计算历史时间。总之，问题的本质，还不是要不要提到王朝，而是在陈列中能否将王朝的时代背景、当时的社会性质、生产力与生产关系、社会的经济结构表现出来。关于按社会发展史来分期，虽然目前还没有定论，我们可以暂时在陈列上先采用郭沫若院长的分法。同时对于这个问题各博物馆的史学专家可以讨论，来"百家争鸣"。博物馆的专家掌握着实物资料，有便利条件来研究这个问题。

3. 历史人物与历史事件的问题，也就是历史人物与历史事件在历史陈列中是否要表现和如何表现的问题。北京历史博物馆过去曾认为历史上一些人物、事件，如秦始皇、孔子、孟子等都没有得到定论，只搞了物质文化史的陈列。周扬同志的意见认为：只有文物，不表现人物、事件，这不能算是历史博物馆。有的同志提到如果要表现历史人物、事件，哪些应当表现？哪些不应当表现？是很难解决的问题。我认为目前历史陈列中的毛病，在于没有反映出阶级斗争的历史，没有反映出劳动人民的历史，反而摆出的只是一些帝王将相的事。历史陈列主要的应表现劳动人民。历史上的帝王将相对于国家人民有功绩的也可以表现。山东博物馆从汉画石刻中选出劳动人民用鼓风炉炼铁的场面，这是很好的。历史陈列应当多表现劳动人民，多表现人民中的无名英雄，少摆帝王将相。不要把陈列变成为帝王、宰相的太庙、祠堂，要使它成为历史创造者——劳动人民的历史的陈列。

4. 陈列中各部分的联系，也就是部与部、组与组、陈列品与陈列品之间相互联系的问题。这也是很多博物馆普遍存在的问题。去年所举办的解放台湾的展览会，虽然是展览会，但它各部分的内容联系得很好，交待得很清楚，逻辑性很强，像一篇文章一样。我们看到山东博物馆的陈列，三部分陈列是三篇文章，而且每篇文章中各部分相互联系得也不够好。陈列中有机的联系是很重要的。苏联的博物馆采取分段分组标出中心的办法。每段有中心，中心材料突出，并不机械地按时间顺序排列。最重要的材料放在最显著最容易使人看到的位置，使观众一进门就知道这间陈列室里要说明的是什么问题。但这并不是容易解决的问题，需要我们今后在实际工作中努力钻研。

5. 陈列中几多几少的问题。在山东博物馆及其他博物馆的陈列中大多表现的是上层建筑多，下层基础少；自然资源多，人类劳动改造自然的作用少。如在自然之部里摆了许多桃、梨，使人感到很好吃，但没有把它的生成环境和人民对它栽培和改造的作用表现出来。自然和社会主义建设二部分的陈列应当适当地分工，自然部分应从自然科学方面来介绍本省自然环境和资源；社会主义建设部分应从经济建设方面着眼。

此外，所陈列的死人用的东西多，活人用的东西少，这也是许多博物馆共同的毛病。山东博物馆虽然陈列摆出一个纺车和一些农具，但是也很少。今后各地博物馆应注意搜集反映近百年来人民生产活动和生活情况的生产工具和生活用具。苏联有一个博物馆将资本主义初期的小商店整个保存下来，按照原状陈列出来。这样可以使观众很清楚地、很真实地看到当时当地人们生活的情形，教育作用很大。鲁迅的小说里所描写的孔乙己常去喝酒的酒店，听说前几年还在开着（在绍兴城里）。后来不知在什么时候倒闭的。可惜我们没有把那家小酒店的家具、用具保留下来，不然，在鲁迅纪念馆里摆出来，不是很好吗？

还有在许多陈列中，贵族使用的东西多，劳动人民使用的东西少，造成陈列中人民性不强。这也是我们今后需要逐渐解决的问题。

6．自然、历史、社会主义建设三部分陈列应以哪一部分为重点的问题。三部分陈列都重要，但社会主义建设部分更重要，这部分陈列是整个陈列的重点。山东博物馆前两部分陈列比较好，可是越往后越没劲，这是值得注意的问题。因为历史部分虽然是光辉灿烂，但已是过去，对于我们更重要的是现在和将来。因此，我建议各地博物馆首先将社会主义部分陈列出来，以便更好地取得各方面的协助。这样做，肯定地将会得到各方面的协助。

目前各地都在举办各项展览，博物馆应尽可能地参加，并争取能成为组织者之一，以便在展览的设计过程中，根据博物馆需要提出设计意见，展览完了，可以有一部分我们需要的材料拨入博物馆。这样为博物馆积累材料，既省钱又及时。

展览和陈列间主要的区别，前者是临时性的，是为结合中心任务或根据某项工作的需要而举办的；后者是永久性的或至少带有永久性的，是根据博物馆的方针、任务而组织成的。陈列是博物馆活动的主要形式；博物馆举办展览可以为博物馆的基本陈列打下基础。假如一个博物馆只是搞展览，而没有为基本陈列作打算，那将是搞了许多展览，而结果基本陈列搞不出来。

7．关于搜集材料的问题。材料是博物馆的物质基础，但是目前我们的搜集工作的缺点是：搜集面不广，办法少，要什么才临时搜集什么，缺乏全面和长远的计划。苏联博物馆的搜集工作是多种多样的，如组织征集队、考古发掘队，建立征集站，委托兄弟馆代为征集，发展"博物馆之友"等。像苏联赤塔州博物馆与共青团、少先队建立密切联系，他们利用共青团员、少先队员的假期为博物馆搜集展品标本，作用很大。

关于民族学的文物的搜集工作，各种博物馆今后应抓紧进行。这是研究社会发展史重要的材料。

最后，让我代表全体代表向山东省委、省人民委员会、省文化局对于会议在各方面给予的关怀和支持表示感谢。对山东博物馆的同志们的辛勤劳动、努力工作表示感谢。

在纪念性博物馆工作座谈会上的发言[①]

（提纲）

一 纪念馆的基本情况

纪念性博物馆是解放后新发展起来的一种类型的博物馆。它是以历史上重大事件或杰出人物的有关遗址、建筑物等作为基础，恢复历史原貌，来纪念这一事件、这一人物的纪念馆，并通过它来向广大群众进行历史的、革命斗争的以及其他方面的传统教育。

这种纪念馆，解放前是没有的。从解放后到1956年仅文化部系统的纪念馆已发展到21个。几年来各馆共积累了藏品约三万件。很多纪念性建筑物，从敌人的破坏下，从湮没无闻的情况下，从即将倒败的情况下被发现出来，加以修缮保护。有些馆不仅外部恢复了当时面貌，内部陈设也初步布置起来。有半数馆先后对外开放或半开放，在工作中积累了一些经验，锻炼了干部，观众人数逐年也有了显著的增加。1952年开放

---

① 1957年在纪念性博物馆工作座谈会上的发言。

了5个馆，全年观众总数81 930人次；1956年开放的8个馆，全年观众总数增至901 467人次，纪念馆成为广大群众向往热爱的地方，尤其"八大"以后，进行革命传统教育，我们的革命纪念馆，更是为观众们重视，他们在这里看到中国革命斗争的艰苦性和复杂性，那种与群众同甘共苦，与敌人顽强战斗的精神，使观众深深受到感动，受到教育。例如瑞金县一个中学生参观了瑞金纪念馆后说："过去总觉得没有呢子衣服、手表、皮鞋，是跟不上形势的发展，看了土地革命时期的艰苦情形，知道了过去的要求不对头，如果早看了这些革命遗物，就不会有这种想法了。"一位外宾参观了延安革命纪念馆，坐在窑洞里想了很久以后说："现在我才了解中国革命以农村来包围城市的道理。"一位观众看了上海鲁迅纪念馆，他写道："看了纪念馆较读他的著作感动更深，鲁迅先生毕生向反动势力斗争的忘我精神，使我们不懈的向其学习。"有一位教授是研究杜甫的，他说："现在研究杜甫要向成都杜甫草堂（即杜甫纪念馆）找材料。"

1955年冬季参观广东中山县翠亨村中山先生故居，只是海外和港澳侨胞，就有一千多人，他们对解放后政府把先生故居保存这样完好，深受感动。几乎凡是到中国参观访问的外宾，都希望看一看纪念馆，尤其是有关新民主主义革命阶段的一些革命遗迹的纪念馆。世界和平运动妇女界领袖戈登夫人在参观了广州农民运动讲习所以后说："我到中国参观了不少的革命遗迹，综合起来就可以清楚地了解中国革命过程和革命成功的道理。……人民中国的革命胜利是来得不易的。"

所有以上的一些成绩和收获，都是与各个地方的党政领导的重视、支持,各位同志们的辛勤劳动分不开的,尤其是这些纪念物的本身具有强烈的感染力、说服力,为人民所热爱,又向人民进行教育——因此纪念馆的建立与发展是有意义的,几年来的工作成绩也是肯定的、主要的。

但是由于缺乏经验,由于对纪念馆本身的特点思想认识不足,在前进过程中也产生了一些不妥当的想法和作法。

例如,有人认为纪念建筑物"规模过于简陋,与事件、人物的伟大不相称","旧房子、旧家具,无什可看","现在来纪念过去,就要有现在的规模和气派!"因此,往往对最重要的、原有的纪念性建筑物反而不加重视,而去考虑设计新建筑、新陈列室;建立所谓新的"纪念馆",甚至提出百万、千万的建筑费;拆除附近的民房街道,搞大规模的洋楼;或者在原来纪念物的地区,要开池塘、建凉亭、辟公园;或者要把原来建筑物加盖琉璃瓦顶,搞宫殿形式,划大范围,断绝交通;或者是可以稍加修缮保固又可"存真"的建筑,而要落架重修,油饰一新;把艰苦朴素的环境和建筑,变为豪华富丽的场所——所有这一切想法和做法,都是违背纪念馆的原则的。

再就室内恢复原状来说,大多没有着手恢复,有的虽然作了许多调查了解,也收集到一批实物,但还没有动手进行。有的虽然恢复了,但是缺乏可靠的调查根据、严肃的科学的工作态度,大体一摆,漏洞百出;有的是布置的富丽堂皇,全无革命气息;或者是过于简单,没有生活气息;再加上过去与现在不分,想象代替真实,就弄得历史混淆,真假难辨,或者是冷冷冰冰,空空洞洞,全不动人。

再就调查了解来说,找当地群众,或警卫员、褓姆、理发员收集了一些材料，这作为辅助材料来说，完全是必要的，而且具有参考价值。但是他们的了解，毕竟有很大的局限性，他们不可能了解一些大事件的重要情况。因此我们往往掌握了一些生活现象的材料，缺乏本质的材料；有了一些零星的材料，缺乏对整个形势、全面情况、整个部署的材料。而这些材料的取得，是要通过真正参与其事的当事人，再结合文件回忆录等才能了解真像的。或者是在了解材料过程中，偏重一些个人生活琐事、个人活动的了解，而缺乏对集体领导、党和政府的活动的全面了解，使人看了以后，有"上无领导，下无群众"，单干一场的感觉。

所有这一切缺点，都是与我们思想上的主观主义分不开的，甚至其中还掺杂着一些资产阶级思想在作祟。

但整个来说，几年来我们抢救发掘，保存了一些纪念性建筑物，征集了和调查了许多资料，有的馆并开放供群众参观，使群众受到教育，因此成绩是主要的肯定的。缺点是由于思想认识、缺乏经验所产生的。这方面，文化部文物局领导上的官僚主义、没有深入下层了解情况，没有及时提出问题、解决问题，是要负主要责任的。

另一方面，延安纪念馆在参观兄弟馆后所写的总结材料中说得很好：

"过去觉得光看管几座革命遗址，干巴巴的没有多大意思，因此盼望上级拨款另外修建馆舍，并且认为把革命遗址搞得越辉煌、越阔气、越能吸引观众。而没有从纪念馆本身设想，如何恢复革命遗址，恢复原貌；如何深入群众调查访问历史材料，给观众介绍党中央、毛主席在延安领导革命斗争时如何依靠群众、教育群众，运用群众力量克服艰难困苦，以充分发挥革命纪念馆应起的教育作用——发扬革命斗争精神，发扬艰苦朴素作风。"

二 纪念馆的性质、特点和类别

纪念馆是博物馆的一种类型，它具备博物馆所具有的性质，同时它又是一种纪念形式。

所谓具有博物的性质，是指在一个纪念馆发展成熟时，它应该是成为对历史上某一重大事件或杰出人物进行科学研究、宣传教育的机构之一，以及部分有关遗物资料的收藏室。

同时因为它是在某一重大历史事件或杰出人物有关的纪念建筑物或纪念地点的基础上建立起来的，因此它又是这一事件或人物的纪念场所。

它必须通过调查研究，科学的分析整理，把这一事件发生的纪念性建筑物、当时的历史情况、室内外的面貌、附近环境、出入人物，尤其是在这一纪念建筑物中所发生的历史事件对国家民族乃至人类的巨大贡献、历史意义了解清楚；然后进行科学的复原工作，使这一情景再现于观众的面前。

对于杰出人物纪念建筑来说，也是同样地要了解这个人物对国家民族的贡献，他与人民的关系，他是如何地生活和工作。而这个地点，这个建筑物对这个杰出人物来说，他在这里做了哪些与人民有益的工作；或者是这个环境和故居，对他个人来说有着什么样的影响。

因此，纪念馆的特点，是不同于其他的历史博物馆，它是更具有真实性，是真人真事的遗留建筑物，是其他复制品或绘画等美术品所不能代替的。我们一定要把纪念建筑物及其遗物进行恢复成当时历史面貌的陈列，其价值和意义也就在此。

纪念馆又不同于纪念堂、祠堂、陵园、纪念碑、雕像等纪念形式。上述这些，都是后人为了纪念而创造的，不是原有的纪念物，它仅能表示别人的情感，而不能再现历史的情景和被纪念人物的生活和工作。

总之，纪念馆的特点，在于它所纪念的对象是民族的光荣与骄傲，在群众中有广泛的影响，为广大群众所热爱。纪念馆的馆址与所纪念的对象，有着密切的联系，为广大群众所向往。尤其是原状布置，更真实、生动，能够使观众发生设身处地、身历其境、如见其人、如见其事的感情。因此纪念馆虽然简单朴素，用人少，用钱少，有些馆的交通还很不方便，几年来，仍然能够从四面八方吸引了两百多万观众，数千的国际友人，在这里得到深刻的印象和使国内观众受到教育，其原因不是偶然的。

纪念馆按现有的情况来看，可以基本上分为两种类别的馆：

一种是历史上重大事件的遗迹原状纪念馆。如瑞金、延安等地。把许多革命遗迹保存下来成为纪念馆，可以看出当时革命的领导机关情况、革命领袖和群众同甘共苦的艰苦奋斗的实况，给人以革命的传统教育。

这里面可以包括事件和人物，如瑞金的第一次工农兵代表会议的遗址、党中央办公遗址、以及党中央一些负责同志的办公处所，都可以重点地恢复原状，但不宜于把一些负责同志的办公处所作为个人故居来处理。

一种是杰出人物的纪念馆。是为了纪念一个杰出人物，在他有关地点（最好是原有建筑物，如无原有纪念建筑，可以另外选择有关地点设立）建立纪念馆，可以陈列他整个的生平（如"杜甫草堂"），但也可以只陈列与这一地点、这一时间有直接关系的一部分材料。

前一种史迹原状纪念馆，其辅助陈列只宜于最多发展成为这个历史事件、这一阶段的陈列，而不宜于发展成为整个历史或革命史、建军史的陈列。那些全面的陈列，是另有专门博物馆或地志博物馆来进行的。例如南京堂子街太平天国纪念馆，它的发展前途还是纪念馆。关于太平天国历史全面的陈列，将来另外成立一个太平天国历史博物馆。

这种原状纪念馆中，也可以没有任何辅助陈列，但也可以同样的发挥教育作用。

后一种人物传记的博物馆，可以是整个生平的陈列，但也可以只搞某一时期与此地点有关的陈列，也可以只是一个纪念室，不作任何辅助陈列。

三　纪念馆的现阶段工作任务

现阶段纪念馆的主要任务是：依靠党政领导，争取广大群众和社会力量的帮助，展开调查研究和征集、采访工作，改进保管工作，首先完成恢复纪念建筑及其内部的历史原貌，逐步提高陈列与说明工作的质量。没有开放和已半开放的馆，应大力做好准备工作，争取早日全部开放，以便于向广大人民进行历史教育和革命传统教育。实现上述任务的具体工作是：

（一）在征集工作方面，首先应该认识到征集工作是为纪念馆建立物质基础的工作，是根本性的工作；同时要认识到征集工作是件严肃的科学工作，要对展品负责的，绝不能马虎草率从事，绝不能使一件原来具有历史价值的文献和实物，由于我们没有即时进行科学记录，以致于将来成为废品。

因此，要求对每件展品的来源，作出记录和描述，不清楚的要作调查；有分歧说法的，要多找人对证。首先是历史价值的记述，然后是技术性的记述。

至于纪念馆的征集范围，首先是征集与被纪念的人和事件有直接关系的材料，其次再征集间接的材料、美术作品、反面的材料。除征集实物以外，还有一件要紧的工作，就是访问一些有关的人，请他们写回忆录或记录他们的回忆。

每次出发征集以前，要作一个征集计划，要有目的地、心中有数地去征集。但是在计划外的有关文物，遇到时也可以征集，以免流散、损失，征集以后，将来再加以调配。

（二）在保管工作方面。首先要认识到纪念馆的保管工作的最大特点是纪念建筑物或纪念遗迹本身就是保管对象。要保管好纪念建筑的历史原貌，在四周划定一定范围的保护地区，争取列入文物保护单位中，按国家文物保管法令、条例加以保管。在保护地区范围内，应保持当时情况与气氛，不能为了美化而随意拆除原有房屋或另建新房。在纪念地区范围内，不需要恢复原状布置的原有房屋，应基本上保持其外部原貌，以便更好地说明当时环境。纪念地区范围不要不适当地扩大，决不要影响附近居民的生活和城市的建设。对纪念地区内原有住房，除非业务确实需要不要迁出，并应充分和他们合作，共同把纪念地区范围内一切建筑、文物保管好。对馆内的藏品应参考学习兄弟馆的保管经验，根据"妥善保管，科学鉴定，取用方便"的原则，研究订出一套适合纪念馆特点（藏品有限，门类单纯）的保管方法和制度，既要周密，又要简便易行。应该保证全部藏品的安全，应该防盗、防火、防湿、防虫蛀、鼠咬、日晒、尘污等。登记、编目工作要求做到正确、详细，没有积压。与本馆业务无关的藏品，应按其性质，经上级批准拨交给有关的兄弟博物馆。免得占用空间，浪费人力，并可发挥这些藏品的作用。对其他单位提供研究参考资料方面应给予方便。但为了保证文物绝对安全，不能拿出馆外使用，复份少的文献应想办法作复制品或抄写品供使用，对不能公开的党内刊物、文件，应依靠党委的帮助与审查提出另外存放，不能随便提供。

（三）在陈列工作方面，首先也要同样地认识到纪念物的本身就是我们最重要的陈列品。对纪念建筑及内部布置，必须忠实地保存和恢复当时的历史原貌，对建筑不能任意改变内、外部的结构、形式、色调以及附属装饰原状。对建筑内部的原来陈设，有些由于当时使用时变动较多，最好选定最有意义的（例如开重要会、写重要著作……）一个期间为标准，进行恢复。注意防止从"想象出发"，没有根据的随便布置，做到严肃认真，宁缺勿滥，不能以现代的东西代替当时的东西，以免歪曲历史真实情况而减低教育效果。恢复历史原貌是为了通过它向观众进行教育，因此教育意义不大的，不能说明问题的房屋不必恢复原状，防止"为了恢复而恢复"、"原来有啥恢复啥"等自然主义的偏向。至于为了更好地说明人物或事件的活动，布置补充性的陈列，一般应该利用纪念地区范围内不需要恢复原状的建筑。补充性陈列应该紧紧围绕所纪念的对象，一般不要要求过大、过高，要以简单朴素为原则。补充性的规模与内容除了根据所纪念对象和可能条件外，同时要考虑到与本地区其他博物馆的配合问题。

没有纪念建筑或者不可能恢复原状布置的纪念馆，应有计划地不断丰富与提高现有的陈列质量，要求逐步做到"实事求是"地反映所纪念的事件的经过与意义、人物的生平与贡献，防止片面地夸大。

（四）在群众工作方面，尤其是纪念馆必须向观众进行生动的讲解、说明，使人感到"事件正在此地进行，人物正在此地生活"，才能收到更大的教育效果。应该在调查采访的基础上，编写一套说明词，应该象"讲故事"一样生动地说明人物生活和事件情况的具体事实。避免空洞的说教，或者"庸俗化"、"前后有出入"等缺点。

不论陈列工作、说明工作，都应该注意防止孤立地过分强调个人作用，以免发生宣传"个人崇拜"的偏向。

现阶段纪念馆的工作步骤，应该是以调查情况、征集材料、恢复原状为主。有条件搞辅助陈列的馆，第一步也只能搞这一时期的革命文物或历史文物的陈列。然后再搞有系统的、表现某一阶段历史或个人生平历史的辅助陈列。现在已经搞起后一阶段的，需要继续征集材料，研究整个陈列计划以提高陈列质量。

党和政府以及毛泽东主席一再号召"勤俭建国"，一再号召"提倡艰苦朴素的作风，与群众同甘共苦"，反对铺张浪费现象。这些号召和指示一方面应该作为纪念馆工作方针——

"勤俭办纪念馆",一方面应该充分利用纪念馆的优越条件,配合党和政府当前工作任务,以真人真事最生动最形象化的原状陈列,向广大群众宣传艰苦奋斗、与群众共甘苦的优秀革命传统,进行爱国主义和社会主义的思想教育,加速祖国伟大的社会主义的建设。

在纪念性博物馆工作座谈会闭会时的发言[①]

我这个发言,不能算总结发言,只是根据代表们宝贵经验和提出的问题,加以初步整理和提出一些不成熟的看法,可能有很多不正确和错误的地方,请同志们批评指正。

一 会议的主要收获

通过几天来大会发言、交流经验、小组热烈讨论,我认为这次会议主要有如下收获:

首先是明确了为什么要办纪念馆和怎样来办纪念馆。

我们为什么要办纪念馆呢?这不是哪个人的主观愿望,而是由于祖国有着几千年来的悠久历史,有着近百年来反帝反封建的革命史,尤其是近三十多年来中国共产党领导的伟大的中国人民民主革命史。在这历史过程中,有许多重大事件、杰出人物,由于这些事件是人民所创造,这些人物为人民做了有益的工作,虽然历经人为的和自然的破坏摧残,但往往还保留着

[①] 1957年在纪念性博物馆工作座谈会闭会时的发言。

遗迹遗物，人们对于这些遗迹遗物是景仰爱护的，有时是以身家性命来保护这些遗迹遗物的。人民要纪念它，人民是最公平的，他们所要纪念的东西，总是"好人好事"，而不是"恶人坏事"。因此，今天人民中国有必要把这些史迹、遗物有重点地保护起来，更有系统地恢复起来，以纪念馆的形式把它固定起来，以满足人民的意愿。同时，又以它来教育人民，使人民可以受到历史的、革命的传统教育。对于建设社会主义的民族的新文化来说，是"继往开来"的工作中的一部分。

正因为从思想认识上了解到为什么要办纪念馆，使我们到会的同志更增加了信心，表示了决心，鼓舞了热情——要终身为纪念馆而工作。要加倍做好纪念馆工作，这个工作不是坐冷板凳，不是看空房子，不是没有前途，而是为国家民族做了一桩有益的工作。我以为这是会议的最主要的收获。

其次，怎样来办纪念馆？老实说，过去文化部文物局以及各地文化局、各个馆可以说都是没有经验的。有人问，文物局过去对于纪念馆性质方针是否明确？我可以答复，文物局是认识到要办，而不知道怎样办。因为一个新事物的生长发展，不是一开始就能摸着规律的。今天比较有了一些办法，有了一些经验，找出一些规律，可以说，也应该是从下边来的，而不是从上边来的，主要的是由于各馆同志、各地文化局，在实际工作中，摸索、碰壁、走弯路取得失败的教训，也取得了成功的经验。在这次会上交流了一些成功的经验和失败的教训，使同志们听了以后心中有数。例如贵州省文化局杜荣春同志说："领导对纪念馆是重视的，就是不知道怎么办。去年地方提出四百多万的预算搞遵义会议纪念馆，要拆除很多民房，兴建馆舍，要搞用玻璃把会址罩起来等的规模很大的建筑；陈列要从党的诞生搞起，当时觉得不对头，但又说不出怎么才对头，通过这次会，心中有数了。"

在交流经验的座谈中，我们还听到许多动人的事例，如：

对于革命遗迹遗物和历史人物的调查了解征集资料来说，有些馆是千方百计通过走群众路线来进行的，跑路、找人、耳听、笔记；不放松一个线索，不轻视片纸只字；正面来找，反面来找，上下左右来找，向个人找，向机关团体找；带着图，抬着模型，来对证材料；通过串连、座谈来发展线索，收集资料……。由于这样辛勤的劳动，把发生重大事件的建筑物，杰出人物的有关地点和事迹，从不了解到了解，从大体了解到具体了解，干部也是从不懂变为懂，从外行逐步变为内行，有的已经钻得比较深，比较透。一个纪念馆的建立和发展，调查了解情况是基本的工作，不做好这一步，就无法开展其他工作。

对于恢复原状的修缮来说。有的找到原始图样，有的找到了当时的设计师和工人，有的找到了有关文献。在修缮过程中，向工人作了动员，保证了工程做法和质量，慎重地保持了历史原貌。既批判了随意乱修乱改的主观主义的做法，也批判了不分主次的一律都恢复的绝对化修缮办法，而在修缮以后，采取了动员群众的保护办法，给许多馆以很好的启示。

有的馆在开放、陈列方面，在群众讲解、保管编目方面，也想了一些办法，取得一些经验。所有这些经验，系统的也好，就是点滴的、片断的经验，也给到会的代表（包括文物局、文化局的代表）以新的启发和帮助。

尤其是有的馆介绍了在人少钱少的条件下办好纪念馆的经

验，对于我们提倡勤俭办纪念馆来说是作了有力的例证。

我们怎样来办纪念馆？不可能先有一套完整办法，而今后比较有可能有些系统的办法，就靠每个馆、每个同志们在实际工作中所取得的一些经验和教训来加以整理、集中，再坚持下去。不断地循环、丰富、交流，才可以使纪念馆有比较全面系统的办法。

因此，我们目前建立的这些馆，这第一次的座谈会，对于今后纪念馆的工作是有重要意义的。

二　提出的问题和初步解答

关于纪念馆性质、特点和类别的问题。

"三性二务"① 问题：对于"三性"为什么说"发展成熟时"才具备？是不是不成熟时，就不具备？按理说只要这个纪念馆是博物馆类型中的纪念馆，它就应当具备这三种基本性质；但这不等于说在初期它就是名符其实的具备这三种性质的机构，是需要经过一番艰苦努力才能达到的。

例如：我们现在的纪念馆在科学研究一方面，有的馆刚刚开始，有的馆严格说起来还没有开始。因为科学的研究它是对某一事物用历史唯物主义，辩证唯物主义的观点、方法认识出它的发展规律，分析它的现象和本质；对于一个人物来说，也需要用同样方法，来认识到它的思想发展过程，创作过程。而

---

① "三性"指博物馆的基本性质：科学研究机关；文化教育机关；物质文化、精神文化遗存和自然标本的主要收藏所。"二务"指为科学研究服务，为广大人民服务。

我们对于某一重大事件、杰出人物，现在我们还是处于现象的认识阶段，还是处于收集资料的阶段，还没有能真正运用正确的观点方法来进行研究，或者是刚刚开始。

作为文化教育机构来说，我们有些馆还没有开放或者是半开放。

作为收藏室来说，有些馆所收集的资料还很少，或者收集到一些资料，还没有很好地整理、编目，因此还不便于应用。

我们当然反对把三性"神秘化"，但也反对把三性"庸俗化"。

至于"二务"，还是以"为广大群众服务"为主。

从特点方面来说：

所谓"真人真事的遗物"，这句话是应该加以修正补充的，是指真人真事所遗留的建筑物，或有关地点。这是其他历史博物馆所无法代替的。除此以外，它与其他的历史博物馆的区别，还在于它有纪念意义，是纪念的场所。

有人提出："人物可以发展成为生平传记的陈列，事件为什么就不可以？"因为人物的发展，最多也不过只是"生平"，而事件的发展，不加以范围，则每个纪念馆都可能发展成为一个专门史的陈列，这样就与其他专门性博物馆混淆重复，也会减低纪念馆的意义与效果。

有人提出："没有遗留纪念建筑物，可否搞事件纪念馆？"我们已经提出"有关地点"也可以建立纪念馆，是可以包括"事件"的，但假若没有"有关地点"是不宜于搞纪念馆的。例如在上海的党第一次全国代表大会会址，不可能在北京来纪念它。

有人提出:"没有遗留建筑物的纪念馆,与纪念堂、祠堂是否没有区别?"那还是有区别的,因为纪念堂、祠堂,它不是完全具备博物馆的"三性"的。

有人提出:"中央文化部是否可以提出一个重大事件、杰出人物的名单,而且提出来标准。"这个问题恐怕要从两方面来解决。一方面,不是所有重大事件与杰出人物都搞纪念馆,要看时间、地点、具体条件来决定,否则纪念馆真会"泛滥成灾"。一方面,它的名单和标准,不可能全面和一致,也不可能由文化部主观的提出,需要结合各地文物普查,分析具体情况,先由地方提出,其属于全国性的,可由文化部或再请示有关机关加以研究确定,地方性的则由地方确定。总的说来,纪念馆的建立,是要经过慎重考虑,衡量其价值和意义,看它的条件是否具备,从需要与可能,多加研究,然后才来决定,否则很可能造成将来的被动。

凡是目前不能确定,而估计将来可能成为纪念馆的,可以暂时用别种形式(如保管所、文物保护单位等)保管起来。

有人提出:"纪念馆的范围如何划?"这要看具体情况来定,最好是以它原有的范围为范围,不宜扩大,至于保留附近环境的气氛,是要与当地的城市规划或乡村规划机关协商解决。不需保留的或不需全部保留的建筑物,可以让有关机关或人民在一定条件下加以使用。

三 纪念馆的工作方针和任务

纪念馆的工作方针是以小型多样的纪念馆形式,来把历史上、革命史上的重大事件、有纪念意义的地点和杰出的政治家、科学家、文学家、艺术家等有关的纪念建筑和有关地点，重点地保护下来，并逐步做到恢复原状，进行补充陈列，成为丰富多彩的纪念馆，使得人民从这里接受民族传统、革命传统的教育，来吸收营养并创造社会主义的民族的新文化。

在这次会议以后，希望每个馆都能在当地党和政府以及文化主管部门的领导下，定出自己馆的具体方针任务、年度计划和较长时期的规划，以便于按照计划有目的有步骤的进行工作。

至于具体的工作任务，除了上次发言中谈到的以外，根据座谈会上许多代表的意见，再作以下的补充：

1. 为了更好地完成任务，学习政治、学习历史、学习有关的业务，是搞好各项工作的基础。

学习马列主义，学习毛主席、党的其他负责同志的著作，学习党史，学习时事，对于我们工作来说，是最重要的课程。不仅我们纪念馆是与党史不可分的，就是其他历史性质和人物的馆，学习上述的课程，改造了思想，开放了眼界，有了正确的观点和方法，也将使工作得到飞跃的发展；否则两眼漆黑，盲人瞎马，乱闯一阵，走了许多弯路，也搞不好工作。

有了思想基础，有了正确的观点方法，就要努力地钻研业务。会上反映出凡是钻研业务的，工作就已经上了轨道，人员也安心；否则，就还是门外汉，也就搞不好工作。一定要下决心学习，做到老，学到老。没有文化的，也要下决心学习文化。毛主席经常教导我们，不懂不要装懂，虚心求教，要从外行变为内行。

会上有人表示了终身要做纪念馆工作的决心，我们也同样地要有这样的决心，要树立这样的专业思想。三心二意，是搞不好任何工作的。

2. 会上一致认为纪念馆的根本工作是调查研究，征集资料。在这方面有许多很好的经验，也有失败教训，一定要牢牢记住教训，避免再走弯路；接受好的经验，改进我们的工作。凡是过去这方面工作做得不够的，要认真补课（如访问录、回忆录等要赶快作）；已经作了的，要继续进行，希望随时总结经验，向兄弟馆介绍推广。至于纪念建筑的选择，要从事件的重要性、工作的重要性、集体领导等方面来决定取舍，个人生活的纪念物，可以保存，但不必强调。

3. 纪念建筑物及其内部布置的修缮复原工作，是件细致严肃的工作，会上经验告诉我们，要多方了解，反复查对，既要通过当地老革命、群众，也要通过当事人，最难解决的问题，是要当事人才能最后确定的。今年希望有几个馆把内外部复原陈列工作做好，成为示范。

至于纪念建筑物院落绿化问题。若是这块地方与当时生活上、制度上是有关系的，最好保持原状，要把这座建筑物，整个当作我们最珍贵的陈列品看待，连一块说明牌，都要很好考虑放法，否则是会损害这个陈列品的。

4. 保管工作，大家认为在原则上加了"科学鉴定"很好，那么就请马上见诸实行，凡是没有科学鉴定和科学记录的，要赶快补作。总之要件件藏品搞清来源、历史价值，万不可流为形式。对藏品的保护，要像保护自己的眼珠一样来保护它们，到了馆的藏品，只许延长它的寿命，不可缩短它们的寿命，更不许有遗失。要做到随到随编，永无积压。

同志们提出编目、统一调配问题，这个意见很好，希望能早日实现。最好今年有几个馆就能开始进行。

5. 开放和讲解工作，开放和纪念建筑物的保护问题是个矛盾，既要使群众能参观，又要使纪念性建筑物和物品能延长寿命，因此要有限制地开放（先期预约，每次限制人数）。对室内陈列品，要加以标示，并随时向观众说明，不可乱翻乱动，首先要自己加以严肃的处理，观众也就会严肃对待。有些极为珍贵的展品，平素应以复制品陈列。

讲解工作，会上也有很好的经验，有组织的观众，通过先期传授，由他们自己讲解，是很好的办法。

要写出讲解词，经过上级批准后再讲解；可以在此范围内自己灵活掌握，不可根本没有说明稿，随便乱讲。最好每处有简介及带图示照片的导引手册。

以上是纪念馆工作任务的几项补充说明，请代表们考虑并根据各馆具体情况来加以执行。

因为有九个省的文化局代表参加，最后还谈几句请他们特别考虑和注意的事项：

一、现在各地正按照国务院指示，进行文物普查，公布"文物保护单位"名单的工作。但过去公布的名单有"重古轻今"的情况，我们提出要并重，要把革命遗址、建筑物及其他应该保留的纪念遗址遗迹，经过调查审查列入"文物保护单位"名单中，以便使这些单位处于国家正式法令的保护下得到妥善的保护，不致遭受破坏。

二、凡列入文物保护单位中的纪念建筑物、遗址、遗迹，不一定将来都发展为纪念馆，不一定都恢复原状，需看其现有情况、历史价值以及需要与可能来决定，可以发展为博物馆、纪念馆、纪念室；也可以是建碑、立像或作出标志；或者目前建立保管所，将来再建立纪念馆、博物馆。既要防止"滥"，也要防止今天不保护，将来就无法纪念。

三、纪念馆除文化部门系统的以外，也可推动、建议其他有关部门来建立专业性的纪念馆，如水利、医学、天文、军事等，由他们来办，他们来管理，可能更内行一些，但我们应予以帮助。

四、干部培养问题，各馆一致反映干部培养是个根本问题，我们除了要求各馆自力更生，加强学习以外，建议各省文化局和文化部文物局都必须考虑这个迫切要求，采取一些措施，如办训练班、讲习会、交流经验座谈会，互相参观、学习，互相检查工作等办法，来不断地提高工作同志的思想水平与业务水平。并可利用刊物、报纸、小册子、通信等办法来加强与兄弟馆的联系，以便及时交流经验。各馆也要随时抓紧总结工作，哪怕是点滴的经验或教训，对于该馆及其他馆都是有用的。

《文物参考资料》已决定划出一定的篇幅登载博物馆的材料，希望各地各馆踊跃投稿，我们今年还建立了一个文物出版社，各馆的图录、导引手册等，我们也可以出版。

五、加强领导，具体帮助。文化部文物局和各省、自治区、市、县文化局（处、科）要加强对纪念馆的领导，要重视纪念馆的工作，把它列入在计划之中，把它安放在应有的位置上加以领导；尤其是文物局，要克服官僚主义、主观主义、教条主义的缺点错误，大力改进领导。其领导方法，一般的是调查了解，熟悉情况；贯彻国家政策法令，检查执行情况；审查批准计划，确定具体方针任务；经常督促检查，随时推广经验；帮助训练干部，不断改进工作质量；帮助解决困难，如人员编制经费问题，保证在精简原则下的必要的工作条件等。

我们这次座谈会，由于同志们带来的宝贵的经验教训，互相得到启发和帮助，将使我们的工作大大地向前进展一步。

祝贺会议胜利地结束！

最后让我代表全体同志再一次感谢中共湖南省委、省人民委员会、省文化局对于我们这次会议予以多方面的指导和帮助。

要善于和虚心地学习苏联先进经验

一

毛主席在中国共产党第八次全国代表大会开幕词中说过："要善于向我们的先进者苏联学习。"又说："决不应当由于革命的胜利和在建设上有了一些成绩而自高自大。国无论大小，都各有长处和短处。即使我们的工作得到了极其伟大的成绩，也没有任何值得骄傲自大的理由。虚心使人进步，骄傲使人落后，我们应当永远记住这个真理。"

这段话一方面告诉我们要善于学习苏联，一方面要虚心地学习。不善于学习，也可能生搬硬套，不能同我们的具体情况相结合；不虚心学习，则是根本学不进去，骄傲自满，一事无成。

我们的博物馆事业、文物事业，在解放前可以说是作为点缀品而存在的。在反动统治时期，虽然我们的博物馆工作者、文物工作者是想把这两项事业办好，但是在那种社会是不允许也不可能办好的。因此，作为接受过去经验来说，是极为有限的；作为根本的发展方向来说，则是背道而驰的。过去反动统治下的文化事业，是走封建主义、资本主义道路的，是为少数人服务的。在半封建半殖民地的社会里，甚至就连这也做不到，帝国主义者在中国成为太上皇，横行霸道，为所欲为，文物大量地被破坏、盗运；博物馆半死不活，还有的是帝国主义者直接办的，是用来奴化中国人民的。

博物馆的基本情况是如此，摆在我们面前的工作是：必须改造，必须学习先进经验。那么，学习什么样的先进经验呢？我们所走的道路，是社会主义道路；我们的文化事业，是社会主义的文化事业，不向先进的社会主义国家——苏联学习，向哪里学习呢？

苏联在四十年前，在列宁和苏联共产党领导下，把无产阶级革命和无产阶级专政的学说，把科学的社会主义，于1917年在俄国的国土上实现了，"由理论和理想变为活生生的现实"。这样，1917年的俄国十月革命，就不但在共产主义运动历史上开辟了一个新时代，而且在整个人类历史上开辟了一个新时代。"（见《再论无产阶级专政的历史经验》）

自十月革命以后，苏联四十年的革命和建设的基本经验，对于我们来说是极其宝贵的，是应当认真研究和学习的，学习这些（包括某些错误和失败的经验在内）就可以使我们少走弯路，加速社会主义建设。

苏联四十年的社会主义建设，不仅在经济上获得了伟大成就，在文化上也获得了空前的成就。在人类历史上，自从有了阶级社会，从来就是少数人剥削压榨多数人；在文化上也是少数人独占、享受，而大多数人变为文盲。苏联的四十年，在经济上把少数人剥削大多数人的不合理制度推翻了；把少数人享受独占的文化变为全民所共有。

也只有在这样的基础和制度的上面，文化才能得到空前的发展。当美帝国主义口口声声叫嚷着社会主义文化落后的时候，第一颗"人造地球卫星"、第二颗"人造地球卫星"却由苏联射出，弄得帝国主义者惊慌失措，哑口无言。

在苏联的社会主义文化事业中，也包括了博物馆事业和文物事业。它在世界上也是最初建立新型博物馆和新型的文物保护工作的。说到我们本行的学习，也是同其他方面一样，要坚决研究和学习苏联的先进经验。

二

苏联在博物馆事业和文物事业中有哪些先进的基本的经验值得我们学习呢？我曾两次去苏联参观，限于水平和语言文字的阻碍，了解不深，学习不好，我只能谈一点粗浅的体会：

（一）苏联的博物馆事业、文物事业是以马克思列宁主义作为指导思想的，因此，它具有高度的思想性。

苏联的博物馆是作为社会主义文化事业整体中的一部分来举办的，它是在社会主义的轨道上前进的。从决定馆的性质、方针、任务到具体的陈列、保管、群众工作等方面，始终是贯串着马列主义的思想，它是以辩证唯物主义的世界观来观察事物、决定问题的，它不是以主观主义、唯心主义来处理问题的。因此，"苏联的博物馆和资产阶级的博物馆的原则区别就在于：苏联博物馆的活动是以马克思列宁主义理论为基础的。

这种原则区别也就规定着博物馆工作的全部方向。苏联博物馆的这个原则区别，在他们的陈列工作中表现更为鲜明。陈列工作开始来解决物品和现象相联系的陈列任务，来解决揭示原因和后果的陈列任务，在陈列中出现了对物品和现象（无论是从静的方面，或者是从动的方面）加以空间的和时间的阐述。苏联博物馆这些新的安排陈列的方式方法不是象从前那样孤立地把博物馆藏品展示给参观者，而是在它们相互联系、相互制约的关系当中来展示给参观者的。"（见《苏联博物馆学基础》）

我们看到苏联许多博物馆，思想明确，立场坚定，具有充分的说服力，有一定的目的性，它是把客观真理、事物发展的规律用博物馆的语言告诉给广大的观众，而不是罗列文物，罗列现象，胡乱摆出，让"仁者见仁，智者见智"的。——苏联的博物馆事业所以能真正成为科学教育机关，其根本就在于此。

（二）苏联的博物馆事业和文物事业，是建立在科学研究的基础上的，因此它具有高度的科学性。

上述的科学的马列主义思想贯串在整个事业的活动中，它指导着科学研究。苏联博物馆、文物机构中的研究人员是"先红后专"的，"专"是为"红"服务的。也必须具有马列主义的思想，研究才有了"灵魂"，研究才能得到正确的结论。博物馆和文物机构收集、保藏、发掘极为广泛的物质文化和精神文化以及自然标本等实物，"这些珍贵的材料常常是研究历史、科学、自然、技术、文学、艺术等部门中极其多样的问题时所使用的特种原始资料。"我们博物馆和文物机构要对这些原始资料加以科学的整理研究，然后或以陈列，或以报告等方式，把它介绍给观众和读者；而不是把"原始资料"端给观众或读者，或者把这些资料按年代一排，陈列柜中一放就算了事的。——假若是如此，这种博物馆不能叫作科学研究机关，它只是一个"古物陈列所"，"文物商店"，或者是"文物仓库"。

"博物馆只能在巨大而深刻的研究工作的基础上，在无数的社会历史纪念物中和自然历史纪念物中来进行搜集和选择（这是特别重要的）自己的材料。"

"苏联博物馆不仅仅是珍贵宝物的储藏库。它是进行研究工作的广大场所。在这里，对所搜集来的丰富材料要进行研究和科学加工，因为没有科学加工是不能为人民的利益从科学上和实际上来利用这些丰富材料的。"（见《苏联博物馆学基础》）

我们现在的博物馆和文物机构的科学研究工作，可以说刚刚开始，有的还没有开始。我们许多藏品还缺乏最初的科学纪录、科学鉴定的工作。这第一步的工作不做好，将使我们第二步第三步的工作无法开展。——因此我们必须急起直追，学习苏联先进经验，来奠定博物馆和文物机构的科学基础。

（三）苏联的博物馆，是文化教育机构，是人民文化生活中不可少的一个项目，他不同于研究所、图书馆等，它必须使人民易于接受，乐于接受，博物馆的艺术设计，是满足这方面需要的。因此苏联博物馆具有高度的艺术性。

它的艺术性，不是"为艺术而艺术的"，不是"形式主义"的；它是为主题陈列服务的，是为加强陈列的感染力而工作的。

苏联博物馆的外观常常是朴素大方而并不怎样漂亮的。但它的室内陈列是主题鲜明，气氛调和，使形象的东西更加形象，使真实的东西更加真实。我们到了列宁博物馆、革命博物馆，看到十月革命的部分，就如同置身于十月革命的当时；看到列宁的纪念地点，如拉兹里夫、高尔克村列宁住过的地方，就象是列宁刚刚出去而我们来到这里观看似的。——这种革命的气氛、历史的气氛、生活的气氛，是需要艺术家来完成这个任务的。

"博物馆陈列的艺术装饰的任务，便是使观众理解与接受陈列的思想意义。创造性地实现陈列的意图，对于艺术家说来是最主要的一个问题。"

"艺术家不能机械地、手工方式地实现陈列计划的任务。他应当创造性地进行建立有充分价值的艺术装饰草案的工作，根据问题的本质并在政治上尖锐地帮助展示陈列的内容。"

"艺术家应当估计到观众对陈列的理解与接受，以便以自己的专门性手段来帮助他们正确地理解陈列的内容。博物馆中的艺术家的任务就是帮助博物馆观众在陈列中看出最本质的东西，保证在应有的连续性中进行观察，加强陈列对观众在情绪上的作用，因而才使陈列具有美学的形式。"（见《苏联博物馆学基础》）

我们博物馆中艺术设计还很差，还停留在"形式主义"的圈子里，还停留在写美术字、摆花盆等方面。这与具有思想性的，为陈列主题服务的艺术设计还有很大的距离。因此，我们也必须学习苏联这方面的经验。

以上的体会，都很不深刻，只提供参考研究。

1957 年 11 月 5 日

反浪费，反保守，
思想大跃进，工作大跃进！

—— 1958年3月6日在全国文物、博物馆工作会议上的发言

  文物、博物馆工作八年多来由于党和政府的领导，广大群众的支持，全体工作人员的努力，成绩是巨大的，主要的。
  虽有一些重大的成绩，但缺点和错误也是严重的，如不及时纠正，也是危险的。反浪费、反保守运动就是要解决这个问题。
  浪费和保守思想根源是一样的，都不是党中央所号召的多、快、好、省，自力更生，增产节约，勤俭建设社会主义的方针，而是一种来自资产阶级，甚至封建落后的思想表现，它所产生的结果就是少、慢、差、费，对生产不是促进，而是促退。有人说浪费是大手大脚，保守则是小手小脚，不会产生浪费，实际上由于工作保守而造成的浪费更大。
  文物事业的保守思想是很容易滋长的，我们若是不从六亿人民翻天覆地的建设社会主义出发，不从今天、明天的生产大跃进出发，不是把文物事业紧密地同今天的生产大跃进相结合

去安排工作，而是强调文物一点，不及其他，而是孤立地关着门谈文物保护，而是凡"古"皆"保"，无"物"不"护"，要活的服从死的，现在的服从过去的，这就是严重的保守思想在作怪，结果是应该保护的也得不到保护。

其次，保守思想表现在工作上，则是空谈、等待，看不到远景，定不出规划；手中无底，心中无数；强调困难，踟蹰不前；墨守陈规，不敢突破；定额定量，少比多好；设计施工，宽打窄用；文物保护，单打独干；陈列展览，不变为妙；库房清理，少动为佳。要求人多、钱多办事少，红的不敢下决心专，专的不愿下决心红。——所有这一切，都是保守思想作怪，都是思想跟不上客观实际的发展的一种落后状态的表现，因而也造成了更大的浪费。

我们今天一定要积极地学习全国工人、农民那种五千年来所未曾有过的生产大跃进和高涨的积极性、创造性；在文物、博物馆事业里，来一个思想大跃进，工作大跃进，急起直追，永不落后。

根据在京直属单位在反浪费反保守运动中暴露的及平素了解的情况，主要有以下五个方面：

（一）在文物保护方面：中国是一个有五千年历史文化的大国，又处于几亿人民动土和生产、建设大跃进的今天，我们配合国家经济建设，提出"重点保护、重点发掘"的文物保护方针是完全必要的。但是由于文化部文物局领导上的官僚主义，缺乏远见，以旧眼光看新事物；缺乏具体部署，"文物保护单位"的普查公布工作保守，不敢放手进行，以致应该保护的"文物单位"也未及早公布，列为国家保护的历史文化遗产。因此，基本建设单位往往由于不知道哪些是应保护的，就在重要文化遗址上设计建厂，甚至建成后才发觉，只好停止生产、搬家。例如西安丰镐遗址，1954年上边建成一个砖瓦厂，后是停止生产，损失达一百万元。河北邯郸赵王城遗址也是工厂搬家，损失也很大。其他如山东曲阜鲁灵光殿遗址、西安大明宫遗址等都有过类似事情，一面使国家基本建设受到损失，一面使文化遗址遭到破坏，这种损失往往不是金钱所能计算出的。

又如河北易县燕下都遗址，在农业生产大跃进的去年，这个五十里宽广，几万人口，有二十几个村子的地区，要兴修水利，计划挖一条水渠，可灌溉9万亩土地。去年主渠已挖一半，可灌溉5万亩，省里发现后，停下来。目前正等待东边遗址上渠道范围的探测。我们若是不采取积极措施，加倍努力勘察清理，只保留一些必须保留的重点地段，以便农民继续挖渠修水利，那将造成死的妨碍活的。老乡们说，你们要在两周内探测完，我们保证春耕前还可修完另一半渠道。现在我们已派了文物队去，限期两周探完。

（二）在征集、整理、保管工作方面：文物工作中一项最基本的工作，是把祖国过去的、现在的、劳动人民所创造的物质文化与精神文化财富，有批判、有选择地保留一部分具有典型性的资料，通过博物馆的陈列，向广大人民进行爱国主义、社会主义与革命传统教育；另方面提供科学研究资料，解决历史上、学术上一些尚未解决的问题。这本是一项光荣的严肃的任务，而我们这几年在保管工作中一方面由于思想认识不足、责任心不强、方法不定、手续不清、技术落后而造成的浪费、积压、损坏是十分严重的。安徽博物馆共有藏品17万件,损坏霉烂的占两万多件,单绘画一项,11 188件就发霉损坏了10 738件(占98%),这真是触目惊心。又如中央革命博物馆1955年接收的一批革命文物,几年来不开箱,有许多已长期挤压弄坏。有的标签脱落,"说明"生锈,找不出来源,失掉文物价值,其中有极为珍贵的烈士遗物。直到这次反浪费才开箱清查。初步计算已有163件被损坏变为废物,有288件说明签脱落,可能成为没有价值的东西。

其他博物馆藏品除东北博物馆作了较彻底的清理外,大都有类似情况,无底无数;西安、洛阳、郑州、长沙的文物仓库,积压了大批的发掘品,数以万计,写不出报告,文物也无法整理、调配、使用,长期积压,将造成不可收拾的局面。

文物局有个小仓库,八年来经手接受、收购、拨出文物、图书十余万件(册),其中多数是国宝性的珍贵文物,而长期登记不科学、拨交不及时、账目不清、方法不对,成为一笔糊涂帐。

(三)在陈列工作方面:陈列展览不是以马克思列宁主义作为思想指导,不重视思想性、科学性、艺术性三者的结合,而是追求资产阶级形式主义,铺张浪费。陈列只是文物的罗列,不管主题思想,不管对群众的教育,使观众得不到正确而系统的知识。革命博物馆的陈列多次修改,大部分是挖空心思在美术形式上费功夫。一个代表当时艰苦斗争的土制手榴弹,放在白缎子的软囊上。石头地雷也放在缎子锦囊上。这便冲淡了那种艰苦气氛,使观众对党的斗争历史有一帆风顺的感觉。故宫博物院、自然博物馆等在陈列上都有这种毛病,这实质上是以资产阶级思想在办陈列展览。

（四）在盲目扩大编制、机构臃肿、人浮于事方面：这种盲目增人、铺摊子的风气，已由北京直属单位开始向各大城市的博物馆蔓延。故宫博物院糊里糊涂变为"千人院"，人多了，思想问题也多了，工作反而不好做，每次政治运动都落后。"三个和尚没水吃"，人多没事干，只好找些有损无益的事做，去100人到东华门内挖地皮，翻土数尺，说是找明朝地面，要绿化。历史博物馆解放时只16个半人，后来发展到145人。革命博物馆没开门便到了97人。听说安徽博物馆也曾发展到173人。人多了使青年人无工作做，浪费光阴。

（五）在基本建设、古建修缮、机关设备、文物调配、文物收购方面：自然博物馆基建上存在很多问题，如跨度太大，陈列厅出现了两排柱子；馆址东西向，日光直晒，既热又对展品不利；形式也不中不西，"大人带个小帽子"；内部设备太讲究，休息室一块地毯价值4 000元，据说是北京最阔气的地毯了，初步估计已浪费十多万元。

古建修缮，如吉林的农安塔，本来已残毁大半，成为枣核形状，应该拆去的，而盲目修复，修至十层用去13万元。老乡意见很大，说："我们这里缺公路、铁路不修，却花钱修塔，又上不去。"后坚决停修，成了个半截塔，非常难看。留着也好，可以做教员，可以经常看到，警惕我们的主观主义。

机关设备一味求多、求新、求好。光文物局照相机就38架，在京直属单位共92架，照相人员还是每年要买更新式的更好的，而照相技术却未见提高，胶卷大量浪费。

收购文物，光文物局及故宫博物院买的假字画已查出约

60多件，价钱有的一万元，有的数千元。群众贴出大字报说："花真钱，买假货"，这笔浪费也很惊人。收购中主要问题除了"错"还有"漏"。如一张元代"大驾卤簿图"很好，本来要1 600元，未买，后走私至香港，1956年上海文管会又以高达二三万元价格买回。收购中还有本位主义和抢购的不良现象。结果是高抬了物价，使国家遭到损失。

在文物调配上，问题也很多，主要是有的在大量积压，有的却没有文物可陈列。很多人在北京等地看了历史部分的陈列，反映我们常宣传出土文物很多，为什么陈列的还是些老的传世品？

以上这五个主要方面，浪费都是惊人的，保守思想是严重的。造成这种情况的主要原因有以下几点：

（一）首先文化部文物局领导上的官僚主义、主观主义、资产阶级的思想作风，保守落后的做法是最主要的原因。思想和政治的领导薄弱，没有足够地认识到思想和政治既是统帅，又是灵魂；如果稍有放松，工作就会走上邪路。对党中央的方针政策领会不够，不是多、快、好、省，勤俭办事业，而是滋长着一种铺张浪费、不重思想实质、追求形式的慷国家之慨的资产阶级思想作风，使事业遭到损失，强调文物工作的特殊性，说文物只能细嚼细磨，缺乏干劲。

（二）在工作方法上，不是坚决地通过群众路线来办好我们的事业，而是保守地、落后地、主观地、孤立地来想推动这样广大地区、五千年文化的国家里的文物保护工作。这是绝对达不到的。

再者，不深入基层去调查了解，摸清情况，找出规律，把群众中产生的经验、智慧，经过加工，加以推广，而是在办公室里发号施令，官风官气十足。不了解任何英雄豪杰，他的思想、意见、计划、办法，只能是客观世界的反映，其原料或者半成品只能来自人民群众的实践中，或者自己的科学实验中。头脑只能作为一个加工工厂而起制成完成品的作用，并且这种完成品，要到人民群众中去考验它的正确性。不懂得这一点，只有到处碰钉子。

（三）规划、计划、规章、制度虽发了不少，但有的是应定的未定出，有的是需要修改的没有修改，有的是有了好的计划、制度，而不能坚决贯彻执行，以致成为空文，或者束缚了生产力，束缚了工作的开展，需要拿到群众中去修改。

针对以上情况和主要原因，建议采取以下措施，来坚决反掉浪费，彻底革新机关。

（一）揪住反浪费、反保守运动不放，搞不彻底，决不收兵。通过反浪费把我们思想作风上的三大主义、五股邪气彻底打垮，来纠正一切工作上、作风上、制度上的缺点和错误。中央已指示"以两个月到三个月的时间，在全国进一步普遍地开展反浪费、反保守、比先进、比多快好省地建设社会主义的运动"。以此为纲，带动一切工作的改革，解决长期不能解决的问题。

（二）在业务思想上，首先要解决红与专、政治与业务的关系问题，一方面要反对空头政治家，另一方面要反对迷失方向的实际家。坚决服从政治，坚决贯彻为工农兵服务的方针，一切要从六亿人民出发，要从社会主义建设出发，勤俭办事业，苦干十年；反对资产阶级个人主义的一些想法和做法。

（三）文物保护坚决贯彻配合国家经济建设，重点保护、重点发掘，既对国家建设有利，又对文物保护工作有利的两利方针。文物复查工作，要在今年内把已公布的单位，全部复查完毕。

文物保管整理方面，坚决打破陈规陋习，去掉保守思想，鼓励群众打破那些限制生产力发展的规章制度的创举，如编目登记办法、工作定额等。执行多、快、好、省，加速进行整理。10万件藏品以下的馆，今年全面登记，编出草目；10万件以上的馆，定出限期，早日完成整理工作。重要藏品，做出目录印行。对以后新进馆的文物，做到"随到随编，永无积压"，希望各单位互相挑战。

在陈列展览工作上，要以马克思列宁主义作为指导思想，多举办新的陈列展览，争取更多观众。湖北博物馆已提出"工作翻一番，开支减一半"的口号，要求各大馆在陈列工作上起码翻一番，或翻几番。地志博物馆要配合生产大跃进举办工农业跃进展览，赶快做出社会主义建设部分的陈列计划或补充计划，坚决争取今冬明春把这部分搞起来，以迎接建国十周年。专门博物馆要求完成基本陈列，并举办其他专题展览与流动展览。纪念博物馆各省、自治区、市应多办。小型多样，可不用人不花钱，或少用人少花钱。对革命性的纪念地点、纪念物，也应发动群众，加以保护，发挥教育作用。如湖北红安县就保存了很多革命标语和遗迹，一进红安县境，到处都有一种革命气氛，对青年人进行革命传统教育很有作用；对鼓励生产干劲、劳动热情也有很大作用。又如秋白同志牺牲处，可由当地老乡去保护和作说明。河北地道战遗迹，就应坚决选典型处保护几段，以纪念当时那种与敌人的艰苦斗争，教育青年。全国各地应当广泛地、普遍地办各种形式的纪念馆，并保存革命纪念遗迹、纪念物，开展革命传统教育。

古建修缮，要以"保养维护为主，重点修缮即将倒塌的重要古建筑为辅"。能缓修的不要急修，能小修的不大修，能局部修的不要全部落架修。

新建馆址要精打细算，以朴素、大方、实用为主。

文物收购保证不错不漏，过去已收购的要整理清楚，做出目录。文物调配应大力进行，1958年上半年要初步拟出一个文物调配办法，以减少积压，发挥文物作用。希望大家多提出些意见。

机构编制要接受中央各馆的和以往的教训，力求精简。真正办成事业机关，不要办成"衙门"。

（四）．在这次大会上要提出我们的增产节约方案。要节约开支，增加收入，做到部分自给自足，有条件的可做到全部自给自足。中央各馆、院已保证人员要减少50%，经费要减少25%，工作还要加番。

最后向大会提出以下32字的口号，即"重点发掘，重点保护；打破常规，整理仓库；面向群众，陈列展览；勤俭苦干，又红又专"。

同志们，在这一个社会主义的生产大跃进和文化大跃进，促进全民大干劲的带有决定性的运动里，我们一定按照中共中央"关于开展反浪费、反保守运动的指示"，来掀起一个全国文物、博物馆界的双反大进军。中央指示我们要"抓紧反浪费、反保守运动这条纲，领导得好，安排得好，群众发动得好，完全可以把现阶段的整风运动和生产等工作统一地抓起来，而且，只要发动起群众性的反浪费、反保守运动，就可以有力地揭露出一些干部思想作风上的主观主义、官僚主义和宗派主义，就可以迅速地打掉官气、暮气、阔气、骄气和娇气，就可以进一步密切干部和群众的关系，提高群众的觉悟和积极性，使干部和群众真正打成一片，就可以用同样的人数和同样的财力、物力，办出比原定计划多百分之几十以至数以倍计的事业。"这就是我们在运动中应当遵循的原则和方法。我们保证坚决贯彻执行，把文物事业、博物馆事业推向一个新的阶段。

在全国文物、博物馆工作会议闭会时的发言摘要

一、这次会是上下夹攻,互相推动的思想跃进、工作跃进的会;是鼓舞革命干劲,发挥革命热情,解放生产力,增产节约的促进会;是交流运动经验,使反浪费反保守运动更深入一步、更彻底、更透的会。

我们看到一些搞得较透的先进单位,运动的经验是从经济问题出发,大鸣大放揭发事实——通过辩论,挖掘思想根源——到经济上工作上定措施,定搞增产节约大跃进方案——最后归到出现了毛主席所说的"造成这样一种既有集中又有民主,既有纪律又有自由,既有统一意志又有个人心情舒畅的生动活泼的政治局面",使机关大大活跃,思想工作大大跃进。我们有的单位已经深深尝到这个越搞越有劲的滋味和好处,有的单位在发言中可以看出还没尝到这个滋味,还没有感到这个运动是两条路线、两种方法的关键性斗争,是彻底烧掉缺点和错误,得到的却是事业飞跃发展,解放了生产力的新生局面。希望本着中央指示,在当地党委领导下,坚决把这一运动搞到底,不彻底绝不收兵。

二、几天会议，同志们表现了信心和决心，最后产生了向全国挑战的倡议书，反掉慢吞吞的文物气，使我们一向落后保守的文物事业，大大跃进一步，这是非常好的。但是在这里必须提出的，一切增产和节约，绝不是仅仅为了经济目的、经济任务，更主要的是政治上、思想上的大收获，我们一切具体措施，必须从政治出发，不论办陈列、展览，不论整理仓库，不论文物工作，都必须从六亿人民出发，从建设社会主义出发，从鼓舞劳动热情促进生产出发，必须从为满足人民对文化日益增长的需要出发，绝不是不择手段地抓钱赚钱，那样就会脱离政治，就会脱离为工农兵服务，就会走资本主义道路。因此，一切工作必须保证政治质量。

三、如何实现倡议、保证倡议。

按照中央指示，运动在大鸣大放、大争大辩以后，"必须注意，不管过去浪费和保守现象如何严重，成绩总是主要的，缺点和错误只不过是十个指头中的一个指头。因此，应当适时地引导干部和群众把最大的注意力和干劲放在积极地改进工作、发展生产方面，用比先进、比多快好省的具体措施，在实际上清除浪费、保守的现象和思想。"因此，我们必须适时把运动落地，落在跃进的又是切实可行的增产节约方案上、具体措施上，而且马上行动起来，把我们带回去的倡议书、办法、建议，放手交给群众讨论。办法如下：

1．群众充分讨论。

2．定出更跃进的方案。

3．具体措施。

4．文物局组织交流，交流进度、办法，介绍先进与落后的典型。

　　5．组织两三次检查。

　　6．年终评比。

　　四、"工作加倍，观众加番，人钱精减，力争红专"。这就是博物馆的主要倡议，由于我们毕竟不是企业单位，自给问题不可能全部解决，我们在博物馆方面，主要是比工作，比观众，比干劲，比多、快、好、省。

　　"工作加倍"的问题。在博物馆本身的基本陈列，必须提高思想质量，充实及多开辟陈列，保证思想性、科学性、艺术性，吸引并向更多的观众进行爱国主义、社会主义教育；另一方面必须大力开展流动展览。江苏省博物馆、东北博物馆，都有很好的经验，上山下乡、送上门为工农兵服务，这是博物馆工作中的一个新方向。过去由于文物局的保守主义，没有及时推广，通过这次大会，认识到必须打开这条路，今后象刘介梅这类展览，要由博物馆来进行，以便更加密切地配合当前政治任务、生产跃进。这样做不仅观众可以加一番，而且可以加几番。更加重要的是把一向认为博物馆只能搞阵地战，只能在城市，而且是"以不变应万变"的保守思想打破了，博物馆工作深入到群众中去了，博物馆得到新的力量、新的鼓舞、新的生命。从群众中取得材料来进行展览，将使我国博物馆工作者一面受到教育，一面又进行教育宣传，又红又专的问题，也得到解决。这是一条好的道路。

　　"人钱精简"问题。为什么原来人钱减一半改为这样？由于还有些小而弱、今明两年工作又重的馆的关系，可以根据实际情况，实事求是地来进行，但是对于大而肥的馆，还是至少要求"人钱减一半",并保证今年自给一部分或全部自给。

红专问题。是我们事业中的关键问题,必须解决,下最大的决心解决。同志们提出的倡议书很好,我不多说,这里面我补充一下互相学习、互相检查督促,鼓励前进。首先团结在政治上、思想上,再团结在业务、技术上,每个人都以一个普通劳动者自居,打掉官气、暮气、落后、本位,来互相取长补短,搞好学习,解决红专。

文物方面提出的六比:"宣传比深透,复查比质量,发掘比两利,资料比清理,修缮比勤俭,学习比红专",这里面最重要的是:普遍宣传,确定重点文物单位;发掘两利,及时清理资料的问题,也就是贯彻"重点保护、重点发掘"的两利方针问题。我们过去的宣传工作是很差的,地大文物众多,不坚决走群众路线来保护绝不可能的,但是群众不了解,就要进行宣传,一定首先树立相信群众,依靠群众的思想,万不要首先就在思想上认为群众文化低,其实我们是最低的,一不会种地,二不会缝衣,"文不能测字,武不能杀鸡"。当群众了解到保护文物的意义时候,他是一定会来积极保护的,中国人民是有这样好的传统,是有爱护乡土文物的固有热情,并且有批判的、有选择的眼光的,好人、好事,就可以千年不绝;坏人坏事,就会让他遗臭万年。我们通过宣传发挥这种好的传统,一面我们把重点保护单位特别加以复查,将已经公布的作最后的确定,做出标志,定出具体办法,取得档案,交代当地合作社或居民中积极分子负责管理。

有了前一基础,也就为两利创造条件,使基建单位事先可以避免,事后不致停工遭到损失。大遗址的保护,我们以燕下都为试验田，希望南京博物院、河南、长沙也搞一块试验田，推广这个既能对建设有利，又能对保护有利的经验，争取走到工程前面，把基建地区重点文化遗址、墓葬加以事先的清理。

清理积压问题，是个大问题，必须打破陈规，创造先进经验。这方面万不要保守，要放手发动群众想办法，一面我们反对那种繁琐的、形式主义的、神秘化的一套资本主义的办法，一面反对那种封建落后的保守的"绍兴师爷"的办法；提倡社会主义的简便易行、别人很快就能掌握的办法。保证两年之内清理旧帐；新帐随到随登记，再无积压。

不论文物库房、博物馆库房，那种对劳动人民几千年所创造的历史文化遗产，革命战士、烈士以鲜血生命留下来的革命文物，采取毫无感情、毫不负责的态度，以致造成损失，既往可以不咎，但是今后再有这种情况必须追究。

五、方法问题。工作方法问题，主要是通过群众路线的工作方法。时代在大跃进，我们工作方法上不跃进，一定搞不好工作的。

我们要"全面规划，几次检查，年终评比"。这样使工作有远景，有奔头，有督促检查，有年终的先进落后的评比，规划先搞出几条，通过群众讨论再逐渐丰富。

要"五年看三年，三年看头年，头年看前冬"这样来紧紧地掌握时机。一步逼紧一步，逼上梁山，就可时时刻刻前进，不致成为时代的落后者。

要搞"试验田"。各级负责人必须结合工作亲自搞一块试验田，来抓深抓透，发现问题，解决问题，及时把群众好的经验智慧加以推广，推动全盘。这种办法又是最能清除我们领导上三大主义，几股邪气及解决红专的问题的最好办法，希望坚决实行。

要采用"抓两头带中间"的工作方法，把一头先进、一头落后一抓，中间就可带动起来。

要大力运用社会力量，去掉那种"单打一"的办法。

这次大会是成功的，是上下夹攻、互相推动的会，希望代表们回去以后，把大会的精神带回去，大大地推动一下，再把一股推劲带回来，再向全国推，目的是把文物事业、博物馆事业推到一个新的阶段。

1958 年 3 月 8 日

文物局"务虚"小结

局口整风领导小组和局本部前后"务"了十几次"虚"，务得很有味道，回顾了过去，也检查了现在，更设想了将来（虽然思想还没有放得很开）；有批评，有自我批评（还不够深透）；争辩了一些是非，解决和明确了一些问题（有些还只是扯开了头）。脸红脖粗，心情舒畅。每次都可以务得起来，一次比一次觉得有味。并不是由于水平高才务起来的，而是由于八年来这样心平气和坐下来谈的机会太少了。见面就是人、钱、房子；不见面就是公文来往，相距咫尺，思想不见面，这次"成都会议"一传达，把事务主义冲散了一些，冒出一些"虚"来，因此也就有了一些收获。

归总起来，是抛出两条大纲：

（一）政治与文物事业的关系问题——也就是两条道路问题。

（二）总路线能不能在文物事业中贯彻问题——也就是两种方法问题。

从第一条纲里，回顾八年工作，辩论了下列问题：

1．政治挂帅，2．厚今薄古，3．二百方针，4．兴无灭资。

先谈政治挂帅，有人说从八年工作看，政治在政治运动中挂了帅，政治在业务工作中没有挂帅，"运动来了有政治，运动去了没有政治"，所以提出要"招魂"。

另一方面的意见，政治和业务不可分，八年来我们在党的领导下，在文物工作方面改变了近百年来帝国主义者勾结反动统治者、奸商、盗墓匪，大批劫夺、破坏我国历史文化遗产的局面，逐步达到历史上从来未曾有过的有选择有计划的管理道路；对于博物馆事业，改变了博物馆过去的半封建半殖民地的性质，确立了社会主义的新型博物馆的方向，使博物馆不仅表现过去，更着重地表现现在社会主义的建设和展望将来，确定了博物馆机构的基本性质（文化教育，科学研究，物质文化、精神文化的典型资料保存所）和陈列上的三性（思想性、科学性、艺术性）、服务对象上的二务（为广大人民群众服务，为科学研究服务）。

从文物、博物馆事业发展方向来说，是政治挂了帅的，但挂得不够好，不够强，甚至某些个别单位，一个短的时期，统帅离位，或者被人篡夺了位置，也是有的。

在"厚今薄古"的问题上，有人说文物事业就是搞的"厚古"工作，搞的"古董"工作；博物馆就是过了时的东西才进馆。

有人说"厚古薄今"只表现在份量上，中国历史几千年，古代份量重，作为文物保存来说，当然"厚古"。

也反映有些"专家"，钻到古董堆里爬不出来的专家，认为文物越古越好，言必三代，"唐宋以下，不足观矣"。博物馆只能搞"古",不能搞"今",只能"重古"不能"重今";他们"见物不见人",沉没于物的"朱砂浸"、"水银浸"之中而爬不出来,不见今人,也不见古人,只见古物,仿佛这些物不是"人"创造出来的。这种人是盲目的"拜物教",为文物而文物,为古董而古董。

领导小组最后集中大多数人意见是:"厚今薄古"的方针是能够而且更有必要在文物事业中贯彻的,薄古不是废古和非古,是古为今用;而且就客观存在的物质文化遗存来看,也是金字塔形状,古代社会的性质单纯,遗物较少,现实意义较小;近代、现代的社会性质复杂,分工较细,可搜集的典型材料更多,更有现实意义;而且更重要是由"物"见"人",我们主要的是通过物质文化遗存或正在创造发明的东西,来说明劳动创造世界,劳动人民是历史的真正创造者,阶级斗争是社会发展的动力,以及当前的社会主义建设的高速度发展,几亿人民正在创造崭新的历史,不是为了玩古董。我们提出的口号是"古为今用"、"今为今用";对古代文化遗产,是用马列主义的观点、立场、方法来进行整理研究,要照着毛主席所说:

"清理古代文化的发展过程,剔除其封建性的糟粕,吸收其民主性的精华,是发展民族新文化提高民族自信心的必要条件;但是决不能无批判的兼收并蓄。必须将古代封建统治阶级的一切腐朽的东西和古代优秀的人民文化即多少带有民主性和革命性的东西区别开来。中国现时的新政治新经济是从古代的旧政治经济发展而来的,中国现时的新文化也是从古代的旧文化发展而来,因此,我们必须尊重自己的历史,决不能割断历史。但是这种尊重,是给历史以一定的科学的地位,是尊重历史的辩证法的发展,而不是颂古非今,不是赞扬任何封建的毒素。对于人民群众和青年学生,主要地不是要引导他们向后看,而是要引导他们向前看。"(毛泽东选集第二卷七〇〇页)

八年来在这个方面正是两条道路的斗争,一种是"是古皆保"、"越古越好",建设要服从文物保护的利益;一种是"重点保护,重点发掘","既对建筑有利,又对文物保护有利"的两利方针,但是首先要服从建设的利益。

在博物馆事业中"重古轻今"的思想也是很严重的,总想搞"古玩铺",而不是搞社会主义的新型博物馆。在1956年博物馆会议中即着重提出地志博物馆首先要搞出社会主义建设部分的陈列,有些馆很难贯彻,反映到文物局部分同志也发生了动摇,提出因地因馆制宜的说法几乎把地志博物馆的中心任务搞掉。

对于"厚今薄古"的讨论,最后趋于一致,即同意这个方针应当在文物、博物馆事业中贯彻,以纠正"重古轻今"的倾向。

在"二百方针"方面,文物事业如何贯彻这个方针,也存在着不同认识,有人认为博物馆的陈列,可以各包一段,愿意怎么摆都行。一种认为既是要按教科书来摆,就可以不必争鸣,按书照摆就行了。另一种是我们不是文学艺术、学术研究部门,是编辑教科书性质的机构,只能一花独放,一家独鸣,而不能贯彻"二百方针"。好象"二百方针"一提出,就会大放毒草,把博物馆搞乱。

一种认识是："二百方针"的提出，是党对文艺工作主张"百花齐放"，对科学工作主张"百家争鸣"，是人民内部的自由，以此来大大繁荣文化、艺术、科学的，并不是为了放毒草而提出这个方针的。我们是文化机构，也是科学研究机构，是应当贯彻这个方针的，例如我们在文物保护工作中应当保护哪些，不保护哪些；物质文化遗存中，哪些是精华，哪些是糟粕，在这方面是没有很好展开争论的；甚至在一些文物保存上，是以资产阶级、封建主义的思想来看待这些东西的，例如在绘画上只重所谓"正统"，不重"民间"，只重汉族，不重视少数民族（我们博物馆往往只是汉族的一花独放）。在博物馆一些陈列展览中，在事先的科学研究，制定计划的时候是十分缺乏学术上的争辩的，甚至根本没有陈列计划，因而陈列的思想性十分贫乏，成为罗列现象，罗列文物的"古玩铺"。

　　其他如小型多样、大、中、小结合问题，陈列方面的丰富多采、形式和内容的结合问题，正反面材料的结合表现问题（这本来可以不算作二百方针问题，但由于其中有的怕放毒草，不敢处理毒草问题，也放在这里提一下），都是繁荣博物馆事业为广大人民群众更好服务的方针。由于对"二百方针"体会不深，都不能很好贯彻，因此这个方针是应当在文物事业中贯彻而且必需贯彻的。

　　在"兴无灭资"的问题上是着重地谈了对待高级知识分子的问题，也就是谈破除迷信的问题。八年来在文物、博物馆事业方面，某一些高级知识分子是始终认为"外行不能领导内行"，在业务上把我们看作"白痴"，认为只有他们才懂得"考古"，懂得古建筑，懂得博物馆……。因此在业务上要听他们的摆布。在一个时期，尤其是高级知识分子会议以后，我们只是片面的在经济上、待遇上的改善，而忽略了政治思想上的"兴无灭资"，例如决定故宫博物院的"古今中外"的方针上，绘画馆的陈列原则上，在普及与提高的关系上，都有着原则上的分歧，都存在着两条道路的斗争，他们所要走的是"大英博物馆"、法国"鲁弗尔博物馆"的道路，而我们是要走社会主义新型博物馆为广大人民群众服务的道路。他们认为学习苏联就是教条，实际上是要走另外的道路；他们认为博物馆陈列方面的经常变动是"大忌"，我们认为必须不断地吸收群众意见，加以即时改进；他们所要求的是离开博物馆的业务搞个人名利双收的研究，而我们则强调博物馆的科学研究必须首先为了博物馆的各项业务工作；我们认为在业务工作中必须以政治、思想为统帅，要以马列主义思想指导业务，他们则认为"政治归政治，业务归业务"。所有这一切，都说明我们政治挂帅挂得不强不够，对他们来说也是延迟了自我改造时间，对人对事都是不利的。

在第二条大纲里，着重辩论了"鼓足干劲，力争上游，多快好省"的总路线是不是可以在文物、博物馆事业中贯彻和如何贯彻的问题。

这里面不仅是方法问题，也是道路问题和破除迷信的问题。回顾过去八年工作，社会主义建设的总路线是逐步形成，我们的认识也是逐步开阔的。最初如文物保护工作一开始是堵住口子不让文物外流和继续遭到破坏；第二步是建立机构，拟定法令、规章，企图保住不动；第三步是培养干部配合基建进行重点保护、重点发掘；第四步是公布文物保护单位，进行计划管理，企图转被动为主动。

　　这些步骤也不能说错，方向方针也还是对的，也收到一些效果，但是我们思想上总是受到很多束缚，"拜物教"的影响还很深，文物事业的神秘观点还没有打破，迷信还很深，规律还没有完全摸到，甚至还有人怀疑文物、博物馆事业能否也象工农业一样来贯彻多快好省的总路线。他们认为文物事业、博物馆事业是只能"慢吞吞"的，文物只能保得"多"、保得"好"，不能要求"快"，要求"省"，要"全面保护"、"彻底保护"，建设要服从文物保护的利益，活的要服从死的；我们提出配合基建重点保护、重点发掘的方针，他们认为只能"主动"发掘，不能配合；我们说要办三个月的考古人员训练班，遭到一些专家的讪笑："考古人员，三个月就能训练出来吗？这样做，大约比挖棺盗墓的强一点！""发掘遗址，非三五年或一二十年才可以"、"办一个博物馆，起码要有几年乃至十几年的筹备时间"。库房整理，象故宫库房，一进城，专家"嘘"我们说，得几十年乃至百年才能登记、编目、制出卡片，——我们经过斗争，破除了一些迷信，拆穿了这一神秘论。考古人员，我们办了四期三个月的训练班（现在全国考古发掘工作，大部分靠他们）。配合基建，发掘遗址、墓葬，几年来获得了数十万件资料。尤其是在双反运动里开了全国文物、博物馆的跃进大会以后，象燕下都大遗址的保护，半个月的时间，探清主渠通过的地区的地下文物蕴藏情况，便把这一地区交给当地群众开渠，解决了约四万亩土地的灌溉，对于遗址保护并未受到损害，大受群众欢迎，体现了两利方针。首都故宫博物院、历史博物馆、革命博物馆、自然博物馆以及全国许多博物馆都在把展品送上山、送下乡、送下工地、送上门，受到广大群众的欢迎，干部也得到极大鼓舞和教育。

所有这一切都说明须要政治挂帅，破除迷信，解放思想，相信群众，配合当前政治任务，结合中心工作，就可以鼓足干劲，力争上游，多快好省；否则就是少慢差费，寸步难行，冷冷清清。

通过这次务虚，提出五年规划的要点是：

（一）文物、博物馆事业，是社会主义的民族新文化的一个组成部分，它必须在党的领导下，贯彻党的各项方针政策，结合本身业务，坚决走社会主义的新型的文物、博物馆事业的道路。

（二）中国地大、人多、历史久、文化遗存丰富。社会主义建设的高速度发展，适应技术革命、文化革命的要求，规定了文物、博物馆事业的建设路线，必然要在总路线的照耀下，鼓足干劲，力争上游，多快好省，办我们的事业，脱离了这条总路线，必然少慢差费，冷冷清清。

（三）事事从六亿人民出发，坚决依靠群众和为了服务于群众办好我们的事业。因此必须在广大人民群众中广泛宣传，建立文物保护网，将重要的革命遗迹、历史文化遗存、反映当前的重大事迹的典型实物，有选择有计划的收集、保存，公布文物保护单位；一面发扬中国人民所固有的爱护乡土文物的积极性；一面使文物真正能向人民进行革命传统、爱国主义和社会主义教育。

（四）坚决贯彻文物发掘中的两利方针，放手把发掘工作的技术普及到县、乡、社会，以便在几亿人口的建设中发掘应该保护的资料。对于全国性的重要文化遗址应该是配合基建与主动发掘相结合的方针，保护遗址的目的是为了发掘，获得资料，不是为保护而保护，除个别点必须就地保存或建立博物馆外，绝大部分经过发掘以后，放弃它，便于群众生产建设。

（五）全国性的大型文物保护单位如瑞金、延安等革命遗址；敦煌、龙门、云岗、佛光寺、赵州桥等古代著名建筑物；安阳殷墟、西安丰镐遗址等重要物质文化遗存约一千处做到有计划地保护、修缮、整理、研究，按照长期规划分年实施；有的经过有计划的发掘，取得资料以后，只保留必要的点。省（自治区）市、县所公布的文物保护单位，经过复查，做到有界限、有标志、有组织或人员负责管理，有科学记录档案。

（六）博物馆事业，贯彻大、中、小结合，大量发展地方的小型多样、丰富多彩的博物馆、纪念馆、陈列馆、陈列室，放手发动群众办馆、地方办馆、专业部门办专业馆的方针，形成全国的博物馆网。

（七）博物馆事业，坚持社会主义新型博物馆的道路，不仅表现过去，更着重表现当前的社会主义各项建设，描绘将来。因此它必须与时代结合、群众结合，确定它的陈列内容。

（八）博物馆除搞好本身的陈列吸收广大群众外，要大力地办流动展览，上山、下乡、下工地、下厂，送上门，不是等上门；一面送下去，一面拿上来，把群众所办的有典型性的展览，吸收到博物馆的陈列中来，如此循环上下，丰富内容。
——"我们的提高，是在普及的基础上提高；我们的普及，是在提高指导下的普及。"

（九）文物、博物馆事业迫切需要一支又红又专的队伍，要采取大胆放手，边干边学，自力更生为主，政治与业务相结合的方针，多种多样的培养方式来进行，五年内积极培养新的红专骨干。

（十）破除迷信，解放思想，反对教条主义和经验主义，修改束缚生产力的和不合时宜的规章制度，坚决服从党的领导，贯彻党的方针政策，认真学习毛主席著作，走社会主义道路。使中国的文物、博物馆的事业按照自己的规律大踏步前进。

1958 年 5 月 26 日

谈几点体会和几点意见

——在全国省级地志博物馆和革命纪念馆馆长会议上的发言

一

我们这次在江西开会,参观了南昌"八一"起义地点和井冈山、兴国、瑞金等老革命根据地,爬上了羊肠小道,悬崖峭壁,"一夫当关,万夫莫开"的井冈山五大哨口之一的朱砂冲;到了茨坪和五井中的二井——大井、小井;看了兴国毛主席办青年干部训练班的地方,毛主席在鸡心岭和兴国人民讲话的地方;看了瑞金的叶坪、沙洲坝——中国共产党领导下所建立的第一个全国性政权的"红都"。又听了省委刘俊秀书记的极为深刻、动人、具体、形象的关于第二次国内革命斗争史的报告;听了各地党委、老革命家的报告;听了当时的宣传员、赤卫队、少先队的歌声;看了当时的而是经过千辛万苦、流血牺牲保存下来的遗物、遗址、遗迹……,使我们全体代表一致认为是上了一次最深刻的党课,讲了一堂最生动的党史课程;使我们更深切更形象地体会到,当大革命失败以后,中国革命处在"危急存亡之秋"的时候,共产党、毛主席挽救了中国革命，创造了革命军队和农村革命根据地，领导了革命战争，建立了工农民主政权，进行了土地改革，"以武装革命的农村，包围并且最后夺取反革命占据的城市"。这种把马列主义与中国实际相结合的革命理论和在此理论指导下的行动，不但使中国革命不断取得胜利，而且"是对于世界马克思列宁主义的哲学宝库，也作了光辉贡献"。

我们也体会到党团员和革命群众的阶级觉悟和共产主义的觉悟，是前仆后继，英勇牺牲，战胜凶恶敌人，取得最后胜利，并继续"不断革命"来建设社会主义的最为有力的思想保证。

我们还体会到在阶级斗争中的坚强不拔的革命意志和阶级情感，是要在实际革命斗争中才能锻炼出来的，江西人民和全国各地人民对中国革命作出巨大的牺牲和贡献，就充分证明了这一点。

总之，我们这次会议最大的收获，就是使我们全体代表对中国共产党毛主席领导中国革命进行了艰苦、曲折、复杂而又伟大的斗争，有了一些进一步的认识和体会——这对于我们今后工作和个人的思想觉悟是有极其深远影响的。

二

我们这次所受到的教育，是思想上的"兴无灭资"教育，也正是全国人民和我们的子孙后代所继续不断需要受到的革命传统教育，正如江西省委刘书记所说，我们不传马列主义的毛泽东思想的"教"，剥削阶级就要传他们剥削思想的"教"。从我们的工作岗位来说，我们正是担负一项极其伟大而光荣的政治任务。就是要把这些千千万万人流血牺牲、艰苦奋斗的革命遗址、遗迹、纪念地点，加以全面规划，统一安排，通过调查、研究，首先分批分级公布成为文物保护单位，进一步建立革命纪念馆或其它纪念形式（例如挂说明牌等）；对革命文物也要立即着手，经常不断下去普遍进行征集，把征集到的革命文物，进行展览或组织成革命史的陈列。做好这项工作，就可以成为配合党中央关于开展社会主义和共产主义教育运动的一个有力工具。因为这些实物例证就告诉我们以及青年一代：中华人民共和国的建立绝不是天上掉下来的，而是千千万万具有共产主义觉悟的和共产主义的品质的党团员、革命群众，在以毛主席为首的党中央领导下，经过了近三十年的英勇斗争流血牺牲，才推翻了三个强大而凶恶的敌人，建立了我们国家。这是每一个中国人民都需要知道的历史，都需要时刻铭记着的历史；而我们的工作，正是把这些历史形象教材和实物文献，通过展览和开辟成为纪念馆，来展示在广大人民面前。这是一个多么伟大而光荣的任务！不仅今天要做，明天要做，而且是一直要做到共产主义社会。但是目前的人民公社化，大搞工农业建设时期，我们若不抓紧这项工作，就会遭到不可弥补的损失。我们过去在文物工作中某些"重古轻今"，脱离政治，脱离革命，脱离群众，只能搞古，不能搞今，只能搞三皇五帝，不能搞革命斗争历史的想法和做法都是错误的，必须立即加以纠正。

三

关于革命文物工作中存在的问题与我个人的一些看法和意

见：

（一）革命文物工作，是严肃的政治工作，是以党史为中心的文物工作，是向广大人民进行共产主义教育的工作。教育者必先受教育，因此必须学习党史，熟悉党史，钻研党史（包括地方革命史），学习毛主席著作，这是我们能否做好这项工作的关键。我们所以在调查访问中心中无数，在修缮革命纪念建筑中想搞阔气，搞大，搞华丽，总觉得革命遗迹不够"气派"，都是由于我们对党史的学习不够，认识不足所致。我们这次的现场会议就可以看见，凡是认识了中国革命是从极为艰苦、曲折的斗争中壮大的，就可以掌握"恢复当时历史面貌，以存其真"的原则，严肃而认真地恢复了当时历史情况；否则就搞得面目全非，失掉艰苦斗争的意义，这样修一次就破坏一次党史遗址，也就不能起到革命传统教育作用，这是我们必须引为警惕的。

（二）恢复革命遗址，要特别注意到我们党的领袖，他不是个人单独活动的；他是代表真理，在党中央集体领导下进行工作的；他是同革命干部和广大群众血肉相联的；他是与革命重大事件关联在一起的。因此孤立地恢复故居，把故居作为只是个人生活场所，在内部复原上、说明讲解上只注意到一些生活琐事，是与历史真实状况不相符合的，我们必须特别注意这一点。

此外，我们必须尽可能地把当时的党的机关重要会议场所、群众活动场所加以恢复，不可能恢复的就挂牌说明，对于当时武装斗争（如重要的战场）、土地改革（如可以说明当时的阶级对比的遗址遗物等）、政权建设等方面的遗址、遗迹、遗物，或者恢复原貌，或者挂牌说明，或者进行讲解。总之，能够全面地而又有力地说明当时党的方针政策路线的遗址、遗物，加以综合的规划，就更能给人以鲜明而整体的印象。

（三）谁来抓，抓什么？我们进行的这项工作，对于党中央开展社会主义、共产主义教育运动是极其有力的工具。党委和文化主管部门必然会抓这一工作的，关键在于我们的努力工作，上下宣传，群众欢迎，事情就好办。好办不等于办成，必须有具体地抓这项工作的组织和方法。我想，我们的文物保护机构，现有的博物馆，一定要把这项工作列入今后工作的日程，而且是重点项目。那种认为文物保护工作不包括革命文物是完全错误的，只能"考古"，不能考今是不对的；认为博物馆只能搞本身工作，不能担负调查革命文物工作和辅导建立革命纪念馆工作也是错误的，大家应该主动地争取完成这项光荣任务，至于如何分工，可根据当地不同情况，由党委、文化主管部门来决定。

任务到来以后，抓什么？我想主要是五抓：抓宣传，抓调查研究，抓规划，抓组织，抓群众。而且还要能抓能放，大搞群众运动，发挥当地的积极性，才能把工作做好。

（四）严肃的工作态度，鲜明的阶级感情。做革命文物工作的同志，必须是从思想到行动都要不断地提高政治觉悟和锻炼阶级感情才能把工作做好。必须认识到这些革命遗址、遗迹、纪念地点和革命文物，都是无数革命先烈和革命先辈用鲜血和千辛万苦换来的，是世界革命史从来没有的那些凶恶敌人残酷的白色恐怖下，有许多人用生命作牺牲而保存下来的，是许多革命群众在最艰难的岁月里作为"红军会回来"、"毛主席会回来"这样坚强信念的依托而保存下来的；人民热爱这些遗物、遗址，超过热爱他们宝贵的生命。我们若是以极不负责的态度，敷衍了事的做法，就会引起群众的愤懑，就会使这项工作得不到人民的支持，那就无法进行工作。阶级感情是要在深入群众、深入工作中不断得到培养和锻炼的。我们要使每一件革命文物都能由保存者放心地交到我们手中，而我们能保证每件文物不再受到任何损失，而且延长寿命。对待革命遗址、遗迹也是如此的。

四

关于省级地志博物馆今年的成绩估价和明年方针任务问题：

今年3月会议以后，我们省级博物馆工作有很大进展，突出的是流动展览，既服务政治、服务生产，又反映了人民冲天干劲和更加鼓舞了人民建设社会主义的信心，政治上的收获是极其巨大的。就是对博物馆工作来说，创开了招牌，改变了人们对博物馆的观感，增加了几倍以至一二十倍观众，锻炼了我们的工作干部，为新中国的博物馆事业初步打下了政治上和组织上的基础，这些都是主要的成绩。要说缺点的话，就是大多数的馆还是一条腿走路，搞了流动展览，就丢下基本陈列或展览。这是今后应该特别注意的。

本来打算年底以前进行评比、检查，现在因为会议一个接着一个，工作任务紧迫，拟推迟到明年春季进行。

明年的任务，根据客观形势，一个是工农业更大跃进，一个是建国十周年，一个是社会主义和共产主义教育运动。作为上层建筑中的一个工具——博物馆，必须根据这种情况，布署我们的工作。我看最主要的是两大任务：

（一）陈列、展览工作

这里根据中国之大，发展不平衡，而提出来最高和最低要求，就是：社会主义建设部分的陈列；十年建设成就展览；三年跃进展览；地区革命史的展览。这四项工作根据不同情况，在当地党委、文化主管部门的指示下，自行决定其中一项或两项任务，但无论如何最低要保证一项工作的完成，并保证质量。

（二）辅导工作

省级地志博物馆必须逐步形成为全省的博物馆中心、博物馆网的纲绳。那种设想省博物馆可以"一劳永逸"，可以"不问外事"的想法是不符合中国博物馆事业发展情况的。我们就是这些本钱，不管有无专家，不管内行外行，不管工作搞得过来搞不过来，反正就是这点老本。各馆同志，要学习毛主席把一切问题想到"底"的精神，责无旁贷，精神愉快，勇敢地把这项工作担负起来。许多地方的经验证明，一处搞起，党委一抓，现场会议一开，训练班一办，就可以搞起来一些。然后再从现有基础上加以辅导巩固。对于革命文物工作也要与文物保护机构协作，用上述办法搞，对纪念馆的辅导工作也应如此。

对中央指示的一点体会

1958年,党中央在北戴河会议上决定在首都天安门前建立历史博物馆和革命博物馆,于1959年国庆十周年时建成。革命博物馆和历史博物馆是表现党史和国家历史、总结中国历史、革命史的发展规律和斗争经验的博物馆。中国人民革命是怎样发生发展和取得胜利的历史,对中国人民和世界人民都有着重大的意义。中央委托宣传部具体负责领导这一工作,并组织了以钱俊瑞为首的历史博物馆、革命博物馆建馆小组,负责进行日常具体工作。

从1958年底到1959年10月,两馆各以十个月时间完成了建筑和内部陈列。在此期间,党中央书记处和中宣部多次讨论两馆工作,并及时予以指示;预展期间,在京中央委员80余人到馆审查,最后又经总理、彭真、定一等负责同志现场审查,并于9月22日中央书记处开会,专门讨论了两馆问题,决定历史博物馆在"十·一"后正式公开预展,革命博物馆经修改后,内部预展审查。

由于中央直接领导,全国各地党委、各部门以及文化部门、文物机关、博物馆发挥了共产主义大协作、全国一盘棋的精神，予以人力、展品的无私支援，加上两馆的同志（包括全部调干人员在内）的辛勤劳动，使这样规模巨大、意义重大的两大馆建设，得以在短时期基本完成。成绩是十分巨大的。

对于我们博物馆事业来说，由于中央直接领导，及时指示，明确了许多根本性的问题。使这项事业今后有了可以遵循的原则，这是极其重要的收获。我限于思想水平，建馆期间又忙于行政工作，因此只是对中央指示按问题综合起来并谈一点肤浅的体会，供大家参考。

一　陈列中的红线问题

中央指出博物馆所表现的历史"不是流水帐，不是大事记，不是月份牌，要把代表历史车轮的东西突出。""要政治挂帅，不是实物挂帅。"

历史博物馆主要表现劳动人民的历史、阶级斗争的革命史、生产斗争中的创造发明史，表现那些推动历史发展的人和事，因此要严格掌握"政治倾向性与历史真实性相结合"的原则，以达到教育人民的目的。

"中国历史博物馆是中国历史陈列，不是杂货铺，古董摊。"

"存在的问题要区别是政治上的，还是学术上的、技术上的问题。首先要抓政治问题，如阶级观点、民族问题、国际问题等都是政治性问题。"

"阶级斗争、生产斗争、政治制度与文化，要全面地加以反映。见物不见人，只有生产工具，上层建筑不表现，不能显示出中国历史的全貌。只有铜、铁、石,不容易引起人们的兴趣,因为'物'是'人'创造的。……"

"阶级斗争是历史发展的动力,它推动了生产的发展和文化的进步。不要搞成黑暗残酷的历史,到处都是阶级压迫,变成了'西藏展览',更要着重表现阶级斗争是推动历史进步的一面。不必要再号召打倒秦始皇,他们已经被打倒了,这样起不了爱国主义教育作用。"

"阶级观点和历史观点要结合,例如奴隶社会制度不好,但比原始社会是一个进步。在文学批判方面,存在不要历史观点简单化的倾向,把昨天和今天等同起来。要让观众看到历史是不断进步,科学文化不断发展。"

以上中央负责同志对历史博物馆陈列的一些指示,就是我们历史陈列中应遵循的基本原则。后来在"陈列要点"中所标出的几项原则,就是依照这些指示精神来写定的。其中特别是第二条,是专讲陈列的主线问题,也就是红线问题,是这样的写着:

"以阶级斗争为主线,并且结合生产斗争,表现我国历史各个时期的生产力和生产关系的发展变化状况和劳动人民的斗争历史。其中突出地表现历代农民起义和标志各个历史时期生产力发展水平的重要发明创造。对我国历代的文化、艺术、科学和人民生活状况也适当地加以表现。"

中国历史博物馆目前的陈列,还只是向这个方向努力的第一步,还只是试图以马列主义观点、毛主席的论断来阐明中国历史的发展变化的草稿。

在毛主席某些著作中,如《中国革命和中国共产党》第一章中所述，对中国历史已经有着高度概括的精辟的论断，是我们历史陈列中的最根本的蓝图，也是上述一些原则的最主要的依据。——因此我们体会到要想能够正确地表现中国历史发展，必须首先学习毛主席著作，学习他的以马列主义的观点、立场、方法分析中国历史的锐利的眼光，才可以在几千年的历史变化中，找出它最本质的、最主要的线索。陈列中所要表现的，正是这些最本质的东西。我们过去的陈列常常是"罗列文物，罗列现象"，常常是不自觉地陷入形而上学的泥坑，其特点是片面地、孤立地、固定地看问题，不是统一地辩证地看问题；是从表面看问题，不是从本质上看问题；从形式上看问题，不是从内容上看问题；从静止中看问题，不是从发展中看问题。我们必须学习马列主义和毛泽东思想，把我们的头脑武装起来，才可以使历史陈列真正具有思想性。目前我们仅仅把社会发展的必然规律的轮廓画出，把"阶级斗争是推动历史发展的动力，劳动人民是历史的创造者"这条红线有一些初步的表现，对于我们中华民族的光荣的革命传统和优秀历史文化遗产可以看出光辉灿烂的面貌。——这样，对于广大人民进行爱国主义教育无疑是有帮助的。但是我们距离中央的要求，还有很大的距离，严格地说来，还只是历史文物陈列，还不是很好的历史陈列。我们必须继续不断地努力，以提高陈列的思想性。

中央对革命博物馆的要求更加严格，因为革命博物馆的陈列好坏，关系到统一全党思想认识问题；关系到党内团结问题；关系到向全国人民进行党史教育和社会主义、共产主义教育问题；也关系到向世界人民介绍中国革命经验的问题。——

因此中央对革命博物馆在去年"十·一"没有准许开放，正是对革命博物馆的十分重视。

革命博物馆没有开放的最主要原因，就是突出红线问题没有解决好，也就是没有把毛泽东思想这条红线从前到后，系统地集中地在三条总路线①上正确地加以反映。

中央书记处会议上，以及中央负责同志审查陈列时指出：

"党史是一条红线问题不突出。"

"中国党的历史，是以毛主席领导工人、农民、知识分子进行斗争，还是其他人领导的？"

"到处有主席的东西，但未能集中地把主席的思想贯串起来，结果是主席的领导，还是其他人分庭抗礼？"

"在国民党第一次代表大会处，到底是国民党领导共产党，还是共产党领导了国民党？"

"只有编年的历史，没有革命的思想，没有政治。"

"十月革命的影响，共产主义小组的出现，党的政治路线、组织路线，以后就是工运、农运、知识分子运动，统一战线，大革命，搞农村根据地，建立共和国，……这一套作法，根本应以一条红线——毛泽东思想——贯串起来。"

"毛主席他是把党的几次代表大会正确部分的精神抓住了。"

"中心问题是路线问题。陈列要有一个思想来贯串，这就叫政治挂帅，也就是红线问题。"

"中国革命根本东西是什么，看不出。现在看起来是一段

---

① 新民主主义时期总路线，过渡时期总路线，社会主义建设时期总路线。

一段过程。一个是要突出思想,一个是要突出中国非革命不可的背景。要把为什么革命、依靠谁革命、革谁的命、怎样革命交待清楚。"

"会突出实物,不会突出政治。"

"到底按编年史来搞,还是按问题集中?如何表现人,表现领导与群众?"

"博物馆的陈列不等于一本党史书。"

中央这些严格的批评和指示,还有其他许多活生生的党史的回忆,给我们极大的启示和帮助。

首先使我们认识到革命博物馆的陈列党史,绝不是一本记日记月的编年史、流水帐、月份牌;也不是一堆一堆按年月排列的革命文物陈列室。它的主要任务是把中国共产党在毛主席思想领导下,带领着亿万人民,战胜了国际国内的三大敌人,在党内战胜了"左"右倾机会主义,取得民主革命彻底胜利以后,接着就进行了社会主义革命和社会主义建设。这种以马列主义普遍真理与中国革命具体实践相结合,从而又发展了马列主义的毛泽东思想,就是我们陈列的红线,我们的任务就是要突出这条红线,使观众认识到没有毛泽东思想的胜利,就没有中国革命的胜利。过去是如此,今天是如此,明天也是如此。

我们博物馆是进行思想工作的阵地,不是古玩铺、杂货摊;实物是用来说明思想的,不是"实物挂帅",而是要"政治挂帅",每件实物要有思想来指导,变成为有思想性的实物,不能跟实物走,要实物听我们指挥。

我们的党史陈列,最主要的依据是毛主席著作,他对党史某些时期某些重大问题,已经有了高度的马列主义的概括,深入浅出的思想总结，生动的形象的描述，这就是最好的陈列要点，应该首先反复学习。

八届八中全会以后，有许多中央负责同志回忆了党史；这次中央书记处会议上，以及审查陈列时，许多负责同志的指示，就是最生动、最活泼、最形象的党史。他们就是党史的创造者，难道他们的发言，是无书为证，不足为据吗？我们往往相信死的党史，不相信活的党史，实在是很可笑的事情。

关于毛泽东思想，我是学习得很不够的，因而也谈不上体会，我只是列举几件事，来供大家参考：

例如在新民主主义革命这条总路线里，毛主席的初期革命活动，在马克思主义的宣传工作方面，在建党和革命群众的组织工作方面，在反对封建军阀的斗争方面，都带有他独特的风格：宣传工作的平易近人，组织工作的深入细致，对敌斗争中的策略性，都为初期革命运动中所少有，而为以后工作打下了深厚的基础。

在大革命以前，党的第三次全国代表大会中，毛主席就同党内"左"右倾机会主义展开了不调和的斗争，使大会通过了团结以孙中山为首的国民党，建立革命统一战线的正确的决议。这样就推动了国民党的改组，并实质上领导了国民党第一次全国代表大会，加速了大革命的到来。董老（按：董必武）这次在会议上回忆道："没有共产党，就没有国民党一大，也就没有北伐，国民党一大实际上是共产党领导的。"

毛主席的又联合，又斗争，独立自主的统一战线思想这个时候已经十分明确了。在这次会议上有一位负责同志说道："主席思想上统一战线的旗帜是牢牢拿住的，又团结，又斗争，始终一致。我们要不就这样,要不就那样。"

毛主席关于工人阶级领导革命,中心问题是农民问题,只有取得农民这个同盟军,才能够取得革命胜利的思想,也是十分明确的。他在这时领导了全国农民运动讲习所,为农运培养干部。以后发表了《中国社会各阶级的分析》、《湖南农民运动考察报告》,他首先"用马克思列宁主义的方法分析了中国的阶级关系,认识了工人阶级对于农民的领导,乃是中国革命成败的关键,而这个问题,却是党的历次大会包括第三次大会所没有解决的。"

毛主席的紧紧掌握武装,建立农村革命根据地,搞自己的革命政权,"革命的中心任务和最高形式是武装夺取政权,是战争解决问题"的马列主义革命战争原理,主席是坚定不移的,而且根据中国国情加以发展。在广东黄埔军校中培养了我们的军事骨干,北伐战争中组织了以共产党人为主的叶挺独立团,北伐军中的党代表制,大批共产党人深入到军队中去;尤其是大革命失败以后,八七会议、八一南昌起义之后,主席发动秋收起义,搞自己的工农武装,建立以井冈山为中心的革命根据地,以农村包围城市,最后取得城市的伟大的战略思想,是挽救中国危亡的最主要的关键。当时全国有千百次的起义、暴动,但是绝大多数都失败了。其原因正如这次会议上负责同志的回忆说:"大革命失败以后,各地暴动不能平均看待,暴动以农村为根据地,只有毛主席有这个思想,其他则无农村根据地观点。其实,主席这种观点,在农讲所已奠定了基础。"

以后在几次反"围剿"中,在长征中,凡是毛主席思想得到贯彻的时候,革命就取得胜利。尤其是遵义会议以后,毛主席思想在党内取得了统治地位，革命就一个胜利接着一个胜利，不论是在抗日战争中还是解放战争中，毛主席思想的胜利，就是革命的胜利。最后终于战胜了有帝国主义支持的国民党反动派，推翻了三座大山，取得了全国政权，建立了中华人民共和国，完成了以无产阶级领导的，人民大众的，反对帝国主义、封建主义和官僚资本主义的革命。接着马上不停顿地又开始了社会主义革命和社会主义建设，制定了社会主义革命总路线，社会主义建设的总路线。——毛主席思想是创造性地运用马列主义普遍真理，结合中国具体革命实践，又大大地丰富和发展了的马列主义；毛主席思想不论在马列主义的哲学方面、政治经济学方面、科学的社会主义学说方面，都有系统的全面的发展，是当代马列主义的高峰。

我们革命博物馆的陈列，就是要突出毛主席思想这条红线和为这条红线所贯串的三条总路线。

二 关于政治倾向性与历史真实性相结合的问题

政治倾向性问题，主要是讲红线问题，上面已经说过。中央指出两者的结合，就不仅仅是红线问题，还有历史真实性问题。

中央一位负责同志指出：

"历史陈列主要是现实主义，不能歪曲。红线突出是本来面目，——提高了看的本来面目。自然主义不是本来面目，现象不是本来面目。真实于历史本来面目，不是真实于个别现象，本来面目，是最本质的东西。如一个人平素表面看来是吊儿郎当，但更主要的要看他在关键性问题上表现如何。看问题的水平高低，就在于善于找到本质。本质与现象，有联系，又有矛盾。例如君子是现象，伪是本质，看穿了才能认识到是伪君子。不是可以高兴搞什么就搞什么的，浪漫主义一下。真实性中哪些该陈列哪些不该陈列，这是政策。真实与政治，有许多人搞不清楚两者的关系。哪些话该讲不该讲，要考虑政治和人民利益，有些知识分子认为真实就是样样都陈列。浪漫主义在画里可以，陈列中要有春秋笔法。哪个正确，哪个错误，陈列中要清楚。反动东西陈列多了就成了反革命博物馆，反动东西陈列太轻也不行，太重也不行，太弱了也不行，不然就不能说明革命为什么要这样长久的时间。毛主席说帝国主义是个纸老虎，又是真老虎。从战略上看它是纸老虎，反动派总是要倒的；但具体来看，它又是真老虎。又是纸老虎，又是真老虎，这个矛盾要陈列出来。

革命之势要比真老虎还要大才可以，象刘胡兰的气势把敌人压倒，从实际上压不倒，从本质上是压倒了。办报、办博物馆都要搞本质。对于现象要排除一部分，留下一部分。一个人讲十句话，有九句话不代表本质，有一句话代表本质。我们要学会看本质。

革命是真实，真实是否都摆，真实要看政治效果，历史真实都摆出有无副作用？都要从政治上来考虑。"

这一段话已经把历史真实性与政治倾向性的关系讲得十分清楚了。我再举个具体例子。

在处理一张政府公告中，在一批名单里，把后来变坏的人的名字故意挖掉，看来是从政治上作了考虑，而违背了历史的真实，也是不妥的。

政治性与真实性是要结合来处理，真实性要服从于政治性，以便向人民进行正确的教育。客观主义的，自然主义的陈列常常会起到相反的效果。

处理反面的材料，错误路线的材料，也要从这个原则来考虑。例如过去在"四·一二"处，反面材料陈列过多，各种杀人的照片、绞架，造成很大的恐怖气氛；而英勇斗争的一面，没有表现。在错误路线的部分，陈列了一本只看见封皮的书，如王明同志的《为更加布尔塞维克化而斗争》。从书名上看，是看不出错误路线来的，这样的陈列是达不到什么效果的。因此一些负责同志指出：

"正面材料，要压倒反面材料。主要的目的是教育人民英勇斗争。"

"对错误的路线主要要表现战胜的过程，陈列正面批判错误路线的材料，而不去详细介绍错误路线本身。"

三　关于照顾各方面的问题

中央一些负责同志指出：

"革命博物馆的陈列要注意各个地区的群众斗争、武装起义，各时期的各个根据地的建立，各方面军的活动，不要有重大的遗漏，因为这不是几个负责人的问题，而是代表一个地区、一个方面大批群众的问题，有许多人流血牺牲问题，是政治性问题。"

又说：

"例如三大战役处，只有淮海战役一个大布景箱，其他辽沈战役、平津战役就没有布景箱；长征有六个布景箱，其中五个地方都是一方面军走过的，二、四方面军为什么没有？这样别人看了就会有意见。"

"历史博物馆中的中外关系、民族关系，……这些方面要考虑周到，开座谈会，酝酿漫谈，免得有重大遗漏。例如历史上的北魏、辽、金，也都要有所表现。"

"革命博物馆的陈列，要有国际主义精神，谦逊的态度，表现国际的支援，表现我国革命不是孤立的。"

此外，如烈士如何表现的问题，单人头像的出现问题（包括单人塑像，油画像等），妇女、儿童的问题，都牵涉到各方面的关系问题，平衡问题。——这些都是政治性问题，需要作全面的考虑，慎重地处理。

例如中国在革命斗争中牺牲的烈士太多了，在全国性的革命博物馆中陈列哪些人，不陈列哪些人？往往多陈列了一个人，就牵涉到一大批人。我们最初有个想法，是否凡是牺牲的市委书记以上的烈士就在这里陈列。中央批评了这种做法，认为烈士不能分级，刘胡兰、黄继光是哪一级呢？只能陈列"著名烈士"，也就是有代表性的，群众所熟知的。另外我们曾经把烈士集中处理，一个时期的烈士集中在一个地方陈列，这样做法也是牵涉到平衡问题，后来中央指出还是结合事件出现为妥，如"二七"出现施洋、林祥谦就比较自然。烈士雕像、油画像的大小、地位，也是很容易出现不平衡现象，这都需要事先安排妥当，向创作者讲清道理，才可以避免错误，减少浪费。关于单人头像，原来出现较多，后来压缩为只限中央政治局常委，最后中央审查时，决定了全部不陈列的原则。

这些都是关系到各方面的政治性问题，关系到团结的问题，应该提高到原则高度来考虑。

四 关于"少而精"问题

中央一再指出："要'少而精'，要求三小时看完一个馆的陈列。"

"博物馆的作用，就是给观众以教育，观众不可能花几天时间看一个博物馆。压缩下来的房子，可以搞专馆，临时性展览。"

"看过的人都反映，看旧民主主义时期还精神饱满，看新民主主义时期还勉强，到了社会主义时期，就精疲力竭了。"

"东西一定要精选，使观众能看出重点突出的几件东西，不会忘记就好了。说明也得精练突出。"

"博物馆要思想鲜明，物也鲜明。"

"看博物馆是最累人的，不同于看戏，可以坐着看。这里是站着看，又得听，有时还得记。"

在"少而精"的问题上，我们是有几次反复的，最初强调舒朗，形式上也受到一些规格的束缚，（如4米以上不能挂东西，左右的视线只限于2.5米，等等）因此战线拉得很长，中央领导看了以后认为是"地大物稀"，坚决主张缩短战线，旧民主主义、新民主主义最好压到一层。我们在执行时最初也是摇摆不定的：强调困难，怕说不清楚，舍不得割爱。其实这里面主要的问题，一是教科书的思想作怪；二是缺乏群众观点；三是清规戒律太多。现在革命博物馆两个时期压在一层，反而觉得紧凑。博物馆的基本陈列，主要是面向工农兵和一般知识分子等广大群众的，陈列必须深入浅出，少而精练，具有生动性、鲜明性、准确性，使观众看了以后，能记得大关大节、思想脉络，而不是要他们像背教科书一样，记得年月日时、大小事件的。

"少而精"着重在"精"字，应该突出的要表现丰富有力；应该减略的坚决洗刷。"少而精"不等于少而单调。

五　关于陈列形式与内容的统一问题

这个问题，两馆都有专题总结，这里就不多说了。

中央指出：

"革命气氛不够。"

"关键地方要光芒四射。"

"东西少不要紧，要有气派。有些东西可以放大，要让人从远处就看得见。军事博物馆空间利用了 $4/5$，革命博物馆只利用了 $3/5$，要尽量利用空间。"

"说明政策的语录用大字鲜明地标出来。"

"过去陈列有书呆子气，平铺直叙。重要的一定要突出；次要的砍一些。要生动、活泼、鲜明，想办法集中，把气势搞够。"

"美术创作主要是增加革命感染力和毛主席思想威力。"

"社会主义革命和社会主义建设时期的陈列，应另有一种风格，要辉煌，要轰轰烈烈，要有浓郁的胜利气氛。"

"历史真实性要与艺术性结合，要多用形象性的东西来表现。多用画，及文学作品上的描绘，如诗经，汉画，看时可以增加兴趣，博物馆基本上是科学性为主，但要有艺术性，还可以用得更多一些，引人入胜，不能假造，要有形象的、生动的东西来表现，看的人容易接受。"

以上的一些指示，都说明了博物馆的特点是内容要通过适当的形式表现出来。所谓博物馆的形式，从大的方面来说，包括建筑、总体设计和安排、陈列设备的设计和制作、美术作品和辅助展品的布置，以及每件展品的衬托装饰、陈列室内的各种美化工作等。这些属于形式方面的设计制作，都要服从内容的主题思想而有所变化，虽有主次之分，但又是相辅相成的关系。当陈列的思想内容确定以后，形式表现往往起着很大作用。例如突出红线问题，在陈列布置上、形式设计上不能对红线部分作突出的安排，内容再好，也突出不了。我们在这方面是走了许多弯路的。

我们体会到，在陈列之初抓紧总体设计一环，是至关重要的。这次历史博物馆的陈列形式与建筑的关系，与陈列品的关系处理得比较调和，有比较完整的一套民族风格，看起来就舒适得多。革命博物馆由于最初就缺乏总体设计，只是一套规格尺寸，缺乏完整的风格。"十·一"以后才在这方面作了补救，但还需要作很大的努力。

陈列形式必须在服从内容、服从建筑等条件下有一套完整的系统的总体设计，必须有与陈列的主题思想一致的、具有思想性的总体设计，必须是政治标准第一，艺术标准第二的一套总体设计，必须是吸收中外古今之长而创造出一套新的民族风格的总体设计。

我的传达只是把中央一些指示综合在几个问题上谈出其中一部分，限于水平，很可能整理得不恰当，甚至发生错误，都由我个人负责。至于一点体会，更是极为肤浅粗糙，可能错误,仅供大家参考,并请给予批评。

1960 年 3 月 10 日

全国文物、博物馆工作会议小结

一

这次会议开得很好，收获很大，有的代表认为是"明确了方向，武装了思想，取得了经验，增强了信心"的大会，有的代表说，不是一般的工作经验交流会，而是解决了文物、博物馆事业根本性理论问题和更加明确了政治方向的会。——这主要由于党中央在两大馆建设中的指示，是马列主义、毛泽东思想的普遍真理与文、博事业具体实践相结合的指示，是今后建立"我们马列主义博物馆学理论的基石"。因此大家觉得"胜读二十年书，受到了一次活生生的马列主义、毛泽东思想的教育"。这是最根本的收获。

其次，齐副部长[①]代表文化部党组所作的报告，充分肯定了十年来尤其是大跃进以来文物、博物馆事业所取得的巨大

[①] 齐燕铭，文化部党组书记、副部长。

成绩，鼓舞了干劲；概括了几条主要经验，都是我们今后必须坚持和发展的经验。对于今后工作要五抓：抓全面规划；抓提高质量（主要是思想质量）；抓具体方针；抓培养干部；抓紧学习毛泽东思想。都是我们要牢牢抓住的主要任务。

在交流经验方面，这次会议由于贯彻了中央指示，有显著的提高。有的经验已经提高到理论的高度来进行思想性、政策性的总结。例如四大馆[①]的总结及各省、自治区、市的一些口头发言和书面发言。不论是在规划方面、提高质量方面、坚持群众路线大搞群众运动方面、大搞技术革新方面、开展科学研究方面、培育干部方面，以及其他等等方面，都说明了我们文物、博物馆事业，十年来在党的领导下，坚持了走社会主义、共产主义道路，在总路线光辉照耀下迅速地改变了"一穷二白"面貌，并且得到提高和发展。

所有这些，不但教育和鼓舞了到会同志，并将给文物、博物馆事业带来深远的影响。有的同志说，1958年大跃进使我们这项事业走上新的阶段；而这次会议，由于中央负责同志的指示又打下了理论基础，无可置疑的将掀起一个持续发展的新高潮。

二

想谈几点很不成熟的意见，请同志们考虑：

1. 建立以马列主义毛泽东思想为统帅的，具有中国民族

[①] 指故宫博物院、中国历史博物馆、中国革命博物馆、中国人民革命军事博物馆。

特点、民族风格的文物、博物馆事业体系问题。

中国是一个六亿五千万人口的大国,"中国是世界文明发达的最早国家之一,中国已有了将近四千年的有文字可考的历史。""中华民族又是一个有光荣的革命传统和优秀历史遗产的民族"。尤其是近四十年来,我们有了中国共产党、毛主席,他以马列主义普遍真理与中国革命实践相结合,又创造性地发展了马列主义,使中国革命终于取得一个又一个的伟大胜利。更"要在不太长的时间内把我国建设成为一个具有高度发展的现代工业、现代农业和现代科学文化的伟大的社会主义国家,并且在最后实现共产主义的崇高理想。"(见周恩来:《伟大的十年》)这正是毛主席1949年6月在人民政治协商会议筹备会的开幕典礼上宣布过的伟大预见的实现,他说:"中国人民将会看见,中国的命运一经操在人民自己的手里,中国就将如太阳升起在东方那样,以自己的辉煌的光焰普照大地,迅速地荡涤反动政府留下来的污泥浊水,治好战争的创伤,建设起一个崭新的强盛的名副其实的人民共和国。"

无论从历史上、革命史上,社会主义革命和社会主义建设方面,以及正在开展起来的文化革命、技术革命运动里,都充分地说明了我们从思想工作到经济工作、文化科学教育工作是具有中国的民族特点和民族风格的。我们一方面要学习社会主义国家先进经验,但是更主要的是以马列主义普遍真理,创造性地根据我们自己的情况和特点加以运用,来决定我们的路线和方针政策。这才有可能在短短的十年时间,迅速地摆脱"一穷二白"的面貌。这就是毛泽东思想所以战无不胜的道理。

我们文物、博物馆事业在短时间内得到发展,说明了学习先进经验只能是"借鉴",主要的是要在党的方针、政策、路线和毛泽东思想领导下,根据我们的民族特点和风格去进行工作,才会得到迅速的发展。例如:我们把文物、博物馆事业当作党的思想教育的工具,坚持为政治、为生产、为工农兵服务的方向。中央指示以后,更加明确了"突出红线","政治挂帅,不是实物挂帅","政治倾向性与历史真实性相结合"等原则。我们从来没有把这项事业看成为"冷门",看成为"神秘"的高不可攀的所谓独立的与政治无关的"学术研究机关"。十年来我们不断地进行了两条道路、两条路线的斗争。因此就保证了这项事业沿着正确的道路胜利前进!

我们在这项事业中坚决贯彻党的群众路线,大搞群众运动的方针,提倡"破除迷信,解放思想,发扬敢想敢说敢做的共产主义风格。""鼓励革命性的试验和群众性的发明创造。"这样就使文物、博物馆事业得到迅速的发展。三个月的考古训练班可以搞考古工作,这是《大不列颠百科全书》上从没有著录的。有人认为博物馆、文物考古工作只能"专家"办,只能"慢"办,万不可以搞什么群众路线、群众运动,这样就搞"乱"了。殊不知这正是无产阶级的革命的秩序,难道说我们能让几亿人民不兴工动土,而来等待几十年几百年慢慢地搞了"考古",才去进行社会主义建设吗?等待我们几十年几百年训练了博物馆、展览馆的"专家",才去办博物馆、展览馆吗?我们在征集文物方面,在培养干部方面,在科学研究方面,在技术革新方面,总之在我们各方面的工作中,都是坚持党的最基本路线——群众路线。

从上述在文物、博物馆事业中坚持党的领导,政治挂帅,贯彻群众路线来说，我们是具有中国的民族特点和民族风格的，这种风格正在逐渐形成。去年中央负责同志对博物馆的具有高度思想性的指示，使我们这项事业更加有了具体遵循的原则。有了原则、方向，事情就好办了，就更加可以发挥主观能动性、创造性，使今后文物、博物馆事业可以沿着我们自己的广阔道路向前发展，就会把束缚我们手脚的一些清规戒律突破，使我们事业更会百花齐放，丰富多彩。这样也就会使这项事业从理论到实际逐步形成具有民族风格和民族特点的文物、博物馆事业的体系。

2. 学习马列主义、毛泽东思想与学习业务的关系问题。

一则是两者的关系极易摆错，往往钻了业务，忘了政治。尤其是我们有许多工作，是与古代打交道的，与历史打交道的，极容易钻进故纸堆中，古物堆中爬不出来，极容易厚古薄今，而忘了古为今用，极容易脱离现实，脱离群众，所以也是个危险的工作。但是同志们不要怕，只要把关系摆对了，真正首先把马列主义、毛泽东思想学通了，以政治思想统帅业务，以马列主义的观点、立场、方法去钻研业务，就不仅可以做到古为今用、推陈出新；而且可以时刻从六亿人民当前和将来的利益出发，着眼于新生事物，促其飞跃发展。

一则是我们学习政治，不是为了单纯的学习而学习，而是为了应用到革命实践中去，毛主席在《改造我们的学习》中说："许多同志学习马克思列宁主义似乎并不是为了革命实践的需要，而是为了单纯的学习。所以虽然读了，但是消化不了。只会片面地引用马克思、恩格斯、列宁、斯大林的个别词句，而不会运用他们的立场、观点和方法，来具体地研究中国现状和中国的历史，具体地分析中国革命问题和解决中国革命问题。这种对待马克思列宁主义的态度是非常有害的，特别是对于中级以上的干部害处更大。"

我们的工作质量不高，甚至发生错误，就在于一是学习政治不够，思想没有不断提高；二是教条主义的学习，不能致用。

建议在各地党委领导下，文物、博物馆干部能在普遍的红专学习的基础上，各省、自治区、市能建立起有三至五人的理论小组，逐步在全国范围内形成一支文物、博物馆理论队伍，以便更好地推动事业发展。

3. 关于改进工作方法，大搞技术革新、技术革命问题。现在全国正在掀起群众性的技术革命，这不仅是工业、农业所必需，也是我们事业所必需，例如：在考古发掘方面，在劳动力缺乏的情况下，更加要解决这个问题。河南这方面已经有了很好的经验，如边发掘、边整理、边研究、边写报告；又如上海在印刷照像方面；吉林博物馆在办家属工厂方面；故宫博物院在用录音讲解方面；还有其他各方面都有一些开始，但还不普遍，还没有形成群众运动，希望学习工农业战线上的先进经验，结合我们具体情况来大搞技术革新、技术革命，改进工作方法。

我们的事业在前进，大家在工作中要自信，不要自满、自骄、自大。

我们的自信，是民族的自信、阶级的自信，不是个人自信；我们的骄傲，也是民族的骄傲、阶级的骄傲，不是个人骄傲。毛主席说："虚心使人进步，骄傲使人落后，我们应当永远记住这个真理。"

三

同志们在讨论中提出一些问题，还需进一步研究，现在只是提出一些初步的意见，供参考。

1. 文物工作中的方针提法问题。

"重点保护，重点发掘"，"既对基本建设有利，又对文物保护有利"的两利方针，是经两次提出来的，这次想把它统一起来。但在规划中一个提成方针，一个提成原则，语言不统一，是否统一为："在文物保护工作中，要掌握'重点保护，重点发掘'的原则。在配合基本建设中要贯彻'既对建设有利，又对文物保护有利'的两利方针。简化的时候就写为'重点保护，重点发掘'；'既对建设有利，又对文物保护工作有利'的原则方针。"请考虑。

还有就是配合基建主动发掘的问题。规划中的精神还是紧密结合基本建设来说的，还是就全国性的重点保护单位来说的。这是由于目前配合基建，我们的人力已远远不能相适应，在目前劳动力紧张的情况下，也无可能。同志们担心一提主动发掘，可能会从兴趣出发，把事情搞坏。是否限于省级以上的正规发掘队，按法令经过批准，才可以进行主动发掘。我们同意这个意见，已经在规划中加以修改。

2. 博物馆的具体方针、方向问题。

博物馆按其性质来说，是文化教育、科学研究、物质文化和精神文化遗存的保藏的机构，其服务对象是为广大人民群众服务，为科学研究服务，我们认为在实践过程中还是恰当的。

其具体工作方针是"服务政治,服务生产,丰富人民科学、文化生活"。至于"古为今用"的方针,是根据不同类型的馆而提出的,总的是否就用上边的一条。至于具体馆的更加具体的方针,可以因地、因馆制宜。

民族地区的博物馆究竟是搞民族博物馆还是地志性的博物馆,这个问题我们还无经验,想第三季度着重解决。初步想来,若从一个地区一个馆来说,应是以地志性博物馆包括更加全面一些,同时也好处理汉族的问题和还没有肯定下来的少数民族问题。这里面也可以另搞民族专馆或专室。若是设两个馆,就可以分别处理,其区别,应当体会中央指示精神和民族文化宫博物馆总结报告。地志性博物馆中着重表现党的民族政策,而民族博物馆着重表现民族飞跃发展的历史和建设成就。由于毫无经验,这样想法是否恰当?还是请当地党委予以决定。

市馆的方向问题。我们过去提出"历史与建设"的方向。现在旧的城市发展很快,变化很大,若从一个有城市历史、城市建设史的博物馆中,看到这个城市过去光荣的历史(或者新建城市的艰苦斗争史)、现在的飞快发展、将来的宏伟建设远景,对于人民的教育和鼓舞是很大的。这样,省会所在的市与省馆的分工也好办一些,否则都是地志性就容易重复。但是这方面也是毫无经验,也许别的方面更加好,请有关部门考虑,提请当地党委决定。也可以同时搞两三个方案请示党委决定。

地区、县馆的方向,一般以地志性的综合博物馆为好,但也可以根据当地特点加以变化。

还有一个较大的不易解决的问题,就是在地志性博物馆中，如何表现全国与地方的关系问题。地方革命史馆中也有全国性、全党性的党史与地方党史的关系问题。这次代表提出来许多原则、方针，例如"以全国为纲，突出地方"，"全国为纲，地方为目"，"以地方为主，结合全国"，"以毛泽东思想为经，地方历史为纬，适当衬托全国历史背景"等等。我们初步考虑"全国为纲，突出地方"这个提法比较好。因为一个地志性博物馆没有了地方特点，也就会失去存在的价值。但是具体怎样做法，我们初步想法是：地志博物馆中的社会主义部分或现代革命史的陈列中，如何表现全国为纲，突出地方？主要是表现党中央、毛主席三个时期的总路线的制定，在地方上是如何加以具体贯彻的。党中央毛主席的思想是从群众中来，又集中指导下去的思想，是与地方广大人民群众的思想紧密联系的，是最符合于群众的要求，最符合于客观实际的。这种思想转变成广大群众自觉的行动，就发挥出无穷无尽的力量。表现中不可采用"加减乘除"的手法，一截中央，一截地方，有的全无联系，这是不符合真实情况的。

革命史中地方党史有空白的地方，就让他有空白，不必硬填硬塞，这更可以表现中国革命的艰苦斗争的实际。至于在错误路线领导下党员和革命群众的英勇斗争，那是要与错误路线区别开的。地方革命史馆与地志馆的社会主义部分重复问题，请向当地党委请示决定，我们希望是各有重点，避免过多地重复。

地志博物馆自然部分的陈列方向问题。由于地志性博物馆是面向广大群众的综合陈列，因此它的自然部分，主要是表现这个地区的自然环境和自然资源，一面表现美丽富饶的自然条件,一面要表现人对自然的改造作用,即生产斗争。它不是一个自然发展史的专馆,也不是一个纯学术性的自然分类的专馆。在地志性博物馆中的自然部分,主要表现这个地区自然概况、生产斗争概况。这种意见,是否恰当,也请考虑。

1960 年 3 月 15 日

关于革命博物馆陈列工作一周务虚的小结[①]

一 陈列体系问题

1. 所谓陈列体系，包括哪些内容？就我们革命博物馆的陈列来说，可以概括为如下的几句话：以马列主义毛泽东思想为统帅，以党史发展阶段、大事件（包括人物在内）为纲目，以便于说明从感性认识到理性认识的历史实物为基础，以博物馆特有的语言手法来表现（这几句话原来说成是以思想为统帅，文物为基础，艺术为手段）。

2. 博物馆表现历史，要把思想红线贯串在重大事件（包括人物在内）中来表现。周扬同志曾经指出，不摆事件、人物，就不成为博物馆了，而成为文物馆了。博物馆应以党史发展阶段的大事件为纲目，历史博物馆看来就是在大事件这个问

---

① 中国革命博物馆原计划1959年国庆十周年时建成开馆，因陈列中毛泽东思想红线不突出，没有如期开馆。为了总结经验，1960年12月初在王冶秋亲自主持下，陈列研究人员对两年来的工作进行了一星期务虚讨论，最后王冶秋作了小结发言。这是经王冶秋审阅过的记录。

题没有处理好，因此总有文物陈列的感觉，而革命博物馆这一点做得比较好。烈士应当结合事件来处理。凡是不属大事件而是著名的论点，例如毛主席论"一切反动派都是纸老虎"这是一个论点，则应单独处理。

3. 博物馆要政治统帅实物，以实物为基础。要以从感性认识到理性认识的实物为基础，实物大致可以分为两种：一种是说明思想道理的；一种是说明当时情节具有感动力量的（当然不能截然分开，因为文件著作本身也包括感性知识，这样分为了方便），通过实物要把从感性到理性，又从理性来指导实践的马列主义认识论的过程表现出来，只有能说明这样过程的才算是真正的实物。

4. 博物馆也是一种工具，有它独有的特点，即它可以通过它自己特有的手法、语言，来表现一种思想。

二 陈列方针

陈列方针可概括为一线、二点、三性。一线即毛泽东思想红线，二点是群众观点和全局观点，博物馆要面向广大群众，所以陈列上一定要有群众观点，不能把博物馆搞成专供科学研究人员用的资料馆，例如大事件要表现清楚，前因后果都要表现，让群众知道来龙去脉。还要有全局观点，即是陈列要考虑全面，例如重点组在形式上要统一考虑。三性是准确性、鲜明性、生动性。

三 展品的选择和综合问题

以文物为基础，也要象以农业为基础一样来抓。如何选择文物，如何组合文物对博物馆来讲是最重大的问题。可以综合为下面十点：

1. 与主题思想直接有关的、具有文物价值的文献和实物是博物馆最主要的文物，其次是有关的与其他的侧面材料、烘托材料例如"沙、模、布"及其他间接材料。

2. 说明思想的展品要与感性展品相结合，使观众能想又能看，做到既能说服人又能感动人，文字材料不宜太多，形象的东西不宜太少。

3. 选择文物要有思想性、纪念性、典型性、故事性，反面的东西要有揭发性。

4. 物与物要有机地结合（加上辅助材料）成为完整的组，说明一个问题。墙面与空间要有机结合，成为一个完整的开间。

5. 语录是说明思想观点的，可以挂帅，但它本身不是文物，要结合文物才行，否则就是个标语牌，一般都要结合形象的东西来处理才好。

6. 会议的文件、决议中主要解决的问题，搞出语录，然后再搞个会址等等形象的东西，可以规格化一些，除了"一大"、"七大"外，二、三、四、六次党的代表大会都可采取一种规格。

7. 陈列的著作以手稿为最好，没有手稿用主席修改过的校稿也好，如再没有，就用第一次出版的版本，都可算历史文物。报照和书照不是文物，尽量不用或少用。

著作的形式处理最好以原件加以装饰。

8. 大事件一定要通过展品交待出背景、发生原因、发展经过及其影响，要有头有尾，这也是我国民族的形式，如我国章回小说的风格一样。例如"五卅"惨案要交待顾正红，"五四"运动要交待巴黎和会等。

9．大说明要结合展品，它不是文物，大说明有很大的长处，应好好处理，有些说明可以放在会址的照片下，说明会址及会议解决的问题。

另外为着给观众一个阶段的目次，可以考虑在每一阶段的开头搞个目录。

10．不要把博物馆搞成著作展览和文物馆，辅助材料不能压倒主题材料，不要喧宾夺主。

四　总体设计

1．总体设计应是内容与形式统一的完整的设计，要有统一的风格和规格，要有完整的布局，全面考虑重点设计，要在统一范围内突出重点，要突而不乱。

2．明年"七一"前只能在现有的设备基础上考虑设计。经过"七一"后，展出一个时期再修改。尽量吸收大版面的优点，像解放时期三大战役那样的形式很好。

3．设计要以政治标准为第一，艺术标准第二。

4．形式设计要有民族风格。

5．造气势主要靠"真材实料"，主要要靠文物说话，必要时可用丝绒等，防止虚张声势。必要的装饰也还是要的，像开国大典，二十八面红旗主要是壮声势，但最主要的文物是主席亲自升起的那面旗。

6．表现手法要有准确性、生动性、鲜明性。

7. 整个陈列设计要朴素大方、统一完整。旧民主主义要有悲壮气氛，新民主主义要有敢于斗争，敢于胜利，敢于革命，最后取得胜利的革命乐观主义气氛。主席的诗词以及民歌民谣都充满了革命的乐观主义精神，可以研究采用。

关于博物馆和文物工作
的几点意见（草稿）

博物馆和文物保护管理是建国后文化事业中新发展起来的两项事业，基础很薄，经验又少。十二年来在各级党委和文化部门的领导下，由于群众的爱护、支持，全体员工的努力，取得很大成绩；但是在发展过程中，也存在着不少缺点乃至错误。今后为了更好地贯彻"百花齐放，百家争鸣"和"调整、巩固、充实、提高"的方针，切实改进工作，认真打好基础，特提出几点意见，供讨论参考。

一、全国重点博物馆和各省（自治区、直辖市）直接领导的博物馆，在经过精简、调整的基础上，结合巩固、充实、提高的方针，为了明确发展方向、部门及个人的职责，建立正常的工作秩序，考虑实行"五定"：

进一步确定馆的性质、方针、任务和发展方向；

拟定五年规划（1963—1967年）；

拟定组织机构和各部门职责关系；

进一步确定干部的工作岗位和专业方向；

拟定经常的工作制度和学习制度，建立正常秩序。

二、各种类型的博物馆在陈列上都要逐渐形成完整的陈列体系。做到各具特点，百花齐放，丰富多彩；避免互相抄袭，千篇一律。

如何组成陈列？以历史或革命史博物馆为例，是这样组成的：要有思想红线挂帅，要有历史实物作基础，通过一定的历史阶段及这一阶段中重大事件、重要人物来表现，要用有一定艺术水平的绘画、雕塑和具有科学价值的图表等辅助陈列品来烘托，组成形象的、有感染力的陈列。博物馆的陈列要以它特有的语言向观众说话。

所谓思想红线，是指以马列主义、毛泽东思想来指导整个陈列；即是以历史唯物主义观点分析、研究材料，组织具有思想性的陈列。红线是线不是面，是灵魂不是肉体，是统帅不是兵。到处是语录、手稿、著作，就成为著作展览；把文物按时代排列入柜，也只能算文物展览，都不是历史陈列。陈列公开展出以后，除了发现政治性错误必须立即修改外，应当稳定一个时期，听取各方面意见，进行深入研究以后再进行修改，不要常年累月无准备地修改。地志博物馆"社会主义革命和建设"部分的陈列应暂缓组织正式陈列，近几年只进行征集等准备工作，有必要时，可举行专题展览。

三、博物馆的藏品是一切业务活动的基础。做好保管工作，就是为博物馆打好基础。因此，这一项工作必须大力加强，迅速走上正轨。要做到：

彻底清理藏品——凡是馆藏文物，应有确实数字，有出入帐目，有分类编目卡片（进一步要有几套卡片），有简明目录，有科学记录档案。藏品要分类分级。对一级藏品（特藏品）、二级藏品（重要藏品）、三级藏品（一般藏品）、容易损坏的藏品、需要保密的藏品、资料，以及处理品，都要经过鉴选，区别对待。出土文物最好按墓葬、遗址集中保管。

首先要完成一级藏品的科学编目工作（要求除卡片外，印出书本式的目录）和一级藏品的专库或专柜，以及特别加以科学保护的保管工作。

健全保管制度和改进保管方法。坚决消灭文物保管中的无底无数，真伪混杂的混乱现象和损毁、丢失事故，堵塞藏品保管中的漏洞。建立严格的保管制度和奖惩办法，并因地制宜适当改善库房条件和设备。做到有底有数，各得其所，妥善保管，取用方便。

每一个博物馆的馆长及文物机构负责人需对藏品尤其是一级藏品负法律上的责任。

有条件的博物馆应逐步开展藏品的研究、鉴定和对修复、保养技术、保管方法等方面的科学研究工作。提倡向专家、技师虚心求教，尊重师长；专家技师也要认真做好带徒弟、传知识、传技能的工作。

征集工作，是馆的重要工作之一，需要有目的有计划地作为日常工作来进行。既不要中断，也不要乱买。

四、博物馆的群众工作，是馆与群众之间的纽带。一个馆陈列开放以后，群众工作就成为对外的主要活动。应该采用多种多样方式进行。讲解工作是其中的主要部分，但不是全部。

讲解员要认真学习，不断提高思想水平和业务水平。除了学习本部分的知识，熟悉每一件陈列品以外，还要学习基础知识。讲解时逐步做到能深能浅，能长能短；根据不同对象，作不同的说明。回答观众问题时，能够解释清楚，要力求做到不出差错。因此讲解员应该有必要的学习时间，在制度上加以保证。

五、当前文物保护管理工作的首要任务是：继续贯彻国务院发布的《文物保护管理暂行条例》，大力进行宣传工作，加强对已经公布的文物保护单位的管理；在深入调查研究的基础上，陆续公布各级文物保护单位，1962年内提出第二批全国重点文物保护单位名单，报请国务院审定公布。

六、迅速实现第一批全国重点文物保护单位的"四有"工作（有保护范围，有标志说明，有科学记录档案，有专人管理），特别是有专人管理。凡是已设专门机构（如博物馆、研究所、保管所）的保护单位，应明确这些机构的职责，提出具体要求，加强管理。有条件的机构要负责进行划定保护范围、树立标志说明和建立科学记录档案的具体工作。没有专门机构的可以在不影响生产、劳动力的条件下，延请专人负责，给予生活补助。凡是委托其他单位进行保管的，也必须具体落实到有人负责，并建立必要的检查制度。对于认真负责进行保管工作的人员，应予适当的名誉及物质奖励。

建立科学记录档案，需要有一个由简到繁，不断提高，不断完善的过程。目前首先应从对现状进行科学记录开始，如测绘、摄影及现存文件资料、碑刻、题记等汇辑整理。记录材料，要求做到具有科学性、准确性。抄录碑刻题记需用繁体字按原刻、原件逐字录出，避免造成研究考证的困难。

七、革命纪念建筑物、古建筑的保护，必须坚持贯彻国务院指示精神，主要是保持原状，防止继续损坏。除少数必须进行的重点修缮工程以外，不要大兴土木，大拆大改；也不要在革命建筑及古建筑以外增添许多新建筑，改变了原有的面貌和气氛。

八、基本建设战线缩短以后，除在还有基建任务地区进行有重点的考古发掘，或有目的有计划的并报经上级批准的必要的学术性小型试掘外，着重整理过去的发掘资料，巩固已有成绩。凡是过去的发掘没有写出报告的，要求尽快写出具有一定学术水平的报告；凡是过去出土文物，没有进行整理编目的，要求尽快整理、编目。重要遗址墓葬的报告和文物编目清册，要上报省（自治区、直辖市）及文化部。文物在报告写出以后，尽快移交博物馆保存。

九、加强对流散文物的收集和管理工作。历年各县、市收集、保管的文物图书资料，在省级博物馆文物机构的指导帮助下，进行彻底清理、鉴定、登记、编目工作，并尽可能改善其保管条件。对其中特别珍贵而又易于损毁的文物，尽可能集中到省级博物馆或文物机构保存，避免损失。当地如需要陈列时，可用复制品交当地陈列。

加强对文物商业的管理，总结经验，改进经营管理办法。各地应当允许外地人员通过一定手续到本地收购不是建国以后出土的文物及流散文物。既要防止"划地为牢"的情况又要防止互相抢购，抬高物价，甚至刺激盗掘文物的现象。这几年来经验证明，"划地为牢"或管得过死，反而会逼使私人收藏的文物遭到破坏或盗运外流，因此对本地区文物完全冻结的做法值得重新考虑。对私人所有的文物，应该允许保存，并可举办个人收藏展览，不应采取动员捐献等方式。对确实志愿捐献文物的人员要给予适当的物质奖励和名誉奖励。收购文物要按质论价。

十、加强薄弱环节，除充实古代建筑修整所和文物、博物馆研究所的研究设备及专业人员外，全国有条件的博物馆和文物机构应根据本身具体情况和工作需要，逐步开展文物保护的科学研究工作，并负责为兄弟馆培养这方面人材。传统技术（如裱画、修复铜器、瓷器等）应千方百计使之传授下来，勿使中断。

文物出版社应逐步加强编辑力量及印刷设备，不断提高印刷质量及出版物的学术水平。

十一、博物馆和文物机构除陈列和保存文物等管理工作以外，它本身同时应该又是一个学术研究机构。因此，培养训练干部是做好工作的关键，首先要学习马克思列宁主义、毛泽东著作，并要学习业务，精通业务，这是提高工作质量的关键；是进一步贯彻百花齐放、百家争鸣的前提。学习要从基础工夫作起，要踏踏实实，按步就班地进行。博物馆的业务学习还要结合博物馆本身的实际来进行，例如博物馆的研究工作中一个突出的特点是进行历史文物的研究。学习要采取不同程度的不同进修方式，例如开专门讲座请人讲解，举行学术讨论会、座谈会；到有关学校听课，参加各种有关的学术活动，与有关学术团体保持经常的联系；聘请有真才实学的老专家、技师为顾问，向老专家老技师学习业务，学习技术。提倡读书，活跃学术研究空气。下决心作长期打算，培养出这一行的又红又专的队伍。

1962年8月22日

在筹备出国文物展览
工作人员会上的讲话

按：1971年冬，国务院图博口在北京故宫博物院武英殿筹备去法、英等欧洲国家的"中华人民共和国出土文物展览"，当时调集有全国大多数省、市文博单位的业务骨干参加这一工作。当展览筹备工作正紧张进行中，王冶秋同志来到故宫武英殿，向参加筹备工作的全体工作人员作了一次重要的讲话，实际上是对当时全国文博工作的指导和部署，是对当时极左思潮的严厉批判。同志们把冶秋同志的讲话精神，迅速传回本省、自治区、直辖市，大大推动了全国文博工作的开展。冶秋同志共讲了九个问题。现根据记录将其讲话要点整理如下：

最近十八个省、市的同志去陕西开会都回来了，今天我向大家谈一些情况和意见。

一 故宫开放问题

图博口是去年5月14日，总理接见我们后建立的。应该是图博文口，就是管理图书馆、博物馆、文物。现在图博口由国务院办公室直接管。图博口成立后一直搞运动，真正抓业务从今年初开始。先抓故宫开放，原来准备搞一个反帝反封建陈列，在太和殿、中和殿、保和殿三大殿搞。总理批准外国乒乓球队来看了，其他外宾也要看。4月向外宾开放，总理说，反帝反封建的陈列不在这里搞了，将来在中国历史博物馆搞。所以故宫基本上是原状陈列。故宫向工农兵开放要做些什么事？主要解决两个问题：一是把说明牌整理了一下，殿名、年代、用途等内容都没有动，后边略加批判；第二是编《故宫简介》。《简介》经故宫整改组修改以后连同准备开放的报告报国务院，以为经国务院办公室批就可以了，结果送到国务院业务组，认为这是大事，必须报总理。总理在百忙之中仔细看了《故宫简介》稿，有问题的地方都打了记号，指示由郭老（按：郭沫若）组织人审改后再报他。郭老连夜约请中国近代史研究所、考古研究所及北京的一些单位的专家在故宫开了一个会。郭老说："今天是'殿试'，有意见就在《简介》上写，一个半小时收卷子。"集中大家的意见，对《简介》作了修改。6月28日，总理在百忙中专门接见了图博口的同志，抽出两个小时解决几个馆的开放问题。总理看了报告和《故宫简介》后说："改得好"，并提出了修改意见。郭老又加了一段。请其他有关领导审阅后总理才批发。《故宫简介》重印50万册，到7月5日故宫正式开放，《简介》起了很大作用。今后无论搞什么陈列，首先要搞陈列简介，观众起码可以买一本回去，就可以在班、排、连作为学习材料，家里人也能看。《故宫简介》发售期间有一段脱销，观众几乎要揪斗卖书的人。今后各地开放一个地方，首先要搞一份简介。

二　出土文物展览问题

故宫开放后，接待了一千多位外宾。一个中心问题是解决帝修反的造谣，说我们"破坏文化遗产"，"故宫也烧掉了"。有些外宾来参观故宫时，拍了电影、照片，说是要回去宣传。听了这些反映，我们考虑是否再搞一个出土文物展览。

在"文化大革命"中，我们不但保护了地上文物，而且进行了考古发掘，所以决定举办十省市参加的出土文物展览。为了赶在"七一"前展出，动员全国各省市参加来不及，主要是中原地区的。其中为什么会有新疆参加，这是针对苏修的。苏修说长城以北是他的地方，其所以叫"新疆"，是新的边疆，所以新疆就是他的了。新疆的同志发掘了一百多座古墓，出土丝绸之路的和有文字的文物很多，有1 300多年前的东西，有汉文字的文书，有十二岁小孩抄的汉文《论语》，说明这个地方汉文化影响很深。我们不算老帐，苏武牧羊就在贝加尔湖，我们也没有说贝加尔湖就是我们的。我们的十省、市出土文物展览，可以说轰动世界。世界上一些大报纸都登了消息，影响很大。新华社发了报道，这个报道是经过郭老修改、总理批准的。发的图片，总理都一张张看过。总理批准发表这一篇报道，对文博工作人员是一个最大的鼓舞，最大的鞭策，这是二十二年来从来没有的事。过去的文物工作在文化部根本排不上队，这次党报上大登特登，肯定是中央的声音。这对搞文物工作的来说是一件大事。展览展出后很多中央首长来看，还接待了许多外宾和工农兵观众，反映很好。

三 关于出国文物展览问题

出土文物展览，外宾看后反映很强烈，日本公明党代表首先提出要这个展览到日本展出，说他要向总理建议把文物展览拿到日本去，又说，埃及去了一个木乃伊，几件文物就有两千万人参观，如果你们的展览去，那全日本都要去看。日中文化交流协会理事长中岛健藏也提出希望出土文物展览去日本，我们未同意，说要等佐藤倒台后再去。法国代表团在总理接见时提出要我们的文物展览去法国。总理说，欧洲的问题，首先考虑法国，戴高乐主张同我们建交后，一直是大使级，中法关系好，文物展览我们同意去，而且要去真的，去复制品没有什么意思。后同郭老一块研究，向总理打了个报告，成立了出国文物展览工作组，我是副组长，还有考古研究所的王仲殊、夏鼐，起草了向全国调文物的报告，后面谈到了调干部的问题。"文化大革命"前，文物考古队伍大概有一千人左右，四期考古工作人员培训班培训的，大学考古专业培训的大约一共有六百人，各省、市还办了些训练班。现在下放的下放，插队的插队，剩不了多少了。国务院后来把文件升了一级，改为国务院文件，专门讲了干部问题，要用他们的一技之长，有历史问题的只要搞清楚还是要用。文件发到全国各省、市、自治区，领导同志十分重视。省委常委都来审查送北京的展品，差不多送来4 000件文物了。展览要按出国标准摆，按出国水平摆，要用中、英、法文说明，经过大家努力，争取早日摆出来。

四 关于《文物》月刊问题

郭老向总理写报告时,特别提出三个杂志(指《文物》、《考古》、《考古学报》)希望复刊,以应国内外之需要。总理批了,同意这三个刊物复刊。《文物》12月15号左右可以出刊。办刊精神是以马列主义、毛泽东思想为指导,来研究出土文物、传世文物;向工农兵群众宣传辩证唯物主义和历史唯物主义;为无产阶级政治服务,为三大革命斗争服务。办刊方针是:学术性、资料性。运动中把《文物》月刊批得狗血淋头,实际上《文物》月刊完全是在无产阶级司令部指导下工作,今后还是搞学术性、资料性。12月中旬出第一期,还是叫1972年第一期,邮局发行。报告给国务院,报印8 000本,后与国际书店打招呼,他一订就是一万,说我们太保守了。国内也加到一万,先试试看。一年出六期,一半是我们这里编,一半由各省包,3、5、7、9、11期由各省包,双数的我们编。各省再研究一下,看哪几个省可以包。陕西、新疆答应包一期,河南、山东、江苏也包一期,明年的就包掉了。这个刊物各文物考古工作者都要大力支持。《文物》月刊编辑部编制报的是六人,在全国刊物中人数是最少的,长期工作的只有两个半人,后来加到三个半人。不想搞大编辑部,一期八万字,图片占一半。各省稿子经过有关部门审查,再送我们看一看。

五 关于文物出口问题

文物出口的问题,二十多年来同外贸部门一直扯皮,关系搞得很僵。外贸总公司组织五个人到各地去调查,他们没有让图博口参加。以后外贸部部长向总理写了个报告要继续扩大出口。总理批示要吴德同志主持开个会；让图博口军代表同我参加。我们体会总理的意思是这件事不能由外贸、商业部门去搞，而是要文化部门搞，所以请吴德同志主持开了一次会，还专门找我谈了一次，后来市革委秘书长又开了一个会，搞了一个文件。文件的内容是：

1. 体制和组织问题要从根本上解决。文化部门管什么，要根据国务院颁布的《文物保护管理暂行条例》第13条，文化部门要对文物商店进行管理。

2. 文件中写了文化部门管理文物商店，历史文物、金石字画……都要归文物商店收购。有的地方把文物商店交由外贸部门领导，这很不合理，等于把国家的文物出口权给外贸部门了。1965年陶瓷出口公司要出口一批瓷器，经鉴定有的不能出口。有的外贸仓库让外国商人到库房里去看，外国来的商人中有"古董鬼子"，他看到有唐瓷、宋瓷，这批货他都要。文化部门说不许出口，外贸部门说有损国家信誉，来回扯皮。后来中央领导同志制止了。要按规定，不许出口。这次文件规定，外贸部门只能收买近现代的珠宝翠钻，现代的手工艺产品。属于文物性质的货源由文化部门提供。希望各地的同志不要怕麻烦，还是要把文物商店管起来。商业部门根本不能收文物。文物不能生产，出口一件就少一件。出口标准原想放宽到明代，看了个内参，英国抢劫圆明园的几件乾隆时期的瓷器，卖了十万美金，还不是好的。1961年搞了个出口标准，一条线是1795年（乾隆六十年）以前的一律不许出口；一条线是1911年以前的若干品种不许出口；一条线是1949年以前的若干品种不许出口；乾隆以后的好的工艺品也不许出口。过去颁布的法令，凡是没有宣布无效的，一律有效。

长沙出土的商代斝卣盖子不在了，下半截成了宝贝；那个商代牺首兽纹方尊是从废铜中选出来的。

3．查抄文物要抓紧清理。现在的查抄文物损失很大，乱得很。查抄文物应当归文化部门管。这次"文化大革命"查抄得很彻底了。浙江这些地区有几百万件字画，有的放在地下霉烂；废铜仓库、造纸厂不知冶炼了多少好东西。保护文物要走群众路线，要工人共同来做这个工作。把老工人宣传好了，他主动帮你挑选出来。现在人员不多，还要加强和补充队伍。

4．总理那天接见图博口的领导同志时说，非文物可以出口，仿制品，假的可以出口。后来先念同志还指示，像蟒袍、玉带都不能出口。文物出口的方针是"少出高汇，细水长流。"大量出口，市场价格就压低了，这是个大问题。总是扯皮不清，我说他们外汇挂帅，他说我们是文物挂帅。这次开会后，文件上报总理审批，这就解决了一个大问题。

六　关于文物博物馆工作的问题

先谈文物。文物工作是红线？还是黑线？我认为，文物工作根本上是红线。自从文物局建立以来，首先从政策法令这方面来看，我们一进城，还是华北人民政府时代，就颁布了《禁止珍贵文物图书出口暂行办法》的命令。一百多年来帝国主义侵略中国，把中国变为殖民地、半殖民地，在文物上大量进行破坏盗窃，讲不胜讲。河南建一个厂子，一探有成千上万的墓葬，其中90％经过盗掘，文物都是卖给外国人了。一百多年来对文物的破坏盗窃没有停止过。我们一进城，就颁布了禁止珍贵文物出口令，是董老批的，我看这是红线。在华北人民政府时代，发布了第二个命令，要征集革命文物和保护革命遗址，主要是征集新民主主义时期革命文物，主席活动的地方如韶山、安源、延安……都要保护起来，文物要赶快征集。中国革命博物馆有这么一批革命文物，主要是从那个时候开始征集的。把一些主要的革命遗址保护起来，也包括对旧民主主义时期的文物征集和遗址保护。后来政务院、国务院又陆续颁布一系列法令。1960年11月，国务院全体会议通过了《文物保护管理暂行条例》和第一批180处全国重点文物保护单位名单（1961年3月4日公布）。这次在陕西开会，这些法令都印了。这180处没有保错，幸亏那个时候宣布，保下来了。这是贯彻毛主席对文化遗产要批判地继承的指示。从政策法令上看是没有问题的。所以我认为从根本上讲，文物工作是红线。当然我们执行起来有时会有偏差，我作为文物局的负责人，这个责任应由我来承担。

其次，这二十多年里，在对待民族文化遗产问题上，我们同"左"的右的倾向进行了一系列斗争，我认为是站在红线上。文物出口就是斗争之一。1965年就有人要搞文物出口托拉斯，我们坚决顶住了。古代书法家王羲之、王献之、王珣的字，叫"三希堂"，有"一希"被蒋介石带到台湾去了，另"两希"即王献之的《中秋帖》和王珣的《伯远帖》，压在香港一个银行，值十多万港币，一年多涨到48万港币，英国人想搞走，我们得到消息后，报告了总理。总理说，要下决心，花多少钱也得赎回来，但一定要保证是真的，并能安全运回境内。总理还批示"要派负责人员及识别者前往鉴别真伪"。1951年经总理批准派我和徐森玉、马衡三个人去香港,中间不知经过多少曲折,到了澳门过不去,是化装随着卖炭的船过去的。到了香港,花了48万港币,把两件东西弄回来了,上面一共只有四十几个字。1966年初,我又去了一趟香港,花了45万港币,把一批碑帖、书画收购回来。那些唐宋元明画,很大一部分是从外国买回来的,从国内也买了一批,都是经总理批准的。

这次山东的同志来,带来一张元朝的孔子像,谭厚兰等一帮人去挖孔子的坟,在画上写了"打倒孔老二",在脖子上插了一把刀,是陈伯达批准去挖孔坟的。挖孔坟的影响很坏。他们又去砸"周公庙","周公"指谁,很清楚。孔子的坟挖了,掀起一股大挖古坟之风,一个大队就挖几百几千。孔林是从汉代起搞起来的,凡是姓孔的都往那里葬,认为葬在那里最光荣。多少墓被大肆盗掘,我们进行过斗争,那些人是要破坏文物,我们是要保护文物。博物馆工作虽受到黑线的干扰,也主要是红线。如革命纪念馆开了两次会,在长沙开过一次,在江西开过一次,我认为都是红线。我们在指导思想上提出保护革命遗址,一定保持当时的环境,艰苦朴素的作风,反对大拆大改,焕然一新。不主张革命纪念馆都是一部党史,要有自己的特点,韶山也好,延安、瑞金也好,是这样主张的,与今年开的外事旅游会议精神是一致的。韶山纪念馆要保持原状,主席旧居和周围环境一律不能动。有人主张韶山要修,要把旧居搞个玻璃罩罩上,还要搞游泳池,盖个大纪念馆,我坚决不同意,因为这会破坏原貌。可是他说,孙中山能盖公园,为什么主席这里不能盖？你对主席是什么态度？给我扣了个大帽子。其实，保持原来面貌这是主席说的。

主席有一次去参观农讲所，看到里边变了样就说，怎么不是原来那个样子了，艰苦朴素的作风一点没有了。所以我说保持原状是红线，不是黑线。

进城时，我根本不是搞文博工作的，是打入敌人内部搞军事情报、搞武化的。党要我搞文博工作，但如何搞，一点底也没有。那时提倡学苏联，把苏联博物馆那一套搬来了，分历史、社建、自然三部分，在山东搞样板。这里有红的，也有黑的，有修正主义的东西，但不能说都是黑线。

博物馆事业基本上是红线，但有黑线干扰，我们在执行上有偏差。文博战线充满了两条路线斗争，这件事必须闹清楚，错的承认，对的坚持。将来怎么搞法？纪念馆中央直接抓。博物馆如何搞？我看按主席视察安徽省博物馆时的指示办，"每一个省的主要城市都应该有这样的博物馆，人民认识自己的历史和创造的力量是一件很要紧的事。"主席视察安徽省博物馆后，在安徽召开了十六省市文博工作会议。最奇怪的是，最近安徽省来了几位同志说，省展览馆把博物馆吃掉了，安徽省博物馆在9月17日主席视察这一天要纪念，要写出这条语录都不让。不让纪念，为什么？别的省我不敢表态，安徽省馆我敢表态，因为是主席视察过的。现在叫安徽省展览博物馆，不大合适。博物馆应按主席指示办事。在岳飞故里，主席说，你们为人民办了件好事，把岳飞故里保存下来了。1970年的《汤阴县志》把这段话作为头一页，是很对的。安徽省博物馆主要是两大部分，一部分是历史陈列，另一部分是搞社会主义革命和社会主义建设陈列,自然之部可放在社建部。一些省馆我主张搞断代史。陕西已经有了新石器的专馆,我主张省馆搞周秦汉唐。对博物馆陈列我总结了八个字:"各有特点,避免重复"。韶山搞主席青少年时期,井冈山搞那一年零三个月,不要都搞党史。"一大"纪念馆就搞"一大"。历史这一部分,先搞断代史,配合地下发掘,文物也有,好办。不要都搞通史,只搞农民战争史,我也不赞成。博物馆主要是宣传党的方针政策,展览馆主要是交流经验技术。

七 组织机构问题

博物馆的组织机构如何搞?不能再搞班、排、连,总得有几个部,部嫌大了,搞成组也可以。还是这么几大部,业务上的陈列、保管、群工,三个部是需要的,对外要有馆长、副馆长。

八 文物考古人员的培养问题

北京大学明年办考古专业,招了 30 人。有条件的大学也可以办考古专业。建议东北大学负责东北三省,西北大学负责西北各省,中南是中山大学、武汉大学办,华东是南京大学负责办考古专业,每年培养 100—150 人的考古工作人员。历届的考古专业毕业生,辛辛苦苦培养几年,那些人如没有重大政治历史问题,应该归队。参加过训练的同志也要归队。新疆这么大的地区,只八个人,我想那里应该搞个较大的考古队。大学培养,机关培养,短的训练班还要办。希望各馆自己办点训练班,如修复、拓片、裱字画,要自己办训练班。

考古要搞几个新的课题。要搞边疆考古，配合当前外交形势，很解决问题，如新疆出土的文物，苏联人来看了，哑口无言。搞地震考古，总理亲自抓，有几块碑记载的地震很清楚，对地震长期预报很有参考作用，这就是"古为今用"。搞水文考古，三峡在搞，一些水文考古资料，可以看出历史上的水位变化，对建设三峡也很有用。

九　要认真看书学习

最后一个问题，要认真看书学习，弄通马克思主义，用毛泽东思想指导我们的工作。要用辩证唯物主义、历史唯物主义的眼光来研究。主席对历史的论述，要很好地学习，政治上能辨别真假马列主义，业务上也要按马列主义办事。古代历史、近代史都要学习。不要怕一学业务就叫不突出政治，政治不是空的，搞这一行连唐宋元明清都搞不清，怎么行？现在有人怕是知识分子，填表时文化程度越填得低越好，填小学、文盲。应当敢于提倡读书，为什么还标点二十五史，这是主席批的。将来要添业务学习的课。现在让副教授管点事，有人就说是专家路线，为什么不能用他们的一技之长？章士钊的书还在出嘛！现在出《柳文指要》，我们为什么不敢读书、学业务、写文章、出书？这是极左思潮的后遗症。极左思潮一定要彻底纠正。（根据记录整理）

1971年12月4日

关于长沙马王堆仓库建设及文物保护问题的讲话

一 关于仓库问题

长沙马王堆汉墓出来了,轰动了世界。如何保存好古尸和文物,这是关系到子孙后代的事,要为毛主席的革命路线服务。周总理问了二、三号汉墓是否能挖,省里已做了准备,后来决定等一下,原因主要是库房问题。一定要建设好文物仓库,大家只注意陈列馆,其实,没有仓库就没有后劲。仓库保存文物,延长其寿命,比一般库房的要求要高一些,要能防虫防霉,我想地下室保存重要东西,包括马王堆汉墓出土的尸体。尸体出土后,周总理批了很长一段话,平时批一般文件都没有这么长,说速办勿延,转入冷藏室。下面可以放丝织品、漆、木器,陶器放在上面。日本保存唐代东西的地方叫正仓院,这是唐代皇帝送给日本皇帝的东西,1 300 年了,保存很完整。现在又修了一个仓库从外面包起来,因为原来的仓库也成文物了。在日本 1 300 年的房子很少。日本潮湿,所以仓库离开地面比这台阶还高。那座房子还相当好,正仓院已作为国宝保存。日本有好多地方采取这种办法，既是仓库，又是陈列室。他们有很多东西不准人们随便看，只有特殊需要经过批准才能看。有些文物不宜对外开放的放在仓库里，由少数人进去看。

我是不懂建筑的，大家想想办法，能不能上面设仓库，下面作陈列室。现在看来一号墓已有1 000多件文物，所以建筑1 000平方米的仓库不行，要2 000平方米。玻璃安装也要考虑。另外，我们想在仓库外面搞一个修复室，像实验室一样，用土洋结合的办法去修复文物。全国还没有一个这样的仓库，故宫有一个仓库是国民党时代的，门很结实，你们可以去看一下。将来各省都能有一个就好了，故宫也得搞一个。吴仲超同志强调故宫不能搞新的建筑。我看研究室最好也能搞在一起。我看了日本一个研究所，叫文化财研究所，相当于我们的文物研究所，是研究修复项目的。修复室最好离公路远一点，但离仓库不要太远，以便送取文物。像帛画可以在那里装裱。在文物修复期间不要搞参观。在修复室里要处理各种各样的东西，要有一些基本设备，比如漆器、木器、丝织品的处理各用什么办法。一定要考虑到将来研究、保护、修复三结合，不要有了仓库没有修复室，有了修复室又没有设备。不要搞古建筑大屋顶，我看韶山陈列馆就不错。参观的人不能多了，定陵花了20万元进行挖掘，后来的设备花了200万元。过去，参观的人一下就是一两万，结果丝织品长了很长的毛。后来搞了通风设备，现在去参观就舒适多了。这一点要给省委讲讲，得多花几个钱。修复室500平方米，搞70元一平方米就可以了。电影不一定在这里放，可以在陈列室里放。建筑要对称，要注意朝向问题，既要保持光线，又要设法使紫外线不要进来，不要晒坏了文物。历史博物馆玻璃太大了没法擦，后来搞了几部空气压缩的梯子，很不方便，在里面擦太费力，可外面又不能擦。这种设计真害人。窗子多了没有墙面，博物馆陈列是需要墙面的，门上可否搞菱形钢架，不挡风可以挡人。争取明年10月前搞好，搞好了向各省推广。文物以保护为主，保存二十年、二百年、二千年行不行？还是采取双保险的办法为好，一般人不要到地下室去看，只准研究人员下去。

报警器是用老的还是新的？不过电子设备也不能解决一切问题，安装时要隐蔽些，不能一进去就发现了。故宫珍宝馆装了报警器，一个小偷偷了几个金印，几个金碗，报警后公安人员包围了他，报警器主要用在晚上。厕所、衣帽间要考虑，总理到历史博物馆去批评了两件事，其中就有厕所问题，后来把办公室改成了厕所。厕所两个蹲位少了，女的可少一些，男的要多一些，还要搞小便池，公共场所要有厕所，大的房间也要有一个。人民大会堂好在厕所多，电梯多，上下很方便。群众场所的前后门、厕所都要注意。接待室容纳40人太少了，基辛格来一行18人，但照相的和机组人员，合起来是六七十人。要来个总统，随从人员很多，光记者就上百人，总不能让人家轮流进去休息。上面一层要多开一些门，要考虑通风设备。冬季开暖气，其他时间还是自然通风好。门要开大一些。接待室可分两个档次，一边档次高一点，一边低一点，后者坐位要多一些。室内设备可以学首都体育馆，有许多东西使用泡沫塑料，比较轻便。凡是几个人抬不动的东西可以淘汰。你们可以到首都体育馆去看看，建筑要朴素大方，仓库造价我想压缩在

100万以内，两边休息室可以降低造价，天花板上可以用一些马王堆的图案。

二 关于文物保护问题

文物保护问题要订出制度，由一个人统一抓，不管他是哪里来的，都要按规定办事，我上次看了放文物的防空洞很潮，弄不好会坏了文物，要趁机把仓库搞起来，还要建地下室，可以搞2 000平方米，一边作保管室，一边可以参观。

首先思想要明确，就是把文物保管工作搞好，不然今天张三看，明天李四看，总是被动。保管工作要自己训练一批人，自己搞。

那些丝织品原样放着行不行？我觉得要到洗衣公司去找几个有经验的老师傅，请他们去看一看，看有无办法干洗一下，把上面的脏东西去掉，再保存。定陵的东西失败了，那是因为外面用化学处理了，所以最好还是原样保存。上次给了你们三个箱子，那都是二百多年的老樟木箱子，如不适用可以改装一下，把它改成抽屉式的，你们那里有战国时的木头，可以配到箱子上嘛，因为这些木头干透了，不会起变化了。

丝织品用有机玻璃夹，是否充了惰气，王㐨在搞阿尔巴尼亚的羊皮书时，用这个办法。日本保存宋代纸张，都是用玻璃装的，里面有些空隙，对研究、参观都很方便。

商承祚先生对漆器是使用一种阴干的办法，就是把器物放在一个小的铁皮箱子里，外面套上一层又一层的箱子，经过一定时期，它就慢慢干了。

竹简的照片要拍原大的，用那种老式的相机照。山东的那一批简，就是拍的原大照片，这样拍一次可以到处用，以后就不用再拍照了，否则拍照多了，对简有影响，这是保护文物。这一批竹简太重要了，找个老相机，只要镜头好就可以，故宫就有一套这种老相机。如果长沙解决不了，可以拿到北京去拍照，我看这一批竹简好极了，比任何地方出的都好，字写得好，可以出一个本子。

用胶矾水处理丝织品，是从古画上学来了，它可以渗透，这是最好的办法，它不老化，过一个时期，你还可以加。缺点是胶性少，粘性力不很大。化学处理是在丝织品外面形成一层薄膜，过一个时期薄膜老化了丝织品就碎了。现在用环氧树脂等，只有二三十年的工夫，没有经过考验不保险。（根据记录整理）

1972 年 10 月 18 日

在湖北云梦文化馆
座谈会上的讲话

按：1972年12月18日，国务院图博口负责人王冶秋同志，在湖北省文化局副局长程远凯等同志的陪同下，专程到云梦县视察最近在城关大坟头发掘出土的文物，在地县负责同志的热情接待下，先在县文化馆看了文物，又到工地看了发掘现场，并和省、地、县的同志进行了座谈。下面是冶秋同志在座谈会上讲话的主要内容。

这些出土文物很好，省、地、县各级领导对保护文物很重视。这个墓出来的文物都保护下来了。这批材料很重要，将来脱了水（指漆木器），可以出国展览。

最近，日本要求我们去他们国家搞"出土文物展览"，总理已经批准，我们准备去。对于考古，日本人内行，过去他们从我国弄去的文物也很多，但都没有经过科学发掘。我们这次准备搞350件去展出，主要是成组的，如一个墓葬一个坑出土的，这他就比不上了。图博口正在筹备，年底集中文物，明年3月份搞好。只有一件的不出国，小件易盗的不去。希望各省大力支持。

文物保护工作，对配合毛主席革命外交路线，研究历史，向群众进行历史唯物主义教育都有重要作用。

有些国家怕我们去宣传。如法国原来说邀请我们的芭蕾舞《红色娘子军》，后来说，只能在露天剧场演出，这是借口，害怕我们的宣传，我们就不去。但杂技团、乒乓球、历史文物可以去，连基辛格也想要我们的出土文物去展览。他们认为这些没有政治或政治性小些。其实，哪会没有政治呢？毛主席批准邀请美国乒乓球队访问中国，小球转动大球，世界形势都发生了变化。我们的乒乓球、杂技团一出去，影响很大。过去外国人说我们是东亚病夫，一看我们的杂技演员、乒乓球运动员很健康，这对人民就是个鼓舞。

另外，国外有几千万华侨，左中右都有，左的好办，右的，他们中了反动宣传的毒，也以为我们共产党"青面獠牙"，我们的乒乓球、杂技团、出土文物展一出去，一看我们还是正正当当的，不是青面獠牙，这就可以孤立那最顽固的一小撮。

我们的文物工作，在和帝修反的斗争中，也发挥了重要的作用。从前还没想到作用有这么大，实际上文物工作从一个侧面配合了毛主席的革命外交路线。比如，"文化大革命"中，帝修反造谣说我们的"文化大革命"不要历史，把历史文物都破坏了，把故宫也烧了。于是，我们开放了故宫。他又说你房屋还在，东西不在了，把文物烧了。我们就邀请了十一个省、市搞"文化大革命"期间的出土文物展览，一展出，影响很大。又经总理批准，在报纸上发了《我国在文化大革命中发掘出大批珍贵历史文物》的报道，向国外宣传我们保护祖国文化遗产，批判地继承了历史文化遗产。

我们的十一省、市出土文物展览，还特别邀请新疆来参加，把新疆唐墓里面出土的汉文书籍和官私文书，以及和中原风俗相同的各种食品，如水饺、饼干、麻花等都展览出来。苏联谈判代表团去看了，干瞪眼。我们没有说话，说明也没有怎么写，你说新疆是你们的，为什么光出汉文，还有水饺，就是现在，你苏联人也不会做水饺呀！

最近，长沙马王堆汉墓和"文化大革命"中出土文物的电影，在香港放映，据了解，才演了20天，观众达110万人次，全港400万人，四分之一以上都去看了。左中右的人都去看。京戏《智取威虎山》，右派不敢去看，出土文物的电影他们都去，连台湾有些人也去看，这种作用和影响是很大的。

对国内可以向人民群众进行历史唯物主义教育、爱国主义教育，就是对国外，也可以进行爱国主义教育。如日本一些人崇拜美国，什么都是美国的好。1963年我到日本搞展览，看了他们的美展，完全是美国人的那一套，铁轨上锤了几个枝枝弯弯，就是什么雕塑；裸体人身上弄些油彩，往布上一滚就是油画，什么都不象。我们的出土文物一去，都是我们自己民族的优秀文化遗产，他们的人民一看，也会想到他们自己的民族文化，激起他们的民族自豪感。所以我们的文物展览出国，也可以向外国人进行爱国主义教育。

退一万步说，还可以换取外汇。比如长沙马王堆出土的丝绸，上海轻工业局仿制出来了。在这次广交会上，他们的丝绸产品摆在二楼。日本人的丝绸工业很发达，他不买我们的丝绸，后来听说是马王堆出土的丝绸图案，一下子就卖光了，现在订货已订到明年3月，这个老太婆已在给我们赚外汇呢！当然，那些丝绸图案是那时劳动人民创造的，是劳动人民在为我们赚外汇。你们这里出土的漆器，也可以复制出口换外汇。你们轻工业局把这些漆器的图案印在丝绸上布匹上，就可以出口。比如这里出土的漆盘的图案花纹很漂亮，要是印在桌布上，你宣传说是云梦出土的两千多年前的图案花纹，本来只卖几元钱，你就可以卖十几元、几十元。外国人就喜欢这些东西嘛。

马王堆汉墓的消息一出来，特别是电影一出来，轰动世界，后来没有宣传了，外国人就造谣，说那个老太太坏了。为了回击帝修反的造谣，经总理亲自批准，最近对老太婆的尸体进行解剖，还拍成电影。他们先和湖南的、北京的、广州的解放军的医学界研究了，决定解剖，9日报告总理，10日就批了，叫急送郭老和刘西尧同志，有无异议，请郭老批准。郭老看了，同意。他是学医的，提了两条意见，一要检查血型，看是A型、B型还是O型，一是找致死原因。总理批准，叫再开个专家会，大家同意了，再开刀。后来，在省委开了会，华国锋同志参加了，解剖时还去看了几个钟头，后来又来座谈讲话作指示。

这次请湖南医学界拔尖的，都来参加会，老的年轻的都有，对尸体反复研究。我先耽心肚子里的东西坏了，医生们作了仔细的体外检查，就像我们体检一样，又用X光透视拍照，内脏里都很清楚，最后才决定开刀。打开一看，除脑髓保存得不大好外，五脏六腑，都是好的，脑膜也是完整的。医学界正在研究，两千多年前就有如此的防腐技术。过几个星期准备报道一次，这些材料一发表，肯定又要轰动。

长沙马王堆出土的纱衣，整件衣服重49克，即不到一两，现代尼龙纱还达不到这个水平，把这件纱衣盖在漆耳杯上拍照片，透明得如同没有盖上一样。据说，蚕一次吐的丝不是一根，而是两根，丝字就是两个糸，这种纱衣就是将一根蚕丝劈成两根后织的。还有防腐的技术，现代电线杆、螺旋桨都易坏，而两千多年前许多东西都能保存得好。这些都应该好好研究，鼓舞我们将社会主义建设搞好。

从1970年以来，总理亲自抓文物考古工作，各级党委都很重视，各省也都出了不少的东西。要把文物保护工作做好，地区、县要保护好文物。一方面批判地继承历史文化遗产，一方面将来也可以出国展览宣传。

"文化大革命"中的确破坏了一些文物，这次参加广西壮族自治区文物工作会议。听说百色出了一个西汉鎏金铜棺，老乡很重视，把它抬到县革委会，县里领导说有什么用，生产组不是还要铜嘛，给他们，结果让生产组把它砸了。广西博物馆捡了几小块，很漂亮嘛，真可惜。

文物保护工作要走群众路线，你们一个省十几个人搞文物工作，那搞不了的。要把群众性的文物保护工作搞好，有的地方搞文物保护小组，贫下中农、中小学教师都可参加，三五人，不脱产，起通风报信的作用。废品收购的地方，都能建立文物保护小组，给他们些文物图片，让他们熟悉文物，工作中一看到，就随手可以捡起来，可以起把关作用。（根据记录整理）

在湖北武汉市
文博干部大会上的讲话
（摘要）

　　这次出来是到广西参加省文物工作会议。后来接到一个任务，到长沙研究马王堆汉墓出土女尸的解剖。这件事始终是总理亲自在抓。
　　开始，是湖南医学院提出的，要求解剖尸体，查明致死原因。他们报到省委，省委报到国务院，总理太忙，每天工作二十小时，有时几夜不睡，本想不打扰总理了。纪登奎同志要李先念副总理批，先念同志说还是要请总理批，因为此事在国际上影响很大。总理批示：要我找有关同志和专家开会商量能否解剖，如同意了，搞个方案。我在桂林，接到电话后，感到自己思想太麻痹。总理是那么慎重，解剖之前还要请有关专家讨论。我赶到长沙，将北京、广州等有关单位的专家约到长沙，与湖南省的领导、湖南医学界讨论了两天。原先我担心肚子打开以后里面乱糟糟的，拿不上手，不好缝合，解剖无价值。经过讨论，一致认为可以解剖。12月9日向国务院报告，10日总理批示：急送郭老（郭沫若）、刘西尧同志，如有不同意见，请郭老批准，再告长沙。可见总理十分慎重。郭老批示：没有不同意见。提出两点：一是检验血型，是 A 型、B 型还是 O 型；一是查明致死原因。11 日早晨，郭老又给刘西尧同志写信，告诉检查应从哪里取标本，要研究究竟是什么病致死的。上星期二（按：12 月 12 日）作体外检查，比一般体格检查详细得多，各科专家都来了，有七十多岁的老专家，也有二十来岁的年轻人。上午检查，下午运往部队医院。以前电影里看的 X 光机，是三四十年代的，太旧了。这个部队医院的 X 光机很好，又是我国自己制造的。下午一点钟开始照 X 光，直到深夜一点钟。拍了几十张片子，尸体内部结构完好，就是脑子坏了一点，决定第二天解剖。我总怕皮肤不好缝合，摸了一摸，皮肤很像"暴腌肉"，很软，很滑，有些地方按一下还可以鼓起来。第二天开会讨论，大家一致认为可以开刀，但还是有顾虑，决定先从肚子上开个小口，脑袋开个小窗，先用探察镜看一看。开刀结果，皮下脂肪、各层组织都很完好，就像切开"暴腌肉"一样，每层都看得清清楚楚。肚皮用夹子撑开，很坚实，里面五脏六腑都很好。肠、子宫，各方面都很完整。后又由很有经验的大夫开头颅。我问他怎么样？他说可以，完全可以缝合。脑膜是完好的，里面的脑髓成了豆腐渣了，保存得不够完好。现正进行各种检查，报告总理后，经批准再发消息，肯定又要轰动世界了。

那里刚完，湖北宣传部就去电话，说云梦发现一座汉墓，要我来看看。我去看了，很重要。究竟是什么墓，汉墓？还是楚墓？还要请专家鉴定。

今天，我没有准备，随便谈谈，对的就听听，不对的就请批评指正。

文博事业中的两条路线斗争

文博事业是不是黑线专了政？有没有两条路线斗争？这个问题要搞清楚，否则同志们总是灰溜溜的。

文物保护事业是同新中国同时诞生的。旧中国是没有文物保护的，帝国主义到处破坏、掠夺我国文物。他们的"探险家"把西北、洛阳等地的大量的文物搞走了、破坏了。帝国主义勾结奸商和军阀，对我国文物大肆盗窃和破坏。英法联军掠夺并焚毁了圆明园，八国联军抢了故宫，俄、英、法、德都抢走了不少珍贵文物。龙门的石刻被砸坏了不少，连佛像的耳朵也被砸去了，破坏很严重。世界各博物馆几乎都有中国的文物，没有，就不成其为博物馆。

刚解放进城，董老当时华北军政委员会主席时，第一个命令就是《禁止珍贵文物图书出口暂行办法》，第二个命令是征集革命文物；以后政务院、国务院颁布了一系列法令，在基本建设工程中，在农业生产建设中保护历史及革命文物、遗址；1961年国务院全体会议讨论通过、颁发了《文物保护管理暂行条例》和《第一批全国重点文物保护单位名单的通知》（共180处）。我是进城后才搞这个工作的，接管时我是军代表，接管后就走不了啦。文物工作到底是红线还是黑线？当时是谁抓的呢？我认为是红线，一直是总理在抓。

1966年初总理批准叫我到香港，用45万港币买一批古书画，买回后请总理看了。当时有人说：我就不同意买这些东西，卖到美国去有什么关系？受到了总理的批评。后来还有人想搞什么出口托拉斯，打的旗号是争取外汇，支援世界革命，受到了我们的抵制。文博事业中存在着两条路线斗争，但我们的事业一直是红线领导。

毛主席从来都是讲批判地继承，从来没有说不要文物，而是说："我们这个民族有几千年的历史，有它的特点，有它的许多珍贵品。"

"文化大革命"期间，林彪篡改历史，说什么不要历史遗产，不要文化。但他自己搞了上千件字画。他的四员大将①经常到北京文物清理小组（"文革"初期成立）去，那里存放着许多抄家时抄来的东西。分明是白拿，还要说是"买"，一张价值数万的字画只给几角钱，还要开发票，完全是盗窃犯。鸡血石，一块值几万元，叶群就搞了60多块。蓝表两万美金一块，叶群也搞了42块。他们是准备拿到国外去搞流亡政府的。陈伯达听说明代版本《文苑英华》好，就从天津图书馆要去了，不还。

今后文博事业怎么搞

有些初步设想：

首先讲讲革命博物馆、革命纪念馆。如农民运动讲习所、八七会议会址、二七纪念馆、红安革命纪念馆。去年中央召开了旅游会议，发了一个材料。中央讲了话：要保持原状，保持当时艰苦朴素的环境和作风，要各有特点，避免重复。

八七会议地址问题，我问了总理，总理说：王冶秋你找错

---

① 黄永胜、吴法宪、李作鹏、邱会作。

人了，我没参加，南昌起义后我就南下了。要我找李富春、蔡畅同志。蔡畅同志说，我没参加会，听说是在我住的地方开的。李富春同志说他在鄂北，也没有参加会议。问董老，董老说他在武汉，但没有参加会议，是听的传达。林彪去井冈山，博物馆的同志问他：八七会议是不是在汉口开的。林彪说是。传到北京，我也就信了。我当时脑子简单。当时林彪只是一个见习排长，根本没有资格参加这个会。他把朱老总在井冈山的题字碑炸掉了，自己写了几个歪歪扭扭的字"黄洋界"，还建了什么题字亭。今后革命纪念馆，一定要表现当时艰苦朴素的环境，千万不要搞"焕然一新"。毛主席看了广州农讲所说：不是当年那个样子。搞那么多花草，面目全非，好像革命很舒服，怎么能进行传统教育呢？还在农讲所后面搞了个大楼，准备从1921年陈列到现在。这个陈列楼应该只陈列第一次国内革命战争这一段的历史就行了。因为都搞一部党史，就没有特点了，只看北京中国革命博物馆就行了。所以一定要保持特点，避免重复，千万不要搞得"焕然一新"。

井冈山，我一直主张要留下两三个哨口，保持原状。现在五大哨口都能通汽车了。当年的革命环境就看不见了。又如嘉兴南湖的船，一大会议时用过的船，是请示了董老之后复制的，样子比较旧。"文化大革命"中，被搞得面目一新，中间还挂了像，两边有标语、对联。周总理说：这怎么能开会，是秘密会议嘛！红安的一些革命标语，一定要千方百计地保护下来。革命旧址一定要保持原来面目，切不可搞得面目全非，也不要搞得千篇一律。

今后博物馆怎么搞？毛主席视察安徽省博物馆时说了一句

话："一个省的主要城市都应该有这样的博物馆，人民认识自己的历史和创造的力量是一件很要紧的事。"当时报纸上发表了的。办博物馆就得按主席这个指示办，对此我们要很好地体会、研究。

我看你们博物馆可以搞两个部分：一部分是历史陈列，一部分是社会主义革命和社会主义建设陈列。先搞出土文物陈列，再搞本地的历史陈列，历史包括地方革命史。现在出土的文物，哪一件不是劳动人民创造的？长沙马王堆的死者只不过给我们留下了一具供我们今天研究的尸体。那些丝织品，如：不到一两重（只有49克）的素纱襌衣，现在尼龙丝都办不到，都是古代劳动人民创造的。上海仿照马王堆的图案织成丝绸，广交会一下就卖光了，订货已订到明年3月。外贸部门可以和文物部门联系，搞些文物复制品，出口换外汇。我们博物馆应当帮助外贸部门。

关于文物收购、出口问题，总理指示要吴德同志召开会议，这个会开了，出了个文件：少出高汇，细水长流。文物越少出越贵。乾隆六十年（1795年）以前的不准出口，乾隆六十年以后珍贵的也不准出口。现在国际市场投机中国文物最凶。我们出口文物，就等于给外国人帮忙，给外国资本家干活。

到当地收购文物，必须经过文化部门批准，当地党委统一领导，经过检查、鉴定，才能运走。总理讲了，假的、仿制的，可以出口，如故宫的旧鞋等。要办文物商店，归文化部门管，将社会上的古旧东西收起来。

北京的中国历史博物馆，原准备到今年10月1日开放。

我去看了一下，有两个问题：一曰农民战争打头。一开始就是农民起义，但为什么要起义？没有表现。没有文物就用画，一是起义场面，一是起义领袖的像，一是进军路线图。画人物尽量美化，衣服很漂亮。二曰彻底推翻王朝体系，不用朝代用公元。我说，我看不懂。最近总理接见美国的艾尔索普，乔冠华、吴冷西同志都在场。这个人很嚣张，污蔑中国历史是统一、扩张、分裂、垮台。总理批驳他说，自从秦汉以来，两千年间统一占1 700多年。我乘机向总理讲了历史博物馆陈列中的两个问题。总理说，这样不就成了农民战争失败史了吗？如果彻底打破王朝体系，那我们今天按唐宋元明准备的不是白费了吗？我还反映了小学、中学没有历史课，大学历史系只讲四史：农民战争史、帝国主义侵华史、党史、世界共运史。总理说，不讲通史怎么行？并问农民战争从什么时候讲起？我说，从陈胜、吴广讲起。总理说，那以前的不要了？

　　第二天我向中国历史博物馆传达了总理的这些意见。如出土的文物，不讲战国、汉、唐，只讲公元哪年的，谁看得懂？这是客观存在嘛！我体会总理的意思，王朝名字还是要，因为它代表一个时代嘛！

谈谈图书馆的工作

　　图书馆的工作我看也要批极左。图书馆首先要把方针、任务搞清楚。北京图书馆提的方针任务是：为无产阶级政治服务，为社会主义建设服务，为工农兵服务，面向工农兵。这几条放在哪里都行，具体到北京图书馆怎么办？你具体的方针任务是什么？我看主要是为中央党政机关服务，为科学研究机关服务。但他们非要下工厂、下农村，搞个小车推着下去，以为这才是为工农兵服务。为中央党政机关服务，为科研机关服务，难道不是为工农兵服务？尼克松访华前，读了不少有关中国的资料，其中有一本是马尔诺写的关于中国的书。总理要找这本书看看，外交部打电话给北京图书馆，回答说，人开会去了。叫他找一找。他说：找不到。后来告诉他说，是总理要。他竟说，总理要也不行。你看，这还像话！尼克松来中国前，美国国立图书馆有两千人为他查书。你非要下乡、下厂，推个小车下去，要有个分工嘛！现在许多外国情报不能掌握，这怎么行。

省图书馆怎么搞，县区社怎么搞，要具体分析，首先要把方针任务定下来，不要搞得一般化。我们一个省等于别人一个国家，要很好研究。

北京图书馆书库已经解决，总理已批了盖两万平方米的书库。

武汉是开放城市，要对外开放。领导对文博工作很重视，自己要做好工作。不要埋怨这个，埋怨那个。主要在自己。
（根据记录整理）

1972 年 12 月 19 日

在全国文物、博物馆、图书馆 工作学大庆座谈会上的讲话

同志们：

在抓纲治国的战略决策取得伟大胜利的大好形势下，在举国上下热烈欢呼、坚决贯彻具有历史意义的十届三中全会精神的高潮中，我们来到大庆参观学习，座谈讨论文物、博物馆、图书馆战线如何学大庆的问题，是一件非常有意义的事情。可以说，这次会议，是我们文、博、图战线建国以来规模最大的一次会议。这次会议的召开，是形势发展的需要，又是我们继续革命的新起点。我们相信，通过这次会议，文、博、图战线将会学出新水平，批出新水平，干出新水平，把学大庆的群众运动更加深入地、持久地、扎实地开展下去，使大庆所代表的我国社会主义革命时期文、博、图工作的方向和道路，在整个文、博、图战线生根、开花、结果。

一

大庆，是伟大领袖毛主席亲自树立的一面红旗。敬爱的周总理精心培育大庆，并高度评价了大庆经验，指出大庆是学习

和运用毛泽东思想的典范；是大学解放军，具体运用解放军政治工作经验的典范。大庆不仅甩掉了我国石油工业落后的帽子，为国民经济的发展，作出了巨大贡献，而且走出了一条同资本主义、修正主义根本对立的我国工业发展的道路，在一系列根本问题上，创造了极其丰富的经验，具有划时代的意义。

几天来，大家亲自参观了大庆，听取了大庆经验介绍，受到一次深刻的教育。同志们普遍感到，大庆到处闪耀着毛泽东思想的光辉，听了感人，看了服人，真是事事受教育，处处有学头，越看越振奋，越学越有劲。原来有个别同志认为，大庆是工业发展的典型，我们是搞文物、博物馆、图书馆工作的，大庆经验和我们联不起来。经过这次参观学习，这些同志的思想起了很大变化。他们说，文物、博物馆、图书馆事业，属于上层建筑的一个部分，同工业战线的大庆比较起来，虽然有一些不同的特点，但是，文、博、图战线和大庆一样，都是无产阶级革命事业的一部分，都必须严格按照马列主义、毛泽东思想的基本原则办事，正是在这些根本问题上，大庆创造了丰富的经验。这些经验，不仅适用于工业，而且适用于各行各业，适用于文物、博物馆、图书馆事业，具有普遍的指导意义。

文物、博物馆、图书馆战线必须学大庆，也能够学大庆。那末，学大庆学什么？学大庆要学根本。大庆的经验都要学，但抓不住根本就学不好。过去各条战线来大庆参观学习的很多，为什么回去以后，有些单位的工作仍然收效不大呢？就是因为没有学到根本上。

学大庆，就要学习大庆认真学习马列主义、毛泽东思想，靠"两论"起家的经验，学习大庆同"四人帮"斗争的经验。

在"四人帮"横行的时代,帽子满天飞,棍子遍地打,毛主席的革命路线受到极大干扰和破坏。英雄的大庆人,毛主席的旗帜举得高,毛主席著作学得好,不管"四人帮"怎么干扰破坏,他们都顶得住;不管环境多么困难,他们都不动摇。"四人帮"诬蔑大庆"红旗是黑的,标兵是假的,干部是坏的,经验是吹的",以铁人为代表的大庆人愤怒地回击他们:"谁敢诬蔑大庆红旗,我们就一拳头把他砸到地底下去";"四人帮"鼓吹"不为错误路线生产"的反动谬论,大庆人就气势磅礴地喊出了"大干社会主义有理,大干社会主义有功,大干社会主义光荣,大干了还要大干"的钢铁誓言。就在"四人帮"大肆宣扬刻苦学习、钻研业务是走"白专道路"的时候,大庆各级图书馆(室)的工作人员千方百计为生产和科研提供图书资料;就在"四人帮"大刮砍倒大庆红旗的妖风时,大庆建立了油田展览馆和许多队史室,宣传大庆的革命传统。大庆在同"四人帮"的斗争中,真正做到了"任凭风浪起,稳坐钓鱼船"。大庆同"四人帮"斗争的丰富经验,我们必须认真学习。

学习大庆,就要学习大庆狠抓领导班子和职工队伍革命化的经验。

多年来,大庆党委把解放军一整套政治工作经验运用到工业战线上来,在领导班子革命化方面,总结出"十二条措施"、"约法三章"、"四个公开"、"三个面向"、"五到现场"等一整套经验;在职工队伍革命化方面,总结出"学习铁人八个方面"、"三老四严"、"四个一样"、"自力更生,艰苦奋斗的六个精神"、"三要十不"等一整套经验,在三大革命运动的斗争中,建设起一个坚决执行毛主席的革命路线、坚持参加集体生产劳动、密切联系群众、团结战斗的领导班子，培养出一支思想红、干劲大、技术精、作风好、纪律严的铁人式队伍。正因为有了这样一个坚强的领导班子和英雄的队伍，大庆经住了任何阶级斗争风浪的考验，创造了人间奇迹。我们要借这次会议的东风，把大庆的一整套政治工作经验真正学到手。

学习大庆，就要学习大庆把文、博、图工作作为党的政治思想工作的重要组成部分，用革命化统帅各项业务工作的经验。

任何一场伟大的革命斗争，都必然要伴随着产生很多具有历史意义的文物。大庆石油会战，是一场气壮山河、震惊世界的三大革命运动。在这场伟大的斗争中，闯出了我国自己工业发展的道路，涌现了以中国工人阶级先锋战士王进喜同志为代表的大批英雄人物，产生了铁人精神和大庆会战的革命传统，同时也就形成了很多珍贵的革命文物。如油田党委在会战初期作出的第一个决定，即关于学习"两论"的决定；广大石油战士学习过的《实践论》、《矛盾论》；铁人率领一二〇五队人拉肩扛运输和安装钻机的棕绳、撬杠；铁人带领大家运水用的脸盆、水桶、铝盔和灭火机外壳；铁人用过的拐杖；铁人扶过的刹把和打成的第一口油井等等。这些革命文物，是大庆道路、铁人精神、会战传统的历史见证和生动体现。大庆在收集、保存和展览这些珍贵的革命文物时，并不是从"文物"这个概念出发的，而是把它作为党的政治思想工作的重要组成部分，向广大职工和家属进行革命传统教育。因此，大庆运用革命文物办的各种展览，革命气息很强，生动活泼，具有鲜明的特点，使这些展览成为大庆道路的缩影，学习会战传统的课堂，宣传马列主义、毛泽东思想的阵地。

大庆的图书馆（室）也是这样。他们的思想非常明确，就是运用图书资料，宣传马列主义、毛泽东思想，千方百计为阶级斗争、生产斗争和科学研究服务，为大庆会战服务，用革命化统帅了图书资料的服务工作。

学习大庆，就要学习大庆坚持会战传统，用自力更生、艰苦奋斗的革命精神，创建博物馆、展览室和图书馆（室）的经验。

大庆会战时，茫茫的荒原上，"路不平，灯不明"，条件非常艰苦。但为了革命，他们"有条件要上，没有条件创造条件也要上"，广大石油战士发扬了"人拉肩扛"、"干打垒"、"缝补厂"、"五把铁锹闹革命"、"回收队"、"修旧利废"精神，创建了社会主义大业。在办展览、图书馆（室）的工作中，同样发扬了这种精神。现在的大庆图书馆，已经初具规模，但在初建时，条件非常差。当时的情况是："图书不上万，房子一间半，离着基层远，八个门外汉"。为了把会战急需的图书资料早日送到现场，他们坚持用小车送书，他们认识到这样做，是"推小车，迈大步，步步走的革命路"。大庆的科技图书馆建立后，连续三年每天24小时值班服务，步行几万里，足迹踏遍当时会战的整个地区，千方百计为开发建设油田服务。1974年大批发展图书馆（室）时，条件虽然好了，但他们仍然自己动手盖馆舍，修设备，解决书源。很多基层图书室是职工利用业余时间，搞"干打垒"会战建起来的。采油三部三〇一小队党支部为了办图书室，发动广大职工，用业余时间拣砖头，托土坯，割苇草，垒起一间房子，用废料做书架，修了几个破桌凳，没向上级要一分钱，就把图书室建立起来了。勘探指挥部运输大队政工组的同志，利用19个星期日，盖了一个120平方米的图书室，供职工使用。就这样，大庆各级党委领导，群众动手，就地取材，因陋就简，勤俭节约，建立了一个从上到下的展览馆（室）和图书馆（室）网，多快好省地发展了文、博、图事业。

总之，大庆的经验极其丰富。大庆不仅走出了一条同资本主义、修正主义根本对立的我国工业发展的道路，而且在文物、博物馆、图书馆工作上，代表了我国社会主义革命和社会主义建设时期文、博、图事业发展的方向和道路。我们学大庆，只要学在高举毛主席的伟大旗帜这个根本上，抓在领导班子和职工队伍的革命化建设上，落实在大干社会主义的行动上，我国的文、博、图事业，就会继续沿着毛主席的革命路线，大踏步地向前迈进。

二

深入揭批"四人帮"，是当前全党全国的中心任务。大庆工人阶级正是在同"四人帮"针锋相对的斗争中，顶住了他们一次又一次刮起的反大庆、砍红旗的妖风，捍卫了毛主席的伟大旗帜，捍卫了毛主席的无产阶级革命路线。几年来，文物、博物馆、图书馆战线上的广大干部和群众，对于"四人帮"的罪恶活动，早就看在眼里，恨在心头，并且在一些问题上进行了抵制和斗争。但是"四人帮"对我们这条战线的干扰和破坏还是严重的，对他们的那条反革命的修正主义路线在我们战线上的流毒和影响决不能低估。我们一定要学习大庆经验，深入揭批"四人帮"对我们战线上的干扰和破坏，从政治上、思想上、组织上彻底肃清他们的流毒和影响，划清思想界限，把他们搞乱了的路线是非纠正过来，下面我想着重谈几个问题：

（一）"四人帮"在红线、黑线问题上大作文章，全盘否定建国后十七年文物工作的成绩，这是几年来我们同"四人帮"斗争的焦点。

建国以来，文物工作的方针政策是在毛主席革命路线指引下，在敬爱的周总理亲切关怀下制定的，是由国务院通过颁布实行的。正因为"四人帮"对这些情况一清二楚，所以他们才要拼命攻击十七年文物工作是"黑线专政"。他们的目的就是反对周总理，反对毛主席的革命路线。这也是对广大文物工作者的诬蔑。

大家知道，在解放前的一百多年中，由于帝国主义的疯狂掠夺和破坏，使我国珍贵的历史文化遗产，遭受了巨大的损失；旧中国的博物馆和图书馆寥寥无几，有的还是帝国主义文化侵略的工具。针对这种情况，早在建国之初，中央人民政府就颁布了一系列文物政策法令，结束了帝国主义任意掠夺、盗劫我国文物的时代，开始了我国历史上从未有过的大规模的文物保护和管理工作。同时，从根本上改造了旧博物馆和图书馆，建立了社会主义新型的博物馆和图书馆。使文物、博物馆、图书馆事业，作为社会主义文化事业的组成部分，在毛主席革命路线指引下，在尖锐、复杂的两条道路，两条路线斗争中，不断地得到发展和提高。建国以来，文物、博物馆、图书馆事业，在保护革命文物和历史文物方面做了大量工作，并且运用陈列、展览和图书，在传播马列主义，毛泽东思想，向广大工农兵群众宣传革命传统,进行阶级斗争、路线斗争教育和历史唯物主义教育,以及普及科学文化知识,为生产、为科研服务等方面,都取得了一定成绩。因此,文物、博物馆、图书馆事业在建国后的十七年中,虽然在不同方面,不同时期,在不同程度上受到反革命修正主义路线的干扰和破坏,但是,总的方向还是沿着毛主席革命路线前进和发展的。1971年底一次座谈会上,我们提出了建国以来文物工作红线是主导,黑线是干扰的看法,却戳痛了祸国殃民的"四人帮",他们的余党和亲信恶毒攻击这是"黑线回潮",是"为十七年翻案",猖狂叫嚷"一定要追查",并且从北京到上海都布置了专人大整文博战线十七年的黑材料。长期以来,"四人帮"歪曲夸大,颠倒黑白,把建国以来十七年的各条战线都说得一团漆黑,统统扣上修正主义大帽子,疯狂地要全部抹黑十七年社会主义革命和社会主义建设的光辉历史,这是为他们篡党夺权反革命阴谋活动制造舆论的一个重要组成部分。

(二)"四人帮"恶毒攻击"文化大革命"以来的文物工作,疯狂反对敬爱的周总理。

在"文化大革命"时期,是周总理坚决执行毛主席的革命路线,顶住了他们掀起的"怀疑一切,打倒一切"的妖风,保护了许多重要历史文物。特别是,从故宫开放到《无产阶级文化大革命出土文物展览》,从长沙马王堆汉墓发掘到《中华人民共和国出土文物展览》到国外展出,都是周总理亲自抓的。正是在周总理的关怀和具体指示下,无产阶级"文化大革命"以来,文物工作有了很大发展,社会主义新生事物不断涌现,在贯彻执行毛主席革命外交路线反帝反修的斗争中,在社会主义革命和建设中，都作出了一定的贡献。可是正当周总理亲自批准的长沙马王堆汉墓发掘轰动世界的时候，江青却说"我对这个没兴趣"。《中华人民共和国出土文物展览》在国际上有力地粉碎了帝修反诬蔑我们"文化大革命"毁坏历史文化的谣言，对促进我们和世界各国人民之间的友谊和了解取得了显著的成效。江青却攻击说："古的搞得太多了"，姚文元甚至攻击新闻报导女尸解剖是和当前提倡火化相矛盾。"四人帮"在当时文化组的几个亲信更是亦步亦趋，大放厥词。1973年底，"四人帮"指使在文化组的亲信在天津召开了一个音乐座谈会，含沙射影，大反周总理。会议内容本来是座谈所谓无标题音乐的问题，与文物工作毫不相干。可是"四人帮"在文化组的一个亲信却在会上叫嚷什么，"到处都是死人和菩萨"，"文物工作搞的都是古的，应当搞点革命文物"等等。他在会上竟然把"文化大革命"以来的文物工作当作一种崇洋复古的思潮来批判。接着，姚文元亲自出马，派人到文物局，指定要写一篇重视革命文物的文章。革命文物当然应当重视。《征集革命文物令》是建国后最早颁布的文物法令之一。1961年国务院公布的《文物保护管理暂行条例》中确定文物保护的内容，第一条就是革命文物。"四人帮"历来仇视革命传统，从不重视革命文物，为什么却在这个时候突然提出重视革命文物的问题呢？明眼人一看就知道，他们是别有用心，"醉翁之意不在酒"，从江青的狂吠到天津音乐座谈会上的无耻诽谤，都不是孤立偶然的现象。我们在撰写这篇文章的过程中，一开始就明确了文章的指导思想，他们不是把建国以后十七年的文物工作说得漆黑一团吗？我们在文章中就首先充分肯定了十七年的成绩，并且明确指出:"中华人民共和国成立以来,党和人民群众对革命文物一直是十分重视的。"他们不是攻击"文化大革命"以来的文物工作是厚古薄今吗?我们就特别大谈了"文化大革命"以来革命文物工作的巨大发展。这种写法当然不合他们的胃口。姚文元在审稿时,挖空心思在文章中别有用心地塞了两句话:"在领导部门中,那种极其重视古代文物,而完全不重视近代和现代革命文物的观点,是厚古薄今的一种表现。"这就充分暴露了他们组织这篇文章的真实目的。在这里,姚文元不指名的给文物局扣上了一顶"厚古薄今"的大帽子,也全面否定了"文化大革命"以来,文物工作坚持"古为今用"的正确方向。"四人帮"明明知道"文化大革命"以来,是周总理亲自抓了几件重大的历史文物工作,在国际国内产生了巨大影响。姚文元故意笼统的指责"领导部门"是"厚古薄今",明枪刺的是文物局,暗箭又是射向敬爱的周总理的。我们当时坚决不同意姚文元加的这两句话,明确向他们提出,文物局根本不存在这种情况,如果你们是另有所指,就必须在"领导部门"的前面加上"有的"两个字。最后迫使姚文元不得已接受了我们的意见。这就挫败了他们妄图利用文章,制造舆论,搞乱文博战线的阴谋。

(三)"四人帮"的亲信大搞阴谋诡计,妄图夺取文物战线的领导权。

1974年初,"四人帮"破坏毛主席关于批林批孔的伟大战略部署,背着毛主席,召开大会,大搞三箭齐发;打着评法批儒的幌子,借古讽今,矛头直指敬爱的周总理和中央其他领导同志,这是为他们篡党夺权采取的一个重要步骤。就在这个时候,"四人帮"的余党和亲信演出了一场南北呼应,围攻文物局的丑剧。他们给文物局罗织了一大堆罪名,首先在上海发难。1974年4月,他们有组织有计划地一方面在《文汇报》公开抛出题为《用无产阶级政治统帅文物研究和展出》的文章,一方面又盗用上海博物馆部分群众的名义给文物局送大字报,无中生有,恶毒攻击。当时"四人帮"在上海的一个余党向当时在文化组的一个"四人帮"亲信打招呼说:"我们先批起来,你们再作些调查研究"。果然事隔不久,"四人帮"在文化组的几个亲信,背着主管文化组的中央负责同志,派出调查组,扬言要立刻接管文物局。他们撇开文物局系统的各级党委,直接下基层,组织座谈,大整黑材料。一时"黑云压城城欲摧",大有立即整垮文物局党委,由他们取而代之之势。正当他们的活动十分猖獗的时候,中央作出了文物局直属国务院的决定,并且肯定了建国以来的文物工作成绩,粉碎了他们妄图夺取文物战线领导权的黄粱美梦。但是,他们人还在,心不死。1976年"四人帮"在文化部的亲信还派人到地方散布说:"文物局直属国务院是邓小平夺了文化部的权"。众所周知,小平同志是1975年才出来主持工作,文物局直属国务院是在1974年6月。看!他们混淆是非、不择手段,已经达到了何等卑劣的程度!直到他们覆灭前夕,"四人帮"在文化部的亲信,一直都在通过各种渠道收集文物局的情报,搞动态,写黑报告,凭空造谣,进行诬陷,始终念念不忘要整垮文物局。整文物局不是孤立的,1974年批林批孔运动期间给文物局送大字报,就是"四人帮"在上海的一个余党统一布置要向中央各部委都送大字报,这是他们阴谋向中央全面夺权的统一部署。

命舆论。毛主席说过:"利用小说反党是一大发明"。"四人帮"利用篡改历史反党也算是一大发明。历史文物是历史上三大革命的遗物,它从各个不同的侧面,反映了历史上阶级斗争、生产斗争、科学实验的状况,用马克思主义的立场、观点、方法对它们进行整理和研究,就可以从中吸取有益的借鉴,为当前的三大革命运动服务,这就是"古为今用"。但是,历史文物作为研究的资料,无产阶级可以利用,资产阶级也可以利用。文物阵地上阶级斗争的一个根本问题,就是对待文物研究工作的两种立场、观点和方针的斗争。我们有重点地保护一些包括反面教材的重要历史文物绝不是颂古非今、宣传任何封建毒素,而是尊重历史辩证法的发展,作为历史的见证,向广大工农兵群众进行历史唯物主义和辩证唯物主义教育,为科学研究提供资料。与此相反,一切被打倒的剥削阶级代表人物,总是要篡改历史,乞助于历史的亡灵,为他们现实的复辟活动服务。江青把一颗"皇后之玺",牵强附会为"吕后之印",为她自比吕后当女皇制造舆论。这反映了在历史文物阵地上尖锐的阶级斗争。我们应当从中吸取经验教训,加强马列主义、毛泽东思想的学习,增强识别真假马克思主义的能力,坚持"古为今用"的方针,使历史文物工作,更好地为反修防修、巩固无产阶级专政服务。

(六)"四人帮"在图书馆方针任务上,大搞唯心主义、形而上学,蓄意制造混乱。

他们把阶级斗争同生产斗争和科学实验割裂开来,对立起来,一方面在"阶级斗争"口号的掩盖下,篡党夺权,疯狂破坏革命;一方面又把生产和科学研究一概诬蔑为"唯生产力论",肆意破坏生产。他们把工农兵同革命干部、知识分子对立起来,否认为工农兵服务和为革命干部、知识分子服务的一致性,否定各种类型图书馆在服务对象和服务范围上的必要分工。严重地干扰了图书馆方针任务的全面贯彻。致使有些图书馆不敢向领导机关、革命干部和知识分子提供资料,许多图书馆削弱甚至取消了为生产和科研服务的工作。

"四人帮"还疯狂反对毛主席关于"洋为中用"的方针,把学习外国和崇洋媚外划等号。特别是在科学、技术方面,他们把在独立自主、自力更生的基点上,学习和引进必要的外国先进技术,一概指责为"洋奴哲学"、"爬行主义"。在"四人帮"的干扰和破坏下,许多图书馆在不同程度上不仅被迫停止应该采购的外文书刊资料,而且现有的馆藏外文书刊资料,特别是科技书刊也长期不能发挥作用,严重地影响了为生产、为科研服务。

(七)"四人帮"大搞无政府主义,反对建立合理的规章制度。

"四人帮"为了搞乱社会主义革命和社会主义建设的正常秩序,以便乱中夺权,不分青红皂白,把一切规章制度统统说成是管、卡、压。张春桥胡说:"毛主席只讲过改革不合理的规章制度,没有讲要建立规章制度。"姚文元甚至叫嚷"要搞一些不用规章制度管理的工厂企业。"在他们这些反动谬论的影响下,无政府主义思潮泛滥,组织纪律松驰,合理的规章制度遭到破坏。有些博物馆、图书馆,因为没有建立严格的科学管理制度,或者有制度不能认真贯彻执行,以致藏品、藏书,家底不清;库房、书库,杂乱无章;藏品、藏书与卡片不符。

个别地方还有发掘的出土文物长期保存在个人手里的现象。有的出土文物，原始记录丢失，发掘品变成了传世品。甚至多次发生文物、图书丢失和损坏的情况。特别严重的是，由于管理制度不严，有的博物馆和文物保护单位发生火灾。"四人帮"的这些流毒和影响不肃清，不仅严重影响业务工作的开展，而且可能给国家财产造成严重损失。

（八）"四人帮"肆意歪曲政治与业务、红与专的辩证统一关系，反对又红又专。

他们打击和迫害知识分子，严重破坏了党的知识分子政策。毛主席号召各行各业的干部，"都要努力精通技术和业务，使自己成为内行，又红又专。""四人帮"疯狂反对毛主席的指示，几年来，谁要钻研业务，就被诬蔑为"业务挂帅"、"白专道路"，谁要发挥知识分子的专长，就被攻击为"专家路线"。他们把知识分子和资产阶级划等号。按照他们的反动逻辑，只要有知识有文化，就是资产阶级，就是精神贵族，只要是旧学校培养出来的，也注定是资产阶级。他们大肆鼓吹"知识到手，人被夺走"，"学了专业，忘了专政"的反动的"知识有害"论。这种谬论在我们队伍中造成极为有害的影响。使一些老的专业人员不能发挥专长，青年人不敢学技术、钻研业务。不仅极大的影响了业务的开展和提高，而且造成我们文物、博物馆、图书馆事业中有些专业和传统技术，面临着新老脱节，后继无人的严重局面。

"四人帮"祸国殃民，十恶不赦，罪行累累，罄竹难书。我们必须认真学习马列主义、毛主席著作，当前特别要学好《毛泽东选集》第五卷，掌握思想武器，联系工作实际和思想实际，深入揭批"四人帮"反革命修正主义路线在我们战线上的流毒和影响，把他们颠倒了的路线是非颠倒过来，把他们搞乱了的思想澄清过来，使我们文物、博物馆、图书馆事业沿着毛主席的革命路线不断向前发展。

三

毛主席指出："随着经济建设高潮的到来，不可避免地将要出现一个文化建设的高潮。"文物、博物馆、图书馆事业是社会主义文化事业一个组成部分，必须随着社会主义经济建设的发展而发展。当前，抓纲治国的战略决策取得了伟大的胜利，在全国范围内，揭批"四人帮"的政治大革命正在深入发展；工业学大庆；农业学大寨的革命群众运动已经蓬勃展开。砸烂"四人帮"的精神枷锁，人心振奋，斗志昂扬，全国各条战线都发生了巨大的变化，一个新的国民经济的大跃进正在到来。形势大好，形势喜人。文物、博物馆、图书馆事业一定要高举毛主席的伟大旗帜，在各级党委领导下，适应新形势的发展，以阶级斗争为纲，坚持党的基本路线，坚持为无产阶级政治服务、为工农兵服务、为社会主义服务的方向，学习大庆，用革命化统帅业务，努力贯彻"古为今用"、"洋为中用"的方针，走我国自己文物、博物馆、图书馆事业发展的道路，积极为在本世纪内把我国建成为四个现代化的社会主义强国作出贡献。为此，我们对今后文、博、图事业的发展分别提出以下几点意见：

（一）文物事业

毛主席指出：我们的国家是一个"历史悠久而又富于革命

传统和优秀遗产的国家。"保存在地上地下的革命文物和历史文物极为丰富，这不仅是中国人民的宝贵财富，而且也是世界人民的宝贵财富。遵照毛主席关于"古为今用"的教导，做好保护和管理工作，是我们的历史责任。社会越是向前发展，保护文物的重要意义就越会显示出来。但是在当前各项建设事业蓬勃发展的过程中，在一定条件下也往往与文物保护发生一定的矛盾。主要是当前利益和长远利益的矛盾；局部利益和整体利益的矛盾。为了恰当地解决这些矛盾，建国以来，根据敬爱的周总理的一系列指示精神，提出了"重点保护，重点发掘，既对基本建设有利，又对文物保护有利"的方针。二十几年来的实践证明，这个方针是完全正确的，今后还必须继续贯彻，认真执行。

保护文物的根本目的是"古为今用"，是运用历史上三大革命运动遗物为当前的三大革命运动服务。没有这个指导思想，单纯为保护而保护，就会迷失方向；不注意保护，使文物遭到破坏，也就失去了文物工作贯彻"古为今用"的物质基础。我们必须运用对立统一这个基本观点，正确地处理文物工作中"保"与"用"的辩证关系。因此，在贯彻执行"两重两利"方针的过程中，在指导思想上，一定要着重批判那种片面强调保护，"凡古皆保"的思想，但在具体处理一些文物是否保存的问题上，则必须采取十分慎重的态度，要着重防止简单粗暴的虚无主义倾向。要使文物"古为今用"，必须开展科学研究工作，但是，真正运用马克思主义的立场、观点和方法对文物进行研究，并不是轻而易举的事。这里既存在着文物研究领域里的阶级斗争，两种世界观的斗争，同时，对内容极为广泛的各种文物的作用也有一个不断认识的过程。毛主席指出："百家争鸣是一种发展科学的方法。"要开展对文物的科学研究，就必须提倡"百家争鸣"，而不是依靠行政的力量。只有通过"百家争鸣"，才能使我们对一些文物的价值，得到比较正确的认识。只有正确认识了文物的价值所在，才能真正达到"古为今用"的目的。"百家争鸣"、"古为今用"，这就是我们的指导方针。

1. 革命文物工作。革命文物，是革命历史的见证，是发扬革命传统精神，巩固无产阶级专政的有力武器。我们要在充分运用现有革命遗址、革命纪念馆向广大工农兵宣传革命传统进行阶级斗争、路线斗争教育的同时，继续加强革命文物的调查、征集和保护工作。当前首先要抓好对伟大领袖毛主席、敬爱的周总理和其他老一辈无产阶级革命家重大革命实践活动有关的革命文物的调查、征集工作。要做到新民主主义革命阶段的每个革命时期都保存有代表性的重要革命遗址和纪念建筑。联结起来，在全国范围内，逐步形成一个反映毛主席革命路线的革命史迹网。同时，我们还必须进一步开展群众性革命文物工作。认真推广大庆、大寨的好经验，运用新民主主义时期和社会主义时期的文物，广泛建立教育点，把我们的工作纳入到城市和农村的基本路线教育中去，大批资本主义、大批修正主义，激励人们保持和发扬过去革命战争年代的那么一种革命热情和拼命精神，大干社会主义。

革命文物的调查和征集工作必须抓紧。因为一些了解情况的老同志大都年龄已高，现在不抓紧就会给将来的工作造成极大的困难，甚至是不可弥补的损失。革命文物总是和一定的人物活动和历史事件密切联系在一起的。调查征集工作，必须要有高度的政治责任心，坚持"三老四严"的作风。作好详细的原始记录。

革命纪念地的保护，要坚持保持原貌的原则。革命遗址本身是最富有教育意义的。只有保持它和附近环境的原貌，才能体现出当年进行革命斗争的实际面貌。另搞富丽堂皇的建筑，把革命纪念地和附近环境的面貌改变得面目全非，就不是真正的保护，而是背离了原有的革命传统精神，甚至是对革命纪念地的一种破坏。这个原则，毛主席，周总理作过多次指示，中央，国务院的文件有明确的规定。前几天我在哈尔滨看了"毛主席视察黑龙江住址纪念馆"，觉得很好。这个馆就是完全利用旧址进行复原陈列的。但是几年来，由于林彪和"四人帮"干扰破坏，不少地方没有这样做。我们一定要在揭批"四人帮"的斗争中，彻底肃清他们的流毒和影响，坚决贯彻执行这个原则。

2．考古发掘工作。配合工农业生产建设仍然是我们考古工作的重要任务。但是也要有计划地开展一些以马克思主义观点解决某些历史问题为目的的考古工作。要积极开展边疆考古和民族文物的调查、保护、宣传工作，进一步运用历史文物和民族文物说明统一多民族国家的历史疆域和民族关系，驳斥苏修的反动谬论。积极支持社会主义新生事物，继续在各考古发掘工地举办亦工亦农训练班，发展和壮大业余考古队伍，要继续开展水文、地震考古，直接为社会主义建设服务。

几年来各地重要考古新发现表明，我国各地文化的发展，相互都有千丝万缕的联系，对于说明我国统一多民族国家的形成有着重要的意义。因此，必须全国一盘棋，打破地区界限，反对垄断资料。要加强各省、市、自治区之间的协作关系，加强与各有关单位的协作关系，共同做好工作。

田野考古发掘工作，必须反对单纯挖宝，一定要有严肃的科学态度，特别是原始记录是第一手材料，必须严格按照科学要求办事，一丝不苟，务使我们的工作越做越科学，越做越细致。

3. 文物保护单位的管理。几年来，全国各地都有不少重要发现，不少省、市、自治区要推荐一些重要文物列为全国重点文物保护单位。根据《文物保护管理暂行条例》的规定，需要分批分期上报国务院审核公布。我们准备在调查研究的基础上，综合平衡，争取在1980年以前提出第二批全国重点文物保护单位名单报请国务院审批。对于已经公布的各级保护单位，都必须加强管理工作。逐步实现"四有"：有保护范围，有标志说明，有科学记录档案，有人管理。第一批全国重点文物保护单位，希望各地抓紧工作，争取在1980年前全部实现"四有"。文物保护单位中的古建筑维修，仍然要贯彻勤俭节约的方针，要保持不塌不漏的原则，建议各地能够有一个全面的长远规划，分期实行。

4. 流散文物工作。要继续贯彻执行国务院［1974］132号文件，加强文物市场的管理，逐步做到归口经营，统一收购，统一价格。目前已有18个省（市、自治区）建立了省的文物商店。建议还没有建立的，尽快建立起来。流散文物工作和社会乃至国际上都有联系，存在着复杂、尖锐的阶级斗争。文物商店一定要坚持政治挂帅，把掌握党的文物政策法令放在首位，成为各地文物行政管理部门的得力助手。要加强文物出口鉴定工作，严格执行标准，坚决打击文物走私和投机倒把活动。

（二）博物馆事业

毛主席在1958年视察安徽博物馆时指出："一个省的主要城市都应该有这样的博物馆，人民认识自己的历史和创造力量是一件很要紧的事。"我们要坚决贯彻执行毛主席的指示，进一步加强和提高博物馆工作。

1. 各省、市、自治区博物馆的性质、方针任务问题。建国初期在各省、市、自治区大都建立了全面反映地方自然环境、历史、社会主义革命和建设的地志性博物馆。这在当时对我国博物馆事业发展来说，是一个根本性的变化。有人说三部分是修正主义，这是不正确的。是马克思主义，还是修正主义，不决定于几个部分，而决定于陈列内容反映了什么观点。但是由于各种条件的限制，过去真正完整系统地摆出三部分陈列的博物馆不多。因此，现在也不必强求一律都搞三部分陈列。目前不少省博物馆没有基本陈列，任务不太明确。我们意见，一定要遵循毛主席的指示精神，结合地方特点、馆藏特点，可以举办反映我国历史和社会主义革命和社会主义建设的基本陈列。历史部分基本陈列不一定就是摆中国通史，也可以摆断代史或其他的专题。自然部分可以根据各馆的条件决定保留或另行建馆。同时，要重视和搞好配合党的中心工作的临时展览和流动展览，加强观众的组织工作和宣传工作，更好地为工农兵服务，为社会主义服务，为无产阶级政治服务。

2. 要重视和提高博物馆的工作质量，加强科学研究工作，提高陈列展览的思想水平和科学水平。外国人看了中国历史博物馆的通史陈列以后，认为是世界上第一流的博物馆，其原因是我们不是单摆文物、摆藏品，而是运用历史唯物主义的观点，摆出了中国的历史，这是世界上其他国家博物馆所没有的。提高博物馆的工作质量要全面考虑，必须加强征集、保管、研究等各方面的日常业务工作。每一个部门，每一种工作都应有自己的计划，既要配合全馆的中心活动（如陈列展览），又要坚持日常的基础工作，使博物馆的工作能够得到全面的加强和提高。

3. 当前要认真抓一下文物保管工作。有些博物馆的保管工作由于管理制度不严，文物长期不登记入库，帐目不清，甚至有损坏和丢失。建立合理的规章制度是大庆的基本经验之一，我们一定要对照大庆经验找差距。教育保管干部认真学习大庆经验，以齐莉莉同志为榜样，加强政治责任心。同时，还必须建立和健全各项规章制度，加强保管措施。一定要把清理和分级工作做好，做到妥善保管，充分运用。我们已通知一部分博物馆，在年底前把《一级藏品目录》搞好报来。还打算召开部分省、市博物馆文物保管工作座谈会，研究加强和改进这一工作。文物库房和设备条件太差的要积极向领导部门反映，力争得到改善。

4. 还没有建立博物馆的省和自治区（如青海、西藏），要争取早点把博物馆建立起来。有的省博物馆没有活动场所，也要逐步求得解决。要加强省辖市和地区一级博物馆的工作，要有地方特点，不要贪大求全。省博物馆和所在市的博物馆要有明确分工，要结合地区的历史实况，各有侧重。县博物馆一定要在历史文物或革命文物较多，工作基础又比较好的地方建立，没有这些条件的就不要建立。

5.纪念馆要以特定的纪念性遗址、建筑作为建馆的主要条件，通过历史原貌的复原陈列来反映历史事件和人物的活动实况。今后，各地应尽可能在革命遗址、纪念建筑原址树立标志说明，或利用旧址搞些辅助陈列，宣传革命传统，向广大工农兵群众进行阶级斗争、路线斗争教育。一般不要另外新建纪念馆，如确实需要新建纪念馆，要按照国务院的规定，报经中央批准。

（三）图书馆事业

1956年周总理在党中央召开的关于知识分子问题的会议上指出，为了实现向科学进军的计划，我们必须为发展科学研究准备一切必要的条件，必须加强图书馆、档案馆、博物馆工作。1957年在周总理的亲切关怀下，国务院颁布了《全国图书协调方案》。加强图书馆工作是当前落实抓纲治国战略决策，实现我国四个现代化的必要条件之一。图书馆工作必须大力加强，为实现这个宏伟目标作出贡献。

1.各级图书馆都要做好宣传马列主义、毛泽东思想，为三大革命运动服务的工作。当前，要配合学习马列主义、毛泽东思想的群众运动，认真学习好宣传好毛选五卷，重点做好为专业和业余理论队伍服务的工作。要学习大庆的经验，引导读者在学懂、弄通马列和毛主席原著上下功夫。

各地图书馆应坚持为工农兵服务的方向，在为阶级斗争服务、用社会主义占领城乡思想文化阵地的同时，都要大力加强为生产和科学研究服务的工作，特别是省、市以上大型图书馆应采取有效措施，搞好书刊采购参考咨询、书目通报、资料复制等工作，把为生产和科学研究提供资料的工作做深、做细。各级图书馆要根据自身的条件和客观需要，在服务对象和服务范围上有所侧重，有所分工。

2. 图书馆应该狠批"四人帮"推行的文化专制主义，对被他们禁锢的好书和比较好的图书，要积极整理，要根据图书内容、借阅对象和工作需要采取不同的借阅方法，积极开展借阅工作，以改变"图书馆无书可借，工农兵无书可读"的极不正常的状况。要开展群众性的图书评论活动，指导读者正确阅读，把图书流通和宣传结合起来。

3. 要加强图书馆的业务建设和科学管理。当前要着重抓一下藏书建设和目录组织工作，要把积压的书刊资料尽快整理、编目、上架，使"死"书变"活"；要把搞乱了的目录迅速整顿，使书卡相符。要学习大庆的经验，建立严格的岗位责任制，建立、健全合理的规章制度，使图书馆工作的各个环节，都处于严密的科学管理之下。图书馆的开放时间，要适当延长，以适应形势的需要。

4. 为加强图书馆的服务职能，有必要建立全国的和地区的图书馆协作网。建议北京、上海和原有协作基础的九个省、市的图书馆，按照原《全国图书协调方案》的精神先搞起来。北京图书馆要密切与各地图书馆的联系，在书刊资料互借、复制，图书馆业务研究、交流等工作中发挥枢纽作用，要提高图书集中编目的质量，并尽快做好全国联合目录的选题规划，争取明年上马。要加快《全国善本书联合目录》的编辑工作，有条件的图书馆要同有关部门协作，积极进行图书馆技术现代化的研制工作，到本世纪末，要使我国图书馆的电子检索和缩微复制等现代化技术方面赶上世界先进水平。

5. 要抓好北京图书馆的新馆建设，并建议有关省、市争取重建和扩建几个省级图书馆，以改善这些馆的藏书和服务条件。目前还没有省级图书馆的河北、西藏两省（区），建议积极创造条件，争取在 1980 年以前建成开馆。地、市、县级图书馆的发展，要适应普及大寨县的需要，有条件的省（市、自治区）要力争在 1980 年实现县县有图书馆。在 1985 年以前争取把全国地市县级图书馆基本建齐。要继续巩固和发展农村社队和城市街道民办图书馆（室），各级公共图书馆都应当加强对基层图书馆（室）的辅导工作，使它们在三大革命运动中更好地发挥作用，把巩固无产阶级专政的任务落实到基层。

（四）文物保护的科学技术研究工作

随着近年来大量文物出土，文物保护的科学技术工作亟需加强，我们的方针是，要土洋结合，一方面重视调查、整理和应用我国固有的传统技术；一方面加强现代科学技术的研究，引进先进技术，充分应用世界各国取得的研究成果。要加强协作，健全和充实现有文物保护科研机构，建议有条件的省（市、自治区）博物馆建立和充实文物修复、复制工厂（室）和实验室，增添必要的科研设备，积极培养专业人员，争取在 1985 年以前，在全国范围内形成一定数量，具有一定科技水平的专业队伍，使文物保护、修复技术在传统技术方面，后继有人，得到继承和发展，在应用现代科技方面，取得较大效果，填补文物保护技术的空白项目。使部分科研项目达到世界先进水平。

（五）加强文物的整理、研究、出版工作

文物的整理、研究工作必须加强，各地文物部门、博物馆一定要把这项工作列为自己工作的重要任务之一，妥善安排力量，定出规划，积极开展，努力提高整理研究水平。

文物出版工作，是体现文物工作成就，向广大工农兵群众进行宣传教育的有力工具，是加强国际文化交流，宣传我国悠久历史和古代灿烂文化的重要阵地，必须大力加强。各地文物部门、博物馆要充分重视。

革命文物的出版，首先要抓好有关伟大领袖和导师毛主席、敬爱的周总理，以及其他老一辈无产阶级革命家革命实践活动的革命文物出版工作，宣传毛泽东思想，宣传毛主席革命路线，宣传革命传统。要办好《革命文物》双月刊，加强革命旧址图片集和革命文物图录的出版工作。

历史文物的出版，必须及时反映文物考古工作的新发现、新研究成果。出版各种通俗性读物，宣传党的文物政策，普及文物知识，向广大工农兵进行历史唯物主义教育。要认真办好《文物》月刊，有计划地、分门别类地、系统地出版各种大型文物图录和重要考古调查、发掘报告，以及文物研究的专门论著。

提高文物出版的印刷质量，力争在两三年内取得显著成效，积极努力赶超世界先进水平。

（六）培养和建立一支又红又专的文物、博物馆、图书馆工作队伍

要加强干部的思想教育工作，组织他们认真学习马列主义、毛泽东思想，积极参加揭批"四人帮"的斗争。要创造各

种条件，使他们逐步和工农兵结合，在世界观改造方面不断有所前进。要进一步落实党的干部政策和知识分子政策，注意发挥他们的特长，调动一切积极因素。有某种专业特长的干部，已调往其他部门的，应尽可能设法调整归队。要鼓励专业人员在学习政治的同时，刻苦钻研业务，走又红又专的道路。要采取专业和业余并举的方针，对新干部积极进行培训，某些技术性较强的传统工种，如字画装裱、文物鉴定、文物（古籍）修复等，应由文物保护科学技术研究所、故宫、北图、上博、上图等单位有计划地办一些短训班，协助各地培养一批干部，使这些传统技艺不致后继无人。所有文博图单位，都要本着自力更生的精神，在本地区、本单位举办各种专业训练班，坚持经常的、不脱产的业务训练。争取在一个不太长的时期内，使文博图战线的职工队伍，在政治上、业务上都有较大的提高。

（七）健全文物管理机构

1961年国务院颁发的《文物保护管理暂行条例》第三条规定："各省、自治区、直辖市和文物较多的专区、县、市，应当设立保护管理文物的专门机构"。1977年国务院第十三号文件提出："建议各级革命委员会进一步加强对文物工作的领导，健全文物管理机构。"黑龙江为贯彻十三号文件，省委、省革委十分重视，专门发了文件，健全了各级文物管理机构。我们认为，这个经验很好，值得大家参考。我们建议，大家要争取各省（市、自治区）党委和革命委员会对我们工作的领导，健全文物机构，在文物较多的省（市、自治区）最好能成立文物局。

同志们：

当前全党、全军、全国人民正在深入学习和贯彻具有伟大历史意义的十届三中全会精神，必将进一步促进揭批"四人帮"的政治大革命不断深入，国民经济的迅速恢复和发展。全国各条战线的工业学大庆、农业学大寨的革命群众运动必将出现一个新的高潮。通过这次会议，我们一定要认真学习大庆的革命精神，学习大庆的基本经验，用革命化统帅我们文物、博物馆、图书馆事业，使我们的工作出现一个新的面貌，把我们事业的发展推向一个新的阶段。大家回去之后要在当地党委统一领导下，高举毛主席的伟大旗帜，紧密团结在华主席为首的党中央周围，要以大庆人为榜样，开展革命竞赛，用文博图战线的新成就，迎接党的十一大的胜利召开。

1977 年 8 月 8 日

突出地方特色　加强科学研究

——对办好省馆基本陈列的两点意见

最近在合肥召开了省、市、自治区博物馆工作座谈会，我因病未能参加，只是就省馆陈列提了两点原则性的建议，现在再作一些补充。

省、市、自治区博物馆是我国博物馆事业的一个重要组成部分，办好省馆对于整个博物馆事业的发展有着重要的意义。建国初期，我们在改造旧中国遗留下来的少数博物馆的同时，绝大部分省、市、自治区都陆续建立了以全面反映地方自然环境、历史（包括革命史）、社会主义革命与建设为内容的地志性博物馆。尽管由于种种原因和条件的限制，在建国后的十七年中真正完整、系统地摆出了三个部分陈列的馆并不多，可是大多数馆都结合自己的馆藏特点，组织了内容不同的基本陈列，并且在保护和征集文物、标本，向广大人民群众进行宣传教育和普及科学文化知识方面作出了很大的成绩。但是，近些年来，我们的博物馆事业受到了林彪、"四人帮"极左路线的严重干扰和破坏，他们对过去博物馆的方针和政策，全盘否定，所有省馆的基本陈列都毫无例外地被"砸烂"了，这对省馆建设所造成的损失是很大的，以致直到目前为止，全国各省博物馆真正恢复和重新组织基本陈列的还屈指可数。当前，我们正处于全党全国工作着重点转移的伟大转折时期，彻底肃清林彪、"四人帮"极左路线的流毒和影响，搞好省馆的基本陈列，正是我们博物馆事业实现工作着重点转移的一个重要方面。要搞好省馆的基本陈列，我们认为，应当重点抓好两个问题：一是突出地方特色，二是加强科学研究。这并不是什么新问题，而是旧事重提。多年来，我们就是这样强调的。但在林彪、"四人帮"横行时期，却统统成了"罪状"，遭到批判。现在是应当彻底拨乱反正的时候了。

突出地方特色，就是提倡丰富多彩，反对千篇一律。过去林彪、"四人帮"到处打棍子，扣帽子，设置种种禁区，不许越雷池一步，成为束缚人们思想的精神枷锁，以致当时博物馆办展览也只好照抄照搬，避免"犯错误"。因此，要把各省博物馆基本陈列办得各具特点，丰富多彩，首先还是要大胆解放思想，敢于突破禁区，发挥广大博物馆工作者的积极性、主动性和首创精神。我们是一个地大物博、历史悠久、统一多民族的国家，各个地区的自然环境、历史发展、革命斗争都有自己的特点，博物馆可以反映的内容是极为丰富的。各省、市、自治区博物馆都应当从本地区的实际出发来考虑自己基本陈列的内容。我们认为，基本陈列倒不一定只局限于自然、历史或社会主义革命和建设，也可以根据地方特点考虑搞一些专题陈列，作为本馆基本陈列的一部分。如安徽的文房四宝，如果把它们的历史发展作为专题陈列就很有特色。至于少数民族地区可以陈列的内容就更多了。历史陈列、革命史陈列也应当突出地方特点。同是原始社会，陕西应当突出半坡和姜寨，在浙江就要突出河姆渡。建国三十年来的考古发掘工作是有巨大成绩的，各地都有很多重要的考古新发现，有些具有鲜明的地区特点，各地博物馆基本陈列必须充分运用这些考古材料，而且应当把这些考古发掘的成果，作为确定陈列内容比重的重要依据。革命史陈列要突出地方特点，往往涉及到路线问题，这在过去是一个禁区，现在就要重新考虑。即使是错误路线的东西，博物馆可不可以表现？我们认为是可以的。问题在于把它放在什么位置，用什么立场、观点去说明，是歌颂，还是揭露？正确的和错误的东西总是相比较而存在，相斗争而发展的，没有错误的东西来比较，怎么能显示出正确东西的伟大呢？同时，也要把错误路线和在错误路线下英勇斗争的先烈们严格区别开来。毛泽东同志说："成千上万的先烈，为着人民的利益，在我们的前头英勇地牺牲了，让我们高举起他们的旗帜，踏着他们的血迹前进吧！"其中就包括着在错误路线下为革命而英勇献身的先烈们。我们正是从正反两方面的经验教训中，才逐渐分辨出什么是正确路线，什么是错误路线的。在错误路线下为革命而壮烈牺牲的同志们的鲜血并没有白流，这些血的教训对人们还是有深刻的教育意义的。当然，历史陈列、革命史陈列要突出地方特点，都有一个与全国的关系问题。这是需要很好解决的一个问题，我们既要强调突出地方特色，也要防止完全脱离全国的倾向。究竟怎样解决，希望大家都能够根据自己的实践经验发表意见，百家争鸣，展开讨论。并且要坚持实践是检验真理的唯一标准，希望大家在不断实践中把这个问题解决好。

突出地方特色，不仅是在内容上，而且在表现形式上也要注意。许多外国朋友看了我们的博物馆以后都反映有单调之感，是有道理的，值得我们研究。

随着我国与世界各国文化交流活动的日益发展，来我国访问的外宾正不断增多，博物馆将是外宾必然要参观的地方。我们不仅要把省馆办好，而且还应当根据各个地方的特点，举办多种多样的不同类型的专门性博物馆。在这方面我们一定要解放思想，多想办法，打破过去一些老框框。例如秦兵马俑博物馆过去想得就比较简单，认为一定要发掘完毕把数以千计的兵马俑列阵陈列出来才开馆，这是不现实的。所以我们决定把它办成一个独具风格的考古发掘现场博物馆，把发掘现场和坑内堆积原状都作为博物馆的内容。这样不仅可以使人们看到发掘的成果，而且还可以看到我们的工作，使这个博物馆内容年年都有新的发现，对参观者特别是考古工作者会更有吸引力。以此类推，湖北黄石铜绿山古代采矿遗址，是否也可以办成一个我国古代冶金采矿的露天博物馆呢？又如，景德镇是驰名世界的瓷都，在这里不仅应当把一些著名的古窑址保护好，而且，也可以考虑既保护好一些古窑址的堆积和古窑生产的遗址，又把现有的一部分传统瓷窑保留下来，继续用古老的方法生产，组成一个表现景德镇瓷窑发展史的博物馆，这肯定会引起国内外参观者的极大兴趣。总之，我们博物馆工作是大有可为的，是有广阔的天地的。只要打破框框，开动机器，多想办法，就一定能把我们的博物馆办得有声有色，丰富多彩。

科学研究工作是博物馆一切业务活动的基础，是搞好陈列的基本条件。只有加强科学研究，才能保证我们博物馆各项业务工作都具有高度的思想性和科学性。

博物馆往往是衡量一个国家科学文化水平和学术水平的标志。早在1956年党中央号召向科学进军的时候，周总理在一次关于知识分子问题的会议上的讲话中，曾经把加强博物馆工作作为发展科学研究的必要条件之一。说明了博物馆在发展国家整个科学研究工作中的重要性。但是，如果不开展博物馆本身的科学研究工作，也就不可能在发展国家科学研究工作中发挥博物馆的积极作用。这些年来，"四人帮"极左路线对博物馆科研工作的严重干扰和破坏，使博物馆的科研工作长期处于停顿状态。这种情况必须迅速加以改变。我们要把加强科研工作作为博物馆事业着重点转移的一个重要内容来抓。要把博物馆的各项业务工作都建立在科学研究的基础上。

博物馆的科研工作，要从本馆的性质和任务的要求出发。制定近期和远景科研规划，把研究的成果体现在陈列展览上，这是博物馆科研工作的方向。福建泉州海外交通史博物馆和四川自贡市盐业历史博物馆的做法就很好，值得大家参考。各馆在开展本馆科研工作的同时，也还要充分运用学术界的科研成果，以不断提高博物馆的各项业务工作水平。

博物馆要为开展科研工作创造必要的条件，要坚持保证业务人员六分之五的业务活动时间；建立学术、技术职称，考核、晋级和奖惩制度，充分调动科研人员的积极性。

当前，全国各条战线正在努力贯彻党的三中全会和五届人大二次会议精神，坚持四项基本原则，打好社会主义现代化建设的第一个战役，形势很好。我们一定要适应这个新的形势需要，根据国家财力物力的可能，统筹安排，做好工作，使文物事业在实现四个现代化的新长征路上,有一个新的发展,为提高全民族科学文化水平而贡献力量。

1979 年初

北京琉璃厂史话

北京琉璃厂史话杂缀

当公元 1770 年，即清乾隆三十五年[1] 的时候，当时的工部郎中孟澍于琉璃窑厂取土处发现了辽御史大夫李内贞的墓葬，墓志上记载着李内贞于"保宁十年（978 年）六月一日薨于卢龙坊私第，享年八十。其年八月八日葬于京东燕下乡海王村。"这个墓志当时没有拓本，只录出了铭文，又马上在移葬的时候埋掉了。许多有关北京风土文物的书籍，多著录这个发现，可是由于互相引征的关系，年代和铭文常有错误或简繁不一。当以乾隆年间钱大昕的记载为最详细，其次则为于敏中等编纂的《日下旧闻考》和署名"吟梅居士"的戴璐所作《藤荫杂记》的记载为可靠[2]。——这是关系琉璃厂一带历史的一件重要材料，可以考见当辽代的时候，这里还是城外郊区的一个小村落。

---

[1] 笔记中有作乾隆三年《醉乡琐志》、《旧京琐记》，有作乾隆中《天咫偶闻》。
[2] 藤荫杂记作者当时官水部，与孟澍相识，并看到这个最初因为发现人腿一条后来才遍处发掘，挖出了李内贞墓葬这个案卷。

这个墓志，《日下旧闻考》所录者略有删节，现将铭文抄录如下：

辽御史大夫李内贞墓志

"大辽故银青崇禄大夫检校司空行太子左卫率府率御史上柱国陇西李公讳内贞，字吉美，妫汭人。唐庄宗时举秀才，除授将仕郎，试秘书省校书郎，守雁门县主簿，次授儒林郎，试大理寺，守妫州怀来县丞。乱后归辽，太祖一见器之，加朝散大夫、检校工部尚书兼御史中丞，赐紫金鱼袋，兼属珊都提使；太宗初改银青光禄大夫，检校尚书右仆射，兼御史大夫；世宗加检校尚书左仆射，故燕京留守，南面行营都统。燕王达喇以公才识俱深，委寄权要。补充随使左都押衙中门使，兼知厅勾，次摄蓟州刺史，次授都举银冶都监。景宗改检校司空，兼御史大夫上柱国，次行太子左卫率府率。保宁十年六月一日薨于卢龙坊私第，享年八十。其年八月八日葬于京东燕下乡海王村。"（《日下旧闻考》）

琉璃厂的海王村，至少在辽代时候已经叫做这个地名，目前的海王村公园旧址，可能就在这个村落遗址附近。若以辽太祖神册元年（916年）来计算，距今已是一千零四十五年的历史了。

元、明时期，这里逐渐成为琉璃窑厂，据有人考证，公元1277年元代官方就开始建筑了琉璃窑厂。

明代自永乐四年即公元1406年起，开始兴起建北京宫殿，到了1420年全部建筑完成，前后经历了十余年，1421年永乐即迁都北京。这一期间，使用了大批的琉璃瓦件，当时有大五厂即："神木厂""大木厂""黑窑厂""琉璃厂""台基厂"[1]。琉璃厂是烧造琉璃瓦件的，陶然亭附近的黑窑厂是烧造板瓦和条砖的。现在故宫中残余明代建筑北京少数明代寺庙还可以看到当时烧造的黑色的和黄、碧等色的琉璃瓦件以及形制很大的砖瓦。

这里附近原来就有河道，又由于大量取土烧窑，窑厂附近常常形成许多坑洼的地方，日子长了，就成了所谓"窑坑"，大的连成一片就成为"海子"或河道。倘若再加以疏浚，就可与正式河道相通连。因此，琉璃厂附近在明清的时候，有"厂桥""清厂潭""梁家河""潘家河""后河""臧家桥""虎坊桥"等地名，由于都市的逐渐发展，这些地方后来都被填平盖了建筑，形成街市。

在明代人的著作里，如万历时蒋一葵所著《长安客话》，崇祯时刘侗、于奕正合撰的《帝京景物略》，都没有说到琉璃厂。有的笔记书中如《倚琴阁杂钞》，则记着：

"琉璃厂瓦有黄碧二种，明代各厂，俱有内官司之，殿瓦之外，所置一曰鱼瓶，贮红鱼，杂翠藻于中；一曰琉璃片，以五色渲染人物花草炼成，嵌入窗户；一曰葫芦，大或至径尺，其色紫者居多；一曰响葫芦，小儿口衔，嘘吸成声，俗名倒掖气；一曰铁马，悬之檐以受风戛者也。"

---

[1] 大五厂，后来都称五大厂，其说不一。有的说是：方砖厂、细瓦厂、琉璃厂、亮瓦厂、黑窑厂。当以明代有关资料为可信。

清代大兴潘荣陛于乾隆二十三年所写的《帝京岁时纪胜》，是一本文辞并茂的书，其中有"琉璃厂店"条，可以看出当时的情况：

"琉璃厂在正阳门外之西，厂制东三门，西一门，街长里许，中有石桥。桥西北为公廨，东北楼门上为瞻云阁，即窑厂之正门也。厂内官署、作房、神祠之外，地基宏敞，树林茂密，浓荫万态，烟水一泓。度石梁而西，有土阜高数十仞，可以登临眺远。"

"石桥""石梁""树林""烟水"，高数十仞的土阜，窑厂附近的景物还历历如画，自此以后，就逐步改变了。

因此，似乎可以得出这样的结论——明代琉璃厂主要的还是烧造琉璃瓦件的地方。还没有形成繁华的尤其是"文化的"街市。

明代书籍、古玩等在"市"上出售，据《帝京景物略》的记载，有"城隍庙市"条，其中说道：

"京师市各时日；朝前市者，大明门之左右，日日市，古居贾者也。……城隍庙市，月朔望、念五日，东弼教坊，西逮庙墀庑，列肆三里。图籍之曰古今，彝鼎之曰商周，匜镜之曰秦汉，书画之曰唐宋，珠宝、象玉、珍错、绫锦之曰滇、粤、闽、楚、吴、越者集。……市之日族族，行而观者六，贸迁者三，谒乎庙者一。庙建自永乐初，正统中重修。洪武初，神有封号，曰鉴察司民城隍显佑公，今称都城隍之神。……庙有石刻北平府三字，字径尺，半埋土中。"

按这个城隍庙，即"都城隍庙"，为明永乐中所建，在现在的西城复兴门附近。过去就叫"都城隍庙街",后来改称"城方街"。这时的书肆,多为随着市集转移,而以都城隍庙的为最盛。

到了清代初年,类似这种"市",改在现在宣武门外下斜街的慈仁寺。这是明成化年间,"周太后"为她一个出家的弟弟吉祥建的寺院,庙子很大,有几百和尚,几百顷庄田。清初有些文人学士在这里寄居,如康熙七年顾炎武就在这里住过。李因笃答顾的赠诗中有云:"忆折前津柳,同炊古寺羹"。自注"前年与先生同客慈仁寺,予先别去。"刘体仁、高珩等人也都在这住过。庙里有两棵古松,相传为金(一作元)时所植,后来老树死了,又补植了新的,故又称"古双松寺",清初诗人题咏甚多。附近原有辽金(一作元)时所建的报国寺,改建为慈仁寺后,当地人仍叫报国寺,故又并称"报国慈仁寺"。康熙年间王渔洋在他的《香祖笔记》中说道:

"……每月朔望及下浣五日,百货集慈仁寺,书摊只五六,往时间有秘本,二十年来绝无之。"

他又在《古夫于亭杂录》中说:

"昔有士欲谒余不见,以告昆山徐司寇,司寇教以每月三五于慈仁书摊候之,已而果然。"

孔尚任有一首诗歌咏此事:

"弹铗归来抱膝吟,侯门今似海门深,御车扫径皆多事,只向慈仁寺里寻。"自注云:"渔洋龙门高峻,不易见,每于慈仁庙寺购书,乃得一瞻颜色。"

王横云有诗记庙寺情况:

"慈仁每月初兼五,松下朱阑列百廛,亦有公卿来问直，试评程尉几文钱。"

从明清笔记中来看，明末清初固定的书肆（按为搭盖的棚房）可能在大明门（清代改为大清门）当时"礼部"的左右。即现在的前门内棋盘街一带。而在"市"上摆书摊的，明代则以"都城隍庙"为最著，清初则是"慈仁寺"。

"慈仁寺"到了乾隆年间，已经荒凉败坏。当时人戴璐在《藤荫杂记》中说：

"慈仁庙市久废，前岁复兴，未几仍止。盖百货全资城中大户，寺距城远，鲜有至者。国初诸大第宅，皆在城西，往游甚便，自地震后六十年来，荒凉已极。……"

琉璃厂在康熙三十三年（1694年）奉"旨"交窑户自办，黑窑厂就在这时废了。康熙三十九年汪珂庭在此监造房屋。琉璃厂的厂甸逐渐成为年初的集市以至变为街市，可能也就从这时开始，而到乾隆时极盛。王渔洋的记载里曾经说过：

"京师书肆，皆在正阳外西河沿，余惟琉璃窑厂间有之，而不多见。灯市初在灵佑宫，稍列书摊，自回禄后移于正阳门大街之南，则无书矣。"

可见这时书肆还是很少的。后来，年初的集市已改在厂甸，也只有新正半月，极为热闹。潘荣陛《帝京岁时纪胜》说道：

"门外（按指窑厂门外）隙地，博戏聚焉，每于新正元旦至十六日，百货云集。灯屏琉璃，万盏棚悬；玉轴牙签，千门联络。图书充栋，宝玩填街，更有秦楼楚馆遍笙歌，宝马香车游士女。……"

震钧的《天咫偶闻》（光绪二十九年，公元 1903 年刊行）中说：

"自国初罢灯市，而岁朝之游，改集于厂甸，其地在琉璃厂之中，窑厂大门外。百货竞存，香车枏比，自初二日至十六日凡半月，午前游人已集，……必竟日始归。……晚归必于车畔插相生纸蜨，以及串鼓或连至二三十枚，或以山查穿为糖壶芦亦数十，以为游戏。……"

琉璃厂成为固定的街市，并且以售卖旧书及当时刻本书为主要的店铺，大约是在康熙以后逐渐发展起来的。可能由于以下几种原因：

据近人署名"枝巢子"（按即夏仁虎）所作的《旧京琐记》（约在民国年间刻板印行）讲道：

"旧日汉官，非大臣有赐第或值枢廷者，皆居外城，多在宣武门外；土著富室，则多在崇文门外，故有东富西贵之说。士流题咏，率署'宣南'，以此也。"

汉官大多住在宣武门外，有些就住在琉璃厂一带，如王渔洋住在火神庙西夹道，院子里种了一棵藤萝，花开满院，惹得直到后来还有好多诗人题咏。乾隆时的四库全书的编修官程晋芳后来也移住在王渔洋的旧居里，他曾经以诗寄袁枚，有"势家歇马评珍玩，冷客摊钱问故书"的句子，袁枚笑说："此必琉璃厂也。"

孙星衍在乾隆己酉（乾隆五十四年，公元 1789 年）也住在琉璃厂，校刊《晏子春秋》。当时"高丽"人朴齐家为他写了"问字堂"扁额。

这些例子都说明了尤其是做文官而又弄些学问的人，大都喜欢住在琉璃厂或其附近，因为出来不远就是书肆。

约在明朝嘉靖以后，北京的"会馆"就逐渐兴建起来。清朝乾隆年间汪启淑所著的《水曹清暇录》里说道：

> "数十年来各省争建会馆，甚至大县，亦建一馆，以致外城房屋基地价值腾贵。……"

这些会馆里，住着来往的官员，赶考的举子，做买卖的商人。而且大都是在宣武门外到前门一带的地方。这与琉璃厂的繁荣很有关系。

到了乾隆三十八年（1773年）开四库馆，大集天下藏书，除了向各省藏书家"采进"以外，还需要大批收集流散书籍及考订用的参考书，以供那些编修们来应用。这样就大大促进了书业的发展，琉璃厂书业最盛的时代，即在此时。嘉庆间翁方纲在《复初斋诗集》自注中说道：

> "乾隆癸巳，开四库馆，即于翰林院藏书之所，分三处，凡内府秘书发出到院为一处，院中旧藏永乐大典内有摘抄成书汇编成部者为一处，各省采进民间藏书为一处。每日清晨诸臣入院，设大厨供茶饭，午后归寓，各以所校阅某书应考某典，详列书目，至琉璃厂书肆访之。是时江浙书贾，奔辏辇下，书坊以五柳居、文粹堂为最。"

由于上述几种主要原因，琉璃厂就在这几十年里发展成为文化街市。

乾隆三十四年（1769年）李文藻作《琉璃厂书肆记》的

时候已有书铺如下：

(1) 声遥堂　　　　　　　(2) 嵩□堂唐氏
(3) 名盛堂李氏　　　　　(4) 带草堂郑氏
(5) 同陞阁李氏　　　　　(6) 宗圣堂曾氏
(7) 圣经堂李氏　　　　　(8) 聚秀堂曾氏
(9) 二酉堂（李氏云　　　(10) 文锦堂
　　"或曰二酉堂，自
　　前明即有之，谓
　　之老二酉）
(11) 文绘堂　　　　　　 (12) 宝田堂
(13) 京兆堂　　　　　　 (14) 荣锦堂
(15) 经腴堂（9-15 皆李氏）(16) 宏文堂郑氏
(17) 英华堂徐氏　　　　 (18) 文茂堂傅氏
(19) 聚星堂曾氏　　　　 (20) 瑞云堂周氏
(21) 积秀堂　　　　　　 (22) 文萃堂金氏
(23) 文华堂徐氏　　　　 (24) 先月楼李氏
(25) 宝名堂周氏　　　　 (26) 瑞锦堂周氏
(27) 鉴古堂韦氏（其中有 (28) 焕文堂周氏
　　董姓同卖法帖）
(29) 五柳居陶氏　　　　 (30) 延庆堂刘氏
(31) 博古堂李氏

由此想见四年后四库开馆时，可能更有所发展，可惜没有像李文藻写出"书肆记"来，无法查考了。

李文藻不仅纪录了书肆名称，所见及所得善本，并且记述了书贾中的"晓事"者，如"五柳之陶，文粹之谢及韦"。尤其是把七十多岁的老韦，写得很生动。当时书商大多为江西金溪人，老韦是湖州人，陶氏、谢氏都是苏州人。

李文藻还说到当时隆福寺只有"赶庙"的书摊。"散帙满地，往往不全而价低。"再有就是正阳门打磨厂有书肆数家。

李文藻也说到琉璃厂除书业以外的其他行业，如卖眼镜、烟筒、日用杂物的；如古董店及卖法帖、裱字画、雕印章、包写书禀、刻板镌碑的；遇见廷试的时候则有卖试笔、卷纸、墨壶、镇纸的。

相隔了一百四十多年，到了缪荃荪作《琉璃厂书肆后记》的时候（按缪作写成于辛亥革命〈1911年〉以后），李氏所记的书铺，几乎大多不存在了，而改变为以下的书铺：

（1）文光楼石氏　　　　（2）文宝堂曹氏
（3）宝文斋，徐苍崖　　（4）善成堂饶氏（江西人）
（5）大文堂刘氏（江西人）（6）二酉堂
（7）聚星堂　　　　　　（8）宝华堂张氏
（9）修文堂张氏　　　　（10）翰文斋，韩心源
（11）正文斋谭氏　　　　（12）宝名斋，李衷山
（13）勤有堂，杨维舟　　（14）书业堂崔氏
（15）肆雅堂，丁子固　　（16）萃文堂常氏
（17）文琳堂马氏　　　　（18）益文堂魏氏
（19）酉山堂李氏　　　　（20）会经堂刘氏
（21）文贵堂魏氏　　　　（22）宝森堂，李雨亭
（23）李氏　　　　　　　（24）文华堂
（25）宝珍斋吴氏　　　　（26）宝经堂魏氏
（27）同雅堂乔氏　　　　（28）同好堂阎氏

(29) 宝森堂（以下在火神庙） (30) 同立堂
(31) 三槐堂 (32) 善成堂

"附录"中又记"甲寅秋日重作京华之行，时时阅厂旧肆，存者寥寥晨星。有没世者，有闭歇者，有易主者，而继起者亦甚众。"按甲寅是"民国"三年，公元1914年。假若缪氏"后记"作于辛亥后一年，即公元1912年，则不过两年时间，就有很大变化，他在"附录"里所记的书铺如下：

(1) 文光楼石氏（旧铺） (2) 弘远堂赵氏
(3) 文宝堂曹氏（旧铺） (4) 晋华书局孔氏
(5) 文益书局张氏 (6) 有益堂丁氏
(7) 荣禄堂丁氏 (8) 松筠阁刘氏
(9) 槐荫山房马氏 (10) 二酉堂傅氏（旧铺）
(11) 宝华堂张氏（旧铺） (12) 交盛堂楼氏
(13) 翰文斋韩氏 (14) 孔群社张氏
(15) 文友堂魏氏 (16) 肆雅堂丁氏（旧铺）
(17) 直隶书局 (18) 文琳堂马氏（旧铺）
(19) 萃文斋常氏（旧铺） (20) 弘道堂程氏
(21) 来熏阁陈氏 (22) 维古山房崔氏
(23) 善成堂孙氏（旧铺） (24) 会经堂刘氏（旧铺）
(25) 文雅堂郭氏 (26) 保古斋殷氏
(27) 同古堂张氏 (28) 修本堂岳氏
(29) 会文堂刘氏 (30) 九经堂刘氏
(31) 鸿宝阁崔氏 (32) 文英阁丁氏
(33) 鉴古堂郭氏 (34) 述古堂于氏
(35) 玉生堂胡氏 (36) 文焕堂赵氏

（37）敬业堂丁氏　　　　　（38）同好堂阎氏

缪氏"后记"一如李氏的"书肆记"。其中也说到除书肆外，还有摺绅铺、刻板、镌碑铺、骨董铺、法帖铺、装潢书画铺、南纸铺等。还说到打磨厂兴隆店有外来书贾的货车，五更开市，论堆估价，琉璃厂等处的书商以及收藏家都去买书，盛伯希就常常带着被子睡在那里等着买书，居然得到"宋本七十卷之礼记注疏，杜诗黄鹤注"等。缪荃荪得到：宋本范文正集，元本柳道传集，正统本苏平仲集等书。

琉璃厂这一时期除书业以外，还伴随着发展了许多有关文化的商业和特种工艺作坊。例如纸、墨、笔、砚所谓"文房四宝"的商店，"琴、棋、书、画"的商店，像来熏阁最初就是售卖"琴"的，后来改业书行，招牌仍叫"来熏阁琴书店"。以后也有专售胡琴的"徐兰元"胡琴铺。还有刻书铺、刻字铺、裱画铺、裱帖铺；还有专作书套的铺子，专作匣囊的铺子，专门为书铺修书以后裁书的作坊，制作印泥的作坊，刻板刷印笺纸的作坊，乃至配补抄书，都有专行老手。——总之，文人所需要的一切，大都可以在这里解决。再加上一杯"信远斋"的酸梅汤，真是文人、酸气，于兹俱备了。

近人夏仁虎（别署枝巢子）在他所著的《旧京琐记》里，有几条记载着清代光绪戊戌（1898年）以后的琉璃厂情况。

"琉璃厂为书画古玩商铺萃集之所，其掌各铺者，目录之学与鉴别之精，往往过于士夫，余卜居其间，恒谓此中市佣亦带数分书卷气，盖能识字，亦彬彬有礼衷。"

"南纸铺并集于琉璃厂，昔以松竹斋为巨擘，纸张外兼及文玩骨董,厥后清秘阁起而代之,自余诸家,皆为后起。制造之工,染色雕花,精洁而雅致。至于官文书款式,试卷之光洁,皆非外省所及。詹大有、胡开文之墨;贺青莲、李玉田之笔,陈寅生之刻铜,周全盛之折扇,虽各设专铺,南纸铺皆为代销,书画家之笔单亦备。在昔科举时称极盛,科举停后,渐雕零矣。"

"……刻字铺与眼镜铺,其工人皆籍金陵,聚处琉璃厂,今犹世其业。又有织工,昔内府设绮华馆,聚南方工人教织于中,江宁织造选送以为教习。又织绒毡者,亦南京人,能以金线夹绒织之,璀璨耀目,昔黄慎之创工艺局曾访得之,惜其工费太巨,不克推广,此艺遂成广陵散矣。今缎扇、羊灯之业皆废,而一般工人亦于此长子孙成土著矣。"

夏氏又专有一条记述这事:

"当时朝流中能讲工艺实业者,首推黄学士思永(按:即上条所述之黄慎之)……乃设工艺局于琉璃厂,提倡珐琅、雕漆、栽绒诸业,得超等文凭于法国赛会,出口岁增数百万,惜财力薄,无大资本家助之,所招股本,特乡年世好,戋戋廉俸而已,故终至停办。归任浦口商埠督办,值革命没于海上,余为清结其工艺局未完事,惜其造端宏、志愿大,而屈于所遇也。"

有人说这个"工艺局"所在地即海王村公园的前身,这里还有一个工艺品陈列所。

琉璃厂书商的籍贯，在乾隆时李文藻所记已是大都为江西人，湖州、苏州人极少。据书业中人谈，当时江西人辈辈相传，不收他省徒弟。徒弟都是由家乡招来，有病有事退职，则负责送回江西。到了同治年间河北的南宫、冀州人在书业中突起，收徒则绝不收江西人。并立了另一文昌馆作为这个行业的会馆，江西人起而争执，并打了官司。有一个碑文记载这个北人公会会馆的建立，现在这个碑还在文昌馆内，可惜早年即已作了台阶石，无法看到，打算移植起来，再作补述。

以书业为中心的琉璃厂文化街市，就以清乾隆时算起（姑且以乾隆元年公元1736年计算）到清咸丰十年，即公元1860年英法侵略军攻陷北京以前，其间经过一百多年，都是比较正常发展着的。清代的"朴学"家、考据家，以及其文人学士，几乎无一不同琉璃厂、隆福寺等书肆发生联系，关系中国学术很大。但是自从鸦片战争以后，帝国主义者几次武装侵略，强迫清朝政府一次一次地订立了不平等条约，如1842年的《南京条约》，1844年美国胁迫订立的《望厦条约》，1858年的《天津条约》以及在1860年所订的《北京条约》。例如在《北京条约》里，确认外国公使驻北京，开放天津港口，并给予外国传教士在中国活动更多的方便等条，这样就把清朝政府的闭关自守政策完全击破，中国的主权丧失更多，中国半殖民地的灾难更加严重地增加。琉璃厂的商业，也从此蒙上半殖民地化的污垢，直到1949年北京解放，中华人民共和国的建立，才彻底把它洗刷掉。

英法侵略军在1860年攻陷北京之后，就大肆抢掠，如清宫，如圆明园，如西黄寺等文物集中最多的地方都抢得一干二净。圆明园在抢了以后，又放火把它烧掉。

八国侵略军在1900年攻陷北京的时候，又把前一抢掠之后，清政府经过四十年在全国各地搜罗集中到宫廷的文物，抢了个二次。侵略军不仅抢了宫廷，也抢了私人收藏，一处地方，不仅一次抢劫，而是无数次的洗劫。抢掠期间，因为分赃不均，互相攻打，后来为着调和，就举行拍卖。侵略军也到处以抢到的文物珠宝，向市民换鸡蛋，换银元。这时有些古玩商就趁机收买，大发横财。据说西什库教堂附近的达古斋古玩铺，主人原来是天主教徒，因为他是主教樊国梁的亲随，可以到处收罗，事变以后，就开了达古斋，来做"洋庄"生意，把中国许多重要文物盗卖到外国。琉璃厂的古玩铺，在这以后，成了帝国主义者搜刮中国文物的中心市场。几乎每一家古玩铺，以及许多"跑单帮"的古玩商，都成了帝国主义分子的爪牙，在帝国主义分子指使下，大肆搜刮，大肆破坏，现在我们到河南洛阳龙门、山西大同云岗、山西太原天龙山等地，看到我们祖国极为精美的雕刻，几乎每一个都是断手残足，支离破碎，甚至整个石雕凿成碎块运走，像龙门宾阳洞中北魏著名石雕"帝后礼佛图"，就是美帝国主义分子普爱伦先到龙门照了相，然后根据相片与古玩奸商岳彬定了"合同"，以五年为期，打碎这块雕刻，运到美国去的。现在一块陈列在美国纽约市艺术博物馆，一块陈列在美国堪城纳尔逊艺术馆。而这个盗匪主犯普爱伦却在他1944年作的《纽约市艺术博物馆所藏中国雕塑》一本供状中怎么写呢？他说1933—1934年之间，这浮雕被人凿碎盗走后开始在北京古玩市场出现，当时只有"两个美国博物馆（按：指上述两馆）在努力挽救它"，它真是无耻到极点的谎言。我们在 1952 年三反五反运动中检查了这家古玩奸商，把普爱伦与岳彬所订立的"合同"，把凿碎了由于粘对不上，因而留下的两大箱石块，通通拿到手了，原来这个被"人"凿碎盗走的"人"，不是别人，就是美国惯匪普爱伦。

其实，这不过是千万桩事件中的一件。其他如绘画、铜器、玉器、陶瓷器、漆器、石刻、壁画等几十年的劫夺，简直不可以数计。由于这样搜刮，并勾结了各地盗墓组织，又大肆挖掘了古墓，出土文物绝大部分都劫掠而去。

帝国主义者，尤其是美帝国主义者通过琉璃厂古玩奸商盗走中国的历史文物太多了。据人估计，仅美国盗走我国的铜器就在一万件以上。

这一时期琉璃厂的古玩业有着恶性的发展。他们背后有帝国主义分子指使、撑腰，有大批金钱可以与军阀、官僚以及文物出土地的地主、恶霸挂勾，有几十条几百条线索通向各方，例如当时安阳有个地主恶霸娶儿媳妇，琉璃厂的一家古玩商就可以买了两节车皮的苏州成堂桌椅家具运去作贺礼。真是外有洋人，内有官府，手中抓住地主恶霸、狗腿子，以及惯匪，可以到处横行无忌，为所欲为。招牌上大书洋字，每家都有"洋泾浜"英语专家，洋人来往大摆筵席迎送，临走合影留念，所谓"八大公司"都是"腰缠万贯""房产一片"的一些家伙，在琉璃厂附近的炭儿胡同，如岳彬这样奸商就盖了极为讲究的房子，房上有电网，地下有"地窖子"，房里房外，无处不是在各地搜刮破坏而来的历史文物。当 1952 年我们看到他的时候，据说他早已"洗手不干"，在此吃"鸡油炒饭""纳福"一二十年了。

那时琉璃厂古玩业流传的一句话:"三年不开张,开张吃三年"。那时中国人几乎绝对看不到好东西的,只有"洋大人"来了,才迎入"内柜",饱攫所藏。

这一股罪恶的黑风,不仅在古玩业中刮起,也刮到一些书业。像美国教会所办,而司徒雷登由此起家的燕京大学、哈佛燕京社,以及他们勾结汉奸所办起的大同书店,几十年来常年累月地在琉璃厂、隆福寺搜罗我国地方志(美国国会图书馆有我国地方志四千多种,美国军部以数百人根据这些地方志绘制打算侵略我国的地图)、家谱,以及善本图书。所以书业里也有人大"走洋庄"。近人谢兴尧在1943年所写的《书林逸话》中有这样一段:

"当事变(按:指七七事变)初起,因社会人心之不安定,旧书业与古玩行,皆一度沉寂,无人过问,其时间约半年至一年。自二十八年起,旧书业逐由销沉而复活,并臻极盛。……至前年(1941年)冬季去岁春天,书价之昂,达于极点,几无一定标准。各大书店每年必出一次目录者,是时皆借口纸贵,未肯印行。实则恐怕自己将价定死,不能随时增涨,徒滋后悔,且反束缚。按去年冬季以前书价,若与事变前比较,经部与诗集,约增一倍;子部随笔小说,约加三四倍;史部杂史、地理及子部考据等,约增五六倍;至于书本秘籍,旧抄精校,竟增至十倍以上,抑或过之。余尝谓书贾云:以前书目,现已废除,且不适用。然余发现一原则,即凡旧书目中定价五元以上者,今皆可视为善本。此虽戏言,要亦实情。旧书之行市既如此……于是每家书店，皆派干员或远赴苏、杭、沪、粤，或近走齐、鲁、豫、晋，远采近取，博采穷搜，每寄货回，均获厚利。盖丧乱之余，各地方之世家巨族，昔日收藏，大皆流出，当时如鲁之潍县，晋之汾阳，豫之开封，凡所号文物之邦，一邑之地，即有北京'出外'书贾数十人之多。因互相竞争，货底亦随之增大。……至其销路，时购买力最强者若哈佛燕京社、大同书店，皆购寄美国，年各约数十万元。又兴亚院、满铁，……亦买不少。又近三四年来，燕京大学及哈佛社因时会关系，挟其经费力，颇买得不少佳本。于是珍本秘籍，多浮海而去，言之令人浩叹。书商虽亦不愿所倚为世代生命者一去不返，然迫于经济生活，亦无可如何。自去年太平洋战起，燕京、大同解散停闭，旧书业虽一蹶不振，而书籍则得以保存，不至滔滔而逝，未始非大快事也。……"

他又说：

"近十年来，旧书业颇出了几位人才，有负盛名者，有无人知者，或以气魄大而能放手作去，或以'吃得精'而能另辟一途。前者如来熏阁之陈某，修绠堂之孙某，孙某在沪时，因联络应酬喜吃酒，一夕数千金无吝色。陈某在京，凡东西学者或文化团体之来游历者，交际之费，亦颇可观。虽为同行所讥评，然其生意固极兴隆也。后者如通学斋、群玉斋二孙，文禄堂之王某，专收冷僻版本，不走大路；以其能合时代，获利最丰。通学斋孙某曾受伦哲如（东家）熏陶，著有丛书目录拾遗、贩书偶记二种，极具价值。至于北京书业，自以隆福寺之文奎堂、修文（绠?）堂，琉璃厂之来熏阁、邃雅斋等为最大，以城内保萃斋，城外松筠阁为最廉而较公平云。"

以书业，及畸形发展起来的古玩业为中心的琉璃厂，缀拾史话、琐记，凑成此篇，也可以略见清代初叶到解放前夕的一些面貌。作者虽然前后寄居北京近三十年，但是由于经常是"囊中羞涩"，极少跑琉璃厂。对此既无调查，也无研究，更不熟悉。署名"老外"，正是抛砖引玉的意思。常维均兄及其他友人为之搜借书籍，提供线索，于此致谢。

1961 年 1 月 25 日夜深
写来已是二十多个夜晚了

稿成后三日，承雷孟水君借给通学斋孙殿起老先生一生所辑"琉璃厂小志"稿十巨册，琉璃厂有关资料，包罗已尽。因此忆起这位号称"琉璃厂圣人"的孙老先生，生前有许多次见面时，每每谈起他搜辑这方面资料的情况，可惜他已于前年逝去，不及见此书将来的出版了。

见到这部稿子，觉得可以补充、订正我这篇短稿的地方很多。但是他人一生辛苦，未及出版，我即录用，实为"掠美"，所以索性就不再改动了。只是把文昌馆的拓片两纸，用作插图，并向雷君致谢。

又记。1961 年 1 月 28 日

读《琉璃厂小志稿》

前些时为《文物》月刊写了一篇关于琉璃厂的稿子,老实说实在是"打鸭子上架",既非常跑琉璃厂,又没有调查研究,所以就只好就有关史料,加以编缀,不过是抛砖引玉的意思。谁知稿子发排以后,听说前年故去的琉璃厂通学斋的孙殿起老先生有部关于琉璃厂的稿子,展转找到他的外甥雷孟水,一天早上他亲自送来。打开一看,共十大本,书名叫做"琉璃厂小志稿"。我粗粗地翻了两遍,觉得这实在是一部有用的书,它把有关琉璃厂的资料几乎全部收集起来了。假若早些天看到,那要省去我好多时间精力去翻书、找书、借书,但是这部书既然还未出版,也不便"掠美"。就借了两张有关书业的文昌馆碑刻拓片,作为插图。这部稿子正在代为交涉出版。

孙殿起老先生原来是琉璃厂通学斋的店伙,这个书铺是伦明(字哲儒,亦作哲如)开的,他受到伦明的熏陶,自己又非常用功,几十年来一面收书,一面卖书,一面作了许多记录,前几年我到他那去的时候,就常看到他在一个纸盒里取出许多小纸条,上面写满了字然后分别粘在本子上,整理成一部稿子。就这样几十年的辛勤努力，他出了《丛书目录拾遗》、《贩书偶记》；1957年商务印书馆又为他出了《清代禁毁书目（补遗）》、《清代禁书知见录》。

我曾经听他津津有味地谈着他在搜集有关琉璃厂还有报国寺等有关的资料，他还拿着照片给我看过。

现在这部稿子是他生前没有来得及整理，而在死后由他的外甥雷孟水整理，又经过其他人校订的。书分六章：

第一章　概述（附叙厂诗辑）

第二章　时代风尚（附琐记）

第三章　书肆变迁记（附隆福及其他）

第四章　贩书传薪记（附古玩业，帖业，裱画业及其他）

第五章　文昌馆及火神庙（附慈仁寺书市杂书诗及琉璃厂附近地区名迹史料）

第六章　学人遗事（附访书遗闻）

附录：一、书画题跋　二、海王村游记　三、海王村所见书画录（原编录字作"记"，是错字）　四、渔洋山人故居遗藤杂咏

从这个章目里也就可以看到全书是围绕着以书业为中心的琉璃厂特点，把各方面有关的资料集聚起来的。这不是常年累月的辛勤辑录，是很难短时间完成的。显然在将来印行的时候，还可以有些商酌取舍的地方，但是总的说来，是本有用的资料书。

《小志》的第六章是内容很丰富的一章。把关系到琉璃厂的许多学者、考据家、金石家、书画家的遗事轶闻，诗歌，笔记，题跋收集了很多。如黄丕烈、孙星衍、邵懿辰、梅曾亮以

及朝鲜的李得恭等人。从这里可以看出这条文化街市，对清代的学术界，甚至国际友人都有许多关联影响。

总之这部稿子，为编写琉璃厂的地方志提供了丰富的素材。孙殿起老先生一生的辛勤劳动是有意义的。

1961 年 2 月 6 日夜。

北京琉璃厂史话

一

辽代海王村——明代琉璃窑厂——书摊、书肆——大明门和城隍庙——清初慈仁寺。

当公元1770年,即清乾隆三十五年① 的时候,当时的工部郎中孟澍于琉璃窑厂取土处发现了辽御史大夫李内贞的墓葬,墓志上记载着李内贞于"保宁十年(978年)六月一日薨于卢龙坊私第,享年八十。其年八月八日葬于京东燕下乡海王村。"这个墓志当时没有拓本,只录出了铭文,又马上在移葬的时候埋掉了。许多有关北京风土文物的书籍,多著录这个发现,可是由于互相引征的关系,年代和铭文常有错误或简繁不一。当以乾隆年间钱大昕所作《记琉璃厂李公墓志》及为此墓写了《改葬故辽李公墓记》的大兴朱筠两人的记载为最详尽。

---

① 笔记中有作乾隆三年(《醉乡琐志》、《旧京琐记》),有作乾隆中(《天咫偶闻》)。

盖此墓发现后十余日钱大昕即得知，欲去椎拓碑文，可惜碑已埋掉，他听说孟澍曾让人"抄写一通"，于是索来读后，写了记此事的文章；朱筠则是一年（乾隆三十六年九月十五日）以后由于孟澍的请求，为改葬的李内贞墓写了墓志的。

这个改葬的墓，钱说在"故兆东二十步"，朱说"迁骨于高阜大树之左坎，环以石，石复之，向南起冢，建志石于前。"总之，改葬的地方就在原来的葬地不远，将来可能重新发现的。

钱、朱两人所记的碑文，也多不同之处，互校以后，录出全文如下，或较原志相差不远了。

"大辽故银青崇禄大夫、检校司空、行太子左卫率府率、兼御史大夫、上柱国，陇西李公，讳内贞，字吉美，妫汭人。后唐庄宗时举秀才，除授将仕郎，试秘书省校书郎，守雁门县主簿，次授蔚州兴唐县主簿，次授儒林郎，试大理寺丞，守妫州怀来县丞。大圣皇帝兵至，迎降，太祖一见器之，加朝散大夫，检校工部尚书，兼御史中丞，赐紫金鱼袋，兼属珊都提举使。嗣圣皇帝改银青光禄大夫，检校尚书右仆射，兼御史大夫。天授皇帝加检校尚书左仆射。故燕京留守南面行营都统燕王牒蜡以公才识俱深，委寄权要，补充随使左都押衙中门使，兼知厅勾，次摄蓟州刺史，次授都举银冶都监。天赞皇帝改检校司空、兼御史大夫、上柱国、行太子左卫率府率。保宁十年六月一日，薨于卢龙坊私第，享年八十，其年八月八日，葬于京东燕下乡海王村。先嫔殷氏女，有三子；后嫔何氏女，生二男。弟僧可延，天顺皇帝授普济大师，赐紫。长子瓒，金紫崇禄大夫、检校司空、南奚界都提纪使，兼御史大夫。次子玉，燕京都麹院都监、金紫崇禄大夫、检校司空，兼御史大夫、上柱国。次子琰，银青崇禄大夫，检校尚书右仆射，兼御史大夫、上柱国，前大石银冶督监。次子珆，前辽兴军节度推官，将仕郎，试秘书省校书郎。次子璟，摄宣州观察推官。"（见钱著《潜研堂文集》及朱著《笥河文集》）

乾隆时于敏中等编纂的《日下旧闻考》和同时人署名"吟梅居士"的戴璐所作《藤荫杂记》都记载了这事[1]——这是关系琉璃厂一带历史的一件重要材料，可以考见当辽代的时候，这里还是城外郊区的一个小村落。

琉璃厂的海王村，至少在辽代已经叫这个地名。金代或名"海王庄"（见震钧：《天咫偶闻》，说见《金史·后妃传》）。目前的海王村公园旧址，可能就在这个村落遗址附近。若以辽太祖神册元年（916年）来计算，距今（1962年）已是一千零四十六年历史了。

元、明时期，这里逐渐成为琉璃窑厂。据有人考证，公元1277年以后元代官方就开始建筑了琉璃窑厂。

明代自永乐四年即公元1406年起，开始营建北京宫殿。到了1420年全部建筑完成，前后经历了十余年，1421年永乐即迁都北京。这一期间，使用了大批的琉璃瓦件，当时有大五

---

[1] 《藤荫杂记》作者当时官水部，与孟澍相识，并曾看到挖出李内贞墓葬的案卷。

厂即："神木厂""大木厂""黑窑厂""琉璃厂""台基厂"①。琉璃厂是烧造琉璃瓦件的，陶然亭附近的黑窑厂是烧造板瓦和条砖的。现在故宫中残余明代建筑及北京少数明代寺庙还可以看到当时烧造的黑色的和黄、碧等色的琉璃瓦件以及形制很大的砖瓦。

这里原来有河道可通西山，烧造琉璃瓦件的一些原料，多赖水道运输。清李慈铭《桃花圣解盦霻日记》中说道：

"盖明嘉靖以前，外城未筑时，此地有水，西流为清厂潭，又西南为章家桥，又南为虎坊桥，又南为潘家河，而自厂桥南为梁家园，可引凉水河，处处经脉流通。"

由于原来有河道，又加上烧窑取土，窑厂附近常常形成许多坑洼的地方，就成了所谓"窑坑"。交通来往，非有桥梁不可。所以琉璃厂附近许多地名多有"桥"字，就是这个原因。后来都市发展，就逐步填平，形成街市。现在到琉璃厂一看，全无痕迹了。

明代的琉璃厂，只是为皇家烧造琉璃瓦件的地方，占地很广。附近人烟似很稀少，树木很多，河流、水池、高阜、下洼，完全是一片郊野的景色。在明代人的著作里，如万历时沈榜编辑的《宛署杂记》，蒋一葵所著《长安客话》，崇祯时刘侗、于奕正合著的《帝京景物略》，都没有说到琉璃厂成为街市，因为那时这里只是一个窑厂，既不是著名风景名胜区域，

---

① 大五厂，后来都称五大厂，其说不一。有的说是：方砖厂、细瓦厂、琉璃厂、亮瓦厂、黑窑厂。当以明代有关资料为可信。

更不是"文化街市"。《帝京景物略》中虽说到"琉璃厂店"，那只是新春在窑厂门外出售厂中所做的盛朱鱼的"琉璃瓶"及"倒掖气"等儿童玩具。

明末吴梅村曾咏及琉璃厂，也只是描述着琉璃烧造的器物及安装的情形：

"琉璃旧厂虎坊西，月斧修成五色泥。

偏插御花安凤吻，绛绳扶上广寒梯。"

《倚琴阁杂钞》中有以下记载：

"琉璃厂瓦有黄碧二种，明代各厂，俱有内官司之，殿瓦之外，所置一曰鱼瓶，贮红鱼，杂翠藻于中；一曰琉璃片，以五色渲染人物花草炼成，嵌入窗户；一曰葫芦，大或者径尺，其色紫者居多；一曰响葫芦，小儿口衔，嘘吸成声，俗名倒掖气；一曰铁马，悬之檐以受风戛者也。"

由此可见当时琉璃厂除了烧造瓦件以外，还烧造其他琉璃器物和儿童玩具。

清代大兴潘荣陛于乾隆二十三年所写的《帝京岁时纪胜》，是一本文辞并茂的书，其中有"琉璃厂甸"条，可以看出当时情况：

"琉璃厂在正阳门外之西，厂制：东三门，西一门，街长里许，中有石桥。桥西北为公廨，东北楼门上为瞻云阁，即窑厂之正门也。厂内官署、作房、神祠之外，地基宏敞，树林茂密，浓荫万态，烟水一泓。度石梁而西，有土阜高数十仞，可以登临眺远。"

从上述明、清人的著作中，可以想见明代琉璃厂正如我们前些年看到北京东郊六里屯或麦子店一带窑厂的情况，不过这座琉璃厂的本身身价高贵，并有工部的驻厂监督所谓"官署"在那里，当较民窑阔绰得多了。

明代书籍、古玩等在市上出售，据明万历年间胡应麟在《少室山房集》中所述：

"凡燕中书肆，多在大明门之右及礼部门之外，及拱宸门之西。每会试举子，则书肆列于场前；每花朝后三日，则移于灯市；每朔望并下澣五日，则徙于城隍庙中。灯市极东，城隍庙极西，皆日中贸易所也。灯市岁三日，城隍庙月三日，至期百货萃焉，书其一也。"

《帝京景物略》中，有"城隍庙市"一条，其中所说与胡应麟所述一致，可见万历至崇祯期间，无什变化。如：

"京师市各时日：朝前市者，大明门之左右，日日市，古居贾者也；……城隍庙市，月朔、望、念五日，东弼教坊，西逮庙墀庑，列肆三里。图籍之曰古今，彝鼎之曰商周，匜镜之曰秦汉，书画之曰唐宋，珠宝、象玉、珍错、绫锦之曰滇、粤、闽、楚、吴、越者集。……市之日族族：行而观者六，贸迁者三，谒乎庙者一。庙建自永乐初，正统中重修。洪武初，神有封号，曰：鉴察司民城隍显佑公，今称都城隍之神。……庙有石刻'北平府'三字，字径尺，半埋土中。"

这里所说的"大明门之左右"的"居贾"，实际上是搭盖的简易的棚房，是常年每日营业的座商。近见中国历史博物馆所藏明代《皇都积胜图》，所绘为万历以前"皇都"内外情况。那时在大明门左右还是地摊及摊在桌子上的摊贩，其中就有卖书籍、字画、古玩的。后来的"居贾"想是由此发展起来的。

而每月只开三天的"市"，则为"城隍庙市"，这个城隍庙，即为"都城隍庙"，为明永乐中所建。在现在的西城复兴门附近。过去这条街就叫"都城隍庙街"，后来有一阵北京城的街道乱改了一下名字，就把它改为"城方街"了。同把"羊尾巴胡同"改为"羊溢宾胡同"是一样的。

由此可见，明代的北京书铺及流动书摊，即在大明门左右，以及考场前面，灯市，城隍庙的一些地方。

到了清代初年，类似这种"市"，改在现在宣武门下斜街的慈仁寺。这是明成化年间，"周太后"为她一个出家弟弟吉祥建的寺院。庙子很大，当时有几百和尚，几百顷庄田。清初有些文人学士常在这里借居。如康熙七年的时候，顾炎武就在这里住过。李因笃答顾的赠诗中有云：

"忆折前津柳，同炊古寺羹"。

自注中说：

"前年与先生同客慈仁寺，予先别去。"

刘体仁、高珩等人也都在这住过。庙里有两棵古松，相传为金、元时旧物，后来老树死了，又补种了新的。故又称"古双松寺"。清初诗人题咏很多。附近原有辽金（一作元）时所建的报国寺，改建为慈仁寺后，当地人仍叫报国寺，故又并称"报国慈仁寺"。

清初王渔洋在他的《池北偶谈》、《居易录》、《香祖笔记》、

《古夫于亭杂录》等书中常有记他在慈仁寺购书的情况。如：

"己亥（按：指顺治十六年，公元 1659 年）于慈仁市见'客氏拜'三字名刺，朱克生以三钱得之，赋《客氏行》。"（见《池北偶谈》）

此事亦见孙国枚《燕都游览志》，说是宝应朱国桢克生得到这个"名刺"以后，"友人笑曰：使当天启时，此一纸，胜诏旨远矣。"盖客氏为熹宗的乳母，与魏忠贤通，相济为恶，势力极大。

又如：

"官都二十余载，俸钱之入，尽以买书。尝冬日过慈仁寺市，见孔安国《尚书大传》，朱子《三礼经传通解》，荀悦、袁宏《汉纪》，欲购之。异日侵晨往索，已为他人所有。归来怊怅不可释，病卧旬日始起。古称书淫书癖，未知视予何如？自知玩物丧志，故是一病，不能改也。亦欲使我子孙知之。朱翰林竹坨，尝为予作《池北书库记》。"（见《居易录》）

又说：

"每月朔望及下浣五日，百货集慈仁寺，书摊只五六，往时间有秘本，二十年来绝无之。"（见《香祖笔记》）

他又有在《古夫于亭杂录》中说过，以后并传为佳话的故事：

"昔在京师，士人有数谒予，而不获一见者，以告昆山徐尚书健庵（乾学），徐笑谓之曰：'此易耳，但值每月三五于慈仁寺书摊候之，必相见矣。'如其言果然。庙市赁僧廊地粥故书，小肆皆曰摊也。又书贾欲昂其直，必曰'此书经新城王先生鉴赏者。'粥铜玉窑器则曰：'此经商丘宋先生鉴赏者'，谓今冢宰牧仲（荦）也。士大夫言之，辄为绝倒。"

《桃花扇》的作者孔尚任，曾有一首诗歌咏此事：

"弹铗归来抱膝吟，侯门今似海门深。
御车扫经皆多事，只向慈仁寺里寻。"

自注云：

"渔洋龙门高峻，不易见，每于慈仁庙寺购书，乃得一瞻颜色。"

王渔洋在慈仁寺购得徐一夔《始丰稿文》，如皋孙应鳌《淮海易谈》，虔州刊本《陶隐居集》，桂林刊本《二曹诗集》，金陵旧刻《樊川集》，琅玡《王若之集》，霍文敏《韬文集》及文俶写生花鸟画册等。

又如朱彝尊在慈仁寺得宋·胥吏所抄南渡以后诸人词——《典雅词》；翁方纲在此得吴兴施元之，吴郡顾景蕃注宋椠本《东坡先生诗》；宋荦在此得札杞县《刘文烈（理顺）书》，想是刘所书墨迹；何焯（义门）在此得《颍上黄庭》帖；朱竹垞在此购得《曹全碑》旧拓本。这些都是见于记述的，其他未见记述的想是更多了。

从明、清人笔记来看，明中叶以后京师固定书肆在"大明门"当时"礼部"的左右，即现在的前门内棋盘街一带。而在市上摆书摊的，明代则以都城隍庙为最著，清初则是慈仁寺。

慈仁寺到了乾隆年间，已经荒凉败坏。当时人戴璐在《藤荫杂记》中说：

"慈仁庙寺久废,前岁复兴,未几仍止。盖百货全资城中大户,寺距城远,鲜有至者。国初诸大第宅,皆在城西,往游甚便,自地震后六十年来,荒凉已极。……"

二

康熙时琉璃厂的小街市——新春厂甸——《琉璃厂书肆记》——四库开馆——挟书买醉——朝鲜友人柳得恭与罗两峰——"莫典春衣又买书"——文物聚散流传——专业与专才。

琉璃厂在康熙三十三年(1694年)奉"旨"交窑户自办,黑窑厂就在这时废了。康熙三十九年(1700年)汪文柏(号柯庭)在此监造房屋册籍,他有一首诗替小房主及贫民自盖棚房而需按间架抽税的事鸣不平:

"《庚辰秋琉璃厂监造屋宇册籍随笔书怀》
有明户口聚,九门患居民。
皇朝定鼎初,出入从城闉。
圈地分八旗,天兵为比邻。
外城是官地,架屋许都人,
所以琉璃厂,衡宇如鱼鳞。
生聚六十年,结构非无因。
秦鲁豫吴越,黔蜀楚粤闽,
九州同复载,率土皆王臣。
竭来多僦寓,名利羁其身。
土著取租值,微薄堪养亲。

若论公家地,履亩税始均。
遗民费资斧,庀材及陶甄。
奈何起间架,此议太不仁。
况有杂徭苦,露肘衣悬鹑。
皇恩方浩浩,四海蠲租频。
如何辇毂下,翻令人叹呻?
余有守土责,实难缄我唇,
不顾司空怒,痛哭为具陈。
体君爱黎庶,岂愁大吏嗔。
位卑耻无权,有志终不伸。
聊成五字诗,语鄙意颇真。
倘值采风者,为我献枫宸。
疲氓得苏息,霜散回阳春。"

(见《柯庭余习》)

从这首诗里可以看出康熙时琉璃厂已经起盖了许多小房屋,为了实行"间架税",引起住户的普遍不满。汪柯庭曾官"北城兵马指挥使",善画能诗,此时是官窑厂监督,见此不平,有所呼吁。

这时的琉璃厂虽然已经成为居民区,当然也有小街市,但是卖书的还是很少的。

王渔洋曾经说过:

"京师书肆,皆在正阳门西河沿,余惟琉璃厂间有之,而不多见。灯市初在灵佑宫,稍列书摊,自回禄后移于正阳门大街之南,则无书矣。"

大约康熙后期,年初的集市已改在琉璃厂厂甸,这里就逐渐发展起来，卖书的大约也由书摊逐步发展成为书肆，而至乾隆时极盛。

潘荣陛《帝京岁时纪胜》中说道：

"门外（按：指琉璃窑厂门外）隙地，博戏聚焉，每于新正元旦至十六日，百货云集。灯屏琉璃，万盏棚悬；玉轴牙签，千门联络，图书充栋，宝玩填街。更有秦楼楚馆遍笙歌，宝马香车游士女。……"

震钧《天咫偶闻》（光绪二十九年，公元1903年刊行）中说：

"自国初罢灯市，而岁朝之游，改集于厂甸，其地在琉璃厂之中，窑厂大门外。百货竞存，香车栉比，自初二日至十六日凡半月，午前游人已集，……必竟日始归。……晚归必于车畔插相生纸蜻，以及串鼓或连至二三十枚，或又山查穿为糖壶芦亦数十，以为游戏。……"

琉璃厂的书业逐渐发展起来了，除了与年初集市有关外，可能由于以下几种原因：

据近人署名"枝巢子"（按即夏仁虎）所作的《旧京琐记》（约在"民国"年间刻版印行）中讲道：

"旧日汉官，非大臣有赐第或值枢廷者，皆居外城，多在宣武门外；土著富室，则多在崇文门外，故有东富西贵之说。士流题咏，率署'宣南'，以此也。"

汉官大多住在宣武门外，有些就住在琉璃厂一带，如孙承泽住琉璃厂南，宅号退谷园。王渔洋住在琉璃厂火神庙西夹道，院子里有一颗藤萝，花开满架，招客吟诗，并有《古藤诗思图卷》，惹得直到后来还有好多诗人题咏。乾隆时四库全书的编修官程晋芳也住在渔洋故居的隔壁（一说即是渔洋故居。见《藤荫杂记》），并有诗记述。他这时寄袁枚诗，有"势家歇马评珍玩，冷客摊钱问故书"的句子，袁枚笑说："此必琉璃厂也。"

孙星衍在乾隆己酉（乾隆五十四年，公元 1789 年）也住在琉璃厂，地址在南夹道，即今万源夹道。校刊《晏子春秋》，当时"高丽"人朴齐家为他写了"问字堂"扁额。

这些例子都说明了尤其是做文官而又弄些学问的人，大都喜欢住在琉璃厂附近，因为出来不远就是书肆。同时也正因此又促进书业的发展。

约在明朝嘉靖以后，北京的"会馆"就逐渐兴建起来。清乾隆年间汪启淑所著的《水曹清暇录》中说道：

"数十年来各省争建会馆，甚至大县，亦建一馆，以致外城房屋基地价值腾贵。……"

这些会馆里，住着来往的官员，赶考的举子，做买卖的商人。而且大都是在宣武门外到前门一带的地方。这与琉璃厂的繁荣很有关系。

到了乾隆三十八年（1773 年）开四库馆，大集天下藏书，除了向各省藏书家"采进"以外，还需要大批收集流散书籍及考订用的参考书，以供那些编修们来应用。这样就大大促进了书业的发展，琉璃厂书业最盛的时代，即在此时。嘉庆间翁方纲在《复初斋诗集》自注中说道：

"乾隆癸巳，开四库馆，即于翰林院藏书之所，分三处，凡内府秘书发出到院为一处，院中旧藏《永乐大典》内有摘抄成书汇编成部者为一处，各省采进民间藏书为一处。每日清晨诸臣入院，设大厨供茶饭，午后归寓，各以所校阅某书应考某典，详列书目，至琉璃厂书肆访之。是时江浙书贾，奔辏辇下，书坊以五柳居、文粹堂为最。"

由于上述几种主要原因，琉璃厂就在这几十年里发展成为文化街市。

乾隆三十四年（1769年）李文藻作《琉璃厂书肆记》[1] 的时候已有书铺如下：

(1) 声遥堂　　　　　　(2) 嵩秀堂唐氏[2]
(3) 名盛堂李氏　　　　(4) 带草堂郑氏
(5) 同陞阁李氏　　　　(6) 宗圣堂曾氏
(7) 圣经堂李氏　　　　(8) 聚秀堂曾氏
(9) 二酉堂（李氏云"或曰二酉堂，自前明即有之，谓之老二酉"）　　(10) 文锦堂
(11) 文绘堂　　　　　　(12) 宝田堂
(13) 京兆堂　　　　　　(14) 荣锦堂
(15) 经腴堂（9-15 皆李氏）　(16) 宏文堂郑氏
(17) 英华堂徐氏　　　　(18) 文茂堂傅氏

---

[1] 按《琉璃厂书肆记》手稿前在山东省图书馆，与刻本繁简不同，字句互异。王献唐先生曾有考证。
[2] 刻本秀字均缺，今照稿本补正。

(19) 聚星堂曾氏　　　(20) 瑞云堂周氏
(21) 积秀堂　　　　　(22) 文萃堂金氏
(23) 文华堂徐氏　　　(24) 先月楼李氏
(25) 宝名堂周氏　　　(26) 瑞锦堂周氏
(27) 鉴古堂韦氏（其中　(28) 焕文堂周氏
　　有董姓同卖法帖）
(29) 五柳居陶氏　　　(30) 延庆堂刘氏
(31) 博古堂李氏

由此想见四年后四库开馆时，可能更有所发展，可惜没有像李文藻写出《书肆记》来，无法查考了。

李文藻不仅纪录了书肆名称，所见及所得善本，并且记述了书贾中的"晓事"者，如"五柳之陶，文粹之谢及韦"。尤其是把七十多岁的老韦，写得很生动。当时书商大多为江西金溪人，老韦是湖州人，陶氏、谢氏都是苏州人。

李文藻还说到当时隆福寺只有"赶庙"的书摊。"散帙满地，往往不全而价低。"再有就是正阳门打磨厂有书肆数家。

李文藻也说到琉璃厂除书业以外的其他行业，如卖眼镜、烟筒、日用杂物的；如古董店及卖法帖、裱字画、雕印章、包写书禀、刻板镌碑的；遇见廷试的时候则有卖试笔、卷纸、墨壶、镇纸的。

琉璃厂肆这一时期发展极盛。除书业外，其他古玩书画及与文人有关的行业，莫不纷集琉璃厂。桥西且有酒肆，挟书买醉，见于吟咏的很多。

乾、嘉时著名藏书家黄丕烈得影钞金椠（蔡松年词）残本，其题诗中有云：

"琉璃厂里两书淫，荛友荛翁① 是素心。

我羡小娜嬛福地，子孙世守到于今。"

朝鲜友人柳得恭（字惠甫）也多在此买书，且与著名画家罗两峰交谊甚笃。那时罗两峰和他儿子罗允缵住在琉璃厂的观音阁，"落拓可怜"，柳得恭时访两峰，两峰并为画小像，题诗云：

"驿路梅花影倒垂，离情别绪系相思。

故人近日全疏我，持一枝儿赠与谁？"

这是因为柳氏有数日没有去看两峰，乃有此作。后来柳得恭送了他"苏定方平百济"、"刘仁愿记功"两碑，罗氏非常高兴，并且要把柳所作怀古诗介绍给鲍以文刻在《知不足斋丛书》中（事见柳著《滦阳录》）。

柳得恭并在《燕台再游录》中，记其与书商的交谈时事及描述当时书店的情况，历历如绘，极有情趣。如：

"崔琦，琉璃厂之聚瀛堂主人；陶生，五柳居主人也。崔是钱唐人，陶生亦南人也。自前李懋官游燕时，及庚戌（按：当系乾隆五十五年，1790年）秋，多购书于五柳居，故陶有旧好，崔则新面也。聚瀛堂特潇洒，书籍又富，广廷起簟棚，随景开阖，置椅三四张，床桌笔砚，楚楚略备，月季花数盆烂开。初夏天气甚热，余日雇车至聚瀛堂散闷。卸笠据椅而坐，随意抽书看之，甚乐也。……崔生年少，亦能诗，雅

---

① 按荛友系指黄丕烈的同年友张燮字子和。此一故事，又见《士礼居藏书题跋补录》。张子和的藏书处名"小娜嬛福地"，近琉璃厂。

人也。……每日午，崔生劝藕粉粥和砂糖，食之甚美。川楚'匪'乱，彼中士大夫缄口不言，便成时讳。崔陶两生时时痛言之，似是市井中人，无所忌惮而然耳。其言曰：'厥初，川楚等省，赋税役重，穷民流为盗贼；满州大臣，要取功名，请剿，调乡勇讨之，一切驱督，绳以峻法。粮食又不给，乡勇悉变为盗贼，所在滋蔓，官长被杀害，平民被烧劫，惨不可言。始发沈阳、宁古塔、黑龙江等处各旗讨之。其将领日吃肥猪面饼，暖帐中拥美人，玩愒度日；其兵不习风土，未战而疾死者甚夥。又太上皇在时，凡有征讨，军饷一边用，一边奏，十万觊减五万，此所以迄无成功，如今都下讹言日至，虽有捷音，而亦未可准也。才闻湖北又失机也。匪原分青、黄、黑、白、红五股，每股又分五股，入据南阳卢氏山矣'。余又问崔氏曰：'苏杭赋税甚重，几当天下之半，民何以堪乎？今尚晏然，川楚何故首发难也？'答：'自今苏杭民，或聚党白昼殴打公差，亦岂非乱民耶？'崔陶之言，大约如此。"

由此可见乾、嘉之际琉璃厂书肆的房舍布置，接待顾主，言谈时事等情况，是极为难得的一段史料。

又如黄丕烈回南以后，书商邮寄其所欲得及合意的书籍，如宋刻《王右丞文集》，明初《韩山人诗集》等，都足说明琉璃厂书业与学人的关系密切，了解每一顾主的爱好，无论是登门或者家居，可以得到他所需的书籍，对于收藏家，以及研究学问的文士都是极为方便的。因此琉璃厂的书肆，可以说与有清一代的学术界有着千丝万缕的联系。

文人题咏琉璃厂购书的诗很多,如:

  游厂肆   吴 翯

倾城锦绣压成都,九市精华萃一衢。
坊贾夸人书满屋,山妻谪我米如珠。
纷来燕地衣冠谱,谁仿吴兴仕女图?
独有慈仁名刹废,日高野鼠绕楹趋。
   国初诸老买书多于慈仁寺,
   昨过之,榛芜塞径矣。
        (见《吴学士诗集》)

  琉璃厂   潘际云

细雨无尘驾小车,厂桥东畔晚行徐。
奚童私向舆夫语:莫典春衣又买书。
       (见《清芬堂集》卷十二)

  外自琉璃厂买书归 许韵兰

厂桥游趁上春初,囊有余钱尽买书。
归压轻舟应胜石[①],伴郎披读快何如?
       (见《听春桥稿》卷三)

  书肆以外,如字画、碑帖、金石文玩,琉璃厂也是著名的聚散之处。许多宋元名画,碑帖旧拓,商周铜器,唐宋名瓷,大多经过这里流入收藏家之手;又由于收藏家的衰败,复转入厂肆。许多书籍的聚散,名迹的流传,都说明了这种云烟变幻的情况。如乾隆时琉璃厂延庆堂刘氏书铺从内城购得曹楝亭的

[①] 原注:时将还黔。

藏书①，以及后来光绪年间李葆恂所著：《海王村所见书画录》，其中如《晋王右军临诸葛亮远涉帖》、《顾虎头洛神图》、《唐李升袁安卧雪图》、《五代卫贤盘车图》、《宋范宽重山复岭图卷》、《梁楷放牛归马图》、《元黄公望秋山无尽图》等件，无不经过琉璃厂。——因此，琉璃厂对于我国文物的流传又有着历史的渊源。

又由于图书文物聚集于此，成为读书人或文物爱好者的必游之地，又促进了其他行业的发展，如所谓文房四宝——纸、墨、笔、砚等销售或制作商店；如装裱业、锦匣铺、小器作、以及其他考试用品，也大多聚肆于此；后来书业又发展了自己刻印书籍、唱本及木刻水印笺纸等行业、作坊。——因此，琉璃厂对于我国文化用品方面的手工业也有着重要的关联。

又因年初的集市，北京许多著名的手工艺品多在此发售，如早期的琉璃制品，后来的风筝、空竹、乐器、玩具、面人、剪纸、绒花等等。以及各种各样的小吃、食品。——因此，琉璃厂对于北京特种手工艺、食品业也有着很大的关系。

琉璃厂在平日可能为读书人喜爱游逛的场所，而在新春节日，又成为广大群众游乐的去处。因此这个市场能够持续数百年不衰，不是无因的。

更值得特别提出的，是书业以及其他行业中经过长期师承传授，摸索钻研，成就了许多专才、绝技。如李文藻《琉璃厂书肆记》中所提及的"老韦"，不但卖书，而且读书，李氏说：

---

① 曹寅，号楝亭，为《红楼梦》作者曹雪芹的祖父。楝亭藏书后归其甥昌龄，故书中有两家藏印。

"吾友周书昌，遇不全者，亦好买之。书昌尝见吴才老《韵补》，为他人买去，怏怏不快。老韦云：邵子湘《韵略》，已尽采之。书昌取视之，果然。老韦又尝劝书昌读魏鹤山《古今考》，以为宋人深于经学，无过鹤山，惜其罕行于世，世多不知采用。书昌亦心折之。韦年七十余矣，面瘦如柴，竟日奔走朝绅之门。……"

又如《清代野记》中所述光绪初年书肆主人如"宝森堂之李雨亭，普成堂之饶某；其后又有李兰甫、谭笃生诸人，言及各朝书版、书式、著者、刻者，历历如数家珍，士大夫万不能及焉。又有袁子回者，江宁人，亦精于鉴别碑帖，某拓本多字，某拓本少字，背诵如流。有若古泉刘者，父子皆以售古泉为业，其考证泉之种类，有出乎名家著录之外者；惜文理不通，不能著述，为可恨耳。"

《野记》中又说到佣于德宝斋骨董肆的山西太平县人刘振卿，曾著《化度寺碑图考》，"几使翁北平无以置喙，皆信而有证，非武断也。"德宝斋李诚甫能鉴别古彝器，"潘文勤、王文敏所蓄，大半皆出其手。"又有碑贾李云从，精于鉴别。端方受了盛伯熙（盛昱）王莲生的戏弄，认为端只知"挟优饮酒"，那能懂得碑版？端拍案曰："三年后再见。"于是找了李云从，朝夕讨论，"果不三年遂负精鉴之名矣。"又说："博古斋主人祝某，鉴赏为咸同间第一，人皆推重之。"又有琴工张春圃，技艺高超，慈禧找到宫里去弹琴，而他"不慕富贵，不趋势利"，实在是品艺兼优的人。

可惜这种专家，向不为人所重视，见于记载的太少了。而一些踩着这些垫脚石却得到盛名的人，反而博得头衔。旧社会中就以琉璃厂为例，也不知埋没掉多少人才？

三

《琉璃厂书肆后记》——从"甲午"到"辛亥"——帝国主义者的掠夺——古玩业的恶性发展——珍本秘籍，浮海而去。

自从乾隆年间李文藻写了《琉璃厂书肆记》以后，虽然历代歌咏厂肆年初"光厂"（逛厂）的诗歌很多，但专门记述书肆情况的文章却很少。所见的有以下几篇：缪荃孙作《琉璃厂书肆后记》、震钧所作《天咫偶闻》、叶德辉的《书林清话》、伦明的《续书楼记》都也有些记述，当以缪著为完备。

缪荃孙所作《琉璃厂书肆后记》，写成于辛亥革命以后，记他从同治丁卯（1867年）入京，直到所谓"国变"（1911年），前后四十多年所见琉璃厂书肆情况。此文距李作《书肆记》已一百四十多年，李氏所记述的书铺，大多已不存在而改变为以下的书肆：

(1) 文光楼石氏　　　　　　(2) 文宝堂曹氏
(3) 宝文斋，徐苍崖（江西人）(4) 善成堂饶氏
(5) 大文堂刘氏（江西人）　 (6) 二酉堂
(7) 聚星堂　　　　　　　　(8) 宝华堂张氏
(9) 修文堂张氏　　　　　　(10) 翰文斋，韩心源
(11) 正文斋谭氏　　　　　　(12) 宝名斋，李衷山
(13) 勤有堂，杨维舟　　　　(14) 书业堂崔氏
(15) 肆雅堂，丁子固　　　　(16) 萃文堂常氏

(17) 文琳堂马氏　　　　　　(18) 益文堂魏氏
(19) 酉山堂李氏　　　　　　(20) 会经堂刘氏
(21) 文贵堂魏氏　　　　　　(22) 宝森堂，李雨亭
(23) 李氏　　　　　　　　　(24) 文华堂
(25) 宝珍斋吴氏　　　　　　(26) 宝经堂魏氏
(27) 同雅堂乔氏　　　　　　(28) 同好堂阎氏
(29) 宝森堂（以下在火神庙）(30) 同立堂
(31) 三槐堂　　　　　　　　(32) 善成堂

《附录》中又记"甲寅秋日重作京华之行，时时阅厂旧肆，存者寥寥晨星。有没世者，有闭歇者，有易主者，而继起者亦甚众。"按甲寅是"民国"3年，公元1914年。假若缪氏《后记》作于辛亥后一年，即公元1912年，则不过两年时间，就有很大变化，他在《附录》里所记的书铺如下：

(1) 文光楼石氏（旧铺）　　(2) 弘远堂赵氏
(3) 文宝堂曹氏（旧铺）　　(4) 晋华书局张氏
(5) 文益书局张氏　　　　　(6) 有益堂丁氏
(7) 荣禄堂丁氏　　　　　　(8) 松筠阁刘氏
(9) 槐荫山房马氏　　　　　(10) 二酉堂傅氏（旧铺）
(11) 宝华堂张氏（旧铺）　 (12) 文盛堂楼氏
(13) 翰文斋韩氏　　　　　　(14) 孔群社张氏
(15) 文友堂魏氏　　　　　　(16) 肆雅堂丁氏（旧铺）
(17) 直隶书局　　　　　　　(18) 文琳堂马氏（旧铺）
(19) 萃文斋堂氏（旧铺）　 (20) 弘道堂程氏
(21) 来熏阁陈氏　　　　　　(22) 维古山房崔氏
(23) 善成堂孙氏（旧铺）　 (24) 会经堂常氏（旧铺）

(25) 文雅堂郭氏　　　(26) 保古斋殷氏

(27) 同古堂张氏　　　(28) 修本堂岳氏

(29) 会文堂刘氏　　　(30) 九经堂刘氏

(31) 鸿宝阁崔氏　　　(32) 文英阁丁氏

(33) 鉴古堂郭氏　　　(34) 述古堂于氏

(35) 玉生堂胡氏　　　(36) 文焕堂赵氏

(37) 敬业堂丁氏　　　(38) 同好堂阎氏

缪氏《后记》一如李氏的《书肆记》。其中也说到除书肆外，还有搢绅铺、刻板、镌碑铺、骨董铺、法帖铺、装潢书画铺、南纸铺等。还说到打磨厂兴隆店有外来书贾的货车，五更开市，论堆估价，琉璃厂等处的书商以及收藏家都去买书，盛伯熙就常常带着被子睡在那里等着买书，居然得到：宋本七十卷之《礼记注疏》、《杜诗黄鹤注》等书；缪荃荪得到：宋本《范文正集》、元本《柳道传集》、正统本《苏平仲集》等书。

光绪三十三年（1907年）刊印的震钧所著《天咫偶闻》中录了李作《书肆记》后写了一段按语，述及咸丰至光绪末琉璃厂书业情况：

"按李氏所称各肆，今惟老二酉仍在，余尽易名矣。所列各旧书，今皆不可得，有得之者，价且十倍。咸丰庚申以后，人家旧书，多散出市上，人无买者，故值极贱，宋椠亦多。同治初元以后乃渐贵，然收者终少。至光绪初，承平已久，士夫以风雅相尚，书乃大贵。于时南皮张孝达学使，有《书目答问》之作，学者按图索骏，贾人饰椟卖珠，于是纸贵洛阳，声蜚日下，士夫踪迹，半在海王村矣。然其价亦不一,宋椠本计叶酬直,每叶三五钱;殿板以册计,每册一二两;康乾旧板,每册五六钱;然如孙钱黄顾诸丛书,价亦不下殿板也。此外新刻诸书,则视纸板之精粗,道涂之远近以索值,大抵真字板较宋字赢十之三,连泗纸较竹纸亦赢十之三,道涂之远,较近者又赢十之三,于是同一新板,有倍价者矣。"

震钧又在另一则中说到王懿荣,收藏很富。在光绪初年,京城的士大夫,多喜金石、书画。当时潘祖荫、翁同龢是"一代龙门",盛昱,王懿荣也都是精于鉴赏的。这样形成风气,琉璃厂的文物价格,又日形高涨。士大夫的学业,也不出考据、赏鉴二家。到了庚子事变以后,"一败莫挽",诸家收藏,也丧失殆尽。

清末民初叶德辉所著《书林清话》,其中也录了李氏《书肆记》,并写了《后买书行》,这一反动文人,对新学新书,十分仇恨。诗中说到他光绪十一年(1885年)到京,十八年做官以后,直到"变法",先"盛"后"衰",牢骚满腹。先是"同官半书淫,交游重文字"。后是"一朝海水飞,变法滋浮议;新学仇故书,假涂干禄位;哀哉文物邦,化作傀儡戏。……"他只好"远法荛圃穷,近贪玉简利"[①]了。最后说到琉璃厂的变化是:"今则蓝皮之书,充牣市肆;西域之韵,篡夺风骚。宋椠贵至千金,插架等于古玩。廖板齿倍十客,牟利甚于榷场,以故鬻书者日见其多,读书者日见其少。士大夫假雕印而造交会,大都唐仲友之贪污;收藏家因字画而及古书,无

---

① 自注:"罗振玉在日本卖书买书,颇获利市。所刻《玉简斋丛书》甚精。"

非项子京之赏鉴。……"

又有云间颠公（雷瑨）在他《嬾窝笔记》中，有《记京城书肆之沿革》一文，多抄袭《天咫偶闻》而稍加改易字句，无什可取。但其记甲午以后的情况，可以与叶著相参照：

"至光绪甲午以后，朝廷锐意变法，谈新学者，都喜流览欧西译本；……而京师书贾亦向沪渎捆载新籍以来，海王村各书肆，凡译本之书，无不盈箱插架，思得善价而估。其善本旧书，除一二朝士好古者稍稍购置外，余几无人过问。……民国肇兴，初时诸事草创，殊无人注意于书籍，向售旧书各肆，叹息咨嗟，尤有不可终日之势。今正式政府，早已成立，稳健派咸谓旧学不可尽废，国粹必须保存；因之旧时经史子书及诗文集，又有发动之机，业书者亦渐知宝贵旧籍。……"

又有伦明（字哲如）在他《续书楼记》中谈到庚子（1900年）以后琉璃厂及隆福寺等地书业情形：

"壬寅（1902年）初至京师，值庚子乱后，王府贵家，储书大出。余日游海王村、隆福寺间，目不暇给，每暮必载书满车回寓。……辛亥（1911年），余再至京师，直值已大涨，询其故，则自吾乡辛仿苏开之也。辛君富饶，挟资数万游京师，征逐应酬外，兼好字画书籍，意所可，不计值。尝至其斋，见《墨海金壶》一部，中缺数册，云购价六百金，他可推知矣。九月间，武昌事起，都人初惊变故，仓皇奔避，数月来，议值未就之书，至是纷纷愿贬值售。……辛亥以还，达官武人豪于资，雅慕文墨，视蓄书亦为挥霍之一事。而海外学者盛倡东方文化，自大学校图书馆以逮私人所需无限量，就地之书不足给，于是搜书之客四出，始直隶、河南、山东、山西；次江、浙、闽、粤、两湖；又次川、陕、甘肃、各省域中，先通都大邑，次穷乡僻壤，远者岁一往返，近者岁三四往返。……京中旧习，士大夫深居简出，肆伙晨起挟书候于门，所挟书率陈陈相因，余概却不见。闲游厂肆，见有散置外室若不甚爱惜者，视之多有佳本，及遍翻架上下，尘灰寸积中残册零帙，往往惊所未见。又过街市，于冷摊上时亦无意遇之，盖小贩中有打鼓者，收买住户破旧书物，转鬻于市摊，以得之贱也，亦贱售之；游人熙熙，稍纵即逝。久之稍熟悉，则留以相待者有之。又书客之载书而返也，箧中琳琅，得之者在捷足。余先时而探其讯，则预伺焉，……跟踪而求，十不失一。凡余之得书也，以俭、以勤、以恒。俭以储购书之资，勤以赶遇书之会，计童龄迄今垂四十年，其间居京师最久，又际群籍集中之时，日积月累，有莫知其然而然者。"

伦明又有《辛亥以来藏书记事诗》其中谈到书商谭笃生、何厚甫、孙耀卿（即孙殿起）、王晋卿等人，并说何厚甫得到内府所藏宋本《备全总效方》四十卷，系海内孤本，后通过文友堂售于日本。

伦明搜书最勤，破衣敝履，一日几跑遍九城，所以厂肆中人多呼为"破伦"。先为通学斋的铺东，伦系以书作股，由孙殿起经营。孙殿起受他熏陶最久,也很得伦明的"俭、勤、恒"三昧。

琉璃厂这一时期除书业外,其他文化商业及特种工艺作坊,仍多发展。

近人夏仁虎在他所著的《旧京琐记》里,有几条记载着清代光绪戊戌年(1898年)以后的琉璃厂情况。

"琉璃厂为书画古玩商铺萃集之所,其掌各铺者,目录之学与鉴别之精,往往过于士夫,余卜居其间,恒谓此中市佣亦带数分书卷气,盖能识字,亦彬彬有礼衷。"

"南纸铺并集于琉璃厂,昔以松竹斋为巨擘,纸张外兼及文玩骨董,厥后清秘阁起而代之,自余诸家,皆为后起。制造之工,染色雕花,精洁而雅致。至于官文书款式,试卷之光洁,皆非外省所及。詹大有、胡开文之墨;贺青莲、李玉田之笔,陈寅生之刻铜,周全盛之折扇,虽各设专铺,南纸铺皆为代销,书画家之笔单亦备。在昔科举时称极盛,科举停后,渐凋零矣。"

"……刻字铺与眼镜铺,其工人皆籍金陵,聚处琉璃厂,今犹世其业。又有织工,昔内府设绮华馆,聚南方工人教织于中,江宁织造选送以为教习。又织绒毡者,亦南京人,能以金线夹绒织之,璀璨耀目,昔黄慎之创工艺局曾访得之,惜其工费太巨,不克推广,此艺遂成广陵散矣。今缎扇、羊灯之业皆废,而一般工人亦于此长子孙成土著矣。"

夏氏又专有一条记述这事：

"当时朝流中能讲工艺实业者，首推黄学士思永（按：即上条所述之黄慎之）……乃设工艺局于琉璃厂，提倡珐琅、雕漆、栽绒诸业，得超等文凭于法国赛会，出口岁增数百万，惜财力薄，无大资本家助之，所招股本，特乡年世好，戋戋廉俸而已，故终至停办。归任浦口商埠督办，值革命没于海上，余为清结其工艺局未完事，惜其造端宏、志愿大，而屈于所遇也。"

这个"工艺局"所在地即海王村公园（按：海王村公园系"民国"6年创建，7年元旦开放）的前身，工艺局大楼，在修建公园时，即在此楼两旁盖了几十间房屋，以供铺户租用。大楼即改为工商改进会商品陈列所。

琉璃厂书商的籍贯，在乾隆时李文藻所记已是大都为江西人，湖州人、苏州人极少。据书业中人谈，当时江西人辈辈相传，不收他省徒弟。徒弟都是由家乡召来，有病有事退职，则负责送回江西。到了同治年间河北的南宫、冀州人在书业中突起，收徒则绝不收江西人。并立了另一文昌馆作为这个行业的会馆，江西人起而争执，并打了官司。有一个碑文记载这个北人公会会馆的建立，现在这个碑还在文昌馆内，可惜早年即已作了台阶石，无法看到了。

以书业为中心的琉璃厂文化街市，就以清乾隆时算起（姑且以乾隆元年，公元1736年计算）到清咸丰十年，即公元1860年英法侵略军攻陷北京以前，其间经过一百多年，都是比较正常发展着的。清代的"朴学"家、考据家，以及其他文人学士，几乎无一不同琉璃厂、隆福寺等书肆发生联系，关系中国学术很大。但是自从鸦片战争以后，帝国主义者几次武装侵略，强迫清政府一次一次地订立了不平等条约，如1842年的《南京条约》、1844年美国胁迫订立的《望厦条约》、1858年的《天津条约》以及在1860年所订的《北京条约》。例如《北京条约》，确认外国公使驻北京，开放天津港口，并给予外国传教士在中国活动更多的方便等条，这样就把清朝政府的闭关自守政策完全击破，中国的主权丧失更多，中国半殖民地的灾难更加严重。琉璃厂的商业，也从此蒙上半殖民地化的污垢，直到1949年北京解放，中华人民共和国的建立，才彻底把它洗刷掉。

英法侵略军在1860年攻陷北京之后，就大肆抢掠，如清宫，如圆明园，如西黄寺等文物集中最多的地方都抢得一干二净。圆明园在抢了以后，又放火把它烧掉。

八国侵略军在1900年攻陷北京的时候，又把前一抢掠之后，清政府经过四十年在全国各地重新搜罗集中到宫廷的文物，抢了个二次。侵略军不仅抢了宫廷，也抢了其附属机关，如美、英侵略者在"翰林院"即抢走我《永乐大典》四十多册，并且把《永乐大典》支垫军用物品，因为书本既大且厚，便于利用，武进刘宝真（可毅）就拾到数册，可见抢走的抢走，毁坏的更不可以数计。此外还抢劫了私人收藏。一处地方，不仅一次，而是无数次的洗劫。抢掠期间，因为分赃不均，互相攻打，后来为着调和，就举行拍卖。侵略军也到处以抢到的文物珠宝，向市民换鸡蛋，换银元。这时有些古玩商就趁机收买，大发横财。据说西什库教堂附近的达古斋古玩铺，主人原来是天主教徒，因为他是主教樊国梁的亲随，可以到处收罗，事变以后，就开了达古斋，来做"洋庄"生意，把中国许多重要文物盗卖到外国。琉璃厂的古玩铺，在这以后，成了帝国主义者搜刮中国文物的中心市场。几乎每一家古玩铺，以及许多"跑单帮"的古玩商，都成了帝国主义分子的爪牙，在帝国主义分子指使下，大肆搜刮，大肆破坏，现在我们到河南洛阳龙门、山西大同云冈、山西太原天龙山等地，看到我们祖国极为精美的雕刻，几乎每一个都是断手残足，支离破碎，甚至整个石雕凿成碎块运走，像龙门宾阳洞中北魏著名石雕"帝后礼佛图"，就是美帝国主义分子普爱伦先到龙门照了相，然后根据相片与古玩奸商岳彬定了"合同"，以五年为期，打碎这块雕刻，运到美国去的。现在一块陈列在美国纽约市艺术博物馆，一块陈列在美国堪城纳尔逊艺术馆。而这个盗匪主犯普爱伦却在他1944年作的《纽约市艺术博物馆所藏中国雕塑》一本供状中怎么写呢？他说1933—1934年之间，这浮雕被人凿碎盗走后开始在北京古玩市场出现，当时只有"两个美国博物馆（按：指上述两馆）在努力挽救它"，这真是无耻到极点的谎言。我们在1952年三反五反运动中检查了这家古玩奸商，把普爱伦与岳彬所订立的"合同"，把凿碎了由于粘对不上因而留下的两大箱石块，通通拿到手了，原来这个被"人"凿碎盗走的"人"，不是别人，就是美国惯匪普爱伦。

其实，这不过是千万桩事件中的一件。其他如绘画、铜器、玉器、陶瓷器、漆器、石刻、壁画等几十年的劫夺，简直不可以数计。由于这样搜刮，并勾结了各地盗墓组织，又大肆挖掘了古墓，出土文物绝大部分被劫掠而去。

帝国主义者，尤其是美国帝国主义者通过琉璃厂古玩奸商盗走中国的历史文物太多了。据人估计，仅美国盗走我国的铜器就在一万件以上。

这一时期琉璃厂的古玩业有着恶性的发展。他们背后有帝国主义分子指使、撑腰，有大批金钱可以与军阀、官僚以及文物出土地的地主、恶霸挂勾，有几十条几百条线索通向各方，例如当时安阳有个地主恶霸娶儿媳妇，琉璃厂的一家古玩商就可以买了两节车皮的苏州成堂桌椅家具运去作贺礼。真是外有洋人，内有官府，手中抓住地主恶霸、狗腿子，以及惯匪，可以到处横行无忌，为所欲为。招牌上大书洋字，每家都有"洋泾浜"英语"专家"，洋人来往大摆筵席迎送，临走合影留念，所谓"八大公司"都是"腰缠万贯"、"房产一片"的一些家伙，在琉璃厂附近的炭儿胡同，如岳彬这样奸商就盖了极为讲究的房子，房上有电网，地下有"地窨子"，房里房外，无处不是在各地搜刮破坏而来的历史文物。当1952年我们看到他的时候，据说他早已"洗手不干"，在此吃"鸡油炒饭""纳福"一二十年了。

那时琉璃厂古玩业流传着一句话："三年不开张，开张吃三年。"那时中国人几乎绝对看不到好东西的，只有"洋大人"来了，才迎入"内柜"，饱撮所藏。

这一股罪恶的黑风，不仅在古玩业中刮起，也刮到一些书业。像美国教会所办，而司徒雷登由此起家的燕京大学、哈佛燕京社，以及他们勾结汉奸所办起的大同书店，几十年来，常年累月地在琉璃厂、隆福寺搜罗我国地方志（美国国会图书馆有我国地方志四千多种，美国军部以数百人根据这些地方志绘制打算侵略我国的地图)、家谱,以及善本图书。所以书业里也有人大走"洋庄"。近人谢兴尧在1943年所写的《书林逸话》中有这样一段:

"当事变(按:指七七事变)初起,因社会人心之不安定,旧书业与古玩行,皆一度沉寂,无人过问,其时间约半年至一年。自二十八年起,旧书业逐由消沉而复活,并臻极盛。……至前年(1941年)冬季去岁春天,书价之昂,达于极点,几无一定标准。各大书店每年必出一次目录者,是时皆借口纸贵,未肯印行。实则恐怕自己将价定死,不能随时增涨,徒滋后悔,且反束缚。按去年冬季以前书价,若与事变前比较,经部与诗集,约增一倍;子部随笔小说,约加三四倍;史部杂史、地理及子部考据等,约增五六倍;至于书本秘籍,旧抄精校,竟增至十倍以上,抑或过之。余尝谓书贾云:以前书目,现已废除,且不适用。然余发现一原则,即凡旧书目中定价五元以上者,今皆可视为善本。此虽戏言,要亦实情。旧书之行市既如此……于是每家书店,皆派干员或远赴苏、杭、沪、粤,或近走齐、鲁、豫、晋,远采近取,博采穷搜,每寄货回,均获厚利。盖丧乱之余,各地方之世家巨族,昔日收藏,大皆流出,当时如鲁之潍县,晋之汾阳,豫之开封,凡所号文物之邦,一邑之地,即有北京'出外'书贾数十人之多。因互相竞争,货底亦随之增大。……至其销路,时购买力最强者若哈佛燕京社、大同书店,皆购寄美国,年各约数十万元。又兴亚院、满铁，……亦买不少。
又近三四年来，燕京大学及哈佛社因时会关系，挟其
经费力，颇买得不少佳本。于是珍本秘籍，多浮海而
去，言之令人浩叹。书商虽亦不愿所倚为世代生命者
一去不返，然迫于经济生活，亦无可如何。自去年太
平洋战起，燕京、大同解散停闭，旧书业虽一蹶不
振，而书籍则得以保存，不至滔滔而逝，未始非大快
事也。……"

他又说：

"近十年来，旧书业颇出了几位人才，有负盛名
者，有无人知者，或以气魄大而能放手作去，或以
'吃得精'而能另辟一途。前者如来熏阁之陈某，修
绠堂之孙某，孙某在沪时，因联络应酬喜吃酒，一夕
数千金无吝色。陈某在京，凡东西学者或文化团体之
来游历者，交际之费，亦颇可观。虽为同行所讥评，
然其生意固极兴隆也。后者如通学斋、群玉斋二孙，
文禄堂之王某，专收冷僻板本，不走大路，以其能合
时代，获利最丰。通学斋孙某曾受伦哲如（东家）熏
陶，著有《丛书目录拾遗》、《贩书偶记》二种，极具
价值。至于北京书业，自以隆福寺之文奎堂、修文
（绠？）堂，琉璃厂之来熏阁、邃雅斋等为最大，以城
内保萃斋，城外松筠阁为最廉而较公平云。"

四

《琉璃厂书肆三记》——一场官司——坊刻本——

"七七事变"以后——好景不长,论斤称售——解放后的新生——供不应求——《中国板刻图书源流》——有待于《琉璃厂书肆四记》

乾隆以后,除李南涧(即李文藻)《书肆记》及缪荃荪《书肆后记》以外,记述琉璃厂这一以书肆为中心的街市的文字,多为零篇碎简,但大体可以看到这一文化街市发展盛衰的情况。近年故去的通学斋孙殿起老先生留心收集琉璃厂有关资料,遗有《琉璃厂小志》稿一部,约有三十六万字,是费时数十年搜罗资料的汇辑,死后经其外甥雷孟水等人整理,不久可由北京出版社出版。其中有《琉璃厂书肆三记》及《书业传薪记》两篇,由于孙老先生是书业中人,又勤于访问,记载较李南涧、缪荃荪更加详备。尤其是对于每一家书铺(包括新书铺),几从其开业起,直到每次易主,或改变经营业务,或某年停业,都有所述。每一铺主姓名籍贯、开业地点、师承关系,都是孙老先生几十年调查所得,因此记录很确实。现在书业中人,还常常谈起,孙殿起见到一位,就问一位,掌柜的也好,伙计也好,总是把来龙去脉问个详细,这种数十年如一日的精神,很可佩服。

孙的《书肆三记》其前言中说道:

"……清末以至今日,又廿余年,北京书业,变化万端,予厕身其间,见闻所及,辄为笔述,因作《三记》,非敢冀李、缪两记之续,聊资后来撰书林故实之参考云尔。"

实际上这个《三记》不仅是限于这二十多年时间,因为调查每一个铺子的开设年代,有上溯到道光、咸丰时期的;下限则直到"民国卅五年"。看来是逐年有所补充的。其间以光绪及民国初年开设者最多,大约调查一个铺子,追溯到两三代以前,大都也就模糊不清了。

按此记录,先后共有三百零五家,包括没有铺面的个人经营书业者;地区亦不限琉璃厂,把隆福寺、宣武门内、东四牌楼、地安门鼓楼大街一带的全包括在内。

所记除上述项目外,偶尔也记其经营特点及铺主特长,或书业中掌故。例如:

"有益堂 邓存仁,字峻山,束鹿县人,于光绪二十五年开设。峻山曾赴广东,收书颇多,同业中往远路收书者,此为最早。经营十余年歇。后易锦章书局,皆新书。又易文楷斋刻字铺。"

"福润堂 王福田,字慎俭,束鹿县人,于光绪二十九年开设,多残缺不完之书,故其牌匾曰配书处。其营业以售于清宫大内居多数,并得有入内腰牌。经营十余年歇。后易延古斋字画铺。近易中华善书局。"

"正文斋 谭锡庆,字笃生,冀县人,于光绪二十五年开设(先于光绪十六年在文昌会铺经营数年),所藏多古本精钞家刻之书。惟往往鱼目混珠,略有失神,必受其骗,盖仿旧抄本为其特长也。并藏有《长安获古编》、《历代名人年谱》等板。经营二十余年歇。后易孔群书社。"

其记文友堂一则后并记有如下一段:

"厂甸路南书肆文友堂,开设历六十余年,铺房前后连接，深约四丈，在房中间西墙根，原有瓜蒌一丛，每岁春时生蔓，蔓长四丈许，经窗户上端，至后院中木架上，夏秋茂若天棚，每岁结瓜蒌达二三百斤。据主人云，乃百余年之物也。民国三十年新正，该铺房尽毁于火，嗣于原址重建，今瓜蒌仍在，而铺已易主矣。"

记他自己的铺子，很简明扼要：

"通学斋　孙殿起，字耀卿，冀县人，于民国八年开设，在南新华街路东。民国二十年影印《二洪遗稿》，二十三年印行《丛书目录拾遗》，二十五年印行《贩书偶记》。"

"来薰阁　陈连彬，字质卿，南宫县人，于民国元年开设，多板本书。至二十年，质卿侄杭，字济川，继其业。案来薰阁字号，在咸丰间有之，为陈质卿之祖伯叔开设，收售古琴。至光绪廿余年，租于他人，至民国元年，经质卿收回，故其匾额曰琴书处者，盖不忘旧也。"

其记聚珍堂书铺的开设，有一段故事，也很有意思。原来聚珍堂的掌柜刘英烈在年轻的时候，非常俭朴，走到街上，捡到一根线，他马上送到三槐堂书铺，说是这根线可以订一本书。这时恰好有一位顾客在书铺买书，看到这事，觉得刘英烈这个青年很诚实简朴，很佩服他的为人，由此交好，后来就出资让他开了聚珍堂书铺。

他又说到"宝文斋"、"宝名斋"两段故事，这是琉璃厂的老人们常常谈到的故事：

宝文斋是安徽人徐志沺开的。交接的都是当时的达官贵人。在同治年间某一次徐出门未回,有现任五城都堂某甲乘车由他铺门前过,把他的招牌碰掉了。店伙们出来一定要坐车的人亲自挂上,某甲无法,只好自己下车挂了招牌。事后徐回来知道这事,认为惹了乱子,第二天非来封门不可。他马上下了帖子请了某甲的老师及其他官员在第二天到他铺中吃酒。某甲第二天果然带人来封门,气势汹汹,可是走到宝文斋门前,看见车马盈门,到里面一看,他的老师等人在那喝酒,只好作揖打躬,忍气吞声地走了。

宝名斋是同治年间山西文水县人李炳勋(字崇山)开设的书铺,是当时书铺中最大的一个,有九间门面,有:"琉璃厂一条龙,九间门面是宝名"的谚语。崇山交结大官,如工部尚书贺寿慈等人。有一次宝名斋在打磨厂铁柱公(即江西会馆)买到汉阳叶东卿(志诜)的藏书,计一百箱,其中还有铜器等物在内,不让拆看,因为急卖,价极便宜。当时工部尚书潘祖荫好搜罗金石文物,几次去看,都没有看到,因此得罪了很多人。到光绪初年,"翰林院侍讲"张佩纶去宝名斋买书,据说因为要架子上高处某书,铺伙不愿取下,张也怀恨在心。于是借故奏了一本,倒不是如孙殿起所记说他"私占官街、窑产"而是说他招摇撞骗,甚至可以卖官鬻爵,包揽户部报销等事,最足以打动皇帝的是说他"戴五品官服","出入景运门",景运门是宫内西华门进来到太和门的门,这是禁中,一个普通人如何能进?皇帝看来,这种事情太危险了。于是马上就准奏查办。把他驱逐出境了。

这事直到现在,书铺中的老人还有时谈起(缪荃荪《书肆后记》也提到这事，但人名及参奏人都有不同）。在过去并常常以此事教育店伙，认为北京是藏龙卧虎的地方，不知什么时候，得罪了有来头顾客，就会惹下大祸。这事见于张佩纶的《涧于集》，奏文如下：

《书贾李钟铭招摇撞骗请驱逐片》光绪五年二月廿五日

"臣闻山西人李钟铭即李春山，有琉璃厂开设宝名斋书铺，捏称工部尚书贺寿慈亲戚，招摇撞骗，无所不至。内则上自朝官，下至部吏；外则大而方面，小而州县，无不交结往来。或包揽户部报销，或打点吏部铨补，或为京员钻营差使，或为外官谋干私书，行踪诡秘，物议沸腾。所居之宅，即在厂肆，门庭高大辉煌，拟于卿贰，贵官骄马，日在其门，众目共睹，不知所捐何职？带用五品冠服，每有职官引见验放，往往混入当差官员中，出入景运门内外，肆无忌惮。夫以区区一书贾，而家道如此豪华，声势如此烜赫，其确系不安本分，已无疑义。现值朝廷整饬纪纲之际，大臣奉公守法。辇毂之下，岂容若辈借势招权，干预公事？煽惑官场，败坏风气？应请饬下顺天府该城御史将李钟铭即李春山即行驱还回籍，不得任令逗遛潜藏，以致别滋事端。再近来风气日靡，流品不分，士大夫过于自轻，至显秩崇阶，有与吏胥市侩饮博观剧，酬酢馈遗，比昵一如亲故者，甚非所以崇体制峻防闲也。拟请特旨饬禁，以挽颓风，伏祈圣鉴施行。谨奏。"

二月二十六日即接到"上谕"，准其所奏。

从上述宝文斋、宝名斋两段故事中，也可以看到当时有的书商交接官府，声势也确实是烜赫的。另外一面，一些官僚贵族，争夺书籍，最后弄到借势欺人，书铺倒店，也实在不是什么"风雅"的事情。

孙殿起、雷孟水还有《记厂肆坊刻本书籍》一稿，记"清中叶以后，厂肆始有就前哲名著刻版印书者"，即藏书家所谓的"坊刻本"是也。这种"坊刻本"，多为一时行销的书籍，或者是把大部头书加以缩印，或是把罕见书加以影印，或以旧版重印，或照原刊本重刊，或者辑印某一类书，或者以自著书出版。

书铺由卖书而出版书，宋代已经如此经营。琉璃厂书肆出书，虽多以获利为目的，但是有些书也赖此流传下去。

清中叶以后直到"民国"年间有许多家刊行书籍，略举如下：

富文堂　双峰书屋刊书

有《皇朝经世文编一百二十卷》，《全唐诗九百卷》等书。

三槐堂　三槐堂刊书

多为满汉合璧书籍如《清文启蒙》、《清文指要》等书。

善成堂　刊书数十种如《新增算法统宗大全》、《唐诗三百首补注》、《第一才子书一百二十回》、《南北宋志传》、《西游真诠》等书。

老二酉堂　刊有《四书章注》、《说岳全传》等书。

正文斋　刊有《长安获古编》、《历代名人年谱》。

聚珍堂　刊有《王希廉评红楼梦百二十回》、《红楼梦影》、

《儿女英雄传》等书。

文友堂　刊有《吉金志存》、《中国艺术家征略》、《太平广记五百卷》等书。

来熏阁　刊有《胡氏书画考三种》、《古文声系》、《段王学五种》、《山带阁注楚辞》、《永乐大典戏文》等书。

修绠堂　刊有《左盦集》、《孟邻堂文钞》、《衹平居士集》等书。

文禄堂　刊有《文禄堂访书记》、《文禄堂书影》等书。

通学斋　刊有《二洪遗稿》（按为清洪朴、洪榜兄弟所撰）等书。

富晋书社　刊有《说契》、《殷契钩沉》、《说文古籀补》等书。

其他如邃雅斋刊有《三传经文辨异》、《史记释疑》、《清代燕都梨园史料》等书。

又有刻字铺也刊印书籍，古玩铺如尊古斋刊有黄百川所著金石图录。同古堂墨盒铺，清秘阁南纸店都曾刊印书籍。

琉璃厂除书业外，当以古玩业为最盛，其间一个时期完全压倒书业，上面已经谈到。但是这个畸形发展的商业，终久是"好景不长"的。到了北京解放前夕，他们有的把字画古玩卷逃香港，有的则是"门前冷落车马稀"了。因为"洋大人"都在急急忙忙的准备逃跑，这些依附于"洋大人"的商业，当然要垮台。直到解放以后，由于政府的支持，转变了经营方式才逐步走上正轨，才算为国家做些收集流散文物的有益的事情。

书业到了解放前夕，由于蒋帮统治下的通货膨胀，已经到了奄奄一息的地步。大批书籍，已经论斤称售。记得解放初期，文化部门为了救济书业，拨出专款"称"了大批方志等书籍，使书业渡过了难关。以后随着文教事业的发展，书业就逐步繁荣起来，到了1955年至1957年，成了极盛的局面。那时由于新设大学及研究机关缺乏图书，都向书业收购，尤其是北京琉璃厂，差不多全国各地都向这里买书，书籍供不应求，书商又跑遍全国去收购，像琉璃厂的来熏阁、邃雅斋、开通书店、富晋书社、俪生书局，以及附近小书店及个人，无不分途采买；隆福寺的修绠堂、东雅堂、三友堂、文奎堂以及其他各家，莫不如此。那时除了学校机关以外，私人买书也是买到"风了"的地步。那时"书包"一到，购书的人员差不多坐候打包，不等上架，已经一分而光。那时最"冲"的要整架收买，整包都要；私人购书最"冲"的要数西谛先生，有人说他的网既大且密，一网打过，所余无几了。

　　这一时期出来许多好书，琉璃厂、隆福寺等处的书商虽然利市百倍，但是收书之功是不可埋没的。近来约人写《琉璃厂书肆四记》，将可以看到这一时期的盛况。

　　总的看来，琉璃厂这一文化街市，与时代的变化息息相关，大致是：乾隆、嘉庆时期，所谓"承平盛世"，尤其是"四库开馆"，学人群集京师，书业、文物业以及其他有关行业都有大发展；道光、咸丰时期，外有侵略者入寇，内有农民大起义，动摇了封建统治者的基础，书业也就萧条了一阵；到了同治后期以至光绪初年，所谓"承平已久"，书业、文物等业又发展起来；到了"戊戌变法"以后，新书业应运而生；"庚子"以后，京师由于曾被外国侵略者占领，书和文物一面由于抢劫而散出，一面由于大家贵族衰败而出售，有的被外国人捆载而去，有的又聚集在厂肆。辛亥革命以后，新书业在琉璃厂纷纷建立，旧书业一度萧条；"民国"初年以至二十年左右，由于北京是文化城市，所谓"最高学府"以及一些研究机关大都在此，除图书馆购买外，学者教授购书之风也很盛，每到旧年初五以后，如钱玄同、刘半农、马隅卿等人多以厂甸书摊为"安身立命"之所，他们平素亦多在此购书，如《鲁迅日记》中就记着他每年在厂肆购书及文物、碑帖的帐目。这一时期琉璃厂书业有很大发展，经营项目也有所改变。如戏曲小说的收集，杂志期刊的集配，史料书的盛销，考据书的注目，以至碑帖、信札，都各有分工，形成专业，因此也培养了许多专家，直到今天，还是书业的骨干。到了蒋介石反动统治时期，逐步弄到民穷财尽的地步，中国的学术机关及个人购书的力量越来越薄弱。而在此前后，帝国主义者的文化特务机关及野心分子乘虚而入，大肆搜罗抢劫，书籍、文物大批外流。琉璃厂肆由正常发展的文化街市，一变而为强盗、买办、洋奴的奔竞之所，连正当的书行文物行中人也为之愤激。到了中华人民共和国建立以后，书业文物业又得到苏甦发展，逐步走上正常的轨道。目前的中国书店正组织书业中的一些专家，在总结几十年经验的基础上，以实践所得，写出像《中国板刻图书源流》等专著。琉璃厂的各种文化行业也正在作进一步的调整，像荣宝斋这一木刻水印和文具纸张的商店，在北京解放的前夕，已经奄奄待毙，准备关门，现在成了中外闻名的商店。

　　琉璃厂这一文化街市，将伴随着首都的发展，人民文化生活的需要，而青春常在。

1962年7月25日灯下完稿

后　　记

　　1961年我曾经写了《北京琉璃厂史话杂缀》，在《文物》月刊发表。那时虽然费了很多功夫搜集资料，但是个人力量有限，又不熟悉琉璃厂，写来既觉吃力，又觉挂一漏万的地方很多。以后总想有机会增补，又感到难以入手。这次有个好条件敢于提笔的，就是前年故去的通学斋孙殿起老先生的《琉璃厂小志》即将由北京出版社印行了。这是一部有关琉璃厂资料的总汇辑，是孙先生几十年辛勤访问，留心收集直到他故去之前还未编出的稿子，以后由他的外甥雷孟水等人整理，不日将可问世。我在1961年写那篇稿子以后，看到这部书稿，可是没有接洽好印行的地方，所以不敢掠美。这次出书有日，我就可以放心采用了。但是这部稿子中的资料，还缺少"民国"20年前后的一些书业具体情况，虽然其中提到一些书店名称等等。我近来正约请雷孟水同志写《四记》，当可补充这一方面的不足。我想能够全面而系统地描绘这条以书业为中心的文化街市的专书，还要靠他们来写；或者提供更为丰富的资料，由熟悉此道的来执笔。我不过在这空隙中，暂时编缀一些资料罢了。对于帮助我收集资料的朋友，提供校样给我看的北京出版社都于此致谢。错误和遗漏的地方很多，还请读者指正和补充。

　　书名虽然叫做《琉璃厂史话》，其实，不过是史话的编缀而已。

最后，还要特别感谢邵宇同志为画封面。使这本不成样的小书顿生光彩。

1962 年 9 月 2 日夜深

散文 诗

访苏观感

从 8 月 29 日进入苏联国境以来，到现在已经两个月了，所见所闻，真是美不胜收，现在依着时间的先后，粗略分为三个段落，择要报告一下：

旅　途

"西伯利亚"在过去的传闻和想象中，是个荒凉的、沙皇流放革命者的地方，但是这次亲眼看到，它却是一幅美丽的画图。铁道两旁，过了一个碧绿无际的牧场，就是一个广大的森林，要不就是一片金黄色的麦地，农家的住屋都是木房，擦得干净明亮的玻璃窗，里面放着鲜艳的花草，勤劳的人民不论男女都是壮健愉快的，孩子们成群提着书包由学校回来或者正去上学。夜间经过他们的房外，看见耀眼的电灯光从窗纱里射出，同时也就听到音乐的声响，他们把曾经是荒凉的地方，变为人间的天国了。——这是列宁、斯大林在人类的世界上建设起来的第一个社会主义的国家；这是斯大林还正在领导着更进一步达到人类最幸福的共产主义社会的国家；这是帝国主义者经常诅咒,经常诬蔑并且时刻打主义想吞噬掉的国家。但是它有着列宁斯大林坚强领导着的党;有着勤劳奋进不息的人民;有着人类思想的结晶——马列主义,所以它能一再地击败了帝国主义法西斯强盗的进攻。现在它就是这样和平而幸福地生活着,并将生活得更好更为美丽。

我们每经过一个城市,便看到林立的烟筒,还有许多地方,正在大兴土木。战后的第一个五年计划,以四年半的时间完成了。1950年更要设立大量的新的工业企业,并在现有的制造厂及工厂中添设先进的技术设备。

我们从赤塔换乘的快车,是从海参崴直达莫斯科的。是1950年的出品,苏联工程师的设计,为长途的旅客,减少许多困难。每个车厢都是新崭崭的,四个人一个房间,床铺很宽,床垫很软。罩灯、室灯、睡眠时用的紫色灯以及放箱子、磕烟灰、放零用东西、挂衣服的地方,无不精心研究,设想周到。车厢内更有取用开水和冷水的地方。车厢的一边,就是长廊,可以在此眺望,并听着美妙的音乐。有时也听到我们祖国的歌声。假如我第二次还想听到,那你就可以递送一个条子到管理播音的地方,过一会他就报告着:"根据某车厢的要求,放送中国音乐!"

车上的客人,穿着漂亮的服装,妇女们更是香气袭人,他们多半是到南方休养地去的,有工人、工程师、集体农庄的庄员、红军军官、士兵,他们将要在风景极好的地方,度过愉快的休假期。

每节车厢,有两位服务员,大多是妇女。我们车厢的服务员,她的丈夫和儿子都在卫国战争中牺牲了,但她没有愁眉苦脸的表情，却有光荣骄傲的心绪。她认真地去擦玻璃、扫地、拉窗帘，我们说她："你把车厢弄得真干净。"她说："这是祖国的财产，我们的责任，就是要把它保护得永远新崭崭的！"每到一站，她还要下车担任收票查票、打旗的任务。——莫斯科，海参崴往返要21天，因为她们工作很辛苦，回去便有21天的休息。——这在帝国主义国家的工人们，在未推翻他们的统治者以前，做梦也想不到的。

旅途中还当特别提起的，是一位从很远的莫斯科到奥特堡国境来接我们的苏联友人、著名画家、斯大林奖章获得者费诺格诺夫。他曾参加文化艺术代表团到中国庆祝新中国的诞生，他曾为毛主席、朱总司令当面作过画像，他每谈起这事来，还看到他紧张而兴奋的面容，他描述着画像时的情景，他认为是一生中最光荣的事件。他说："我是一个画家，我既到过中国，就要争取当面来画毛泽东和朱德的肖像，否则我要遗憾终身的。"——他那样热爱着我们的领袖，那样热爱着我们中国。他在旅途中还在不停地为他在中国的画稿写说明，并要我们提意见，他预备以此作为对中国开国纪念周年的献礼。从他身上我们看到苏联的艺术家在国际主义教育下，产生了深厚的兄弟国家的感情，因之他才能画出新中国的人民领袖和真正的人民生活。

抵达莫斯科近郊的时候，在森林地区，有许多建筑新颖、色调鲜丽的一幢一幢的房子，费诺格诺夫告诉我们：这是别墅区，有作曲家别墅，画家别墅，他们在假期，便在这里度过。

在亚历山德罗夫站，火车换了电气车头，这可以使煤气少在城市散布，对于人民健康是有很大益处的。

我们在旅途中所见到的，这仅仅是其中的一部分；但已经说明了社会主义社会和即将来临的共产主义社会。用极粗浅的话来说：就是如何使人类生活更为美好，如何使人类的智慧和劳力永远不为少数人所剥削压制，而为广大人民和他们的子孙万世创造财富，并来共同享受着这样高度的物质生活和精神生活。

展　览

我们在9月5日抵达了莫斯科。当天下午就去看"中国艺展"的地点，第二天艺术委员会副主席喀罗申即召集会议商讨展览会的进行。会议中提出问题，解决问题，没有废话，没有漫谈。例如我们提出昨天看的地方太小，主席马上决定会后去看特列甲科夫画馆，会后我们一道去看，楼下十五间大厅正是1949年苏联美术展览的房间，满挂着油画，但当我们同意在这里展出时，主席马上便与画馆的馆长决定下来。

7日就开始撤收展品，8日展品车到达，9日就开箱点交，13日已经基本完成清点移交的手续。

画馆馆长札莫司金，不但是一个艺术理论家，而且是一位能力极强的行政负责人，在他饱有经验的计划和指挥下，事务副馆长、陈列部、保管部、修整部、出版部主任及职员，以及由馆外请来的专家，搬运物品的工友，都象一部灵活完整的机器，分别动作起来。而且人员中，百分之七八十为女性，但他们无论是体力劳动和脑力劳动，都是胜任愉快的。重四百公斤的画像石，四位女工搬出搬进，布置繁杂多样的中国展品是他们所从未接触过的事情，而记录品名、年代、尺寸、以及完整的程度，他们作事那样细密，连画上一个芝麻大的伤痕都记录起来。

与此同时，一面在腾出的大厅就开始了修整和油饰的工作。地板稍凹下，整个换了地板，窗帘稍旧，整个换了新的，擦玻璃，油门窗，加画框，刷墙幕，种种工作，紧张而有步骤地进行着。

此外印刷展品目录，设计街头广告画，大门上的装饰，每间大厅的美术设计，也由美术家，馆中出版部精心工作着。一位美术家为设计图样，他四夜没有睡眠。

在此期间，艺委会的美术处长喜索耶夫，副处长洛宾根，经常地来检查工作，札莫司金更是每天在各个房子里指导工作，有时还亲自动手布置。

到了9月25日，全部布置完成，艺术委员会主席里别捷夫，国立美术学院院长格拉西莫夫，以及其他艺委会的重要负责人，亲自来检查工作，认真确实地指出布置上的缺点，毫不客气地提出批评。每间房子个别部分看过以后，然后站在一个适当地点，看它全面的配合，提出修正和补充的意见，连"大理石"窗台上已经修补的地方颜色不对，都指出重新油饰，细密认真，绝不苟且。从这里我们看到也学习到苏联的计划工作和检查工作，是血肉相连的，是不可缺少的工作步骤。

参　　观

展览会10月1日开幕以后，我们便正式开始了参观的日程。我们是以博物馆、图书馆、文物馆的机构、美术部门为范围的，现在已参观了23个单位，其中个别部门，请人讲解，曾去八次以上。

在这里我只能报告我个人的观感，是极其粗略的：

在博物馆部分：

除了两三个博物馆，在我觉得布置上还有值得研究之处以外，其余的博物馆都有值得我们学习的地方，我且提出几点，供祖国从事于博物馆事业者作参考：

1. 苏联的博物馆，是一个思想教育、历史教育、美术教育、科学技术教育的场所，它主动地、千方百计地担负起这个教育人民的任务，绝不是一个消极的、被动的、供人茶余酒后消遣的地方。例如国立革命博物馆，国立列宁博物馆就是一部生动的、形象的、更"引人入胜"的"党史"和苏联历史的陈列（列宁，他是与苏联党史和历史不可分的）。看的人在几小时之内，是有所获而来，有所获而归。

2. 苏联的博物馆是与群众发生极密切的联系的。学校以它为课堂，人民以它为业余学校，画家以它为画室，研究人员以它为研究室……，所以莫斯科一地就有89所博物馆，绝不是随随便便地成立，挂一个招牌就算完事，而是对于人民有此必要，人民对此也有需要，在这样主客观的结合条件下而成立的。差不多的博物馆都有群众工作部或科学方法部，主要任务是研究如何把博物馆与群众之间的联系更加密切，更加使观众有所获，或者更加普及到各个地区。例如革命博物馆在今年苏联建国纪念日设计折叠式展览板，利用邮局寄到一千处地方展览，收到很大效果。革命博物馆，今年1月到现在，观众已达170万人以上，就可说明它已在群众中成为学习上生活上不可缺少的部分。

3. 一个博物馆的开始，工作计划是第一步的重要工作，必须三番五次地在馆内外研究讨论，决定了博物馆性质、范围、原则、方针，制出整个博物馆的陈列具体计划，呈经领导机关批准。例如加里宁博物馆的工作计划经过六次修改，第七次才修正通过，这是一个博物馆的根本大法，是首先要慎重制定的。

4. 在陈列方法上，最好的和最新的博物馆，它是采用重质不重量，择其精华标出重点，作极有系统的科学的陈列。在陈列品中以文字部分为主（原件及复制品，这一点，在今天的中国还值得研究，因为在苏联文盲已经扫除尽净，而中国还是不识字的人居多，我们怕是在十年以内还应当以实物图片为主，文字为辅的），以实物图表、绘画、雕刻、模型为辅。例如一个室中四面墙，每一面墙表现一个段落，而每一段落又分为三组或两组，每一组又标出重点，对于重点，作突出性的陈列（镶大理石框，衬红丝绒……），在陈列品的本身，也是需经过慎重选择、剪裁，绝不是乱堆在那里，听凭观众选择，对于绘画、雕刻、模型也是用来表现重大的历史事件和历史人物，使观众更能明了当时情形。

5. 在群众工作中，导引制度是其中极重要部分，苏联的导引员在革命博物馆、列宁博物馆、加里宁博物馆……中都是大学历史系毕业生，或其他有关学系的毕业生。列宁博物馆导引员且都是党员，政治修养极高，历史又熟悉且经常不断地研究——所以才能对任何程度的观众，讲解裕如。例如列宁博物馆的导引办法，对一般观众，作概括性讲解，对中等学校学生，作较详的讲解，对于机关团体学习马列主义人员，则分章有 30 万所图书馆，6 万万册藏书），还有 25 个图书馆专科学校。现在图书馆管理局的奋斗目标，是使每一个居民点都有一个图书馆，这是多么大的任务，而领导机构人这样少，我想它主要的一点，是完全摆脱了事务的领导，专作业务的领导，而业务的领导又完全依靠组织的力量，它组织了广大的图书馆工作者，甚至读者，大家一齐来改进科学方法，钻研业务，商定计划，交流经验……然后由局集中起来，再加以指导和推行下去。我以为这是一个典型从群众中来到群众中去的科学领导方式，最值得我们学习。

2. 在列宁故居，它已经改为博物馆，我不来谈它的陈列，我只想说明一点，就是对于历史文物建筑是如何精心地管理着：

这里是 1918 年列宁被刺后在此休养的地方，是在哥里基村附近的森林里，自 1921 年以后，列宁经常住此，直到他的逝世——因为是一个历史上极有意义的地方，所以它被极妥慎地保管着。保存的原则是尽最大可能恢复原状，例如列宁在世时，花园中多种植月季花，后来为着恢复原状，特地由罗马尼亚找来同样花种，补植在各处。进了博物馆为了保持室内清洁及不致损伤地板，参观的人都穿上一双布套鞋。任何一个房间，都是纤尘不染，窗帘、台布、椅套，都是照原来的花纹、颜色、质料一模一样地定织来的。列宁的写字桌，仍照列宁工作时的原样陈列，上面加上一个胶质的玻璃罩，……总之用尽今天人力所能做到的方法，把这样有历史价值的地方保管起来，并公开供人阅览。不仅列宁故居是如此，例如我们参观的农奴创作博物馆，是一个大地主的别墅，也同样地保护着。列宁在 1921 年 2 月 26 日曾因为听说塞落的故宫古物被运走，房屋有被改建的消息，他马上打了一个电报给塞落革命委员会说："要加意保护雅尔他的文物，听说那个地方故宫及左近房屋，卫生部改为修养所。古物有将运走的消息，在由莫斯科派出的专门整理保存委员会未到达前，你们得负完全保护的责任。"我们的历史文物，过去一再受帝国主义者，国民党反动派摧毁破坏，今天正应当学习苏联作有效的保护。

在美术部分：

因为"中国艺展"就在苏联最著名的特列甲科夫画馆展览，每天耳濡目染，使我这门外汉，也发生了深厚的兴趣，又加之我们特请画馆馆长札莫司金及副馆长给我们作了近十次的讲解，使我对旧俄以及苏联的美术史获得一知半解的常识。

它自古代美术起（12 世纪镶嵌画、蛋彩画，直到 17 世纪的肖像画）就是以写实的画法为基础的。到了 18 世纪更有许多作家是走向现实主义的道路。18 世纪中叶，俄国美术学院的创立，在教学课程中特别重视素描，这也是"现实主义"的基础训练。到了 19 世纪后半段，虽是受到西欧和本国的资本主义发展的影响，带来了未来派、象征派、印象派……的此起彼伏，但是作为艺术的主流还是"现实主义"，而且较以前的"现实主义"有所发展。"流动展览会派"就是离开学院走向人民，使美术得到广大而深厚的发展的；因此也就能产生了列平和苏里可夫这样伟大的作家。十月革命以后马列主义的思想和社会主义的社会建设，使新的艺术更走上宽阔的道路，作家更具有锐利的辩证眼光来观察事务，批判事务，发展事务，因之作品不再是静止的东西，而是充满着新生的力量，光辉的前途。看到苏联现代造型艺术，它是包涵人类最前进的思想内容，是社会主义的现实主义的描写，因之它迈过一切而走在今天人类艺术的最前列。艺术倘若不与今天的现实相结合，不使思想性与艺术性统一起来，那一定会被现实所抛弃的。

此外我们访问了画家，我在这里且报告一件事。我曾问过画家这样一个问题："假若1950年全苏美展一位曾获得斯大林奖章的作家的画来参加是否还要经过评选？"他的答复是"一定经过评选委员会严格审查，最后以不记名投票方式来决定取舍，就连现在苏联伟大画家格拉西莫夫，他是一次列宁勋章、四次斯大林奖章的获得者，且拥有最光荣的'人民艺术家'称号，他的作品，也同样地经过评选"——这种制度，我们最应学习，既可对人民负责，又可对作家负责，使他永远前进不息！

两个月的参观，只能择要地粗略报告其中一部分，供作学习参考。

难忘的一件事

1949年二三月接管北京的期间,我当时在军事接管委员会下文化接管委员会文物部工作。我们在良乡准备接管文物机关的时候,曾经计划进城以后,要找寻一架反革命的刑具——绞架。

这是1927年4月28日军阀张作霖绞死李大钊同志和其他19位革命者的绞架。大钊同志在临刑前,就在这绞架前面作了共产主义必然胜利的最后的讲话。这绞架不仅反映了万恶统治者的残酷,更重要的是使我们后代人看到它,就想起了党的创始人之一——大钊同志,一个真正是特殊材料做成的共产党人如何的坚贞不屈,如何为了共产主义的胜利,为了广大人民的幸福而流尽了最后的一滴血。

我们最初找到了司法部街后身的法院看守所,就是当时绞死大钊同志的地方。问了留下的旧人,都说不出这个绞架所在。后来找出一个书记之流的人,他是知道这件事的。起初,他不敢讲,后来才吞吞吐吐说出这个绞架在敌伪时期被移到德胜门外的第二监狱里去了。

我们跟踪找到第二监狱，这座人间地狱，已经空无一人。我们到处找，终于在西北角的一个荒凉院落里，一个铅皮棚下面找到它。我们找来工具和车辆，把全部钢架钢板都拆卸下来，大家抬上车，运回历史博物馆。

这个绞架是清末封建统治者由外国购回的，仿佛是比利时或意大利的产品。封建统治者买回以后，不会使用，据说胡乱绞死了两个人以后，就一直未用。张作霖同帝国主义勾结，逮捕了大钊同志等以后，非常恐慌，不敢把他们公开的在天桥之类的地方杀害，怕人们起来"劫狱"或"劫法场"，就决定使用这个绞架，在狱中加以处死。大钊同志是第一个走上绞架的，他穿着长袍，从容地讲了话，然后步入绞架，为共产主义事业战斗到生命的最后一刻。

但是，他的呼吸永远没有停止，他的呼声永远鼓励着我们前进。1957年，在大钊同志纪念展览会的院里，我给一群围着绞架的红领巾讲述这段故事，他们一面含着眼泪，一面紧握拳头，发誓要学习大钊同志，为共产主义事业作终身不懈的奋斗。

悼念彼得罗夫斯基同志

1955年中国博物馆工作者代表团访问苏联革命博物馆的时候，一位副馆长兼学术秘书向我们介绍馆中负责人，特别介绍了他们的第一副馆长彼得罗夫斯基同志。从那里我们知道他是俄国革命最早的参加者之一，1897年即参加了俄国社会民主工党，是列宁的忠实战友，曾多次被捕入狱，最后被沙皇流放到西伯利亚。他在1917年参加了十月革命，担任过乌克兰的中央执行委员会主席，苏联最高苏维埃主席团的副主席。1940年以后担任革命博物馆的工作，直到如今。——他本身的经历，就是一部党史，一部苏联革命史。

我们去的时间正是8月，他正在休假，当时没有见到，很觉得遗憾。

到9月初，我们将要离开莫斯科的时候，苏联对外文化协会和俄罗斯共和国文化部为我们饯行，在国际饭店的餐桌上，中间坐着一位和善慈祥的老人，向我们每一个同志亲切地握手，俄罗斯文化部副部长孔达克夫同志向我们介绍说：

"这位是老布尔塞维克，列宁的战友，革命博物馆的副馆长彼得罗夫斯基同志！"

我们不约而同地欢叫着："彼得罗夫斯基同志！"我们重新握着手，我们马上想到他丰富的革命的战斗的生活，马上想到他四次入狱，一次沙皇所谓"无期"的流放在荒凉的西伯利亚的生活。

然而他毫无骄矜的表情，那样地平易近人，和蔼可亲。他殷殷地问询着我们的毛主席的健康，问他是不是抽烟，是不是习惯于夜间工作？

对中国人民的领袖是那样无微不至地关怀，对中国革命的胜利是那样地欢欣和热爱。——从他身上我们看到了共产主义国际主义者的崇高的品质。

昨天接到我们在苏联的留学生罗歌同志来信及真理报剪报，惊悉彼得罗夫斯基同志于1月9日6时45分在莫斯科逝世了。我们异常地悲痛，我们曾经想着会在北京或者莫斯科再度地会见的，没想到两年前的一面，竟成了永别。

可是他的音容笑貌，终身从事于革命的战斗精神，终身从事于共产主义事业的坚强不拔的意志会永远活在我们心上的。

1958年1月22日

难忘的记忆

一 杨度同志

敬爱的周总理在逝世前几个月,有一天,派秘书来告诉我:

"当年袁世凯称帝时,'筹安会六君子'的第一名杨度,最后参加了共产党,是周总理介绍并直接领导他。总理说:请你告诉上海的《辞海》编辑部,《辞海》上若有杨度辞目时,要把他最后加入共产党的事写上。"

我听了以后,一面告诉上海《辞海》编辑部,一面向许多人打听,大都觉得很奇怪,从来没听说过杨度加入共产党。但是大家也都一致认为总理重病在身,还记住向有关同志交待这件事,说明他关心同志,不忘为革命做任何贡献的人,确实是胸襟磊落、处处体现党的政策的典范。

杨度1915年组织筹安会。有孙毓筠、胡瑛、李燮和、刘师培、严复等参加,故又戏称为"六君子"。他一直是保袁世凯的。袁世凯盗窃辛亥革命成果,由大总统而皇帝,作了八十三天的皇帝,与杨度制造舆论和"劝进"是有关系的。杨度由著名的保皇党一变成为共产党,岂非咄咄怪事?其实也不怪。人总是会变的。杨度所处的时代,是风云变幻的时代,光绪皇帝要变法,失败了;"民国"成立了,从床底拉出来个黎元洪当总统,也失败了。孙中山当了总统,北洋军阀又闹得不可开交,又推给袁世凯来做。袁世凯做总统还觉得不过瘾,又做了皇帝,最后还是失败。变来变去,中国还是在帝国主义、军阀割据的水深火热中。杨度目睹或参加了这些活动,终于毫无出路,他是深有感触的。约在1926、1927年,他才在周总理的介绍下,参加了中国共产党。他卖了房产,交给党作经费。李大钊同志被捕前,他从汪大燮那里听到消息,马上告诉了党,但已无法营救。在大钊同志被捕的当天,他派儿子到东交民巷去查看情况,只看见军警林立,三个人架着一个人,蒙上白布往汽车里送。大钊同志真的被捕了。当时,蒋介石叛变了革命,发动了惨绝人寰的"四·一二"大屠杀;北方的奉系军阀张作霖便放心大胆地绞死了大钊同志等20人。就在这一片血腥的乌云里,杨度以毁家纾难的精神,为中国共产党做了些有益的工作。

凡是为中国革命做过有益工作的同志,我们都不应该忘记他。

二 关于历史

有一年,敬爱的周总理接见一位外国著名评论家的时候,我也参加。亲眼看到总理如何对待这位评论家,使这位评论家回国以后写的文章一变过去对我们的态度,说了许多比较客观的话。就在这次接见以后,送走了客人,我们又留下来毫无拘束地谈起来。

总理说:"我今天谈话,忘了谈一段他对中国历史的错误看法。我昨天下午准备了一下午,查了中国历史的一些书,把他所说的中国历史上统一、分裂,分裂、统一的所谓'规律'完全推翻了。我查的结果中国是统一的时间长,而分裂的时间短,大约是两千七百年与七百年的比例。"

当时林彪、陈伯达、"四人帮"对中国历史进行许多篡改和肆意歪曲。他们提出要以"农民战争打头"的假左真右的口号,使每个朝代的历史在还没有说到统治者的剥削压迫的时候,就先讲农民战争。我借此机会向总理汇报说:

"我们的历史,有人提出每个朝代都要以农民战争打头,这种论调对不对?"总理马上说:"那岂不是要弄成中国农民战争失败史吗?因为历史上农民战争没有无产阶级政党的领导,都归于失败。"

我又说:现在中小学都不教中国历史了,大学只教四门所谓"四史"。总理马上问:

"哪'四史'?"

我说:"中共党史、世界共运史、农民战争史、帝国主义侵华史。"

总理问:"没有中国通史吗?"

我说:"没有。"

总理就说:"那怎么行呢?中国人不知道中国历史,不学通史,总得系统地学习中国历史嘛!"

我又说:"八达岭的南口车站,詹天佑铜像被砸掉了。"

总理说:"那一定要恢复,是中国人的光荣嘛!"

一枚小石子

——忆中岛健藏先生

最近有人从东京回来，告诉我说：中岛健藏先生病危的时候，一直要拿着你送给他的一枚石子，后来手也不能握住了。他的夫人就把这枚石子用布包着，捆在他的手上，直到他停止呼吸的时候。遗体火化时这枚石子裂为白色的两块，一块保存在日中文化交流协会，一块同中岛健藏先生的骨灰放在一起。

我听到这件事以后，非常难过。记得去年三四月份的时候，那时两次见到他，他就拿着这个小石子。他已经不能走动。在病榻前见到他，他还是那样乐观。说好了以后，希望再到中国，在故宫里面喝酒。我当时说，欢迎他再来。但我知道他在世的日子，已经不长了。我们在一起照了相。他一再嘱咐，回东京再到他那里长谈。我们从外地回来以后，又到他家看他，谈了很多中日文化交流的往事，谈到中日文化交流的将来，他的心情很愉快。难道他真的不知道他的生命要结束了吗？我想他会知道的，但一种日中人民之间要世世代代友好下去的愿望，支持着他最后的生命，使他顽强地同病魔作最后的斗争。

中岛先生是一位博学的人，他的兴趣非常广，简直是上自天文，下至地理，无所不通。他会照相，好集邮，喜爱熊猫，所以家里各种玩具都有；他喜欢石头。中国朋友去，有些知道他有这种爱好的，就送石子。我的那一颗，就是前年到日本去时送他的，是一个椭圆形的小石子，可以放在手里团玩，大约是一颗植物化石，可能原来是两个。我是在北京解放一进城的时候，在什刹海小市上买到的，一直珍藏着。一次去日本，就把它带给中岛先生。中岛先生收下以后，就放在手里玩弄着，好像他已知道它的用途。

中岛先生是一位很健谈的人。记得我每次去日本，总要到他家谈一阵，中日两国没有建交的时候，在他那里是在警视厅监视之下谈话的，他满不在乎。最有意思的是，他每次总要请我们去他老乡家开的秋田饭馆吃饭，老板是一位老太太，也是非常健谈，她每天要做几十斤用米在一根木棍上做出的米卷。把这种米卷放在一个小火锅里煮，很好吃。他总是自己带着一瓶威斯忌，兑了水，放上冰，一面喝着一面吃着，最初还有龟井胜一郎先生（后来得了鼻癌死了）。我曾劝过他，少喝点，但他还是喝。每次有朋友从日本来，问到中岛先生，说他还是每夜要到几家酒馆去喝酒。

他对中国文物很爱好，常常提出些有趣的问题，我不能解答。

例如他对马王堆出土的小木俑，头顶上都有一根竹签，问这是干什么用的。我说可能是缠头发用的。他说：为什么没有一个有缠发的痕迹呢？这我就无法回答了。

　　他对什么总是这样追根到底，所以他懂得很多，也很深。

　　我对中岛先生的逝世，早就想写一篇长文章悼念他，但是写不出，越是亲近的人死了，就越写不出来。这篇短文已经写了几个月了，还就是这么一点。暂时就这么一点吧，病好了再写。愿他长眠在安稳的地方。

1979 年 12 月 22 日

虎丘塔发现北宋经卷
等文物目击记

　　1957年3月31日早起正要去虎丘,看到苏州报纸报道,正在施工修建的虎丘塔中发现北宋经卷,于是到了虎丘,先到工程组的办公室了解这一方面的情况,据这里负责人说:

　　30日,工人在塔的第二层边沿向里灌浆的时候,屡灌不满,认为其中可能有空隙,乃在塔中部偏后处揭砖了解内部情况,始知此底层与第二层之间有约一米高的空隙,一个工人就下去在里面转了一遭,发现中间有东西,又出来拿了电筒下去,在中间看到石函,他即将石函向外拖,乃将石函拖散,里面有木盒一,上有锁,工人将木盒拿出时,底部脱落,发现其中有锦绢包裹的经卷,及象牙牌、珠子等;又有铜钱一包,在石函内;石函外部有长明灯碗二、香炉一,还插着香。工人即将此事告诉工程队长,队长乃将全部石函收入办公室,并即将木盒送文管会。

　　石函还放在办公室里,木盒已送城内文管会,同去的有苏州市文管会主任委员谢孝思,他说,已收到木盒,但未敢动。我们就先看石函,长约三市尺,宽约尺余,四周凸雕菩萨像,甚精细，盖打开后，四块石板有榫口，无粘着物，极易拆卸，函底遗有木盒的底板，盖上有金字书"……信心，造……金字法华经……"等字样，惜已残缺。

看了石函以后，即到塔上去看，这里正在修缮，情况是与上面所说相符合，开口处已封闭。

4月1日早晨我们到了文管会，已有些委员在看此木盒。

木盒长约二尺，宽约一尺，作宝盒形状，似为楠木，淡黄色，未加油饰，沿边均包镶有银片，镂刻花纹，并有铜饰件，色彩灿烂如新，前面有一小锁，极为精致。拿来时即为底部向上，底部有一木板，涂漆有墨书以下字迹：

  弟子（字已脱，还有印迹）言（？）细招（？）舍
净财造此函盛金字法华经
  孙仁遇舍金银并手工裹
  孙仁朗舍手工镂花
  辛酉岁建隆二年十二月十七日丙午

有一小象牙牌上刻：
  弟子顾超舍顾三世亲生父母疾证菩提佛道

请来省博物馆筹备处考古人员及苏州名裱工，他们轻轻地把盒中上部残锦等取出，下面有经卷共八卷，每卷有的用几层绢布包裹，有的用锦绸中夹有极细竹帘，想为包裹经卷用的，可惜已经被工人拿出时扰乱。经中有一卷系白绵纸墨书：
  ……仁遇写经……金花银装经函……

纸已酥，只看掉下来的前一行字，墨迹如新，有好工将来还可装裱，此卷可能即为用竹帘包裹的。

此外都为绢或锦包裹，例如一卷外一层包绢上写着：
　　武丘
　　曹二娘舍裹妙法莲华经第六卷
　　塔上

第二层包绢上写着：
　　顾氏八娘舍

又一包绢上写着：
　　李氏六娘舍裹经

此一卷有三层包绢，绢上除墨书字迹外，还有墨画简单小花。经已成为黑色，但表皮为金画花纹，光彩夺目，此经已完全缩在一起，不能打开，问裱工，他说也很难有办法了。

另一卷亦为三层绢包，分别写有：
　　永充
　　亡杨氏二娘
　　供养
　　朱氏九娘太君舍
　　女弟子高十娘太君舍裹经

此卷同上卷经已不能打开。
再一卷包绢一层，上写：

彭城县君□氏□三十八（？）娘舍

此外在碎了的绣花锦上，尚有墨书："虎丘山寺宝塔"等字样；还有一包铜钱，其中有"开元""五铢"，"唐国通宝"，"乾元重宝"等，以"开元"钱为最多；还有一串珠子，计八枚，红色宝石一小块。其余碎锦残片，苏州市文管会正请苏州著名绣花专家来将质地不同者区别出，可能拼对成形。苏州市文管会也正向省文化局、文管会报告，将请专家来妥善处理，保管这批文物。

按：建隆二年为宋太祖赵匡胤的年号，为公元961年，距今已近千年，对虎丘塔确定历史年代是极为重要的资料，从佛教经典上，织绣工艺上，当时风俗以及雕刻工艺方面也都提供了极有价值的材料。

同时，这一发现，也将引起各地修缮古塔时，必需切实注意塔的内部多有极重要的文物，稍一疏忽，就会受到不可补救的损失。

1957 年 4 月 2 日写于旅途

八十八年前的一本旅行指南

我手头有一本小书,是前清同治九年(1870年)"滇南麻崇煊述"、"渊雅堂梓行"的《云程万里》——这是一本当时云南的"士子"上京赶考所携带的旅行指南。这类书,我曾见到有多种:有刻印的,有用折子本写的,也有附录在某种书的后面的,但大都很简略,有的就是一个"驿站"表,或是路程单,看来很单调;而这本《云程万里》,中间说到旅途的生活、地方的特产、名胜古迹、当时的物价等,看来很有情趣,每一翻阅,八十多年前的长途行旅,仿佛有些形象在眼前,也就更觉得这本小书还有些值得介绍的地方,倘若同现在的旅行作一对照,恐怕有些年轻人,就很难想象了。

这书是从当时云南省城顺着所谓"通京大道",按每日的驿站叙述到北京的。全程算起来是五千九百五十二里;假若一天不耽误,要走九十八天。

经过的地方是云南——贵州——湖南——湖北——河南——"北直"(即北直隶——今河北省)等六个省的许多府县和驿站,是有着亲身经历的人所沿途记录编辑的,文字简要通靛船较沉；或遇无载者，须看明船只新旧，篷舱有无漏损，并帆缆篙橹俱全为要。……

在经过湖南的途中，述桃源一带景物的有：

郑家驿，属常德府，桃源县，沿途山环泉抱，土沃水甘，有松柏之阴，鱼鳖之利，到此几忘风尘之苦矣。……五里仙径亭，过桃源洞，昔王子求仙处，即渊明所谓桃花源境也，唐刘禹锡有桃源佳致碑，在路旁。……

有记途中住店、雇车市价、土产等事的，如过湖北樊城的一条中写道：

……进樊城，乃古仲山甫之国，系水陆一大码头……若自常德乘舟于此上岸，扣雇骡车俱便。樊城店钱约五六十文，可径至车行住歇，雇车饭食甚便，不必落店，以免渔利。……须直雇新野二套头，约二千余文，三套头约三千余文；此间买丝带、笔、墨、砚、扇、剪刀、眼镜、灯笼、牛烛、云片、虾米、甜酒、干水豆豉、腐干、备办路菜等物；及买皮绳拴车……，……可多换钱，包放车上，前途应用。……

沿途常常记述着文物古迹，如河南途中记着：

……五里，汤阴县，尖。城内有岳武穆王庙。门有铜铸秦桧等五人跪缚阶前，过往之人，以铁锤击之。庙门一联云："蓬头垢面，跪阶前想想当年宰相；

端冕垂旒，临座上看看今日将军。"庙内有御牌坊，其他碑文甚多，不能书记。大殿一联云："盖世之勋，宵小坏矣，衡经事者，铁案如山，足以寒后来奸雄之胆；蕞尔之区，圣人出焉，登斯堂也，精忠贯日，宁敢忘当年义勇之心。"……

又记述河北"定州"的特产眼药，可以看出当时的店号商标和价钱：

产眼药，城内金牛张家老店方佳，金羊白家亦可。每瓶五、四、三十文、十五文不等。鹅毛管五文者大佳。

又记卢沟桥一段：

五里卢沟桥，桥上有御书"卢沟晓月"四字碑亭。此处上税严紧。桥上有白石大狮像各二支，小白石狮像二百八十个，全是白石造成，乃天下第一桥也。

接着说到此行的终点——北京：

三十五里至京都，进彰仪门，须留心车上什物，此城门亦有税盘诘进城：由骡马市大街，系进正阳门；由菜市口横上，系进顺治门，客店最多。客商多住虎坊桥一带，官差多住顺治门大街、西河沿、李铁拐斜街等处。云南有南北二会馆，亦可住；又有理化会馆，但离城太远，不便。凡会试者，亦多住此。若仲春到京，各会馆及华陀庙、内城传经堂均已住满，另有铁门及珠宝市新馆。各处看伺包饭，上、一百二十文；下、八十文，或自行起火俱便。凡进城，店门亦须留心，随带各物到琉璃厂，亦要小心。不可太早临场，约数人赁小寓，在举场一带；场后，仍即移寓会馆。出门乘车，须逐段短雇，可坐二三人，骡车较快，驴车较稳，且价廉。

这本小书后面，还把沿途经过的主要地方，为了便于记忆，编了一首《万里云程歌》，结束的几句是：
  闻道涿州近日边，良乡兴店紧相连，
  卢沟桥上抬头望，万里风云聚顺天。

1958 年 1 月 8 日择录

太平军保护藏书家一例

反动派对革命者的记载，总是极尽造谣诬蔑的能事。把一切他们自己干的坏事，都写在革命者的身上。例如许多反动派对太平军的记载，就常看到除"杀人放火"之外，还有什么"东南文物尽矣"，什么"发贼去后，荡然无存"。但是在八千卷楼主人之一的丁申所写的"武林藏书录"中，有"丹铅精舍"一条，到是无意之间，透露了真实情况：

"塘栖劳经元，……子三。……次格字季言。……季言平居读书时，每置空册于案，遇有疑义，辄笔之。……藏书之所曰丹铅精舍。校书之印曰：实事求是，多闻阙疑。……叶廷琯浦西寓舍杂咏诗云：真读书人'贼'亦钦，纤尘不使讲帷侵；黄巾知避康成里，汉季儒风又见今。注云：仁和劳季言，……累代富藏书，季言尤以博洽名，'贼酋'（按指太平军某首领）至其门，戒其徒，谓此读书人家，毋惊之。入室取架上卷帙观之曰：闻此家多藏秘籍，何此皆非善本，殆移匿他处邪？徘徊良久，不动一物而去。'贼'

亦知书,异哉。迄今不四十年,遗籍流落尘寰,书目亦散佚不传,书之不毁于'寇',此中岂有数邪?"

虽然这位叶廷琯把太平军诬之为"贼",为"贼酋",为"寇",可是他终于暴露了一个事实,正是太平军保护了藏书家。而在这以后的"四十年",却真是"荡然无存",这个"数"还不是很清楚了吗。

1961年1月27偶录

瑞 金 行

  1957年4月11日，我们一行四人，由南昌动身去瑞金。早晨5时30分起来，就赶往汽车站；到站以后，叫号上车，按号入座，秩序井然。座位是软垫，除了腿长的人，感到膝盖有些不舒服以外，其他一切，在我坐公路车的记忆里，再也找不出比这次更好的情况了。

  抗战时期在四川坐公路车，是经常被当作"黄鱼"处理的。正式的票，几乎十次有八次买不到，只好等在站外，车子开过来，一群"黄鱼"招手，掏钱，于是，车子停住，大家一拥而上，往里面硬钻硬挤，车中人，什么都骂得出来，外面的人也绝不示弱，不幸挤不上去，只好赶快爬上车顶。将到站时，"黄鱼"先下，又忙着跑到"站上"看不到的地方，等着车开来，于是又是一阵乱挤乱骂。那时的旅行，是要将"生命置之度外"的。

  前几年我去了一趟澳门，回来坐公路车，过了很多河，每过一次河，就换一次车，座位就得大抢一阵，乱得一塌糊涂。

  这次，我上了南昌的车子，马上就想到上述的往事，这简直就是两个世界,实际上这的确是两个世界。

6点钟准时开车。开动的时候,既不要司机或者助手拿着曲尺形铁棍在前面转了又转;更不用旅客下车,推了一阵又一阵。我这个老脑筋总有点"经验主义"作祟,想着一切都顺利,也可能半路"抛锚",谁知一直开到第一个大站抚州,都没有出过一点事。我们这些当"京官"的人,再不出来跑跑,恐怕自己的思想才真的要"抛锚"咧!

在抚州停车约二十分钟,又继续前行,中午到南城,车站附近有两个饭铺,一个卖馄饨等小吃,一个卖米饭炒菜,我们买了菜牌饭牌,叫了四份客饭,每份五角二分,一菜一汤,四个人有四样不同的菜,炒菜的油很多,猪肉也新鲜肥嫩。

下午经过南丰,这里的小橘子是名闻天下的,可惜我们来得不是时候,橘树还未开花,只看到车站附近有些规模不大的橘林,树只有一人来高,枝干瘦劲。听说移到别处,就会变样,不知进行过移植的研究没有。

前行经过白社、甘竹,路旁村落中的建筑,常有从方形房屋中起出楼台的;车水的地方,盖着亭子;水磨的上面,有着长方形的建筑,外面露着巨大的车轮;舂米的地方,有着棚子,可以从车里看见三个杵正一上一下地在臼中捣着。村子附近的小山岗,松树密布,特别惹眼的是巨大的樟树,旧叶上面,发出翠绿的新叶,象伞盖一样耀眼;田里已经放了水,"秧母"的一两块小田,长着茂密的秧苗。我问了一位没有下过乡的同志:"这一块一块绿的是什么?"他答得倒很"辩证":"可能是韭菜,也许是葱。"惹得我们大笑起来。

这样的田园,这样多彩多样的建筑,仿佛在宋代十八岁的画家王希孟的《千里江山》中看过,而眼前这幅画图,更有着新的生命,看那在田里劳动的农民,妇女们穿着花衣裳,男的也都是新装,在车里隐约地听到了他们的歌声。

　　下午3点半钟,准时到达广昌,这里离开南昌约有四百多里,晚间就在此过夜。

　　广昌的旧城,在现在城东南,因为一次大水,将旧城淹没了,才搬到现在的地方,只有一条大街。有一种土产"白莲",莲子的皮和心都去得很干净,因为外销,所以限制很严,本地人还不能买,只有过路客人可以买一斤,一天只销四斤。

　　到了文化馆,听馆长谈,距这里八十里的地方,有刘秀洞,据说刘秀曾在此避难十八年,洞很深,没有人敢进去。

　　车站后面小山坡上正兴建一座烈士祠,规模不小,民族形式的建筑,听说江西几乎每县都有。江西在革命时期牺牲的人太多了。

　　晚间9时就睡下,吃了安眠药,满以为可以大睡一觉,不料隔壁一位同志"呼"声大作,总想等他翻个身,或有可能钻个空子睡着,谁知这种"机会主义"的想法,完全落了空;他几乎一夜都没有翻身,"扯呼"也从未中断。天还不亮,楼下饭厅中的公鸡一遍一遍地催客人起床,狗也大叫起来,一时乱作一片,我也不再躺着干瞪眼了,起来捻起"洋灯",写这一天的日记。天刚亮,车站附近已经有卖莲子稀饭和炸"油香"的了。莲子放在一个个小铅铁筒里,大约是蒸熟的,每筒约有十个,放在碗里,加上糯米稀饭,既香且甜。"油香"颇有家乡风味,问了问,果不出所料,小贩是河南人,当年从军队下来,就在这里落了户。昨天中午在南城吃饭的时候,饭铺的伙计、大师傅，也都是一口山东话，我问他们"是不是二十六路下来的？"他们看了看我，说："一点不错！"——这位卖稀饭的，不问而知也是"二十六路"吧？战争的遗留，假若有时间访问记录一下，可能还有些曲折的故事，可惜时间不够了。

上午9时左右抵宁都，车停半小时。

1931年冬天赵博生同志和董振堂同志等在党的领导下率领国民党第二十六路军一万多人就在这宁都城起义，加入了红军。听说城里还有纪念他们起义的地方，因为怕开车，没有去看。

宁都往瑞金的道上，多为山区。汽车忽而上山，忽而下山，忽而沿着山缝，钻来钻去，有时山道很窄，又多急转弯，可是司机同志非常熟练地开着，仿佛骑着脚踏车那样自如。

这一带的山岗以及田地的土质都是赤色的，我想到当时敌人说我们"赤化"，真是不错，连土地都是红色的。小山岗上正培育着松树，再有几年，就会成林了。樟树到处都有，车过处，带进一种香味，比樟脑丸好闻多了。

有一家门上贴着一副对联，写的是："翻身门第，革命世家。"

中午12时半，我们翻过了一重山，发现了一块盆地，四周群山围绕，中间横贯着一条江，有一座白色的塔矗立在不远的小山岗上，往右边看，大山上还有三座塔，同行的人不约而同地欢呼着："瑞金到了！"

这赤色的土地，赤色的山岗，赤色的心脏，多少年来向往的地方，终于来到了。

我们下了车，提着简单的行李，向街市走去，为了减少县人民委员会的麻烦，就在合作食堂吃东西。饭馆很干净，水饺两分一个，肉丝面一角八分一碗，后来听说这里因为不出面，所以吃面还是贵的。看见别人吃炒肉丝，一大盘才四角五分钱；厨师正在杀甲鱼，据说一盘两三个，才一块钱。猪肉五角三分一斤，鸡蛋五分一个。

饭后到县人民委员会，接洽住处，有人领我们到隔壁新盖的招待所，房子刚刚盖起，桌椅床铺都没有。正在这时，瑞金革命纪念馆的两位副馆长来了，他们说为了参观，谈话方便，劝我们住在纪念馆办公的地方去。

纪念馆在城东约一华里，出了街巷，路两边几乎全是池塘，办公地点就在路旁一个池塘边上，过去是地主的房子，楼上下大小十间。

纪念馆的主要工作，是调查了解瑞金的许多革命纪念建筑物和遗迹，然后重点地加以修缮。几年来他们已经调查了四十八处比较重要和三十几处一般的革命遗址。已经修缮或复原了的有：叶坪，第一次全国苏维埃代表大会会场（产生了"中华苏维埃共和国临时中央政府"以后，这里即为中央政府的总办公厅），中央负责同志的办公处所，博生堡，公略亭，红军烈士纪念塔；在沙洲坝，已修复了中央革命军事委员会会址，并开始修复第二次全国苏维埃代表大会会址。

此外，还收集了很多文献资料和实物；访问了许多老同志，老关系，作了一些记录。

我们看了纪念馆的库房，有四只大柜，装的都是文献资料，其中许多是拚着生命保存下来的。例如我们看到一件"第二次全国苏维埃代表大会"主席团证章，红铜制的，个头很厅；右边第一间是教育部及徐特立同志住房，第二间是俱乐部，第三间是秘书室，第四间是收发室。

后面正厅两厢也是用木板隔为八间房：左边第一间是项英副主席住房，第二间是总务室及周恩来同志住房，第三间是内务部，第四间是财政部及邓子恢同志住房；右边第一间是工农检查部及何叔衡同志住房，第二间是经济部及林伯渠同志住房，第三间是司法部，第四间是土地部。

这一所规模不大的祠堂，就成了当时的中央政府总办公厅，每个部的面积，宽约3.3米，长约3.2米，那时部长在哪里办公，就住在哪里。

我们从后门出去，在北角不远的地方就是毛主席的办公地点，这是一所民房的楼上，当时下边还住着老俵，上面东头的一间，毛主席在那办公和住宿，同样是一间很小的房子，在东面和北面开了一个窗子，东面的窗下还留了约1米长、0.33米高的一个空隔，当做书架。

中间房子据说是开会的地方，西头的两间房，据说朱总司令和周总理住过。

从这里出来，就去看后面广场边沿恢复的"红军烈士纪念亭"，这个亭子在1934年2月22日落成，朱总司令还来这里向群众讲过话，当时是由钱壮飞同志设计并题字。红军北上后被敌人毁掉。

在广场西北面有"公略亭"，是纪念黄公略同志的，建于1933年春天，1943年被反动县长拆毁，现照原样恢复。亭子的设计很特别，全部作三角形，亭子里的碑也是三角形的。正面为"公略亭"三字，旁为传记。

北面是"博生堡",是纪念赵博生同志的,建筑是堡垒式,墙上镶有石刻传记。1933年秋所建,1943年被毁。

广场中部有"红军烈士纪念塔",建成于1933年春,是炮弹形建筑,同年被毁,现按原状恢复。

从"博生堡"转回来,在村边谢成秀同志家里休息。他是苏区时代的云集区裁判部部长,当年在叶坪见过毛主席。现在他还是用当时的称呼,叫"毛委员"。他说:

"那时毛委员经常穿着灰布中山服,一次也没有看他穿过新衣服!朱总司令穿衣服更随便,比士兵穿得还旧,在两个稻垛上铺板子睡觉,有时就在地上睡。

"朱总司令,刘少奇同志,周总理都跟从前差不多,就是毛委员胖了。毛委员是老实人,他们都没有架子。"

谈着话,他的爱人叫我们进去吃饭,旁人介绍说她当年曾经上山打过游击,高个子,人很爽朗,今年娶了儿媳妇,门框上贴着"早生贵子"的红条,我们向她贺喜。

两口子笑得合不上嘴。谢成秀说:

"也奇怪,反动派在这的时候,村里三年没有生过一个男孩,现在净生男孩子。1934年冬天反动派来了,村子里能上山的都上山打游击去了,剩下的老弱让反动派杀死的不少,当时还有百十户人家,现在只有49户,218口人了。"

我们一面吃着谈着,一面看这房子。两间房很宽敞,是政府给他新盖的。这里已成立了高级社,去年十几个村合为一个社,今年分成两个。

好久不吃这样的家常饭了,吃得特别香甜,虽然辣子很多。我们都夸这碗霉豆腐太好吃了,谢成秀同志说:

"毛委员在这住的时候,有时就跟老俵说:'把你们霉豆腐给我一块吃吧!'他很喜欢吃我们做的霉豆腐和番薯。"

饭后,我们一块到了叶坪北面的陂坜村,这里有当时的中央印刷厂,《红色中华报》、钞票等都在这里印刷。一排两所房子,一面是祠堂,一面是住房;当时右边一所,前部是铅印部的排字房,后进是印刷部分;左边一所,前部是铸字部,后进是装订部。——这里的老俵,还能把当时印刷厂的情形讲得很形象,因为这里还有当时印钞票的工人。

印刷所后面还有一栋房,楼上有一个很小的房间,老俵们说,毛委员在这里养过病,住过两个月。楼下曾经作过印刷厂的石印部。

从这里又回到叶坪,路上谢成秀同志说:

"中央在这住的时候,有个姓孔的大叛徒,他画了地形图给反动派,让敌人飞机来轰炸:'一边河,一边山,中央政府在中间。'但是总也没有炸到。1932年中央搬到沙洲坝后,这里中了十几个炸弹,也没炸到中央机关。"

在叶坪又看到国家银行的库房,不大的一间土墙房子,老俵们说当时地下是地窖,埋的有"花边"、"元宝"。这间房子东边有一棵大樟树,树根那里有一个大洞,就用它做成了防空洞。

在一条小街上有一间小楼,楼梯在外边,据说是邓子恢同志的办公地点。在现在叶坪小学的地方,后进有三间房,说是当时的"中央局"旧址。几天以后,我回到南昌,访问了省长邵式平同志,他说了当时苏区的整个形势,并且说到他们在开"第一次代表大会"时,好多同志住的"中央局"那个地方,是在两厢隔起的房子，是用竹片糊纸隔开的。他说不知是粥时同志还是哪位同志住在这边，那边一位同志一拳头捶过来，就把这个墙"捅"了一个洞，可见不是木板隔的。

4月14日的早晨，我们徒步去到另一个"红都"，——沙洲坝。

1932年4月，毛主席和中央机关，由叶坪迁来沙洲坝，这里离瑞金城约五华里，翻过一个山坡，再走不远就到了。

这里是很小的一个村子，有一幢旧式房屋，叫做"元太屋"，土墙瓦房，是毛主席的办公地点和住处。正厅右边的一间房是主席住的；前厅右边的一间房是秘书谢觉哉同志住的。中间的厅堂是开会的地方。

离这座房子不远，是"人民委员会"的旧址。现在仍是老俵住着，前后两进，六间房，据说少奇同志曾在这住过。

由此向北面走，约有两里路，就到了"老茶亭"背后的山麓，这里是"中华苏维埃共和国"中央大礼堂旧址，1933年建成，当年就被反动派飞机炸毁一部分，红军北上后，全部被毁。当地人民坚决要求恢复这个地方，现在正照着当时的形式，找来了当年曾修过这个建筑的福建工人进行恢复。

第二次全国苏维埃代表大会曾在这里召开。时间是1934年1月22日。毛主席在这次会上作了工作总结报告。

这一带房子很分散，适宜于防空。我们一路走着，纪念馆的同志们给我们介绍着，那里是教育部，这里是工农检查部，劳动部……。

从这里转向瑞金的方向，到了上下肖村，是少共中央局的旧址。到了下下肖村，一个池塘的后面，一片房子，盖得比较整齐，现在是个小学，当时是中共中央局的机关，进门左右的两间房，据说一边是罗迈同志住，一边是博古同志住。中间厅堂比较大，是中央开会的会议室，现在是小学的礼堂。

由此绕道，翻过一个赤色的山坡，就到乌石垅。这里风景很美。池塘、大樟树的后面一栋房子，就是当时的革命军事委员会。朱总司令先曾住在楼上，后来就住在后面接盖的一个小楼里。再后面有草盖的棚房，据说是当时军委会印刷所。

当地的老俵说："总司令出来的时候，小孩们都指着他喊'朱德！朱德！'，总司令就笑着跟他们说：'不要喊我朱德。'

'喊你什么呢？'小孩们问。

总司令就说：'喊我当兵的！'"

老俵们又说："总司令当时穿着破蓝布衣服，骑马的时候带着大斗篷。常出来跟老俵们谈家常。"

在回来的路上，我一直想着在蒋介石五次"围剿"中，军队从几十万增加到一百万，包围着整个"苏区"，急于想"摧毁"、"荡平"的就是这个赤色的首都——"瑞金"，就是叶坪、沙洲坝这些平凡的小村落。而这个赤色的心脏，却一天也没有停止跳动，还是从容不迫地、为着几亿人民的幸福而忘我地工作着。

"星星之火，可以燎原！"中国共产党燃起了几亿人民的火焰，是任何反动的家伙所扑灭不了的。"星星之火"都没有扑灭；今天的"燎原"大火，想拿"唾沫"来扑灭它，那简直是愚蠢和妄想了。

井 冈 山

　　1958年11月间我参加了文化部在江西召开的革命文物工作现场会。当时主要的是想解决两个问题：一个是在全国范围内，六亿多人口高举着三面红旗奋勇前进的时候，如何有计划地把重要革命遗址保存一批，逐步建立革命纪念馆，以便于向全国人民进行党史教育、革命传统教育；另外一个问题是公社化以后，有许多旧房拆了建新房，而旧房中常常保存着一些革命文物、文献。由于长期的白色恐怖环境，有的当时写在墙上的标语，被涂上泥巴或白粉；有的文献文物被藏在房顶上、墙缝里，或者埋在地下（例如江西的博物馆和文物工作者在一个祠堂的房顶里找到了叶剑英同志寄存的一卷北伐时候的军事地图），因此赶快要进行征集和保护工作。这是一项细致的工作，必须深入调查，访问，跟踪追寻，才可以获得。因为一个人家保存"商彝"、"周鼎"，总是当做宝贝看待，辈辈相传，不易损失；而当年一个革命者，保存一件革命文献文物，是被搜查出以后要掉脑袋的，往往就是他一个人知道，这个人若是牺牲或者出外，就一时很难发现。再有就是革命文物大多是纸片片或者看来很是一般甚至还在使用的东西，稍不注意，就会损失掉。

江西是第二次国内革命战争期间毛主席亲自创立和巩固发展起来的中央根据地，遗留的革命遗址、遗迹、文献和实物虽然经过反动派长期的破坏，还有好多遗址、遗物可寻，解放后已经搜集和保存了一些，我们更想配合大跃进，进一步开展这个工作。会议选择在江西来开，是一个最好的现场，也是使我们本身受到教育的一个党史课堂。

我们到了南昌以后，首先就向省委汇报了会议的内容，省委大力支持并指导我们这个会议进行。省委刘俊秀书记给我们作了深刻而又极为生动的关于"继续发扬光荣的革命传统"的报告。我们就怀着万分向往的心情向井冈山出发了。

十一月十六日

由南昌向井冈山出发，毛主席在《井冈山的斗争》里说过：

"第一个根据地是井冈山，介在宁冈、酃县、遂川、永新四县之交。北麓是宁冈的茅坪，南麓是遂川的黄坳，两地相距九十里。东麓是永新的拿山，西麓是酃县的水口，两地相距八十里。四周从拿山起经龙源口（以上永新）、新城、茅坪、大龙（以上宁冈）、十都、水口、下村（以上酃县）、营盘圩、戴家埔、大汾、堆子前、黄坳、五斗江、车圳（以上遂川）到拿山，共计五百五十里。山上大井、小井、上井、中井、下井、茨坪、下庄、行州、草坪、白泥湖、罗浮各地，均有水田和村庄，为自来土匪、散军窟宅之所，现在作了我们的根据地。但人口不满两千，产谷不满万担，军粮全靠宁冈、永新、遂川三县输送。山上要隘，都筑了工事。医院、被服厂、军械处、各团留守处，均在这里。现在正从宁冈搬运粮食上山。若有充足的给养，敌人是打不进来的。……在四围白色政权中间的红色割据，利用山险是必要的。"

大革命时代，全国人民向往着广州、武汉；抗日战争期间，全国人民向往着延安；而在大革命失败以后，正如毛主席所说"内战代替了团结，独裁代替了民主，黑暗的中国代替了光明的中国。"这一最关紧要的关头，人民把希望寄托在哪里呢？寄托在毛主席亲自领导创建的第一个红色根据地——井冈山。从此，就真正地开始了第二次国内革命战争：过去没有我们自己的根据地，现在有了农村革命根据地；过去没有我们自己的武装，现在有了红军；过去没有我们自己的政权，现在有了工农兵代表会议的政权；——井冈山树起了土地革命战争的红旗，井冈山的"星星之火"，成了伟大的燎原之势，这面红旗一直打到1949年中华人民共和国的建立。毛主席又重新升起加上五星的代表整个国家的红旗。

井冈山是我们革命的转折点，井冈山才是我们革命的故乡，我们现在几十人来自天南海北，两辆汽车奔驰在"故乡"的土地上，真是个个人眉飞色舞、喜笑颜开。一路上过了吉安、泰和，进入了山区，翻了几座山岭，我们以为已经进入了井冈山，谁知黄昏的时候在桥头碰到井冈山垦殖场（现已改为井冈山管理局）的左书记，他说这还在山脚下，到井冈山的中心区——茨坪还有75公里。他同我们一块上山，边走边谈，他说：井冈山是1949年秋天解放的，那时是一片荒凉，人烟稀少，就以毛主席住过的大井村来说，原来有八百多人的村子，解放前夕，就剩下一百多人了。反动派把井冈山恨之入骨的，当年进攻井冈山时提出这样三句口号："石头过刀，茅厕过火，人要换种。"但是它经过二十年的百般蹂躏，终于重见天日。解放后，党和政府重建井冈山，1957年的冬天下放了大批干部开发这个山区。接着上海以及各地有许多青年男女来到这里安家落户，成为井冈山人。1958年有许多工人和农民忘我地劳动，以四个月的时间修通了从泰和到茨坪的长达110公里的公路。从1949年到1958年，不到十年的时间已经垦复了过去荒芜的油茶山4 300亩，造林6.3万多亩。一年来还建设了许多工厂、商店、学校。环绕着茨坪还建设了一条环山公路，路旁栽了四季常青的灌木林，茨坪四周栽上了上万棵果木树，几年以后，这座过去根据地的心脏部分的红色小村落，将变为让千年万载永久为人民所瞻仰的革命历史圣地和美丽如画的山中城市。

　　汽车很吃力地爬了一山又一山，翻了一坡又一坡，是这样的丛山峻岭，这样的深山密林，——这真是一座马列主义的宝山，毛主席在这里把马列主义的普遍真理与中国革命实践结合起来了。使我想起大革命失败后，"八七"会议的召开，"它在中国革命的危急关头坚决地纠正了和结束了陈独秀的投降主义，确定了土地革命和武装反抗国民党反动派屠杀政策的总方针，号召党和人民群众继续革命的战斗，这些都是正确的。"（见《关于若干历史问题的决议》）但是就在纠正右倾的同时，为"左"倾冒险开辟了道路，盲目地组织起义、暴动、夺取城市，而不知道中国革命的中心问题是农民问题，对于农村根据地的重要性和民主革命的长期性，缺乏根本的认识，因此全国几百次的起义绝大多数都在这种错误领导下失败了。多少优秀的党团员，革命群众英勇地牺牲了。而毛主席却在"秋收起义"以后，在这样的深山里建立起第一个革命根据地，真正地彻底地挽救了革命，重新撒下了火种，燃烧起普照中国的火焰。

天早已黑了，山上的雾非常重，最后连车前的灯也只能一开一熄地来照明了，因为车灯打在浓雾上，反照回来，更看不清道路。山路左盘右绕，又常常拐着很小陡弯，司机同志精神贯注地开着车，好容易爬过了当年"五大哨口"之一的"桐木岭"，这是位于井冈山东北面的一个险峻的哨口，是永新的拿山、厦坪等乡通往茨坪的要道，过去是只有一条石板小道可以上下，现在已经辟为公路了。这里距茨坪还有二十五华里。我们都想从灯光中看看哨口的遗迹，可是除了浓得像棉絮样的白雾以外，什么也看不见。渐渐地看见灯光了，听到人声了。我们知道已经快到茨坪，车灯也大亮起来，从许多新屋里跑出来很多人，车窗外车窗里大家欢叫成一片，赶忙下了车，老井冈山人和新井冈山人已经把我们包围起来，我们终于来到了向往了三十多年的井冈山。

招待所刚刚盖起，我们大约算是第一批客人。房子里顿时热闹起来，吃了饭大家坐在客厅里，用各种方言交谈着，过一会，左书记给我们介绍了井冈山全面发展的情况。这里有各式各样的矿藏，有漫无边际的原始森林，有肥沃的农业耕地，有许多著名的特产。更加重要的是这里为任何名山所比不了的，它是一座革命的宝山，到处留下来当年革命的史迹，永远放射着永不磨灭的光芒。

左书记告诉我们说，上海有一批青年男女来的时候，第一次看到山，又是这样地翻了一重又一重的深山，有的人就想起家来；有的女同志从来也没有看见过水牛，在田塍上碰到水牛过来，吓得乱嚷乱叫。但是只要一讲到毛主席当年在这里进行着艰苦的革命斗争，他们就有了不怕任何困难的力量，现在每个人都以"井冈山人"自称，并且觉得是莫大的光荣了。

左书记为我们安排了日程，这里起了争执。他们把老一点的同志安排只看茨坪、大井；把年轻的安排看一个哨口，再看其他。我首先不同意把我安排在前一组，他说了许多去哨口的困难，而且说下次来坐汽车上去。我不同意地说：从保护革命遗址来说，哨口无论如何要保留两三处，将来有条件搞电缆车上去是可以的，都搞成公路看不出当年的险要我是不同意的。再说我个人，今年你不叫我上去，下次再来我是否爬得动就更成问题了。那不是要造成终身的遗憾吗？两人相持不下，只好明天再说。

夜里山中静得很，但是我想起很多事情，我想起毛主席在这样深山里搞革命的伟大战略思想，我想着这座山关系着中国的命运，我想着毛主席亲手竖起来就永远矗立着的红旗。我也想到在错误路线下牺牲的许多同志。——总之，兴奋、激动的感情使我终夜不能入睡。

十一月十七日

天刚亮，我就爬起来，走出门口一看，虽然云雾还很重，但是可以看到周围的轮廓了。这是井冈山中的一块小盆地，沿盆地的边沿靠着一些小山坡正在建筑房屋，中间是稻田。放眼盆地以外，就是千重山万重山环绕着，偶然云雾散开一块，就看见苍翠满眼，树木参天。没有来井冈山时，理想中的井冈山是不这么大、不这么高、不这么深，谁知全不是这样，是又大、又高、又深的千岩万壑的丛山，它既是一座历史的名山，又是一座自然景物十分美丽的绿水青山，莫怪有的同志说，比庐山更加美妙。

同志们也都起来了，赶忙吃了丰富的早餐，就排成两队准备出发。这个时候左书记又来"干涉"我的"自由"了，因为他看见我站在年轻同志的行列里。好说歹说，总算"附"了年轻人的"骥尾"。我们要爬"五大哨口"之一的"朱砂冲"。

朱砂冲在井冈山的南面，坐落在小行州及黄坳之间，距茨坪约三十华里。听起来路不算远，可是据说这三十里山路，有直上直下的山脊，只有一条羊肠小道可以通行。一边是万丈深谷，一边是悬崖峭壁，哨口就在悬崖的最高点，当年红军把守这个哨口，遂川来的敌人始终不敢由这里大举进攻；只有遂川反动的地方团队——萧家璧的"挨户团"，进行过侵扰，也未得逞。

我们先到了茨坪的北面"井冈山革命烈士纪念塔"，向烈士们致敬。塔前有一座烈士墓，那里安息着为了共产主义事业而战斗到最后的一些保卫井冈山的烈士们。他们将同这座名山永垂不朽。

由此翻过一个山坡向朱砂冲进发。途中碰到青年男女在开辟着山坡的荒地，红旗飘扬着，歌声不断地起伏，问起他们来,异口同声地说是"井冈山人",但是还听到上海的乡音。

途中经过土岭附近,路旁坐着一位老人,看见我们,欢笑地打着招呼。我们也就在这歇口气,老人告诉我们说:

"我见过毛委员的!他老人家那时穿着草鞋,背着斗笠有时拿着雨伞来看王佐,王佐的家就在那边。"他指着一所房子。

我们就由这条小石板路上经过刘家坪、下庄到高山坳,然后一下大约是十里的山坡,又到了另一山谷中的盆地就是小行州。这里有一个不大的小村子,当我们在一家歇脚的时候,看见一位抱着胖娃娃的女主人,这个胖娃娃十分可爱,见到谁个也笑,要是逗逗他,就笑得出了声音。原来是一位上海姑娘在这里结了婚生下来第一位"小井冈山人"了。难怪这位光荣的小主人是这样高兴地欢迎着远来的客人。

从小行州再向上走,就是在悬崖旁开凿的一条仅有的小道,左手就是深谷,下边有一条碧青的流水哗哗地很急地流着。对岸下边是青翠的竹林,山坡上有高大的树木,密得连地面都看不见了。

同来的一位当地的老革命李升发同志,他向我们介绍着当年的情况,他说:

"毛委员上山以后,当地群众都组织起来了。赤卫队、少先队、童子团都建立起,那个时候井冈山热闹得很。那时我还是少先队员咧。"

我问他还会唱少先队的歌吗?他说怕是记不起了,几十年没有唱了。我说:"咱们唱唱看,"他一句,我一句居然凑足了两段,练习了一会以后,我们就南腔北调地大声唱起来了。

走上前去呵,曙光在前,同志们奋斗!

用我们的刺刀和枪炮，开自己的路！
勇敢，向前稳着脚步，
要高举着我们的旗帜，
我们是工人和农人的少年先锋队！
我们是工人和农人的少年先锋队！
看我们高举鲜红旗帜，同志们快来，
快来同我们努力建设劳动共和国！
劳动，是世界主人翁！
人类，才能走进大同！
战斗呵！工人和农人的少年先锋队！
战斗呵！工人和农人的少年先锋队！

山鸣谷应，我们像是回到三十年前大革命及其以后的年代，那个时候这个歌子为多少青年所歌唱，又鼓舞多少青年高歌猛进！

唱着，唱着，我们把"打倒列强，打倒列强！除军阀，除军阀！"这个在当时普遍流行的歌子也唱起来了。山路再窄，我们脚步也轻快起来，我们仿佛又回到青少年的时代。

爬到去朱砂冲的中途，前一批的年轻人已经从朱砂冲回来了，我们两位白了头发的少先队员，才恍然感觉到脚步不是像他们那样灵便了。

朱砂冲真是名不虚传的最险要的哨口，真是"一夫当关，万夫莫开"，只有这样一线的峡口，而峡口里面又是这样的险峻，莫怪据说红军当年经常只有一班人在这守着，敌人就莫可奈何。

李升发在哨口的小亭子上为我们唱了当年的歌曲：

黄坳进来朱砂冲，红军哨口你莫动！
假使你们不怕死，来了两个杀一双！

我们在这里看了很久，才往回走，从小行州经过的时候，有一家墙上还有着红军时代的标语。"共产党十大政纲"和"国民党十大罪状"，这是老乡们保存下来的，红军走了以后，老乡就把标语刷上一层白粉盖住。解放后又把白粉子洗掉，露出来。

从小行州上高山坳，是从山脊上去，一上就是十里，下来时候还不觉得，这次上去才知道实在难爬。但是只要一想到当年的艰苦斗争，就给了我们力量。虽然是深山里就剩下我们几个老弱残兵，天色也慢慢黑下来，我们还是兴高彩烈地走完了这30公里的旅程。大约晚上八九点钟才回到了茨坪。

十一月十八日

早8时去大井。

现在茨坪到大井已经修通了公路，因为山上刚下过雨，路面还需沉一个时期才能通车。我们顺着公路前进，路旁的杉树、松树笔直参天，毛竹一丛一丛的又刚健又柔软，油茶，油桐到处都是。井冈山遍地都是宝：有森林，有果木，有各种各样的矿藏，有许多野生动物，有一百多种药材，山下正在修水电站，小高炉正在大炼钢铁，农田也正在打破"山高水冷井冈山，一季难变双季田"的传统说法，试种双季稻。——井冈山抵住了敌人的百般摧残，现在是青山不改，溪水长流，一片欣欣向荣的景象。

走了十二里,来到另一山腰的村落——大井。这是比较大的一个村落,但是到处还看到残垣颓壁,红军北上以后,这里遭到白匪的惨酷地烧杀,有 136 人被杀死。毛主席住过的房子,只剩下后面一堵土墙屹立着,墙后的两棵株罗杉刚强不屈地生长着,井冈山的人民把这里一草一木,一砖一石,都保存得很好。我们一到那里,老乡们就纷纷告诉我们,毛委员就住在这个院子里,后墙上的窗眼下面就是他老人家办公的房子;门前有一块大石头,是他老人家常常坐在这里看书的地方。

老乡们说:"别处烧剩的墙都没有了,就是这里我们始终保护着,我们天天看到它,就想到毛委员在这里的好日子,就想到红军一定会回来。我们盼了二十年,红军还不是回来了!"几句朴素的语言,表达着多少坚强的信念!

老乡们要求把这座房子恢复起来,作为永久的纪念。

我们在这前前后后看了很久,大家都舍不得离去。一座革命遗址,它使我们联想到那些数不尽的艰苦斗争岁月,我们党和人民领袖是如何带领着亿万人民度过的?我们历史上曾有一句名言:

"筚路蓝缕,以启山林。"

一个几千年封建统治的国家,一百多年帝国主义宰割的国家,二十多年蒋介石血腥统治的国家,要来个天回地转,把压在最下层的穷苦的、劳动的人民翻成国家的主宰,把沉重的三座大山推翻,这绝不是一件容易的事情,缔造之艰,是我们每个人要时刻铭记着的。——而这些革命遗址遗迹,正是这些千辛万苦百折不挠的历史的见证。

回来的途中，远远地看见黄洋界上的高峰，山下就是小井，那里也是一片葱绿的林海，在过去红军医院那里是垦殖场一个生产队驻地。当年白匪进占井冈山以后，把住在那里的一百多位伤病员都杀害了。

回来一进茨坪的山口，太阳恰好在云雾中露出来，茨坪整个面目看得更加清晰了。它是井冈山的中心区，是万山丛中的一块约有三百亩面积的盆地。旧有的房屋，几乎全部被敌人破坏了。原来据说毛主席住过的地方，就在现在井冈山垦殖场的办公处所（现改井冈山管理局）那里。党的湘赣边界特委，县、区、乡党委和工农兵政府那时都在茨坪，现在连遗址也不易找到了。这里通向大小五井，都在十里左右的路程；通向五大哨口，都约在三十里开外（即北面的黄洋界，南面的朱砂冲，东面的桐木岭，西面的双马石和八面山）。

现在的茨坪，它又成为井冈山管理局的中心。四围山坡上下正在建筑房屋，已经是一片繁荣的景象。

晚上开了座谈会，大家异口同声地都说是上了一课活的党史。读和看，理性知识又加上感性知识的印证，认识就觉得又深入了一步。

井冈山的夜里还是很冷，但是头脑总是在发热，两三天来感受太多了。爬起来围上被子，不计声韵，写了几首不成诗的诗：

看山要看井冈山，绿满峰峦红满天，

岂只青山依旧在，石头笑得口唇干①。

看山要看井冈山，不倒红旗插万年。
一代风云从此起，果真星火可燎原。

看山要看井冈山，到此方知缔造艰。
革命原非天上物，历经万水与千山。

看山要看井冈山，断壁残垣露笑颜。
天下名山多寺观，此山独是马、恩山。

十一月十九日

　　早饭以后，准备出发到兴国、瑞金。我们先到了井冈山小学里和新老井冈山人会面，告别。当年的红军宣传员唱了红军时代的歌，转业军人唱了社会主义时代的歌。歌声也唱出井冈山万古长青的历史。
　　我们在门口照了相，这里有红军时代的女宣传员，有下放干部，有老革命，也有新的井冈山人。大家依依不舍地握手再握手，再见又再见，我们这支来自全国二十几个省、市、自治区的文物、博物馆工作者，终于离开了伟大的永远飘扬着红旗的井冈山。

1961 年 4 月 12 日追记

---

① 白匪进攻井冈山时声称要"石头过刀"如今石头依旧，敌人却滚入大海。

遵　义

一九六○年六月二十五日

早8时半由贵阳出发去遵义。途中经过修文、息烽。这里是在抗日战争期间，蒋介石长期囚禁坚决要求抗日的张学良、杨虎城两将军的地方。据说当时这两个县全由特务统治，成为"关押"革命者的集中营。

在抗战胜利以后，人民都想着张、杨会被释放了吧？事实却同这些好心肠的人的希望相反，蒋介石更加强对他们的囚禁，特地从贵州把他们押到重庆歌乐山下一座美帝国主义者与蒋介石直接控制的大特务机构——"中美合作所"里，张不久被送到台湾，杨则于"解"到的当天——1949年9月17日，蒋介石中午才由成都回来，夜里11点及1点钟就分两批把杨虎城将军及其幼子拯中和在息烽狱中生下的五六岁小姑娘，还有杨的秘书、副官等大小九口都杀害了。杨夫人则于1946年在贵州的狱中被折磨致死。

途经这两个地方，不由地想起蒋介石和美帝勾结在中国长期的血腥统治。

过去息烽不久,就到了乌江渡口,两岸山峰险陡,迂回环绕,中间夹着一股万马奔腾的急流,这号称天险的乌江,在二十五年前——当1935年1月3日在长征途中的红军终于强渡了乌江,打下了遵义城。

在这以前,由于"左"倾路线在党中央的领导,用所谓"正规"战争代替正确的人民战争,否定了游击战和带游击性的运动战。始则实行进攻中的冒险主义,最后又变为实行真正的逃跑主义,因之使长征出发时的十万红军,到这时减员到三万多人。这种错误领导再继续下去,连这三万人也将有全被消灭的危险。——就在这万分紧急的时候,毛主席挽救了红军,挽救了革命,他力主改向敌人力量薄弱的贵州前进,这样才一举攻克了贵州黎平,在黎平开了中央政治局会议,整编了队伍。在冷风刺骨,江水如冰,前有敌军堵截,后有追兵紧迫的情况下,最初以22位红色英雄在密集的炮火中强渡了这条乌江,真是"莫道乌江天堑,看红军等闲飞渡。"

过了乌江,不久就到了革命历史名城——遵义。这时是下午1点半钟,我们就立即去看遵义会议纪念馆。

在旧城的一条街上,一排铺面房的后面,有一所整齐的两层楼房,作曲尺形。解放后经过修整,恢复了旧观。楼下现在作了辅助陈列室。由房后楼梯上去,在曲尺形的一头有一间长狭的房间,就是著名的遵义会议的会场所在。长桌的周围摆着椅子和板凳,墙上还悬挂着当年的挂钟。

这是一次极关重要的会议,是在毛主席领导下所召开的扩大的中央政治局会议,就在这次会议上,"得以胜利地结束了

'左'倾路线在党中央的统治,在最危急的关头挽救了党。"会议"集中全力纠正了当时具有决定意义的军事上和组织上的错误……开始了以毛泽东同志为首的中央的新的领导,是中国党内最有历史意义的转变。也正是由于这一转变,我们党才能够胜利地结束了长征,在长征的极端艰险的条件下保存了并锻炼了党和红军的基干,胜利地克服了坚持退却逃跑并实行成立第二党的张国焘路线,挽救了'左'倾路线所造成的陕北革命根据地的危机,正确地领导了一九三五年的'一二·九'救亡运动,正确地解决了一九三六年的西安事变,组织了抗日民族统一战线,推动了神圣的抗日战争的爆发。"(引文见《关于若干历史问题的决议》)

会议是在1月6日至8日召开的,参加会议的有毛主席、刘主席、周总理等18位同志。从此革命的洪舟在"左"摇右晃以后,由一位伟大的舵手——毛主席,重新掌稳了舵柄,渡过了惊涛骇浪,履险如夷,终于获得最后的胜利。——这个会议,永远地写入光辉的革命史篇;这个遗址,也将永远地为千年万世亿万人民所景仰。

纪念馆的孔馆长是位长征干部,一条腿受伤以后有些残疾,他一瘸一瘸地领着我们到了南关丰乐桥头前的"官厅"那里,他说在二十五年前1月6日的早晨,遵义城的大街小巷,到处是喜气洋洋,穷苦的人们都在等待着迎接自己的亲人——毛主席和中国工农红军。当时有以邓银山、季松柏为首的泥、木工人,有以邱本立为首的农民,有以周斯和为首的青年教师和学生,有以张金华为首的老年人,都纷纷到"官厅"去迎接,到了下午5时,有人刚说了一声"来了!来了!",大家就欢腾起来，火炮震天，口号声起伏不断，毛主席被群众簇拥着进了遵义城。——我们站在"官厅"的前面，看着丰乐桥头，听到孔馆长有声有色的讲解，仿佛毛主席就像刚刚从我们身边走过。

从这里又看了原第三中学前面的空场，是1月8日开万人大会的地方，毛主席在会上讲了话。有人还记得讲了工农政权不收苛捐杂税，中国共产党的抗日主张等事。会后，遵义群众纷纷要求参加红军，北上抗日。

从遵义人民公园进去，有一所过去为天主教堂的地方，是当时红军政治部的驻地，据说遵义会议以后，在这个教堂的大厅里向干部作了会议的传达。

我们又看了当年红军进城以后，当地的革命政权组织、群众组织马上建立起来，现在还保存有乡苏维埃所在地和革命委员会、"红军之友社"等革命遗址。

回到住处，在平台上一看，下面是一条湘江，环绕着遵义城，周围都有山峦起伏，现在新城已经有许多新的建筑。住处靠江的山坡上到处开满了栀子花，香味真是沁人心脾。夜间有一阵大雷雨，不久就听到江水发出澎湃的啸声。

六月二十六日

8时后同孔馆长一块去看邓萍将军墓及"红军坟"。

墓地在湘江对岸的山坡上，是解放后移葬在这里的。邓萍将军是当时三军团的参谋长，他是在再度占领遵义时，亲自侦察攻击老城道路时牺牲的。

遵义会议以后不久，中央红军即由遵义出发经桐梓、松坎、赤水北进，准备渡过长江与红四方面军会合。这时蒋介石赶忙调动川、黔、滇等军阀部队和他的"中央军"，沿江堵截。毛主席这时出敌不意，突然回戈东进，把敌人甩在长江两岸。红军再度占领桐梓，拿下娄山关，二次进了遵义。时间是同年2月27日。

邓萍将军墓的后边有一座无名英雄的墓，当地群众叫做"红军坟"，关于这个"红军坟"有许多流传在群众中的故事。据说当红军第一次占领遵义时，某部有个小卫生员，因当地正流行急性感冒，这位小卫生员昼夜忙着给群众打针治病，救活了很多人，附近几十里的地方都来找红军看病。当最后一次这位小卫生员又下乡为群众治病的时候，因为路远当天没有回来，在他第二天回来时，部队已经开拔了，这位小红军就被土豪劣绅所杀害。群众含着眼泪掩埋了他的尸体。地点在桑树垭的小路旁边。据说最初有一位老先生害病老是不好，有一夜梦见"小医生"为他打针，醒来原是一梦，出了一身汗，病好了。于是就传说"小医生"还在为人治病，一传十，十传百，附近几十里都传开了。一有病就到他的坟前烧香求治，最初还偷偷地烧，后来就公开地一天到晚不断地人来人往，烧香成堆。

后来不但求治病，遇见什么拉丁、拉差，有什么困难事情，都到这里来烧香许愿。大人小孩没有一个不知道"红军坟""红军菩萨"的。弄得当地反动统治者恨之入骨，几次要挖掉它，都因为群众保护而保存下来。解放后，因为桑树垭修公路，把"红军坟"移葬在这里。

贵州在解放前，军阀、土匪、特务、地主、恶霸横行，人

民陷入极端痛苦的深渊。当红军来的时候,打土豪,分田地,人民得到解放,当时流传的歌谣是:

红军到,乾人笑,绅粮叫!

红军走了以后,人民又落到无告的境地,通过这位为他们牺牲而又是他们亲手埋葬的小卫生员的坟墓,表现了他们无尽的对红军的热爱、尊敬和想念。

我们在这呆了很久,看见有少先队员,工厂的工人,在这里听讲红军故事。这座山解放后种植了大批果木树,现在已经成林,星期天大家都来这里休息,又很自然受到革命传统教育,是很好的一座山林公园。

由此又到了街上一所福音堂,看当时银行兑换所遗址。孔馆长说,那时行长是毛泽民同志。福音堂前挂了一个竖立的布牌,上面写着"中华苏维埃人民银行总行兑换所"的字样。

下午2时与来此帮助进行城市规划的建筑科学院的同志和专区、市建设局的同志座谈规划中的革命遗址保护问题。他们所设计的规划很好,都是以保存并突出遵义会议纪念建筑及其他有关革命遗址来进行设计的。一座革命名城、名地是应该在建设之前,做出妥善的规划来的。

六月二十七日

早起往看明播州宣慰使杨应龙的墓地。杨氏是自唐至明统治这一带地区的土皇帝。省博物馆发掘出宋代杨氏的墓,出了许多极为精美的石刻。这座墓地在一个山坡下面,四周有一条名叫玉带河的水流环绕着,因为大雨以后,山洪爆发,河里涨满了水,无法过去。乃折回由原路返遵义,经过桑树垭看了路旁"红军坟"的遗址。

10时半再由遵义动身返贵阳。12时抵息烽。在饭铺吃了豆花、粘米饭。又起行由公路岔入另一条土马路，2时半抵修文县的阳明洞。这是明正德元年（1506年）二月武宗贬谪王守仁（世称阳明先生）的龙场驿附近的一座小山（王守仁在正德三年春才到达龙场驿）。小时读《古文观止》有一篇王守仁写的《瘗旅文》，读得烂熟，谁知到了此地，几乎一句也记不起了。据说离此不远还有王守仁埋葬那位贫病交加的旅客父、子、仆人的墓地。

阳明洞据说是王守仁的住地，是一座小山峦，有一个石钟乳的洞穴。山上建有阳明祠。我们转到上面祠堂一看，一所偏院里有上下各三间的楼房，楼上就是囚禁张学良将军的地方。上去一看，房子既矮且窄，据一位文化馆长谈，张住最里面一间，中间为书房，楼梯上来的一间为副官及专门看守张的特务住。除此两三间危楼以外，其余山上山下全是住着特务和宪兵。据说县里还有一位六十四岁老人，当时是为张做饭，张被"解"去重庆时，他也要去，张不许他去，给了约合现在八十元钱，让他自谋出路，张走后，特务不许他自由做买卖，怕"泄露机密"，把他弄到昆明一个特务机关做饭，解放后才回来。他知道当时的许多情况，可惜时间匆促，没有能去访问他。

自从1936年12月25日张学良将军亲自把蒋介石送回南京起，张就成了"罪犯"，先是在12月30日组织所谓"军法审判"，判了"十年徒刑"，接着两小时以后又来了个"特赦"，"特赦"之后，又来了个"交军事委员会委员长严加管束"，就这样一直关到现在。"管束"了二十五年,已经超过两个半的"十年徒刑"。阳明洞也就是当年所谓"管束"的地方。

四百五十二年前王阳明为了救言官,忤刘瑾,被贬谪到龙场驿;二十多年前张学良因为要求抗日,被"管束"在阳明洞。这倒是对"阳明先生"的"良知良能""心性"之学的一个很好的讽刺。反动统治者的阶级本"性",哪里是好心肠可以改变的?

由此到修文县城,据县委宣传部长谈,现在县城的地方,就是当年的龙场驿。

文化馆长要求修缮阳明洞,开口就要 50 万元。我说我亲眼看到这个地方,一切都很好,只要稍为补补漏、插插瓦,为什么要这些钱呢?他支吾了很久,原来他有一个大计划,要搞喷水池、游泳池、球场、大马路、凉亭之类的东西,这样就把一处本来很好的古迹、遗址,就全盘破坏了。这也是一片好心肠可以做出坏事来的例子。

天快黑的时候,返抵贵阳。

1961 年 4 月 24 日追记

中国革命博物馆巡礼

在北京天安门广场的两侧，各有一座新型的宏伟的建筑，西面是代表全国六亿五千万人民意志的会议场所——人民大会堂。东面则是表现我中华民族五六十万年以来发生发展过程的中国历史博物馆和表现近百年来尤其是近四十年来中国人民在中国共产党领导下反对帝国主义、封建主义以及官僚资本主义的革命斗争史的中国革命博物馆。

走进中国历史博物馆，便看到约在五六十万年以前，我中华民族远古的祖先——中国猿人就在这块广阔美丽的土地上开始了人类创造历史的活动，经过漫长的无阶级的原始公社的生活，逐步过渡到阶级社会，经历了奴隶社会、封建社会直到1840年的鸦片战争以后，中国逐步陷入半封建半殖民地社会。从此中国人民开始了英勇不屈的反抗帝国主义及其走狗的斗争。——这样连绵不断的历史发展过程，前仆后继的英勇斗争事迹，构成了我们祖国悠久的历史、文化和光荣的革命传统。成为世界人类历史中光辉灿烂的篇章。

在历史博物馆的最后陈列大厅里，悬挂着毛主席写的《沁

园春》词,最后半阕是:

"江山如此多娇,引无数英雄竞折腰。惜秦皇汉武,略输文采;唐宗宋祖,稍逊风骚;一代天骄,成吉思汗,只识弯弓射大雕。俱往矣,数风流人物,还看今朝。"

中国革命博物馆,正是把"今朝"的革命斗争史,"今朝"的"风流人物",光辉的事迹展示在观众面前的。它表现了我中华民族历史上崭新的一页。

自从1840年鸦片战争开始,到1919年"五四"运动的前夕,是旧民主主义革命时期的陈列,这里表现了七件大事——鸦片战争、太平天国运动、中法战争、甲午中日战争、戊戌变法、义和团运动、辛亥革命。——正是毛主席所指出的:

"帝国主义和中国封建主义相结合,把中国变为半殖民地和殖民地的过程,也就是中国人民反抗帝国主义及其走狗的过程。"
——见《毛泽东选集》第二卷第六〇二页

我们看英国侵略者纠合法国、美国等侵略者向我国进行第一次鸦片战争(1840~1842年)和第二次鸦片战争(1857~1860年)的时候,中国人民和代表了人民意志的以林则徐、邓廷桢、关天培为首的爱国官吏坚决进行了抵抗。

林则徐等的"虎门销烟"奏折,道光皇帝也不得不批个

"可称大快人心一事"；虎门炮台的三千斤大炮，实际是三吨重，也可以看出认真的备战。更加使侵略者受到应得惩罚的是三元里附近一百多乡农民、手工业者等高举着三星义旗拿着各种刀枪棍棒，将侵略者打得落花流水，丢盔卸甲。我们看到缴获的英国军官的服装和那罪恶的指挥刀，就是人民的胜利和侵略者的下场。

鸦片战争虽然以反动统治者的投降而失败，侵略者强迫清朝政府订下了许多丧权辱国的条约，如1842年的中英"南京条约"，1844年中美"望厦条约"，1844年中法"黄埔条约"等。给中国人民加上一条一条的锁链，但是中国人民永远不会向侵略者屈服，也永不会向反动统治者屈服，他们继续向中外反动派进行着前仆后继、顽强不懈的斗争，最后终于爆发了太平天国大起义。

太平天国革命运动（1851～1868年）是中国近代史上规模最大的一次农民革命战争，它勇敢地担负着反对封建统治和反对外国侵略者的双重任务。太平军从1851年金田起义时一万多人到1853年打下南京时已发展到100万人的武装；前后打下来600多个城市，足迹遍18个省；坚持了十八年时间。建立了与清朝相对峙的政权，提出了土地纲领（《天朝田亩制度》），在进军的途中，沿途诛戮妖魔（官、幕、吏、役），焚烧衙门、粮册、田契、借券，杀逐豪绅、地主、富农等土地占有者，或高利贷者。——把两千年的封建统治加以扫荡。敢于蔑视外国侵略者，敢于打败"洋枪队"、"常胜军"，把侵略强盗加以打击。太平天国北伐军，苦战两年，全军战死；当1864年6月16日天京陷落时，十万人英勇牺牲，绝不屈服

——都为中国近代历史上写下了可歌可泣、最为壮丽的诗篇。

我们走进这部分陈列室里，就看到旗帜鲜明，军威浩荡，标志政权的玉玺，讨伐封建统治者的布告，斥责外国强盗干涉的照会，建立各种规章制度的设施，改革文风的布告，自成风格的壁画以及受到太平天国直接间接影响下在各地各族爆发的起义；在这里也可以看到清政府在北伐军进军天津附近时恐慌万状的情况下作出的《京师布防图》和汉奸刽子手曾国藩、曾国荃、李鸿章等的与外国侵略者勾结的罪证，极端残酷的对李秀成等太平军将领的逼供（如曾国荃亲自以铁锥刺逼李秀成的自述），都使我们看到中国人民不甘屈服于反动统治者及外国侵略者的高贵品质，也看到中外反动派的血腥屠杀的滔天罪行。

清政府的对内屠杀，对外屈膝，更使外国侵略者对我国边疆采取武装行动，因此又爆发了"中法战争"（1884～1885年）和"甲午中日战争"（1894～1895年）。

在"中法战争"中，旧日广西农民起义将领，后来被迫退到中越边境的刘永福和他所率领的"黑旗军"成为抵抗法国侵略者的主要力量。另一位七十岁老将冯子材也于1885年3月在镇南关（今睦南关）大败法国侵略军。

这里陈列着当年朝鲜人朴定所画的黑旗军在北宁与法军作战图，谅山大捷版画，缴获法国侵略军的军装，黑旗军北宁阵地图等文物。

在"甲午中日战争"中，中国许多爱国官兵作了英勇的战斗，如陆军左宝贵的战死、海军"致远"号军舰军官邓世昌和全舰官兵撞击敌舰，250人壮烈牺牲的事迹，都写下了悲壮的史诗。

在这里也看到清朝统治者进一步地向侵略者屈膝投降，所谓"乘胜即收"的外交，在打胜仗时却订了卖国条约（1885年所订的中法越南条约）。也看到侵略者向中国人民进行了惨绝人寰的大屠杀，像日本侵略军在旅顺只为着抬埋尸体保留了36人，其余全市老少男女统统杀光了。这里陈列着血腥的罪证。

由于英、美、法、德、俄、日、比各国都争先恐后地夺取侵华利权，迅速形成了帝国主义列强瓜分中国的局势。资产阶级改良派企图以"变法维新"来挽救危亡，"康有为写了《大同书》，他没有也不可能找到一条到达大同的路。"（见《毛泽东选集》第四卷第一四七六页）

在"戊戌变法"（1898年）这部分陈列里，可以看到康有为《大同书》原稿，谭嗣同所著的《仁学》，严复《天演论》，以及《时务报》、《湘学报》等报刊，"京师大学堂"校牌、校印，同文馆门额，译学馆印及界碑等文物。

资产阶级领导的改良主义的维新运动失败后两年，即1900年，爆发了以农民为主体的轰轰烈烈的义和团反帝爱国运动。

中国人民以大刀、长矛、土枪、土炮，甚至于赤手空拳，敢于同英、美、法、德、日、俄、奥、意等八国联军进行英勇的搏斗。看那被捕后的义和团团员的英雄气概，多么不畏强暴，把什么外国强盗根本不放在眼下；看那西什库教堂院中火药爆炸的深坑，就可以想到义和团团员勇敢智谋的攻击；看那义和团散发的揭帖和传诵的歌谣，对于帝国主义者和封建统治者进行了多么强烈的斥责。

义和团虽然在中外反动派的围攻中失败了，可是他们英勇的斗争，粉碎了帝国主义者的瓜分中国的阴谋，使他们认识到中国人民的伟大力量。

自从义和团运动以后，中国人民逐渐认识到清朝政府不过是帝国主义者的走狗，中国人民必需起来革它的命。以孙中山为首的资产阶级革命派于1905年在东京把几个革命小团体联合起来组织了"中国同盟会"，提出了"驱除鞑虏，恢复中华，创立民国，平均地权"四项政治纲领，这些纲领，具有资产阶级民主革命性质。并在这年创刊了《民报》，孙中山在发刊词上，提出了民族、民权、民生三大主义，受到当时革命人士的热烈欢迎，一时出版各种反清的、鼓吹革命的报刊不下一百多种，这里陈列着其中一部分。

同盟会接着在国内进行武装起义的活动，1906年江西萍乡、湖南浏阳、醴陵的起义；1907年徐锡麟在安徽安庆刺杀巡抚恩铭，秋瑾在浙江绍兴准备响应，虽然都遭到失败，两人被杀，但是武装起义的运动，还在此起彼伏地进行，直到1911年的广州黄花岗起义。这里陈列着在黄花岗起义中牺牲的七十二烈士的有关材料。

1911年10月10日终于爆发了武昌起义，建立军政府，宣布改国号为"中华民国"，在起义后一个多月时间里，许多省新军、会党宣布起义，群众热烈响应，短时间就有三分之二的省份脱离清政府独立，这种席卷全国的起义和群众自发斗争，蓬蓬勃勃，成为近代史上第三次革命高潮。

1911年12月孙中山回国，在南京召开国民会议。会议选举他为中华民国临时中央政府的大总统，1912年1月1日，孙中山在南京宣誓就职。2月20日清朝皇帝"宣布退位"。从此结束了两千年的封建帝制，建立了民国。在这里陈列着象征汉、满、蒙、回、藏五族共和的五色国旗，孙中山就任大总统的照片和誓词，临时约法。此外可以看到清朝政府的龙旗，退位诏书，玉玺，都蜷伏在一个低下的柜子里，成为最后一个封建王朝覆灭的象征。

由于当时的革命派"没有一个彻底的反对帝国主义和封建主义的纲领，没有广泛地发动和组织可以依靠的人民大众的力量。因此他们不能取得对于帝国主义和封建主义的彻底胜利。"（见刘少奇主席《关于中华人民共和国宪法草案的报告》）可是"辛亥革命使民主共和国的观念从此深入人心，使人们公认，任何违反这个观念的言论和行动都是非法的。"（见前文）袁世凯想做皇帝，他弄的什么朝服、平天冠，可是很短的时间就垮台了。但是虽然倒了一个袁世凯，又有各个帝国主义所支持的无数的小袁世凯出来，从此开始了长期的军阀混战，把中国陷入极端混乱的局面。

毛主席曾经说过：

"一百年来，中国的斗争，从鸦片战争反对英国侵略起，后来有太平天国的战争，有甲午战争，有戊戌维新，有义和团运动，有辛亥革命，……这些虽然情形各不相同，但都是为了反抗外敌，或改革现状的。但是从孙中山先生开始，才有比较明确的资产阶级民主革命。从孙先生开始的革命，五十年来，有它胜利的地方，也有它失败的地方。你们看，辛亥革命把皇帝赶跑，这不是胜利了吗？说它失败，是说辛亥革命只把一个皇帝赶跑，中国仍旧在帝国主义和封建主义的压迫之下，反帝反封建的革命任务并没有完成。"

——见《毛泽东选集》第二卷第五二七页

旧民主主义革命，从1840年到1919年，前后经过八十年的前仆后继的斗争，留下来许多悲壮动人的事迹，证明了中国人民无论对于帝国主义者和封建统治者是不甘屈服的，敢于斗争的，在强大的敌人面前是无所畏惧的。但是由于缺少最革命的阶级和政党来领导，结果都遭到失败。这个反帝反封建的历史任务，不能不由新兴的无产阶级及其政党来领导完成。

我们走进新民主主义革命时期的陈列室，便看到金字醒目的引言：

"无产阶级领导的，人民大众的，反对帝国主义、封建主义和官僚资本主义的革命。"

这便是前一时期所不可能完成的历史任务，由一个新兴的无产阶级——通过这一阶级的先锋队，共产党来领导完成这伟大的、光荣的又是极其艰巨的历史任务。

这一时期的陈列包括了五大部分，即历史发展的五个阶段：

中国共产党的创立（时间包括1919年5月至1923年年

底)

第一次国内革命战争(1924年1月至1927年7月)
第二次国内革命战争(1927年8月至1937年7月)
抗日战争(1937年7月至1945年8月)
第三次国内革命战争(1945年8月至1949年10月)

在第一部分的陈列里,首先看到中国工人阶级成为新的社会力量而生长发展,十月革命一声炮响,给我们送来了马克思列宁主义,因之五四运动的反帝反封建的资产阶级民主革命就发展到一个新的阶段。

在这里我们可以看到以1920年为例的图表,这时产业工人已发展到近200万人,罢工次数已达30次。还可以看到列宁宣布苏维埃成立的油画和俄国十月革命炮击冬宫的"阿芙乐尔"号巡洋舰模型及炮弹壳。这里还陈列着中国人民歌颂十月革命的文章,例如李大钊同志所写的《庶民的胜利》和《布尔什维克的胜利》。他预言着:"将来的环球,必是赤旗的世界。"

1919年5月4日北京爆发了反帝反封建的爱国运动。有当日学生游行的照片,火烧赵家楼卖国贼曹汝霖住宅的照片,当时北京大学宣传队的旗帜,以及与新文化运动有关的文献、实物。到了6月3日以后,上海等地工人开始罢工,工人阶级开始以崭新的姿态登上了政治舞台。学生运动一经与工人群众相结合,面貌就为之一新。此后革命的知识分子纷纷组织马克思主义的研究团体,出版《共产党宣言》等马克思列宁主义书刊,开办工人夜校。毛泽东同志在湖南组织了新民学会,创办了《湘江评论》,并在工人群众中进行宣传和组织工作。李大钊同志和邓中夏同志在长辛店、丰台、通县等地工农群众中活动。恽代英同志在武汉地区建立了工人补习学校和乡村夜校。上海地区也进行了同样的活动。在马克思列宁主义广泛传播的基础上，1920年5月以后，上海、北京、长沙、武汉等地先后成立了共产主义小组，到了1921年7月1日，各地共产主义小组选举了毛泽东、董必武、陈潭秋、何叔衡、王烬美、邓恩铭等12人在上海举行了中国共产党第一次全国代表大会，代表着57名党员，通过了党纲，选举了中央机关，正式建立了共产党，这正如毛主席所说：

"中国产生了共产党，这是开天辟地的大事变。"
——见《毛泽东选集》第四卷第一五一八页

这里陈列着第一次代表大会的会址照片和模型，参加"一大"的部分代表照片，以及社会主义青年团的机关照片，出版的刊物——《中国青年》，在法国的团的支部代表大会会员合影。

中国共产党建立以后，就派出它的优秀党员领导工人运动，1922年1月到1923年2月中国便出现了第一次工人运动高潮。各地罢工达180多次，参加罢工的工人近30万，其中影响重大的如邓中夏同志等领导的香港海员罢工，唐山开滦五矿罢工，毛泽东同志和刘少奇同志领导的安源的工人运动和罢工斗争，以及京汉铁路大罢工。这里陈列着有关照片、文献和实物。

这里也陈列着京汉铁路"二七"大罢工中英勇牺牲的烈士林祥谦、施洋的照片和遗书。

中国共产党在这一期间召开了第二次全国代表大会（1922年7月）和第三次全国代表大会（1923年6月），确定了党的最高纲领和最低纲领以及和国民党建立统一战线等重大政纲。

在第二部分的陈列里，表现了第一次国内革命战争（1924年1月至1927年7月）的史实。

由于党的统一战线工作的开展，促成了第一次国共合作，帮助了以孙中山为首的国民党进行改组，召开了有共产党人参加的国民党第一次全国代表大会，发表了革命的宣言。确立了"联俄、联共、扶助农工"的三大政策，并且创办了黄埔军校和农民运动讲习所。中国共产党与国民党建立了反帝反封建的联盟，轰轰烈烈的大革命便开始行动起来。

这里陈列着第一次国共合作的有关文献和实物，有孙中山先生和李大钊同志步出国民党第一次全国代表大会会场的照片，有孙中山委任苏联顾问的委任状，有哀悼世界革命导师——列宁的纪念文献；有表现中国共产党第四次全国代表大会的陈列，有"五卅"运动当天在上海南京路上示威群众所打的红旗和各地各界响应"五卅"的照片，有刘少奇同志主持上海总工会会议的纪录，有瑞士工人声援"五卅"运动的宣传品，有省港罢工的代表到德国感谢德国工人声援，向台尔曼献旗的照片。

这里还陈列着毛泽东同志在1926年3月发表的《中国社会各阶级的分析》的著名论著，他指出：

"一切勾结帝国主义的军阀、官僚、买办阶级、大地主阶级以及附属于他们的一部分反动知识界，是我们的敌人。工业无产阶级是我们革命的领导力量。一切半无产阶级、小资产阶级，是我们最接近的朋友。那动摇不定的中产阶级，其右翼可能是我们的敌人，其左翼可能是我们的朋友——但我们要时常提防他们，不要让他们扰乱了我们的阵线。"

这种高瞻远瞩的认识和精辟的阶级分析正为新民主主义革命总路线奠定了思想基础。在这里陈列，有助于观众对这一时期整个阶级情况和革命目的、动力等方面的认识。这里陈列的有最早发表这一文件的《中国农民》和《中国青年》。

在这前后还陈列着黄埔军校和农民运动讲习所的有关文献、实物和模型。有共产党人任教时的讲义和学员笔记，有第六届农讲所学员来自全国 20 个省区共 327 人的统计表。还有表现各地工人、农民运动高涨的文物。

在全国革命运动蓬勃发展，在广东革命根据地得到统一的基础上，准备了北伐。正在这一时期，以蒋介石为首的国民党右派制造"中山舰事件"和通过了所谓"整理党务案"，想把共产党人排除在领导之外；在这之前，并刺杀了廖仲恺。毛泽东同志和陈延年同志等主张坚决予以回击，而当时的中央总书记陈独秀则主张迁就甚至让位，为以后的革命进行留下祸根。

北伐在共产党人参加下于 1926 年 7 月开始了。处在军阀连年混战下的人民热烈响应和支持北伐，短时间内势如破竹地攻下长沙、武汉、南昌、九江等地。象摧枯拉朽一样打垮了军阀吴佩孚、孙传芳等部队；收回汉口、九江的英国租界，帝国主义者颤抖了；以湖南为中心的各地农民、工人纷纷起来打倒土豪劣绅、贪官污吏，封建统治者的基础动摇了；上海工人第三次武装起义解放了上海，中外反动派震惊失色了。千千万万的革命群众投入在这轰轰烈烈的斗争中，到处唱着《国际歌》，少年先锋队歌，打倒列强、除军阀的歌子，——短时间从珠江流域到湘江流域、长江流域为革命风暴所席卷。

陈列室里，我们可以看到这胜利进军中的许多珍贵的文献，照片，实物。如各地人民要求北伐的信件，广州人民热烈欢送北伐军出师，中国共产党关于举行北伐战争的决议，叶挺独立团作战地图，独立团牺牲的烈士墓碑，工农支援北伐的文献和实物，北伐军总政治部主任邓演达和苏联顾问在行军中的合影，政治部副主任郭沫若同志和第二军党代表李富春同志及第六军党代表林伯渠同志等在南昌的合影，刘少奇同志所领导的收回汉口英租界的斗争照片，各地农会的旗帜、武器、印章，上海三次武装起义的武器和照片。

陈列室的中间墙面展出了毛泽东同志在1927年3月所发表的《湖南农民运动考察报告》，毛泽东同志当时去湖南作了三十二天的调查，写了这篇报告。驳斥了各种诬蔑农民运动的谬论。农民运动是"好得很"不是"糟得很"。

"一切帝国主义、军阀、贪官污吏、土豪劣绅，都将被他们葬入坟墓。一切革命的党派、革命的同志，都将在他们面前受他们的检验而决定弃取。站在他们的前头领导他们呢？还是站在他们的后头指手画脚地批评他们呢？还是站在他们的对面反对他们呢？每个中国人对于这三项都有选择的自由，不过时局将强迫你迅速地选择罢了。"

　　这里陈列着当时出版的单行本，有瞿秋白同志所写的序言，号召大家学习毛泽东同志为广大农民说话做事的精神。
　　这里陈列着各地农民运动的有关文献和文物。
　　正当革命迅速发展的时候，蒋介石同帝国主义者、买办资产阶级勾结起来叛变了革命，在1927年4月12日在上海进行了大屠杀，接着各地举行所谓"清党"，大批的优秀的共产党员、青年团员、革命群众被杀害，鲜血染红了大地。北方张作霖也照着蒋介石的办法，在4月28日杀害了以李大钊同志为首的许多共产党人。我们看到部分烈士的遗像，以及蒋介石血腥的罪证，生气蓬勃的大革命就以敌人的极端残酷地屠杀，"革命队伍中右倾机会主义者自动地放弃革命领导权"因而遭致失败。但是正如毛泽东同志所说：

　　"中国共产党和中国人民并没有被吓倒，被征服，被杀绝。他们从地下爬起来，揩干净身上的血迹，掩埋好同伴的尸首，他们又继续战斗了。"

　　我们走进第三部分的陈列室，便看到大革命失败以后，中国革命走向一个新的发展阶段的"第二次国内革命战争"（1927年8月至1937年7月）的陈列：
　　在第一个开间里表现了八七会议和三大起义（南昌起义，秋收起义，广州起义）以及各地武装起义的资料，而以井冈山斗争为中心。

1927年8月1日由周恩来、朱德、叶挺、贺龙等同志在江西的南昌率领在党影响之下的北伐军3万余人举行武装起义。接着8月7日在汉口举行了党中央的紧急会议，彻底纠正了陈独秀的投降主义，并撤换了陈独秀的领导。号召全党在各地发动秋收起义，武装暴动。可是许多次的起义都由于缺乏经验，没有正确的领导，没有认识到民主革命的长期性和建立农村革命根据地、进行土地革命战争的必要性，斗争是极为英勇的，但是成功的希望是极小的，纷纷遭到失败。而毛泽东同志在八七会议以后9月间就在湖南江西边界地区，举行了著名的"秋收起义"，成立了工农革命军第一军第一师，转移到湘赣边界的井冈山地区，建立工农革命政权，在农村扎根，巩固和发展农村革命根据地；彻底发动农民，进行土地革命战争；采取长期的农村包围城市，最后取得城市的伟大的战略布署；所有这一切是解决了中国革命最根本的问题乃是工人阶级如何领导几亿农民的问题，建立巩固的工农联盟以取得胜利的问题。——这是"左"右倾机会主义者所没有认识或者不敢认识的问题，是其他各地起义所没有解决的根本问题。——这是毛泽东同志以马列主义的普遍真理与中国实际相结合而找到的一条光明大道，因此井冈山的红旗一经打起，就一直打到胜利地取得全国政权。

　　我们在这里看到八七会议的《告全党党员书》，三大起义的文献和实物，各地起义的图表，井冈山在敌人百般烧杀下所保存下来的极其珍贵的文物，《井冈山土地法》，红四军向赣南进军时所发布的著名的《四字布告》以及红四军在七圾岭和黄洋界战斗中使用的武器等。

在这里还陈列着党的第六次全国代表大会的有关文献和照片。

在第二个开间里主要表现了古田会议,农村革命根据地的发展,中央工农民主政府的成立,土地革命的深入,调查工作的开展,一、二、三、四次反"围剿"的胜利。

在这里陈列着古田会议有关文献和实物,红军初期的"六项注意"的布标语,农民入党誓词,中央根据地及各个根据地的图表,政权建设和文化建设的文物、资料,土地革命斗争中毛泽东同志在制定了《井冈山土地法》之后又根据新的经验制定的《兴国土地法》,农民的分田簿,土地证。毛泽东同志在1930年春所写的《调查工作》的早期石印本。红军在四川达县的石刻标语,被围的红军游击队在竹子上刻的标语。四次反"围剿"的文献和实物。

第三第四开间里表现了1931年九一八事变和全国人民抗日运动的高潮,白区的反对日本帝国主义和反对蒋介石不抵抗主义的斗争;五次反"围剿"和红军的北上抗日。在这里特别表现了长征中的遵义会议,这次会议是至关重要的,它在危险中挽救了红军和中国革命事业,撤换了"左"倾机会主义分子的领导,确立了毛泽东同志在中央和全党的领导地位。从此以后,中国共产党和中国革命,就一直在这位杰出的伟大的领袖的马克思列宁主义的领导之下,一个胜利接着一个胜利地完成了中国人民的解放事业。

在这里我们可以看到九一八事变后各地人民抗日救国运动的照片和宣传品,遵义会议决议和会址模型,两万五千里长征中的极端艰苦斗争的实物和模型,彝族红军沽鸡支队的旗帜,南方三年游击战争的文物和文献，在北上抗日和游击战争时牺牲的烈士照片，白区文化反"围剿"中党所领导的革命团体和出版物。

在最后一个开间里表现了以刘少奇同志为代表的党对白区工作的正确路线得到贯彻，终于导致了1935年12月9日由北京学生所开始的一二·九抗日救国大示威运动，马上在全国形成新的革命高潮，喊出了党所提出的"停止内战，一致抗日"的口号。

1935年12月中国共产党在陕北瓦窑堡召开了中央政治局扩大会议，制定了党的抗日民族统一战线的新政策。

1936年12月12日的"西安事变"和党所提出的和平解决"西安事变"的方针，促成了第二次国共合作，停止内战，初步形成了抗日民族统一战线。

1937年5月中国共产党在延安召开了全国代表会议，为抗日战争作了政治上和组织上的准备，并有力地推动全国抗日战争的实现。

1937年夏天毛泽东同志写了著名的哲学著作《实践论》和《矛盾论》。

这里陈列着许多有关一二·九运动的文献和实物，刘少奇同志主持中共中央北方局工作时在北京的机关住址照片，民族解放先锋队的宣言，宋庆龄、何香凝、沈钧儒等著名爱国人士支持学生运动的文件，南下宣传团的油画；瓦窑堡会议的文献，周恩来同志在和平解决"西安事变"后飞返延安的照片；毛泽东同志在1937年5月中国共产党全国代表会议上的总结报告手稿《为争取千百万群众进入抗日民族统一战线而斗争》，

《实践论》、《矛盾论》的各种版本。

在第四部分的陈列里，表现了抗日战争（1937年7月至1945年8月）。

1937年7月7日，日本帝国主义者侵略军发动了"卢沟桥事变"，8月13日进攻上海。当地驻军，激于爱国义愤，奋起抵抗。中共中央在"七七事变"第二天即向全国人民发出紧急通电，号召全国军民紧急动员起来，实行全民抗战，全国人民热烈响应党的号召，纷纷组织抗日救亡团体，展开各种宣传活动，形成了全国抗日高潮。

1937年8月中国共产党中央在洛川召开了政治局扩大会议，通过了毛泽东同志提出的《抗日救国十大纲领》，作为领导全国人民争取抗战胜利，反对国民党反动政策的指导方针，并决定在敌后发动独立自主的游击战争，开辟敌后战场，建立敌后抗日根据地。

1937年8月经过国共两党协议，中国工农红军改编为八路军，在南方八省十四个地区长期坚持革命斗争的红军游击队改编为新四军。从此以后这两支党所领导的部队成为中国人民抗击日本帝国主义者的主要力量，与国民党军队形成鲜明的对比。前者挺进敌后，收复失地，开辟抗日民主根据地；后者是节节败退，失地千里，最后走上了峨眉山。

1938年5月毛泽东同志写了《论持久战》一书，彻底澄清了党内外关于抗日战争的错误思想，分析了中国和日本的政治军事经济情况，指出了战争必胜的前途，批驳了中国必亡论，指出了速胜论的想法是不对的，提出了持久战，科学地预见着持久战的三个阶段和必须进行全面的全民族的团结抗战才能取得最后胜利。

1938年10月中国共产党六届六中全会的召开，批准了以毛泽东同志为首的中央政治局对于抗日战争和抗日民族统一战线的路线，批判了统一战线问题上的右倾迁就主义的错误。会议决定了全党独立自主地放手组织人民抗日武装斗争的方针，把党的主要工作放在战区和敌后。

这里陈列了中共中央号召全民抗战的紧急通电，八路军平型关大捷的缴获品，《论持久战》的早期版本，六届六中全会照片和文献，西北、华北、华中、华南、东北等抗日民主根据地的照片和文物。而抗日领导中心，党中央和毛主席的驻地——陕甘宁边区的延安，正像灯塔一样，光芒四射，许多文献、文物、照片、模型，记录了这司令台上所发生的永远为中华民族所记忆的光辉事迹。

在这里还陈列着苏联以及其他国家人民支援中国抗战的文献和照片。在困难中的帮助，中国人民是永志不忘的。

由于共产党的坚持抗战，武装了广大的人民，发展了强大的抗日游击战争，在敌后建立了许多抗日民主根据地，到处打击敌人，战争已经转入相持阶段，到了1940年抗日战争三周年的时候，已经收复了县城150座，毙伤俘日军和伪军40万人。解放区和游击区人口发展到近一亿。迫使日本侵略军由主动转入被动，停止了前进，企图解决后方强大的威胁；于是对蒋介石采取政治诱降，对八路军、新四军、游击队采取"扫荡"和残酷的"三光政策"，从1941年起就集中侵略军百分之六十、伪军百分之九十来对付敌后解放区、游击区战场。蒋介石也想趁机消灭八路军、新四军，一面秘密授意国民党军政要员叛国投敌，进行所谓"曲线救国"；一面发动三次反共高潮，配合敌寇的进攻。形成了蒋、日、伪合流的局势。

1939年7月7日，中共中央早就即时揭露了蒋介石的反共投降的罪恶活动，提出"坚持抗战，反对投降；坚持团结，反对分裂；坚持进步，反对倒退"的口号，领导全国人民坚持抗战，与蒋介石的反动趋势作斗争。

1940年1月毛泽东同志发表了《新民主主义论》，指出了新中国的前途，画出了新中国的面貌，统一了党内的和全国革命人民的思想认识，因而极大地加强了中国革命。

中国共产党领导抗日军民在内外敌人的夹击中渡过了极为艰苦的岁月，就在这样的年代里，军事上击退敌人的进攻；政治上击退三次反共高潮；革命队伍中进行了伟大的整风运动；经济上进行了大生产运动，减租减息运动。

在这里陈列着党中央和毛主席在这一时期所发布的文告及著作，刘少奇同志在新四军干部会上讲话的照片，反"扫荡"、反"蚕食"斗争中的照片实物，抗日战争中牺牲的烈士照片，国统区的斗争活动的照片、报刊，整风运动的文献和油画，大生产运动中南泥湾开荒所用的工具，减租减息运动中的文献照片，国际友人白求恩的照片和实物。

在这里也摆出了蒋、日、伪罪恶残暴的许多铁证。

从1944年开始，解放区战场已经转入局部反攻阶段，这一年，我军对敌作战两万余次，收复国土八万余平方公里，解放人口1 200余万。

1945年4月到6月间中国共产党在延安召开了第七次全国代表大会，毛泽东同志作了《论联合政府》的报告，朱德同十协定》的原件，政治协商会议的文献和照片，重庆八路军办事处的模型，爱国民主运动的有关照片和报刊，烈士的照片和血衣，解放区轰轰烈烈的减租、生产、练兵运动的文献和实物，打败国民党反动派局部进攻的缴获品。

这里也摆出了美蒋勾结的罪证。

1946年7月，国民党反动派向解放区全面进攻，人民解放战争处于防御阶段。当时敌人兵力有430万人，我们只有120万人；敌人后面有美帝国主义者给的"面包加大炮"，我们只有"小米加步枪"；国民党反动派发动的这场战争，实质上是"美国出钱出枪蒋介石出人替美国打仗杀中国人的战争"。

全面内战爆发以后，毛泽东同志提出了"一切反动派都是纸老虎"的著名论点，武装了我国人民的思想，加强了必胜的信心。解放区军民对这貌似强大，张牙舞爪的纸老虎又是真老虎作了英勇的斗争，粉碎了敌人"全面进攻"的计划。敌人又改为向陕北、山东"重点进攻"。中共中央、毛主席和解放军总部在主动撤出延安以后，继续留在陕北，与陕北军民一起，跋山涉水，转战南北，仅仅四个月时间，就粉碎了"重点进攻"。

蒋介石发动内战以后，不仅军事上遭到失败，政治上、经济上也发生了人心向背和趋向崩溃的局面。国统区人民也逐步认识到蒋介石的真面目，反蒋反美的爱国民主运动也逐步高涨起来，到处爆发了反饥饿、反内战、反迫害的示威，在蒋介石的后方开辟了第二条战线的斗争。

这里陈列着以劣势装备粉碎敌人全面进攻的有关文献、实物和照片；毛主席转战陕北的国画，行军路线图和行军中的照片；1946年7月到1947年6月敌我力量消长图表；国民党统治区一张提货单上面贴了一万元一张的印花6.1万多张，长达76.9米。国统区人民爱国民主运动的照片、文献、实物等。

1947年7月解放战争第二年开始，毛泽东同志指出这一年战略方针是"举行全国性的反攻，即以主力打到外线去，将战争引向国民党区域，在外线大量歼敌。"从此由战略防御转入战略进攻。一面解放区进行了轰轰烈烈的土地改革运动，1947年10月中共中央公布了《中国土地法大纲》。12月毛泽东同志在中共中央会议上作了《目前形势和我们的任务》的报告，指出了这是蒋介石二十年反革命统治和一百多年以来帝国主义在中国的统治由发展到消灭的转折点。

1948年3月西北大捷以后，当解放战争进入第三年的时候，接着有济南战役，辽沈、淮海、平津三大战役。

1948年底毛主席号召全国人民将革命进行到底。

1949年4月毛主席、朱德总司令发布了向全国进军的命令，命令人民解放军奋勇前进，坚决、彻底、干净、全部地歼灭中国境内一切敢于抵抗的国民党反动派，解放全国人民，保卫中国领土主权的独立和完整。接着百万雄师下江南，在渡江作战的第三天，即4月23日解放了国民党二十二年来反动统治的中心——南京，宣告了国民党反动统治的灭亡。5月27日解放了我国第一大城市——上海。1949年底基本上完成了解放中国大陆的伟大的光荣的任务。

从1946年7月到1950年6月四年的时期里，中国人民解放军共消灭了国民党反动军队807万多人。

在解放战争中有广大的人民支援，有各地游击队的配合，有工人护厂、学生护校、爱国将领起义。——各民族、各阶层的爱国反蒋力量的汇合，形成了广泛的统一战线，在中国共产党领导下，配合武装斗争，取得了光辉的胜利。

1949年3月在即将取得全国胜利的前夕，中国共产党召开了七届二中全会，毛泽东同志在这次会议上作了报告，提出了促进革命迅速取得全国胜利和组织这个胜利的各项方针。规定了全国胜利以后，党在政治、经济、外交方面应当采取的基本政策，以及使中国由农业国变为工业国，由新民主主义社会变为社会主义社会总的任务和主要途径。为建国画出蓝图，作了思想准备和组织准备。

进到陈列上述内容的陈列室，充满了一片胜利的气氛，像奔腾的海水一样，冲垮了反动派的一切。看那毛主席在12月会议上所作《目前形势和我们的任务》的报告油印稿，多么亲切，多么朴素，又是多么有力地论断着中国的人民"推进了自己的革命车轮，使之走向胜利的道路，这是一个历史的转折点。"看那《土地法大纲》公布以后，解放区轰轰烈烈的土地改革运动，倒下的界碑，捧着泥土的农民塑像；看那三大战役的辉煌图片，"美式装备"的破轮残片就倒在它前面的地上；看那伪总统府上我人民解放军雄姿，蒋介石血腥统治的"王朝"就覆灭在他的脚下。

当我们再走进开国大典陈列厅里，首先就看到一张大油画，毛主席正在天安门上宣布中华人民共和国的成立，迎面便是主席亲手升起的第一面五星国旗。——中国人民在中国共产党、毛主席领导下，经过了千辛万苦，二十八年的艰苦斗争岁月，终于推倒压在人民身上的沉重的三座大山，在1949年10

月1日建立了自己的国家——中华人民共和国。

为了纪念在一百多年来长期斗争中牺牲的英雄、烈士，毛主席为人民英雄纪念碑奠基，并且写了"人民英雄永垂不朽"的题字。

这里也陈列着毛主席《论人民民主专政》的著作，政治协商会议的召开，共同纲领的制定，毛泽东同志当选为中华人民共和国主席，全国各地、各族、各界人民的欢庆，中苏友好同盟互助条约的签订等照片、文献、实物。凡此种种，都记录了这一伟大的新时代开始了。

"占人类总数四分之一的中国人从此站立起来了。中国人从来就是一个伟大的勇敢的勤劳的民族，只是在近代是落伍了。这种落伍，完全是被外国帝国主义和本国反动政府所压迫和剥削的结果。一百多年以来，我们的先人以不屈不挠的斗争反对内外压迫者，从来没有停止过，其中包括伟大的中国革命先行者孙中山先生所领导的辛亥革命在内。我们的先人指示我们，叫我们完成他们的遗志。我们现在是这样做了。我们团结起来，以人民解放战争和人民大革命打倒了内外压迫者，宣布中华人民共和国的成立了。我们的民族将从此列入爱好和平自由的世界各民族的大家庭，以勇敢而勤劳的姿态工作着，创造自己的文明和幸福，同时也促进世界的和平和自由。我们的民族将再也不是一个被人侮辱的民族了，我们已经站起来了。我们的革命已经获得全世界广大人民的同情和欢

呼,我们的朋友遍于全世界。"(节录毛泽东同志在中国人民政治协商会议第一届全体会议上的开幕词)

丽 江 行

一九六〇年六月十日

早8时由云南大理市下关动身去丽江。途中去看了蝴蝶泉。蝴蝶泉现状和明末徐霞客所记还大致相同，他说：

"……其西山麓有蛱蝶泉之异，余闻之已久，至是得土人西指，乃令仆担先趋三塔寺，投何巢阿所栖僧舍；而余独从村南西向，望山麓而驰。半里，有流泉淙淙，溯之又西半里，抵山麓，有树大合抱，倚崖而耸立，下有泉，东向潄根窍而出，清洌可鉴。稍东，其下又有一小树，仍有一小泉，亦潄根而出，二泉汇为方丈之沼，即所溯之上流也。泉上大树，当四月初，即发花如蛱蝶，须翅栩然，与生蝶无异；又有真蝶千万，连须钩足，自树巅倒悬而下，及于泉面，缤纷络绎，五色焕然。游人俱从此月群而观之，过五月乃已。……询土人，或言蛱蝶即其花所变，或言以花形相似，故引类而来，未知孰是？……乃折其枝，图其叶而后行。"

徐霞客是崇祯己卯（1639年）三月十一日到蝴蝶泉的，季节早了一个月，没有看到蝴蝶；我们去的时候，照着夏历来说，又晚了近一个月，同样也没有看见大蝴蝶，只看见无数的灰花色的蛾子，爬满了树叶。树上开着很小的黄花，有一些微香，据说是花香招引蝴蝶去的。前半月有新疆歌舞团来，还赶上有大蝴蝶，他们在这唱歌跳舞，玩了很久，我们来时，已经一个大蝴蝶也看不见了。

由此经上关，过邓川，访德原城遗址。由公路边上去，在一座小山顶上，周围寨墙还依稀可见夯筑的痕迹。顶上有一座庙宇，就是慈善夫人（又称"柏洁夫人"）的庙。这是流传在白族人民中一桩动人的故事。

据说当南诏（649—902年）时，原来本有六诏，即蒙舍诏，邆赕诏，施浪诏，浪穹诏，越析诏，蒙巂诏。后来蒙舍诏（即南诏）最强盛，吞并了其他五诏。有一次南诏皮罗阁（728—748年）修建了一座松明大楼，召集其他五诏的首领于六月二十四日星回节来祭祖，只有越析诏没有去，其他四诏的都去了。当时四诏之一邆赕诏的首领丰咩孙邆逻邆的妻子名字叫慈善，劝他丈夫不要赴会，丈夫不听。慈善夫人不得已送行时就把一只铁钏带在丈夫臂上。去了以后，南诏王引他们到松明大楼上祭祖，祭祖以后大摆筵席，四诏首领都喝得大醉，南诏王就下楼来放起一把火，把他们都烧死了。以后就传令四诏来人收尸，其他三诏来人都认不出烧焦了的尸首，而慈善夫人因"铁钏"认出她的丈夫，得以把尸首领回。南诏王看她美丽，又想掳掠她为妃，她就在这座城寨里坚决抵抗了半个月，后来在七月二十三日城破时自杀了（详见清胡蔚增订本《南诏野史》）。当地白族人民就奉她为"本主"，而且千余年一直流传着许多关于"火烧松明楼"的故事。并把"火把节"与慈善夫人的故事联系起来。

庙里还有三座木雕像，中间的一位就是慈善夫人。像雕得很好，至少像是明代的雕刻。也可能早到大理时期。

由此出发，经洱源（浪穹）过铁甲山，下面有很大的天然湖，想来就是茈碧湖。徐霞客对于茈碧湖有一段很动人的描写，他说：

"……其西则平湖浩然，北接海子（按指洱源海），南映山光，而西浮雉堞，有堤界其中，直西而达于城。乃遵堤西行，极似明圣苏堤，虽无六桥花柳，而四山环翠，中阜弄珠，又西子之所不能及也。湖中鱼舫泛泛，茸草新蒲，点琼飞翠，有不尽苍茫，无边潋滟之意，湖名'茈碧'，有以也。西二里，湖中有阜中悬，百家居其上。南有一突石，高六尺，大三丈，其形如龟；北有一回岗，高四尺，长十余丈，东突而昂其首，则蛇石也。龟与蛇交盘于一阜之间，四旁沸泉腾溢者九穴，而龟之口向东南，蛇之口向东北，皆张吻吐沸，交流环溢于重湖之内。龟之上，建元武阁，以九穴环其下，今名九炁台，余循龟之南见其腭中沸水，其上唇覆出，为人击缺，其水热不可以濯。……"

徐霞客这位 16 世纪末 17 世纪初的中国伟大的地理学家、旅行家，他的实践精神，他的细致的观察，他的深入的调查研究态度,永远值得我们学习。

中午到达牛街。这是从洱源到剑川中途"打尖"的地方,饭馆中旅客很多,一汤一菜一碗饭,六角钱,中等饭量的人是吃的很饱了。饭后去看这里著名的温泉,在后面的一条街上,泉源的地方有房子盖着,周围是木栅栏,热气蒸发,隔栅一看,象是澡堂子光景。这个温泉热度很高,老乡们用桶装着猪食就在这里煮。流出外面的水,用手一试,还烫得不行,象开水一样。云南到处都有温泉,常常在路上看见山脚下冒热气,那就是一处温泉。

随后又出发,经剑川,下午5点半钟就到了丽江。住在专署的招待所里,有一位纳西族的女服务员,穿着民族服装,头上戴着"解放帽",我们在途中就看到田地里很多纳西族妇女在劳动,都戴着这种帽子。据说解放前头梳得很复杂,而且是戴着一个像瓜皮帽的帽子。解放后看到解放军的女同志剪了发,戴着软胎军帽,很方便;就有人仿效,越传越广,现在已经很普遍了。

晚饭后到街上一看,完全是条新街,是解放后开辟的,百货公司的货品很充足,购买的各族人民很多。打听旧街,还有一段路。我们就赶快到地委去,见到张书记,告诉他我们来想了解一下丽江文物保存情况,并想建议在各少数民族地区有计划地保存一些典型的社会发展史资料;假如有条件,在他们拆旧房盖新屋的时候就地保存一两处能说明社会性质的房舍和全套生产、生活的资料,作为小型博物馆,那将会丰富对社会发展史的研究材料。对本地居民来说,也是进行阶级教育的好地方。若不及时收集保存,现在都在"直接过渡",那就会很快消失的。他很同意这种建议,并且告诉我们,全部社会发展史的活资料,不用在云南全省去找,这个专区都是包括了的。例如:独龙族,傈僳族解放前还过着原始社会末期的生活,独龙族有的人还在树上巢居,傈僳族开始有私有制的剥削;小凉山彝族解放前是奴隶制,而丽江县的纳西族约在元、明时期已过渡到封建制度,解放前并有较大的商业资本家。——现在都在不同程度地向社会主义过渡。

张书记又说这个地区"去年粮食已达到每人平均一千多斤,但是不会过日子,"有了粮食就多吃,杀一口猪,每家送一块肉,一顿就吃完了,生活上还保持着原始风格。这里除了高寒区外,一般都种两季。现在正割麦,割了就种稻子。

谈得很晚才回招待所,张书记给我们上了一堂活的社会发展史课。

六月十一日

早起推开北窗一看,玉龙雪山把真面目露出来了,像戴了一顶晶莹的白玉冠,身上环绕着白云,虽然离得还很远,也觉得雪光耀眼。吃饭以后,根据在其他地方取得的经验,趁着天气还好,我们采取了先外后内,先远后近的日程,预备先到玉龙山下的白沙去。因为这里是"木天王"的发祥地,有说是他避暑的"离宫",还保存着明代建筑和壁画、塑像。

纳西族是一个有着悠久历史的民族,唐以后才逐渐定居在丽江一带。唐代初年是一个大部落,住在越析州(在宾川县附近)称做"越析诏",又称做"么些诏",就是上述五诏中没有赴会的那一诏。后来受到南诏阁罗凤的侵袭,向金沙江北岸迁移,就到了丽江铁桥城一带。

宋、元之际,又分为若干小部落,定居在今宁蒗、丽江、维西等地方。从元到明,封建王朝把这些地方设为州县,并分置土司。当时在丽江设军民宣抚司,领七州一县。在今丽江县境就分设三个州:通安州、宝山州、巨津州。通安州的酋长木氏,在明朝逐渐发展成封建大领主,合并了丽江境内的部落。先是被封为丽江军民宣抚司,明洪武十六年(1383年)到南京贡马,被委为丽江土知府。后来因为征巨津州酋长有功,得准世袭。清雍正二年(1724年)、七年(1729年),丽江、维西相继"改土归流"。

"木天王"、"木土司"、"木知府"以及改土归流后似乎政治上失掉地位的"木老爷",其实木氏都是这个地区实际的封建统治者,直到解放前夕。所以纳西族中流传着许多关于"木天王"的故事,例如《阿一旦的故事》等。

这里据说原先只有两姓:姓"木"的,姓"和"的。姓木的辈辈是统治者,姓和的辈辈是被统治者。木土司等封建统治者在明代初年就在经济、文化方面进一步和汉族发生联系,以后木土司家就常常请些汉族文士教他们子弟。在天启、崇祯年间还出了一位木增木知府。这人字生白,刻了好几种他自己作的诗文集,还辑刻了一部诗集——《云薖淡墨》。徐霞客到了云南鸡足山以后,这位木知府还把他请到丽江,住了十三天。为其编校这部诗集,并教其四个儿子作文,又请他编《鸡山志》。徐霞客又重返鸡足山,三个月把志修成。因为脚坏了,不能走路,木知府派了"笋舆"把他送回;走了一百五十天才到黄岗,从这里换了船回到他的老家——江苏江阴。第二年徐霞客就死去了。

当年徐霞客去见木增的地方,可能就在我们要去访问的白沙一带。徐霞客游记中写过这位土皇帝的情况:

"……有大聚落临其上,是为十和院。又北十里,有大道北去者,为白沙院路。西北度桥者,为解脱林路。……乃由桥南西向蹑岭,岭甚峻,二里稍夷,折入南峡,半里,则寺倚西山上,其门东向,前分一支为案,即解脱林也。寺南冈上有别墅一区,近附寺后,木公憩止其间。通事引余至其门,有大把事二人来揖(俱姓和,一主文,尝人都上疏,曾见陈芝台者;一主武,其体干甚长,壮而面黑,真猛士也)介余入,木公出二门,迎入其内室,交揖而致殷勤焉。布席地平板上,主人坐在平板下,其中极重礼也。叙谈久之,茶三易,余乃起,送出外厅事门,令通事引入解脱林,寓藏经阁之右厢,寺僧之住持者为滇人,颇能体主人意款客焉。"

"己卯二月初一日木公命大把事以家集黑香白镪(十两)来馈。下午设宴解脱林东堂,下藉以松毛,以楚雄诸生许姓者陪宴。仍侑以杯、缎(银杯二只,绿绉纱一匹)。大馔八十品,罗列甚遥,不能辨其孰为异味也。抵暮乃散。"

"初二日入其所栖林南净室,相迎设座如前。既别,仍还解脱林。昨陪宴许君来,以白镪易所侑绿绉纱去。下午,又命大把事来,求作所辑《云薖淡墨》序"。

"初三日余以叙稿送进，复令大把事来谢。所馈酒果，有白葡萄、龙眼、荔枝诸贵品，酥饼油线（细若发丝，中缠松子肉为片，甚松脆），发糖（白糖为丝，细过于发，千条万缕，合揉为一，以细面拌之，合而不腻），诸奇点。"

徐霞客于崇祯十二年一月二十九日上山住"解脱林"，二月初八日下山。在山上住了八天。游记中记载得很详细。可惜我们去的时候，身边没有带上这部书，不能及时加以印证。又因为那一带正在雨季，衣服常常弄湿，笔记本也不敢带。事隔一年多，几乎完全忘却了。

我们9时由招待所出发，地委宣传部张部长一定要陪我们一块去，一路上谈起他前几年在小凉山彝族区的工作情况，极为动人。没有共产党、毛主席，像张部长所说"奴隶主杀奴隶像杀个小鸡子一样"的社会如何能够推翻？奴隶如何能够得到解放？

我们在去白沙的半途中，因为不久前下过大雨，车子不能过去。于是下来步行到玉龙公社一个生产队的村子，这里有木家的寺院——大宝积宫。全部为明代建筑，大殿里保存着有壁画，画着帝后礼佛图和其他佛教故事。是属于喇嘛教密宗的。楼上有木雕佛像，台座等边饰富于民族风格。据说这一带雕刻都是剑川工匠做的。

由此再向前走，过一个村落，转入上山的通路，爬上一个陡坡，有一块平台，有两池极清的泉水，里面的游鱼真是可数，风光景物，较蝴蝶泉实在更为美妙。再从侧旁山道爬了一个更陡的山脊，一座很大庙宇出现在眼前，想来就是徐霞客所住过的"解脱林"。

　　进到庙院以后，正如徐霞客所述："寺门庑阶级皆极整，而中殿不宏，佛像亦不高巨，然崇饰庄严，壁宇清洁，皆他处所无。"从外面看是很大，而里面的布置却并不像一般寺庙那样高耸，殿也好，两庑也好，都是精工实料，规规矩矩的建筑，毫无夸饰。像是明代极为讲究的一座民居一样。仿佛就在正门的上面有一层楼房，上面有佛像，像座的周围雕刻着极为生动的花饰，陈设也不多，但制作都很精。前面有窗子，可以俯看山下。

　　两旁有跨院。有一位老和尚已经七十多岁了，就住在一侧的跨院里。问他情况，他也说不出所以然来。看他所藏的经卷，他拿出一叠来，其中有一卷刻有"永乐蒙化州"的字样，但是没有看到徐霞客所记的万历时"所赐"的《藏经》。

　　由此下山到白沙，看到三座庙宇，相离很近，都是明代建筑，其中一所叫琉璃阁，有木雕金饰的佛像，殿两旁有壁画，佛教故事画中插入了当时的一些拜佛人物，其中可能有木知府吧。壁画往往是在墙心用竹子编作底衬，上面抹泥涂粉然后画上的，有的壁画已经鼓闪，颜色脱落的也很多。

　　在回丽江的途中，看见老乡们正在收麦子，有的在收了麦子的地里，放水犁耙以后正在插秧。纳西族有个习惯，收了庄稼，不马上脱粒，都挂在房子前面的木架上，过去收得少，晾在那里，还没有什么；现在收成多了，晾得很厚，下雨刮风，就会落下了很多粮食。问了同来的同志，他说：民族的习惯，一时很难改变。他们每顿饭，现拿下一把来，舂了以后就煮来吃，说这样吃着才香，脱粒入仓吃着就不香了。这里的确看出富足来，蚕豆也往往在地下洒落很多，原来这里是把蚕豆喂猪喂牛的。此地大人小孩都算，一个人平均13亩地。地多人少，种不过来，也收不过来。牲口也喂得很多，牛都长得很肥壮。支援河南一批牛，都是非常壮大的。沿途赶着走，一直赶到贵阳上火车。

回到招待所已经下午两点钟。赶忙吃了饭，趁着小雨已经下来，想完成另一个较远的日程。

从新街向南出街，又向西行约二三十里到了文峰山的脚下，云雾里看来山势很雄伟高峻。雨也下得大起来，山道极滑。原先我们不知道这个山上有个第二中学，有几位年轻的学生，牵来两匹牲口接我们才晓得他们学校就在文峰寺里。一路上他们热情的招呼，更加觉得不安。丽江海拔2480米，象我这样有点心脏病的人，平地走着都有些发喘，没有这匹牲口，不晓得爬到什么时候才能上去。这座山比上午去的解脱林高多了。爬了很久才到山大半腰，一个大平坝子，后面有巍峨的建筑，就是文峰寺了。这座山想来就是"文笔峰"。

寺院很大，正殿有很高大的佛像，上层有转楼，存着全套藏经和一两千件法器，是个大喇嘛庙。最初的建筑也可能是在明代，但是经过清代重修，完全是清式建筑了。

所藏佛画，也都是清代的。有喇嘛在这，学校对这个建筑也保护得很好。

这个学校是1958年办起来的，有13个民族的学生，共250人。教师也都是青年，最大的是三十七岁，学生中最小的是十三岁。这个学校真是个民族大团结的学校，充满了青春的朝气，有着各种不同民族的面孔，说着各种民族的语言，穿着各种民族的服装,但是有一个共同的目的,学习本事,建设社会主义。学校的老师谈,过去这些穷苦农民的孩子,做梦也不会想到上学的。不要说他们,他们祖祖辈辈就没有权利接受文化,其中好多民族连文字也没有,数目字上到一百就不会数了;连自己的岁数都以瓜熟瓜落或者花开花落来计算的,就是先进的纳西族,除了统治阶层的人学习汉文化以外,其他则只有极少数的巫师称为"东巴"的,会念"东巴经"(是一种象形文字)。文化完全掌握在统治者手里。现在他们能自由自在地学习文化了,富饶美丽的民族地区,有了今天的解放,有了这些接班人,真是天翻地覆的变化。

他们一面学习,一面就在寺外开荒种地,一个月伙食三块钱,还可以吃到肉,除了公家供应以外,都是他们生产自给的。

时间已晚,同学校师生依依告别,然后就徒步下山。天色偶然晴了一阵,雪山还在云雾中,丽江已经清晰可见,也是积习难忘,总想哼几句歪诗:

玉龙白雪文峰寺,木氏江山易主人。

似锦田畴水正满,漫山遍野插秧声。

归来已经夜色迷漫了。

六月十二日

早起果然下雨了。证明我们先外后内,先远后近的做法,是正确的。我们就到附近的文化馆去看所收集的文物。

有一间陈列室,展览着纳西族的乐器、生产工具,有一种木犁耙,是利用树木自然生长的形式做成的。

有一批《东巴经》，约有二三百卷。是用象形文字记录着纳西族的原始历史，例如东巴经中有《创世纪》。也有许多关于这个民族的传说，也有佛教故事，也有土司的家谱。这种文字过去只有巫师"东巴"才能念、讲。

可惜这种惟一的记录着这个民族历史、传说的东巴经，被帝国主义分子差不多搞光了。早在本世纪 20 年代，就有一个美国间谍叫做骆克（Joseph F. Rock）的，打着美国农业部和哈佛大学亚诺植物园的幌子，说是来采集标本，就以丽江为大本营，长期在这一带测绘军事地图，进行阴谋活动，一直继续到抗日战争期间。他并且盗走了大批《东巴经》及云南各种方志、文献。他一手卖给美国国会图书馆和哈佛大学的《摩些文经典》就有四五千卷。他还从一个"仲家"僧侣手中骗走了一部珍贵的仲家文经典，从甘南卓尼喇嘛寺骗走了全部藏文大藏经。卖给美国国会图书馆。这个特务还出了一部书叫做《中国西南部古代摩些王国》。

现在我们文化馆收集到的，就是这些强盗们的劫余之物，零篇碎简，很难完全了。

看了展览室以后，我们就在一间库房里，看了一批字画，其中以纳西族的佛画为最好，是连环画的形式，中间插了许多生产、生活的画面。也有一部分藏画。

在字画中居然找到了木增的字幅一件，骆克曾以金钱收买木家后人借去照相，连同木家的图谱都作了他书中的插图。现在木氏图谱藏在省博物馆，木增的字还在这里。

又有明末遗民陈应麟画轴一幅。

唐泰（担当和尚）的字一条。

唐泰，字大来。徐霞客初到云南的时候，由于陈眉公的书信介绍，终于在晋宁见到唐大来，及晋宁州守唐元鹤。这时徐霞客正是囊空如洗，得到他们行装盘缠的补助。唐大来有很多诗赠霞客。我很喜欢他这样两首五绝：

"中外干戈满，穷荒何所探？
我非情更怯，欲尔望江南！"
——勖先生。五绝之一。

"少别犹难别，那堪又转蓬？
滇池虽向北，我梦只随东。"
别先生（崇祯戊寅冬十月）

唐泰在明亡以后，出家当了和尚，法名叫担当。在昆明云南省博物馆里看到"百担斋"所藏的百幅担当画中的一部分，真真假假，精彩的不多。听说还有一位旧军人叫着"百斗斋"，藏了一百个各种各样的大烟斗。不料在这里看到用唐泰姓名的字条，当是他没当和尚以前所写的。

此外还看到不空和尚画一幅。

休息的时候，司机老鲁同志谈了两件很有趣的事，他说：过去这里人上京赶考，都是叫老婆背着送到云南驿（离此280公里），再换马去昆明。临分手的时候，老婆对丈夫的好话、希望说不完，可是丈夫一旦考中，回来就常常不认老婆了。这里在旧社会的时候，有点钱的人家，男人是不做事的，都靠着妇女劳动来养活他们。

又说：过去思茅一带，瘟疫流行，人死的很多，城里完全荒了，城里都有老虎住到，老人们说："要过橄榄坝，先把老婆嫁"，这个坝子，距思茅很近。意思是不能活着回来。解放以后，思茅已经成了繁荣的街市了。

从上午看字画直看到下午两点钟。回住处吃饭以后，雨还下着。冒雨到旧街寻找木知府的归依堂。丽江没有城，据说木氏认为"木"字加框框就成了"困"字了，不吉利，所以只有关口。进了关口，循一条清溪旁边的街道前进，同来的王淑洁同志看到路旁一位中学生，向他问归依堂，谁知这位中学生成了我们有力的出色的向导，他叫和振声，十五岁，县一中二年级学生，他对于木天王的事知道很多，遗址遗迹都知道所在的地方。他首先带我们到归依堂，建筑与白沙的几座可能同时，壁画保存得不多。和振声又领我们到木天王住的地方，进去一看，全部为明代庭院，进门影壁后面有一座很玲珑的太湖石，旁边有一株很大的观音柳（又称红柳），半面还活着，这院子里石刻花台、长方形的井栏，以及石头房基、厅堂的建筑、四方四正的柱子，都是明代的遗物，保存得还很好。厅堂过去，又是一进院落，正房宽大整齐，想是住室。

由此又转到大街，去看木牌坊，上面有"圣旨"两个大字，原来还有其他字迹，现在都看不见了。关于这个牌坊，也有许多故事。据说木牌坊下面都是大块整石做成的基础，所以又叫石牌坊。由于很高大，不知怎样修，后来负责修建的白族工头，看见小孩在玩砌牌坊，启发了他。他就先把石础竖起，然后在两旁堆土，堆一层，安装一层，这样一直到顶上。终于把牌坊修好了。传说故事中还说牌坊修好以后，木天王把工匠几百人都活埋了。然后宣称这个高大的牌坊是神仙帮助修成的。

牌坊对面是一套衙门的建筑，一眼看去从前到后，笔直的几进院子，这时雨像瓢泼的一样下来，中间还隔了一个大水池，我们就没有再去看。

木知府在城内的一整套建筑大致可以了解了。木牌坊对面是土知府的衙门，衙门右侧后面是住宅，住宅后面是佛堂，佛堂后面是一座小山阜。据徐霞客的记载：

"……象鼻之水夹其东，中海之流经其西，后倚雪山，前拱文笔，而是山中处独小，郡署距其南，东向临玉河，丽江诸宅多东向，以受木气也。后幕山顶而上，所谓黄峰也。俗又称为天生寨。木氏居此二千载，宫室之丽，拟于王者。盖大兵临，则俯首受绁；师返则夜郎自雄，故世代无大兵燹，且矿产独盛，宜其富冠诸土郡云。"

木增当徐霞客到丽江的时候，他正在这里住着，而不愿在这见徐，一定要到解脱林的别墅里见面，徐霞客是知道其中奥妙的。他说："闻其内楼阁极盛，多僭制，故不于此见客云。"

和振声又领我们到一老人处，他原来在归依堂小学里当校工，现在六十四岁，知道木家一些事情，据他说木家祖先是一位蒙古人，流落在云南，没有饭吃，向少数民族一位女子要饭吃，她给了他，后来怀孕生了小孩，母亲把小孩放在一个小木瓢里，顺水漂去，被人捡起，就取了木姓，是木家第一代祖先（木氏世系图谱也说一世始祖名"爷爷"宋徽宗时到雪山，"西域蒙古人也"）。

和振声也说了两个小故事，很有阶级情感。他说姓和的辈辈当木家佃户，木老爷说："和"字就是木字戴草帽（按指"禾"字形）背背篓（指"口"字形），天生是给木家做苦工的。又说：木老爷发明了尖底背篓，为的是使苦人们在扛活的时候，中途不能歇气，一歇背篓就倒了。

我们谢了老校工与和振声同学，回来的路上又看了"四方街"，是当时"赶街子"的地方。到住处已经7时了。晚上又同地委、专署管文教的同志开了座谈会，睡下已经1时了。

六月十三日

早起吃饭以后正要到地委去向张书记汇报，不料他和张部长倒先来了。谈了工作，又向他们致谢。向大师傅、服务员等感谢他们殷勤的招待。8时半动身，返回大理。

1961年3月2日追记

大理访古记

一九六〇年六月八日

由昆明出发去大理，经禄丰，下午到楚雄。

禄丰一带，亿万年前是恐龙的世界，抗战时期发掘出这种动物的化石，定名为"禄丰龙"。现在武定也发现了两条，一处已经经过发掘。

楚雄现在是彝族自治州的州政府所在地。我们下车以后，即到旧街走了一遍，街上人不多，都去抗旱去了。旧社会时，住在城里的人是不管什么旱、涝的，现在已经息息相关了。

街两旁的旧式铺房除中间的大门外，两面大都是利用矮墙作柜台，上面木板下吊以后，就成了很宽的平台，小孩们大约最喜欢这块地方了，有的在平台后面站着看街上行人，有的就坐在平台上玩耍，大一点的孩子还可拿它当桌子，所以爬得很光滑。中国所谓"民居"，实在值得专门研究，有许多因地制宜，就地取材的设计，又节省，又适用，又好看，把这些好的部分吸收继承下来，将会丰富我们新的建筑，也丰富了人民生活。

这里有一所新建的展览馆,我们绕了许多路才走到,谁知正在重新布置,只是匆匆地看了一下建筑。先不说是否盖得早了一些,可是这样大的建筑,以土洋结合的办法,在几个月时间建成,也实在了不起。

出了展览馆大门一看,天地全变了,乌云正飞向远方,地上已经一面镜子一面镜子似的积了水,原来我们在楼里转了一遭的时候,外面下了一阵暴雨。可惜时间短了些没有下透。人类总有一天会像我们祖先所设想的"呼风唤雨"的。

晚上同州文教科的同志们座谈文物保护工作。

六月九日

早起到近郊一个山坡上去看楚雄博物馆。还在筹备期间,有一个干部在进行文物征集工作。看到有从吕合山上发现的几件铜器,有四件较完整的铜犁头,有几件是兵器。据说不是遗址,也不是墓葬,好像是埋藏在山上的。——这需要进一步调查、发掘,才能确定。犁头有点像石寨山所出土的犁头。

博物馆还收集到杜文秀的坐椅,原在大理,据说杜文秀失败以后,为楚雄大地主樊顺荣运回来的,是镶螺钿的太师椅。杜文秀是清朝咸丰年间回民起义的领袖,在大理一带建立政权,搞了十八年(1855~1873年),同治年间为刽子手岑毓英等所围攻,最后据说吃了孔雀胆自杀的。传说故事中说他自杀之前,向回汉老百姓说:"他们主要就是要我一人,只要把我拿去杀了,全城老少就可得救了。"于是吞了孔雀胆去见杨玉科。从帅府出来,路旁跪满了老百姓送他,他说:

"我保你们十八年，刺都没给你们戳一颗；现在我不能再保你们了，叫杨荣保你们十八天吧！"（按杨荣原为杜的部下，系十八头司之一，可能号玉科，后来叛变了。见《白族文学史》）

杜文秀到了杨玉科住的下兑村，就倒下去死了。杨玉科割了杜的脑袋送进京城，并把十多万回民围在大理城后的落阳村，全都杀死，一条小河变成血水，后来筑了两个"万人冢"。

据楚雄的同志说，这里也有两个"万人冢"。是杜文秀在这打仗以后埋的尸骨。

历史上遗留的"万人冢"差不多各省都有，就以楚雄到大理来说，加上李宓的"万人冢"就是五个了。

从博物馆下山的路上，发现砌路的有一块石碑，上面刻着一个人，两只手按在胸口，很像抗战期间在成都附近出土的"泰熙"元年杜谡墓志。这块很像少数民族的墓碑，没有文字，只有刻的画。当时请博物馆同志把它保存起来。

8时半下山去大理，途中过天王台，高2 600米，是原来滇缅路上最高的地方。上山以前，下面还是晴天碧野，几个盘旋以后，就置身在云雾之上。山头到处是杜鹃花，有红的，有白的，还有许多不知名的野花，人仿佛在画图上行走。

过弥渡，是四山之中的一块大盆地，稻田结成网块的织锦，据说这个地方，田地很肥沃，物产很丰富，还有很多温泉。

由弥渡到凤仪，中间有个打尖的地方，吃饭喝水，五个人吃了四大碗饭，四盘菜，有炒猪肝，炒牛肉，白菜等，才吃了一块七角多钱，实在便宜。

凤仪的寺庙很多，在省博物馆看到有汉字白文经典、木雕佛像，据说过去是从这里寺庙中散出的。想在回来的时候，再去访问。

下午5时半走近大理的下关，远看苍山冒着朵朵的白云，以为就是早已听说的"望夫云"，司机同志说，还不是，他跑这一带好多年，只看到一次，一朵白云笔直上去，越来越大，像是吐出来的一个大烟圈，接着洱海就要起风浪。

"望夫云"是白族人民从南诏时期起创造并流传下来的一个美丽动人的故事。

情节是这样的："南诏王有个公主，长得很美丽，她厌恶那虚伪沉闷的宫廷生活，爱上一个劳苦的青年猎人，和他一同逃到苍山顶上玉局峰去。南诏王大怒，请了罗基法师将青年猎人打死，丢在洱海里，变成石骡。南诏公主思念自己的爱人，忧郁而死，化作一朵白云，每年八九月间出现在玉局峰上。她一出现，洱海就要起风暴，她一直吹开白浪，看到石骡才停止。"

少数民族中这类故事很多，往往通过爱情的悲剧，控诉反动统治者的残暴。

到下关住下以后，先到旧街转了一圈。新街正在形成，旧街还担负着满足人民生活需要的任务。下班以后，街道上挤满了人，百货公司、电影院、戏院、茶馆，还有喝牛奶的铺子，都是满满的。只有白族妇女还穿着民族服装，男的就无法分辨了。

我们转到街外一看，有一条河流，绕在关外，水是从苍山上的峡谷中流下来的，一边的山脊上还可以看见当年关塞的遗迹。是否就是相当于唐开元二十九年（741年）南诏王皮逻阁所筑的龙首（即大理上关）、龙尾（即大理下关）关的遗迹，还需要发掘来证明。我们过了大桥，顺着河边走了一段，看到的边墙遗址是比较晚的。河边有不少人在钓鱼，鱼饵就用石头下边翻出来的一种长着翅膀有长尾巴的小虫，真是就地取材，后来有人告诉我，这种虫就是"蜉蝣"。

这条河通向洱海，远望碧波荡漾，白帆点点，在苍茫暮色中显得特别寂静。

大理旧城现已居于次要地位，下关成为白族自治州的政治、经济、文化中心。过去说大理是：

"上有上关，下有下关，前有洱海，后有苍山。"

的确这里形势既险要，土地又肥沃，风景更是美丽，中华民族的儿女很早很早就在这里劳动、生息、繁衍。到了隋唐之际，洱海这一带分布着六个较大的部落，就是蒙舍诏、蒙嶲诏、浪穹诏、施浪诏、越析诏、邆赕诏等六诏。后来蒙舍诏兼并了其他几诏，它的所在地区最南，故独称南诏。当时都是隶属于唐朝，起先同唐朝的关系很好，后来时好时坏。南诏本身也发生许多次小王朝的变化，根据乾隆四十年胡蔚增订本《南诏野史》[①]，从南诏到大理时期，就有以下的小王朝：

"南诏大蒙国　　　　　　传十三世
自细奴罗禅立，起唐太宗己酉贞观二十三年

[①] 按增订本《南诏野史》，题作"杨慎编辑，胡蔚增订"，前有杨慎原序云："为荟萃滇人倪辂所集野史而成"。后有袁嘉谷跋，考证杨著为《滇载记》，并未著《野史》，《野史》为明末马龙，阮元声据倪、杨本删润刊行。而胡蔚增订时，将阮等姓名删去，作杨慎编辑。

(649年),讫昭宗壬戌天复二年(902年)。传十三世。共二百五十五年。"(按:649—902年,凡253年)①

"大长和国　　　　　　　　传三世

郑氏大长和国自买嗣(按郑买嗣为汉人郑回的七世孙)篡立,起唐昭宗癸亥天复三年(903年),讫后唐明宗戊子天成三年(928年),传三世,共二十六年。"(按:李家瑞所作年表为903—927年)②

"大天兴国　　　　　　　　一世"

按赵氏大天兴国,起后唐明宗天成三年(928年),讫天成四年(929年),在位十个月。

"大义宁国　　　　　　　　一世"

按杨氏大义宁国,起后唐天成四年,讫后晋高祖丁酉天福二年(937年),在位八年。("李表"为930—937年)

"大理国　　　　　　　　传十四世

按段氏大理国自思平建立,后晋高祖丁酉天福二年,讫宋哲宗甲戌绍圣元年(1094年),传十四世,共一百五十八年。"("李表"为938—1094年)

大中国　　　　　　　　一世

按高氏大中国,起宋哲宗甲戌绍圣元年,讫绍圣

---

① 引号中文字为《南诏野史》原文。
② 1958年《历史研究》第七期载有李家瑞《用文物补正南诏及大理国的纪年》一文,并附纪年表,考证甚详。此文写成后,始见李文,因年代大体相同,乃未改正。仅将与李表不同处注出。以下简称"李表"。

三年（1096年），在位二年。（"李表"作1094—1095年）

后理国　　　　　　　传八世

"按段氏后理国，自段正淳复国，起宋哲宗丙子绍圣三年，讫南宋理宗癸丑宝佑元年（1253年），传八世，共一百五十七年。"（"李表"作1096—1254年凡一百五十八年）

"总计段氏大理后理二国传二十二世共三百一十五年。"

唐代的南诏，是很强盛的。其成员包括彝族和白族；其社会制度，可能是奴隶制。南诏的初年同唐朝的关系很好，开元二十六年（738年）唐册封皮逻阁为云南王。天宝五年（746年）皮逻阁还遣他的孙子凤迦异入唐，"唐授迦异为鸿胪少卿，妻以宗室女，赐龟兹乐一部。"到了皮逻阁的儿子阁逻凤的时候，两方面的关系搞坏，天宝十年（751年）唐朝命剑南节度使鲜于仲通带了八万军队征云南，在大理一带打了一仗，唐兵死了六万，鲜于仲通几乎也被活捉。到了天宝十三年（754年），唐命前云南郡都督兼侍御史剑南留后李宓及节度使何履光等率十道兵再征云南，结果是全军覆没，李宓"被执沉江死，何履光遁去。"白居易的《新丰折臂翁》就是描写这一场大征战的史诗。其中有这样的诗句：

"无何天宝大征兵，户有三丁点一丁，点得驱将何处去？五月万里云南行。闻道云南有泸水，椒花落时瘴烟起，大军徒涉水如汤，未战十人二三死。村南村北哭声悲，儿别爷娘夫别妻，皆云前后征蛮者，千好。大夫在处栽松柏，君子 种梅竹。

方丈丘烧三戒香，觉院中点五更烛，云岁下扐（拜也）大乘经，看公案语录。

煾煊茶水岁呼睹（互相招呼也），直指心宗岁付嘱。菩提达摩做知音，伽叶做师主。

盛国家复世功名，食朝廷尊贵爵禄。慈悲治理众人民，才等周文武。

恭承敬当母天地，孝养干子孙释儒，念礼不绝钟磬声，消灾难长福。

行仁义礼上不轻，凶恶蔽逆上不重。三教经书推习，漕溪水阿㴔。

长寻细月白风清，不贪摘花红柳绿。用颜回道谑浮身，得尧天法度。（以上咏大理国之治化）

游玩在伪佉首石（地名），有去在威仪横草。（有，又也。威仪横草，地名）风化经千古万代，传万代千古。

阿部遇时心宜欢，阿部遭劫催浪秃。天堂是荣华新鲜，漂散成地狱。

分数哽伡土成金，（分数哽伡，谓时运遇合）时运车舛金成土。（车舛，即乘舛）聚散侣浮云，空花实阿苶。

不无有之识景上头多，但于知音头上少。杨黼我辝空赞空，寄天涯海角。（以上抚今追昔以寄慨）"（据《白族文学史》过录。标点、断句及缺字全依该本）

因此想起郭老在《孔雀胆》中所引元代阿盖公主在段功被害后所写的一首歌,也是这一类的作法。例如:

吐噜吐噜段阿奴,施宗施秀同奴歹。
片云波潾不见人,押不芦花颜色改。

这是用汉字夹着蒙古方音写出的。近代广东的作者,也常有这一类的写法,如《时局图》的说明。

大殿右侧有一个跨院,在房廊下锅台的上面也嵌着一块碑,似乎也是用白族方音写的,可惜烟熏得漆黑,不好辨认。据说这一带有五块"白文碑"。

从圣源寺走出,左侧还有一座庙宇,后进的殿里供着"本主",旁边的龛里供着三个蒙古装束的塑像,没有找到碑记,不清楚是怎么回事。白族每个村子都有"本主"庙,供的"本主"也是各式各样,有的是自然方面的神祇如"苍山神",有的是统治阶级中的帝王将相,有的则是本族的英雄人物,而后一类有许多传说故事,很值得采访研究。

由此到三塔寺,这是苍山第十峰下面依山建筑起的著名大寺院。原来山门以上有两座寺庙,一为崇圣寺,一为感通寺。徐霞客到大理时,就住在这里。游记中写得很详细。明代的著名学者杨慎(号升庵)也在这住过,住的地方叫"斑山",房子叫"写韵楼"。徐霞客还访问过这个故址。清代学者桂未谷,乾隆年间曾做永平县官,到大理访问过"写韵楼"并看到杨升庵像,有诗三首记此事。斑山作班山。诗作得很好,录出如下:

《题杨升庵像》(像在太和县感通寺写韵楼)

"犹见东华痛哭时,竟无万里召还期。逐臣祇合投荒死,大礼何曾有定辞?"

"西羽曾为结伴游,班山萧寺共听秋。谁通转注搜奇字,个个来登写韵楼。"原注:"董难,字西羽,太和人。同寓寺楼,辑转注古音,因署'写韵楼'。先生尝谓搜奇字于董难是也。"

"伤心形影寄边垂,闲教蛮婆唱鼓词。我亦戴花骑象客,披图相对泪如丝。"原注:"余将赴永平,罗两峰为作《戴花骑象图》"(见《未谷诗集》卷四)

寺院大约清代以后就逐渐毁败了,现在只看到一些断垣废址,残砖烂瓦,只有三塔还屹立着,三塔下面还存留着少数建筑,三塔后面山上还有"雨珠观音殿",除了三塔以外,都是后代重修的。从侧旁的小路上去,可以到中部看三塔。这是在南方地区最古老的三座宝塔。塔身全是白的颜色,掩映在苍山洱海之间,十分壮丽。由三塔再绕着侧旁小路上去,又有一座寺院,门前左右各有一座小白塔。里面的大殿名为"雨珠观音殿"(又称"雨铜观音")。传说是唐天宝年间,有位和尚募造丈六观音,"肩以下先筑就,而铜已完,忽天雨铜如珠,众共掬而熔之,恰成其首,故有此名。"(见《徐霞客游记》)《南诏野史》说是唐昭宗光化三年(900年)铸的,是"郑买嗣合十六国铜所铸,蜀人李嘉亭成像"。后说较为可信。

因为年久失修,现在分割成为三部分的一些建筑物,原来

都属于"崇圣寺"(一名"三塔寺")。《南诏野史》记载这个寺院及三塔建筑是这样说的:

"敬宗乙巳宝历元年(825年,为南诏丰佑时期)重修大理崇圣寺(一名三塔寺)成。先是王嵯岭广寺基方七里,圣僧李成眉贤者建立三塔,高三十丈,佛一万一千四百,屋八百九十,铜四万五百九十斛。元和十五年(820年)经始,至是工竣。塔顶旧有铁柱,款识云:'贞观六年(632年)尉迟敬德监造',盖寺之建久矣。"

三塔虽然经过一千多年的岁月,受到风雨地震的侵袭,但还基本完好。塔上石灰层上都有雕塑,无论从建筑上和艺术上来说,都是极有价值的。现在已经国务院公布为全国重点文物保护单位之一。在一座小塔的后面嵌有碑记,是明万历时李元阳所作,说是经过大地震,损坏严重,后又重修。从这以后,大约就没有修过。

由此回下关,晚饭后到距下关约三公里的天生桥附近一个温泉洗澡,这个泉从山间流出,水势汹涌,温度很高,达78度。需掺对冷水才能用,夜间就把水放到大河里,看起来很可惜。将来综合利用,当可以发挥更多的作用。水是含酸的,洗了以后,极为舒适,几天的旅途疲劳,仿佛完全洗掉,坐在院中,一阵阵凉风吹来,不觉有些寒意。

听说解放前,只有四个小池子,房屋破败不堪,许多人挤在一个池子里洗,脏得很。现在有许多池子,一次可洗四十多人,房子是新盖的,池子也是新砌的,每人收费二角,茶水五分,因为水好,泡的茶很好喝。院中种了许多花木,清香扑鼻。9时回住所，11时半就寝。

六月十四日

早晨市委文教书记及文化局缪局长来谈修白塔事，商议着只能将基础加固，塔身砖头脱落及松动的地方加以填补，万不能落架重修。将来条件具备时再彻底修缮。缪局长是在抗战时期参加昆明学生运动中被特务打断腿的，是宣威人。

10时去大理旧城，先看了路旁的蛇骨塔，这个塔建于唐宪宗元和十五年（820年），有一段很动人的故事：

"唐时洱河有妖蛇，名薄劫，兴大水淹城，蒙国王出示：'有能灭之者，赏半官库，子孙世免差役'。部民有段赤城者，愿灭蛇，缚刃入水，蛇吞之，人与蛇皆死，水患息。王令人剖蛇腹取赤城骨葬之，建塔其上，毁蛇骨灰。塔名为灵塔（在今大理府城南龙尾关内，点苍山马耳峰下羊皮村）。每年有蛇党起风来剥塔灰，时有谣曰：'赤城卖硬土'，今龙王庙碑云：'洱河龙王段赤城云'。"

这个故事在民间传布很广，而且把什么国王之类的说法去掉，更带有人民性。塔身也是白色，除顶部略有损坏外，其余都完好。

由此前行，看太和城故址，唐开元二十九年南诏王皮逻阁自蒙舍川迁居太和城，筑城当在这以前。现在相隔已经一千二百二十年，什么痕迹也看不见了。当南诏王时，这是京城所在，想来是很繁华的。这个遗址由于有块《南诏德化碑》而确定的。

当南诏与唐朝大战之后，南诏就同吐蕃结合起来。南诏王令挦来的汉人郑回撰《德化碑》，是唐流寓御史杜光庭书写的。"明其不得已叛唐归吐蕃之故"。立石在太和门外。现在太和门早已看不见了，只有这块高大的石碑还存在，有所房子保护着它。石碑剥蚀得很厉害，据说以前附近居民害疟疾就来敲这碑石吃，所以吃掉很多。我在敦煌看到一块碑，也是把四周都吃光了。可以想见旧时代人民缺乏医药的痛苦。现在人民公社都有医务所，这块碑也再无人吃它了。

又到大士庵（或作大石庵、又叫观音堂）。这座庙宇保存得很完整。在一块大石上建筑了一个极精致的观音阁，全部为大理石砌成。传说汉兵侵袭时，遇见一位老太婆背着这块大石头，汉兵问她，她说我们这里年轻人比我力气还大得多，汉兵就吓跑了。原来这位老太婆是观音的化身，后来建了观音阁。这种传说可能很久，或许是南诏时的故事。但是现在看到的观音阁，建筑很晚。想是重建的。

庵里住着尼姑，殿堂都收拾得很整洁。大门那里挂有一块牌子，上面贴着1950年昆明市军管会的布告，是当时军管会主任陈赓署名，通令保护文物古迹的。是文物保护工作中一张历史文献，我们请文化局取回保存。

由此到大理旧城，看文化馆的文物陈列室。有一个木雕罗汉像雕得极好，神采风流，栩栩如生，很想知道它的出处，可是馆长是新来的，说不清楚。他告诉我们还有一批这类的佛像，我们请他领去看，是一批极好的木雕，有力士，有罗汉，还有七尊仿佛是供养人的样子。可惜后台很黑，看不清楚。但大略一看，至少是大理时期的雕刻；力士却有唐雕的风格，也可能早到南诏时期。我们请这位馆长赶快把它们妥善保管起来，并把来源彻底搞清楚（后来我们终于弄清这批东西出处，是从凤仪北汤天董氏宗祠中收集来的。下面再详述）。

又到陈列室看了有一套明墓出来的俑，塑造很好。还有一个石狮子雕刻得很生动，可能为大理或南诏时期的遗物。

我们又到库房去看看，有大批字画，绝大多数都是地主老财作寿、过喜事的一些寿联、喜幛之类，毫无价值。但在其中发现了五开担当和尚的对题字画。是真迹。我们请张珩同志把这些字画鉴选一下，泥沙和鱼龙区别开来。这次我们走到每一个地方，都这样做了。

库房里还有一大块长方形木雕，两面都雕着佛像。很象大理时期的雕刻。

工作进行到下午，在馆里拿出我们带来的馒头、咸菜席地聚餐的时候，馆长走来一看，一定要我们尝尝狗熊肉，原来昨天馆里喂的一只小狗熊死了。推辞至再，他已经把个沙锅拿出，上面有寸把厚的油，肉也很嫩，平生第一次吃了两块狗熊肉，倒也别有风味。

饭后去看大理石厂，有三百多位工人，其中一百〇四人在山上开采，二百多人在厂中制作花盆、桌面、插屏之类的石器。厂长说，苍山上表层打开以后，里面全是"大理石"，据说已经开了两千年，照现在的开法，至少还可以开两万年，因为这些年才开了几个小洞洞。老年技术工人现在作指导，他们知道哪里有好石料。据徐霞客所记好石料是出在苍山第八峰。过去工人打磨石料，是手脚并用，现在已用机器打磨，只是细致加工时才用手做。有一位雕工，正用中国传统手法雕毛主席像。中国石刻艺术有着悠久历史，在西安附近就可以看到汉、唐陵墓前的雄伟浑厚的石雕，真是中国作风中国气派的巨制，这种艺术传统，应该继承下来。我常常想，在天安门广场上要有中国手法的几件大雕刻就好了。

厂里有很多白族女工，过去男子都需要付很大劳力才可以磨平石料的工作，现在一位女工掌握着磨石机，就可以从容操作。

徐霞客是在明末崇祯十二年三月十一日到大理的，十五日到"石户村"，"止余环堵数十围，而人户俱流徙已尽，以取石之役，不堪其累也。"可以想见明末时石工的遭遇。旧社会时往往一个著名物产的产地，由于这种物产驰名天下，于是层层榨取，重重盘剥，最后弄得依此为生的人民，反倒无法生活，只好逃亡。

解放以后，建立了石厂，国外的销路又重新恢复，现在是供不应求，厂中一片欣欣向荣的气象。

记得儿时的皖北一个小县城里，只有一个大地主恶霸家里有一块大理石，说得天花乱坠，可是我一直没有看到。没想到五十年后来到大理石的故乡，到处都是大理石。苍山脚下无数的坟墓都有一块大理石的碑；苍山流下来的水，有的水渠就用大理石修的；有的庙里用大理石铺地，有的又用来盖小房子的屋顶。

5时半回到寓所，7时半吃了晚饭后去访问所谓四大景之一的"下关风"。因为时间不对头，"上关花"过了季，"苍山雪"已经溶化；只有"洱海月"已经看到，"下关风"已经听到，可是还没有尝到。我们走向著名的风口——黑龙桥，果真名不虚传，行人走到这里，个个扶着帽子，稍不小心，就被风刮掉,看着看着,果然有一位"马大哈"的人,满不在乎,没有抓紧帽子,就被风刮掉。老乡们说,解放后这个桥两边都修了高墙,好多了,从前桥两边没有挡头,小孩子都会刮到河里的。我们走到桥上,抓紧帽子,伸头一试,真是风势凶猛,不断气的刮,而且仿佛越刮越厉害,越刮越紧。往苍山那边一看,这里正是两山之间的一个峡谷,所以造成一个风口。前几天每天晚上听到风响,现在才是真的尝到"下关风"的滋味。既然这样几乎每天刮,常年刮,倒是可以设计把这股力量用起来,否则也像温泉的热水一样跑掉了,太可惜。有打油诗一首:

洱海边头吃洱块[①],苍山脚下看苍鹰。
黑龙桥上人擎帽,风姨终归可驾乘。

六月十四日

看下关文化馆所藏文物。

有木雕窗格(?)四扇,透雕人物花鸟,刀法流转自如,图案安排有致,是极好的民间雕刻。看来云南大理、剑川一带无论石刻、木雕,都有优秀的传统。南诏丰佑王曾经打下成都,"取诸经籍,大掠子女 工技数万人及珍货而还,南方工技文织,自是与中国埒矣。"(见杨慎《滇载记》)这样,对于文化艺术的交流影响是很大的。

---

① 大理有种面食叫做洱块。

这个文化馆就存有木雕普贤、文殊像、力士像、"本主"像，除了"本主"像同剑川石刻的"国王"像风格一样带有民族色彩外，其他与内地唐、宋雕刻极为相似。我认为这个文化馆的力士木雕及大理文化馆中力士木雕可能是南诏时期的，因为它和龙门唐代力士雕刻以及唐墓中出来的力士俑，都极为相似，而文殊、普贤和大理文化馆的罗汉像，可能是大理时期的。——这也是"望气派"的说法，还有待于科学考证。

　　这批东西的来源，其说不一，有说是圣元寺的，有说是凤仪北汤天董氏宗祠的。最近得到云南博物馆李家瑞同志来信，才弄清楚还是凤仪北汤天来的。

　　由文化馆后门出去，看"万人冢"，传为南诏阁逻凤歼灭李宓部队以后，"乃敛战骸筑京观于龙尾关河尾，名'万人冢'，立碑大书：'唐天宝战亡士卒之墓。'"（见《南诏野史》）现在大坟堆前面的墓碑是"民国二十九年"重修的。据说以前有个永历的碑，已早不知去向。

　　由此上山进龙尾关，关前的一条依着山坡的街叫"战街"，可见当时关外这一带是个大战场。进关以后再上山，到一个村子叫"上村"，再登山到"将军庙"，是祀李宓父子的庙。不知原来是否和万人冢同时修建的？现在所看到的是光绪年间重修的碑记和"民国"年间的对联，门前有石碑坊和参天的树木，看来这个庙还是很有来历的。我们坐在石牌坊下，看下关全貌，在一片古战场上，旧建筑中起来许多新建筑，已经变为繁华的街市了。

　　下山到市图书馆看所藏一批从凤仪北汤天搬来保存的经卷。数量很多，我们以一个下午和半个夜晚才看了其中一小部分。这批经卷有的可能早到南诏或大理时期（例如我们找出一本《华严疏——离世间》，是乌丝栏、蝴蝶装的写本，存一页至三十六页。除表皮两页污损外，其余洁白如新，是在质密坚厚的白罗纹纸上写的，字迹很有唐人风味），又有大理写经数种，闻有带年款的，已为省博物馆取出请人研究（近得李家瑞同志函云已在1958《历史研究》七期上发表过一部分）。

文化局缪局长找出一本可能为密宗的写经。残余一段，前画肠子回转情况，后画人体各部，彩色。后面有一段释义，将人体分为五段，每段为一佛，例如腹部至生殖器部分为"阿弥陀佛"，写法也很早，可能是大理时期的写本。

又有元初刻经牌子作：

"江南浙西道杭州路大万寿寺雕刊河西大藏经版

三千六百二十余卷，华严诸经谶板至大德六年（按为

公元1302年）完备。"

又有元"杭州路众安桥北经坊章九郎印行"的刻经，后面有至正九年（1349年）"赎取藏经记"，其中人名还是大理时期的遗风，如"同胞姐妹赵氏观音才、观音凤、观音桂等"。正如宋范成大《桂海虞衡志》所载大理人"李观音得"这种姓名相同。此经前面刻有天王像。

又有元《普宁藏》，梵夹本，每半页六行，行十七字。每版三十行。在这种经后面发现了一位巫师或者和尚抄的几段曲子，多是描写男女爱情的。不知是否就是这位巫师或者和尚又包揽书写卖契之类的文件，在经背后写着"底本"，一种是卖马的契约，一种是卖牛的契约。卖马的契底落着"洪武一年"的款。

还有在经后面写着当地户口花名的两种，其中人名多为少数民族姓名。

还有永历甲午年（按为永历八年，公元 1654 年）用银水写的经。

这批经卷至少是从大理时期起直到明末，写本、刻本以及经卷封皮有木版佛画，各色各样都有一些。有的大理经卷，还有朱笔注音或释义，尤其是背后所书的杂项，更饶兴趣。可惜时间有限，不能全部翻阅，只能将看到的一小部分，重要的排出，请文化馆同志特别保存。并建议有关机关能加以整理。

晚上与缪局长谈文物工作，直到夜深。

六月十七日

早 8 时与市委宣传部部长，缪局长等座谈，到 11 时结束，即起身回昆明。

由于凤仪北汤天太吸引人了，碰到好多东西，如木雕，经卷，……都说是从北汤天来的。所以快到凤仪的时候就打听这个北汤天，司机老鲁是位文物爱好者，他对于这趟旅行，极感兴趣，在丽江下雨的时候，我们请他休息，他不愿，一定同我们一块去文化馆看字画，找木天王府。现在听说我们要找北汤天，他到处打听，居然问了几位老乡以后，找到去北汤天的岔路。在距公路约二三公里的地方，前面有一个山坳，沿山坡有一片整齐的村落，就是闻名已久的北汤天。

有一位小学生带着我们沿山坡上去，在小山坡的中部找到了董氏家庙。大门口有块"御赐藏经"匾，后面叙说宣德年间董贤被召入京，帝赐藏经事。第二道门上挂着一块匾，刻着四个大字："金銮宝刹"。

房子全部为明代建筑，除右面厢楼不知何时毁坏改为一层平房外，其余周围都是转楼，宝刹匾额对面的楼，是个精致的小戏楼。两旁是藏经楼。木构件都是整齐规格，真材实料，极为坚固稳重。窗棂雕花都是明代原件，整个建筑仿佛明代建了以后就没有动过似的。

殿中有佛像三尊与大理文化馆所藏木雕风格一致，都是大理时期的雕刻。殿左一间听说还存有泥塑骑牛天王像一尊，与剑川石刻风格一模一样，可能为南诏时期的塑像。

在1956年大理白族自治州成立时，曾组织一个民族调查组到各处调查，他们到这里时，看到有两大架经书，及一批雕像，后来移往大理保存，就是我们在大理图书馆和文化馆所看到的那一批。

由董氏家庙右侧再上山，见到另一所明代建筑，门额上一块竖匾，金字刻着"国师府"三个大字，后面是"董氏宗祠"，看来也许明代董贤就住在这里。

这所建筑前面有两进院子，还有跨院，最后一进，有高台阶上去，就是"宗祠"所在，房内正面墙上镶着石碑，刻着董氏世系，前有"董氏本音图略叙"说道：

"始祖敕封阴阳燮理仙求神功天童国师，仙胎始祖，董公讳伽罗……。

系出大唐，生于洱河东岩上，蒙氏以童生草间，以董为姓，拜为国师。……。

贤颇有神异，仍精秘密宗旨，神通与始祖无异，永乐十年奉召入京。……"

这所建筑以及"董氏宗祠"想是永乐召见董贤以后建筑的。世系图上共四十代，到董贤是二十四代。以后即为每代续刻上去的。

这位董氏，看来是大理一带的一个巫师首领。从《滇载记》及《南诏野史》上找不到南诏时期董氏即封为国师的记载。只是在段氏大理开创时期，段思平（大理国第一代国王）起来夺取"大义宁国"杨干贞的天下时，有两处记载着董伽罗的事情：

"后晋高祖丙申天福元年干贞索捕思平甚急。会善政臣守高方素与思平善，密遣人招思平，思平与其弟思良，军师董伽罗走就之。皆裂冠变姓名，为猎者。……"

"饥取野桃而食，核上有虫啮'青昔'二字，思平解为十二月二十一日，意其吉兆，于是急趋而前，借兵于乐方黑爨、松爨三十七蛮部，会于石城（今曲靖府是），以董伽罗为军师。兵集之期，适十二月二十一日也，所向皆克，遂进攻大理，讨干贞。……思平夜忽得三梦，……伽罗解之曰，……。思平即位，时天福丁酉二年也。……建号大理国，建元文德，仍都大理。天福三年封董迦罗为相国。……"（见《南诏野史》）

段氏大理国的开国元勋董迦罗，想来就是"本音图序"上所述的董迦罗。也可能在南诏时期董氏就辅佐过蒙氏，也说不定。这个碑有很多块，都顺序镶在墙上，听说云南博物馆有拓本。

总之，这位董氏，从南诏起，至少是大理开国时期就是位神秘人物。——直到明代，永乐特别召见董贤，也说明董氏后代还是干的这一行，碑文中说得很神奇，永乐召见他，他三天就到了京城（按：为南京。永乐十九年才迁都北京。董贤是在永乐十年被"召见"的）。这已经就够离奇的了，而下面还说永乐在金銮殿上摆宴请他，问他是否可以表演表演法术？又问他是否想要金銮殿？假若能作法搬走，就给他。董贤居然作起法来，弄得金銮殿摇摇欲起，永乐赶快说：已经看到你的法术，不要搬了，给你在当地修一个就是了。于是修了"金銮宝刹"。又封他为"国师"，修了"国师府"。——故事是吹破了天的，可是在当时皇帝统治下，居然敢把家庙叫着"金銮宝刹"，总还是得到皇帝允许的。撕破这些神秘的外衣，可以看到永乐当时的一些政策，他大约把天下的三教九流的一些首领都召见了一下，封一下"国师"，这些"捣蛋包"就老老实实住在"国师府"里，搞封建剥削去了。这位董贤到宣德时，皇帝又召见他一次，并赐给他经卷。我们现在从经卷背后看到卖牛卖马契约底稿，看到户口花名，而这些经都一直在他家庙里未曾动过，就可以找出一些消息。

"国师府"的建筑上原来都有极为讲究的雕刻，现在还可以看到一些残件。不知省博物馆及大理文化馆所藏的木雕屏风窗格之类的东西，是否也是这里移走保存的？

我们在云南省博物馆里看到一种经卷叫做《诸佛菩萨金刚稽清卷》，存六十六张，据说是白族区内"阿叱力教"的经卷，有一卷末尾署了年代是："时保天八年（按：为大理国段正严的年号。相当于宋绍兴六年，公元1136年）……九月十五日谨记"。这批经也是北汤天出来的，不晓得董氏是否就是"阿吒力教"的首领？

在北汤天流连很久，当晚又住到楚雄。6 月 18 日中午返抵昆明。

1961 年 5 月 27 日追记

大理漫记

正是农历五月的天气,我访问了大理。当傍晚走近大理的下关的时候,远望苍山升起朵朵的白云,洱海泛扬着碧玉似的波涛,把我儿时读过的唐代白乐天在《新丰折臂翁》中所描写的"穷山恶水"的印象完全打破了。

这首歌给我的印象是那样深,以至于在四十年后还清晰的可以背诵,他说:

无何天宝大征兵,户有三丁点一丁,
点得驱将何处去?五月万里云南行。
闻道云南有泸水,椒花落时瘴烟起,
大军徒涉水如汤,未过十人二三死。
村南村北哭声悲,儿别爷娘夫别妻,
皆云前后征蛮者,千万人行无一回。

我们所来到的下关,正是当年的大战场。那时南诏(649—902年)王的都城在现在的"老大理"城南的太和村草帽街附近，叫做"太和城"，是南诏王皮逻阁修建的。他在公元741年（当唐开元二十九年）从蒙舍川迁居这里，并且在现在的下关筑了"龙尾关"，在上关那里筑了"龙首关"。在皮逻阁的时期，南诏同唐朝的关系是很好的，天宝五年（746年），还派了他的孙子凤迦异入唐，玄宗给了他"鸿胪少卿"的官职，把一位宗室的姑娘嫁给他为妻，还给了"龟兹乐"一部。到了皮逻阁的儿子阁逻凤时代，两方面的关系搞坏，这时唐朝正是杨国忠当了宰相，所谓"欲求恩幸立边功"，在天宝十年（751年）派了剑南节度使鲜于仲通带了八万军队去"征伐"南诏，唐兵死了六万人，鲜于仲通几乎被活捉，白乐天有首《蛮子朝》，其中说到这事：

    鲜于仲通六万卒，征蛮一阵全军没，
    至今西洱河岸边，箭孔刀痕满枯骨。

  到了天宝十三年（754年）又派了前云南郡都督兼侍御史剑南留后李宓和节度使何履光等率十道兵再征云南，就在这"龙尾关"一带打了一场大仗，结果是全军覆没，李宓"被执沉江死，何履光遁去"。这连年大战，死了约二三十万人，白乐天的上述史诗就是反对这种不义战争的。

  现在我们来到这古战场一看，除了苍山依旧，洱海如初以外，一切都变了。当年的"龙尾关"也就是现在下关这里，解放后成了大理白族自治州的政府所在地，是自治州的政治、经济、文化的中心。工厂、学校、机关等新建筑矗立在这如画的山水之间，新的街市正在形成。白族、汉族和其他兄弟民族穿着各种不同的服装，说着各种不同的语言，都欢聚在社会主义的大家庭中，为着共同的幸福劳动着、歌唱着，我们走过新街、旧市，到处都是一片欢乐的景象。

夜里，我翻看着一些关于南诏和大理的史籍，想着历史上一些兴亡的事迹，就从南诏算起吧：

南诏蒙氏（？—902年）①

大长和郑氏（903—909年）

大天兴赵氏（928—929年）

大义宁杨氏（930—937年）

大理国段氏（938—1254年）②

六七百年间，相当于唐、宋时期，这里就发生过这些王朝的变化；从社会性质上来说，大约也就在同一时期，由奴隶制过渡到封建制；从和汉王朝的关系来说，南诏与唐代时好时坏，宋太祖接受了唐代征伐的经验，他就拿着玉斧在舆图上大渡河那里一划，说"此外非吾有也"，直到元代忽必烈以牛皮筏子渡了金沙江，才把段氏的天下改为"总管"，还出了一段孔雀胆的哀艳故事。想到这些，不禁哼了一首歪诗：

风花雪月古榆城③，洱海苍山百态呈；

---

① 蒙氏建国起讫的算法不一，今依李家瑞同志在1958年《历史研究》七期所列的年表计算。若按明杨慎《滇载记》计算起年应为公元629年；清胡蔚增订本《南诏野史》计算起年应为公元649年。

② "大理国"中间曾插了一个"大中国"高氏，在位二年。

③ 大理在汉或以前称楪榆。有下关风，上关花，苍山雪，洱海月等四景。

多少兴亡成往事，"金花"笑看"望夫云"[①]。

兄弟民族地区有许多动人的诗歌和传说，可是里面大多吐露着一种哀怨，只有到了"五朵金花"的时代，才把千条万缕的束缚解开，露出来多么爽朗的笑颜！

第二天我们先去看太和城遗址，到了草帽街，实际上这里已经没有"街"了，只有一座"德化碑"还矗立在这里，成为我们确定这个遗址的重要标志。

这个"德化碑"是南诏王阁逻凤同唐朝打了大仗以后，就与吐蕃结合起来，叫过去掳来的汉人郑回（这时已经作了南诏的清平官，即丞相）撰写这个德化碑，"明其不得已叛唐归吐蕃之故"，立石在"国门之外"（立碑的年代是相当于唐大历元年，公元766年）。字据说是唐流寓御史杜光庭写的。现在这个碑有房子保护着，可惜上面的字几乎"吃"光了。据说过去老乡们害疟疾的多，没有药治，说是刮这碑面吃可以治好，就这样活活地把碑面的一层表皮吃下肚子去了。——这也述说着在旧社会的人民没有医药设备的苦楚。

根据这个国门之外的立石，太和城遗址就可能在这个碑的北面一带，将来通过发掘，当可发现南诏盛世的一些文物。

从这里到了"老大理"城，这个城可能就在南诏阁逻凤所

[①] 金花指《五朵金花》电影拍摄后，这里又涌现出千百金花。《望夫云》为南诏以来流传的故事，说是南诏王的公主爱上了一位猎人，和他私逃到苍山玉局峰，南诏王大怒，请了罗荃法师把猎人打死丢在洱海里，变成石骡。公主也悲愤地死了，变为一朵白云，每年八九月间出现在玉局峰头，洱海马上就吹起巨浪，直到看见海底的石骡才停止。

筑的"羊苴咩城"的遗址上，明清时候建筑起来的，过去是府城或县城所在。由于政治中心的转移到下关，所以街上大多是住房。我们到了文化馆，看到文物陈列室中有一座大理时期的木雕罗汉，雕得好极了，问了馆长还有没有？他说还有十余尊没有陈列，到存放的地方一看，使我们大叫起来，一批大理甚至南诏的木雕力士、菩萨、罗汉等雕像出现在我们眼前，彩色涂金，形象活跃，在内地还没有看到这样漂亮的大批的早期木雕。后来才弄清楚这批木雕是从凤仪董氏"金銮宝刹"里移来保存的。

从文化馆出来看了大理石厂，这是驰名中外的大理石件的制作场所，解放前这项工艺品已经几乎停止制作，现在却是一个三四百人的工厂，有二百多人在厂中制作，有一百多人在山上开采石料。据厂长谈，苍山里面都是大理石，有经验的技师可以看出在哪里开会得到好的花纹的石料。他说大理石已经有两千年的开采历史，照现在的开法，至少还可以开两万年。因为这些年在这样的大山上才开了几个小洞洞。

过去制作的工人，是手脚并用，尤其是磨石料的工序，由于大理石很坚硬，手工磨很费力，现在在宽大的厂房里，装了电力磨石的机器，许多白族的女工，穿着漂亮的民族服装，很轻易地就可以操作自如。

这里真是大理石的故乡，到处都是大理石，苍山下的水渠有的是大理石修成的，有的房子顶是大理石盖的，地是大理石铺的，无数的墓碑是大理石做的。

我们又去看了喜洲，这是洱海边上的一个村镇，土地肥沃，风景更是美丽，过去许多官僚、地主在这里盖下争奇斗艳的别墅，过着纸醉金迷的生活。我们到一所房子里去看，很大的花园，两层西式楼房，大多是讲究的单间房，据说原来这里既是赌窟又是烟场。墙外就是洱海，站在这里可以把苍山十九峰全部看到，洱海又是那样的风波浩渺，这样好地方，过去却作了吃喝嫖赌的地方，真是玷污了山水。

喜洲在南诏王异牟寻（阁逻凤的孙子，780—808年）时候曾作为都城（784年，当唐德宗兴元元年），叫做"史城"，又称"大釐城"，后来由于同唐神策都将李晟打仗，才迁居"羊苴咩城"，即大理城。这一带现在是喜洲人民公社，是《五朵金花》影片故事的产生地。

又看了三塔寺，这是苍山第十峰下依山建筑起的大寺院。原来从山门进来以后，有两所寺院，一个叫做崇圣寺，另一个叫感通寺，三塔列在这两个寺院的两旁。明代徐霞客曾访问过这里，明代著名学者杨慎（号升庵）曾在感通寺住过。杨慎住的地方叫"写韵楼"，是他和当地一位音韵家叫董难的一同在这个楼上"辑转注古音"的地方。杨慎是四川新都人，在明世宗时候，因为"议大礼"的案子，把他"廷杖"以后下狱，又"遣戍"到云南，赶上嘉靖这个皇帝做了四十五年长的时间，他两次偷着想回四川老家，都被发觉赶回来，终于在七十二岁时老死在云南。可是他在这几十年里著了一百多种书，其中包括了对于云南史地方面的整理、研究、辑译等著作，是位了不起的学者。

清代学者桂未谷在乾隆年间曾做云南永平的县官，到写韵楼来访问过，还看到杨升庵的画像，有三首诗写他的感触，其中一首很有些愤懑：

有大小图。

光绪甲午品文堂刻本,页十二行,行二十六字。题《绘图新史奇观》,无图。

光绪辛丑上海书局石印本题。《绘图新史奇观》,无图。

《海角遗编》 抄本,残存上部一册。为文言记事本,与《虞阳说苑甲编》本,题作《七峰遗编》的二卷六十回本不同。

此书述清兵南下时,常熟当地人物动态及宋奎光、严拭等举兵事。

如钱谦益之投清,其中录出里人改其门联:

"南北两朝元老,清明二代词臣"

如:《乞丐诗》,冯巳苍被捕逃脱等事。

《庭闻录》 南昌 刘健述

康熙五十八年木版巾箱本四册,合订为二册。

述吴三桂自"乞师逐寇"起,至"称兵灭族"止前后事迹。

《东征集》 漳浦 兰鼎元稿

雍正十年刻本,全二册。

康熙六十一年漳浦兰廷珍题

天长 王者辅近颜评

兰鼎元是当时侍从"统帅"兰廷珍攻打台湾朱一贵的。他辑"上书"、"露布"、"檄文"等成此书。

《平台记略》 漳浦 兰鼎元玉霖著

雍正十年刻本,全一册。

天长　王者辅近颜评

此书与《东征集》同为兰鼎元所著。据王者辅序言中说："记略成于雍正元年，风行海内者十载，旧版漫漶，余为加评点而新之。"由此可知有雍正元年本，未见。

这书与《东征集》不同处，前者为辑录文书等件，后者为概述攻打朱一贵前后经过。同系反动书刊，但从中可以看到朱一贵起义事迹。

《平苗记略》　　巴陵　方显敬斋著
五世孙大湜重刊
同治癸酉刊于武昌郡廨
全一册。

此书系自记雍正初年任贵州镇远府知府时"平定"九股清江一带"生苗"事。

《舟师绳墨》　　古闽　林君陞敬亭氏著
乾隆甲戌刻本，全一册。
森玉堂藏版。

著者自序中说："迨壮岁从戎闽浙，时海氛未靖，岛屿小丑尚有往来江上者，商渔受累无穷，余维实心防范，奋力搜捕，为当事所识。旋拔置偏裨，遂得擒魁捣穴，矢志廓清，以图报称。……不数载滥竽封疆。"这书是他训练舟师的著作，有图。

《东瀛记事》　　柳州　杨廷理清和氏采辑
乾隆五十五年杨氏自序于台湾县署的榕堂。
稿本　一册。

此书记乾隆五十一年至五十三年"平"林爽文事。杨廷理当时任"台防同知兼理府事",后任知府。记前后战事经过甚详。

《广东七日记》　　抄本一册。不著撰人姓名。

此书述道光廿一年四月初一日起至初七日与英夷打仗事。附录《尽忠报国》《广东士庶冤单》等揭帖。《尽忠报国》与鸦片战争书中所载文字有不同处。《士庶冤单》为反对投降派的传单。

《触藩始末》　　琴阁主人记

光绪乙酉崇仁华氏本刻印本

上中下三卷,全一册。

述道光二十九年徐广缙官两广总督,叶名琛任广东巡抚时,英人要求入广州城事起,直至同治元年和议成,洋人退出省垣为止。

《海洋指掌》　　谢兰生　张传箓著张川谦绘图

稿本一册。

此书后有谢兰生跋云:

"道光庚子,兰生代庖海昌贰牧,与湘谭禹峰张君相晤,适值英吉利扰边,攻定海,惊乍浦,沿海骚然,而海昌亦为浙省要口,因与悉心考订,并得各省沿海大略,由辽东至安南海洋形势摘录成篇,以资绥靖之一助云。"

《洪氏之光复军》　　稿本一册,无编者姓名。

此书前一部分为编者自著部分,用"竞立社稿纸"书写。

分下列各章:

甲、《虏政之腐败》　乙、《洪秀全》　丙、《金田起义》

丁、《金陵之建都》　戊、《杨韦之变》。

以下即为剪贴报纸杂志上太平天国有关资料。如某报载的《洪大全传》,《忧乐杂志》第一期所载啸顾著《洪秀全妻》,有《江苏》第六期所载《新国史略》,为复汉种所著。中有:"惜也,汉奸蜂起,乱臣贼子,大奴隶,如曾国藩、左宗棠、李鸿章辈丧心病狂,竟袭吴三桂、张宏范、洪承畴之故智,甘为异种之走狗而不辞,……"等语。

有《民心》杂志所载《附录钱江上太平天主洪秀全书》。

有《江苏》第十一、十二两期合刊中所载太平天国戊午年的《劝谕》。

有信川著:《哀太平天国》。

有忠黄著:《记洪王时代之破坏人才》,其中有李星沅、杨禹村、李佳白(美人)、宏阀、白齐文、王韬、贾某等人事迹。

有《李秀成之文辞》。

有中州少年来函附赖文光供词全帙。

有《少年报》所载民族小说洪秀全演义中记林凤翔的诗歌。

有孟宪承所译伶俐的太平天国外记第二十五章。

有编者自书的《金保》。

至此编者有一段结语,并录诗一首:

"一卷编年漫杀青,太平遗事拾零星;斜阳故国知何处?惆怅江南野史亭。"(按此诗录出,未注作者及出处,似为编者自作。太平天国战史前编天囚题词中第三首即为此诗,或者这书就是天囚编辑?)

后又有剪报资料:《门牌记》,温大贺、李开芳的吊歌。

这一稿本，似为清末留日的反清人士所编辑，不知印行与否？

《粤匪始末记略》 　　杏花樵子编辑，踏歌道人参订

此书系上海某人据餐秀簃抄本影印。空白处常登上海商业广告。稿写成于同治三年。

《太平天国资料目录》虽然著录，但似未见原书，仅说据《南氏藏书目》。

《咸丰十年庚申大乱记》 　　皖南劫余道人著

同治五年夏

稿本一册。

此书记皖南黟县附近五城黄氏逃难情况。前为《大乱记》，后为《历年逃乱记略》。作者想即系黄氏，是地主逃乱的记载。后有注意事项，说是最紧要的是把田契等件抄录两份，分别携带，而且记录了携带的方法。

《耕余琐闻》 　　笠泽山人龚淦著

同治十一年八月镌，体仁堂藏版残存四册：甲——丁。

此书据《太平天国资料目录》载："刻本十册，南京某氏藏，未见。""癸集专记太平事，其他亦有记载。"

按此书前言中说："先刻八集"又说："俟十集刻成后"，似为随刻随印者。

《流离杂记》 　　桐城　孙云锦著

男孟平　辑录

宣统二年八月门生张謇校印，残存一种二卷。

此书为《孙先生遗书》中的一种，据目录尚有：
〈宦游偶录〉二卷
〈杂文仅存〉一卷
〈年谱〉二卷
杂记中多记太平天国在皖中皖南一带战争事。

《太平天国战史》　　汉公（刘成禺）编纂
祖国杂志社出版
作新社印刷
1906年（明治39年9月30日出版第二册）出版中编。
前、中两编，计两册。

此书前编有孙逸仙序文，天囚题词，白浪庵滔天宫崎赠语。

前编无出版年月。

中编封面为章太炎篆书，亦有白浪庵滔天题诗，汉南题词。述事接前编自太平天国八年正月起，至太平天国十一年十二月廿五日止。这月太平军已占领上海邻近州县，"夺上海对面浦东衙署据之，乘机袭上海。"

《平太天国资料目录》曾著录，但似未见此本，可能见到的系清宣统三年共和日报发行，中华书局出版的一种，只有前编。

《劫灰集诗存》　　合肥　陈亦昭著
光绪十三年重刊本。

此书有诗对清军"大营"将领颇致不满，如《大营近事记闻》：

"自昔从军苦备尝，而今最乐是戎行，歌妓劝酒优伶拍，战垒纷纷作戏场。""柳营看菊竞相夸，城陷浑忘已及瓜，休怪道旁人冷语，将军留取宿根花。""带裘轻暖不知寒，人自颠危将自安，天子犹虞常野宿，御冬蒙古帐新颁。"

有《粤冠记异》八首，多为咒骂太平天国所行各事，但从中可以看出天国制度及主张，如：

"变更岁月易干支，妄臆矜奇畔宪时。蓂落蓂生虽不见，安能喝月爽盈亏。"原注："贼以三十日为一月，无大小无闰月，改丑为好。"

"明明日月孰能伤？自绝胡为太悖狂。鼠辈不闻如李闯，犹尊圣裔拜诚惶。"原注："贼谓孔圣为不通，秀才当考四等。四书中只四海之内皆兄弟二句尚明白。"

《金壶七墨》　　钵池　黄钧宰著

同治癸酉镌，松江西门内普照寺西首萧隆盛刻。

十八卷，共八册。

此书计：金壶浪墨八卷

　　　　胜墨　　四卷

　　　　逸墨　　二卷

　　　　醉墨　　一卷

　　　　戏墨　　一卷

　　　　心影（原名金壶泪墨）二卷

共十八卷，仅为六墨，尚有金壶丛墨未刻。各墨记有太平军事。

《痴山随笔》　　江阴　张之纯二敞著

前有宣统三年溧水胡壬杰序，刻印或在此时。

一册二卷。

此书不见于《太平天国资料目录》。书中文字有系抄录他人著作，而加"痴山"按注者。有系其自己所写。此人在咸丰庚申（1860年）时才七岁。书目中有：

《江阴寇变记》　系录江邑张月舫名宝钰的记事（李小湖为之润色，曾刊入好望楼集中）。记后有长篇按注，述他七岁"逃难"经过，如见"进贡"车辆，"大旗二，其色黄，中书顺字。"如述周庄有缪氏染房"有染匠者，江宁人，躯干雄伟，面目凶悍，以十指皆蓝色，人呼为青脚鸡，实寇之间谍也。得邑城失守信，染匠即宣言曰，早进贡则可免打先风（匪下乡掳掠，谓之打先风）。"

《克服江阴记》述江阴常熟一带战事很详细。

《戈登战迹》　述事亦详，后有"痴山氏曰：李文忠收复苏常，世皆谓全资洋人力。余观英法提督因松江戒严，竟强挟各官委城去；炮裂太仓城，常胜军先登，为贼所乘，伤数百人，奥伦遽以其师返；松江白齐文，甚至闭郡城哗饷。若勒伯勒东、华尔、买忒勒皆早殒。惟戈登在苏，德克俾在浙，终始行间，然亦程忠烈、刘壮肃、蒋果敏诸公忠勇绝伦，有以作其气而生其敬也。……"。

《粤逆破金宝圩遗闻》述向锜向太平军献计破金宝圩事。卷二载有《虢季子白盘铭》，录铭文及归安吴平斋释文后，注云："此盘故在陕西凤翔府宝鸡县之虢州司，道光时常州徐燮钧傅兼知郿县时所得，后载归其家。同治三年合肥刘壮肃克复常州，得之伪护王府中。……后载归合肥构亭而藏之。"以下有考证文字。认为"虢季子白者，即奔京师之虢公丑也。"又有《李武愍绝命词》《苗沛霖逸事》《潘垲忠迹》《鞔张忠武公诗》《孝匄传》等篇。

《彝军记略》　　导江彭洵原辑
　　　　　　　　崇庆罗元黼订补
　　　　　　　　民国13年成都昌福公司
　　　　　　　　铅印本，全一册。

此书《太平天国资料目录》未著录。记清按察使黄鼎于同治初年至光绪三年与"发贼伪启王梁成富""滇贼曹灿章、川贼兰朝柱"及"转战关陇"等战事。所谓"彝军"系骆秉章"简蜀民之骁壮者为一军……乃立彝字营"，后此营即由黄鼎督师。书系光绪十二年彭洵所作。

《罗燹述略》　　金堂余鸿观澜阁编辑
　　　　　　　　成都昌福公司铅印

辑录太平军及云南李永和、兰大顺等军入川后，统治阶层中所谓"忠孝义烈"事。

《向大人征贼匪》　栏上题"广西起手"，上右题"洪秀
　　　　　　　　　全造反"，下左题"癸丑年新刻"
　　　　　　　　　木刻小本计八页。

这个小册子系当时刻印的说唱本。说洪秀全攻占武汉经过。其中如：

"向大人随后追贼不敢站，无奈了走湖北汉阳府前。贼未到官先将民房火点，省城外烧民房实在可怜。也是那武昌的百姓大难，直烧了四五日约有万

千。于冬月十二早贼到有限，三百人破汉阳得了龟山。上下水掳的船成千各万，教百姓莫要怕他们法严。……这是我汉口亲眼观见，哄百姓与他家进贡米钱。……"

"……初四早地洞响官兵胆战，将武昌城打断四五丈宽。偏偏的下雾气对面不见，贼用智未进那城破口边，从北门上云梯讷声大喊，我官兵不敢战叫苦连天。……"

"猛听得有京兵到了武汉，贼无奈将粮草运下江南。武汉的众百姓掳去数万，又掳去妇女们约有数千。初二晚离武昌……向大人进武昌挨门查看，不料那士兵们杀民要钱，不论官不论民一齐搜检，即衣服他也要民不得穿。武昌的百姓们官贼遭便，先遇贼后遇官实实可怜。……"

这个唱本作者虽然站在反动的一面，但由于他说是亲身看到的事实，倒暴露了当时官兵烧杀抢掠的情况。

《破南京》　　上右题"长发贼造反"，下左题"甲寅新刊"。

此册与前一小册子同一形式，作者想系一人，开首唱道：

"长发贼，破武昌，我且不谈，再表那下江南，贼的事端：……于正月二十八贼临江南。未入境先有那贼的细探，布流言贴伪示百姓信然。在城外大声喊你们莫窜，他们兵不伤害百姓员。见乞儿即掷钱假意行善，即买卖不得抢公平为先。……百姓们谁不降无衣无饭，莫奈何大半人降了贼蛮。按人数二十五一牌见天津知府张文藻所著的《北戍草》)。

此外有李鸿章、左宗棠、郭嵩焘、朱克敬等人文章。

《绘图越法战书》　　上海王氏印行

　　　　　　　　　　光绪十年刻本

　　　　　　　　　　残存二册，无图

《台南战记略》　　石印本一册

《刘大将军平倭战记》　　寰宇义民校印

　　　　　　　　　　　　石印带图残存二集一册。

图有：

　　海外扶余

　　示人不测

　　炸药堵口

　　火攻战船

上述三种，都是记载"刘大将军"战迹的小册子，多为抄录檄文、捷报及报章记载而成。

《津门奉使记闻》　　梁园末吏曹和济著

　　　　　　　　　　光绪二十一年，木活字本。

此书作者于光绪甲午（1894年）之战后一年，"奉檄作谍津门五阅月"，将所得材料编辑成书，述甲午战事至"议和"止的前后经过。

《禀函底稿》

此稿不见书者姓名，从往来禀告中看，系由四川洋务局派至天津刺探军情者。起甲午十二月二十三日至次年闰五月二十二日止，有给洋务局禀报"捷字"一至十四号，及其他有关函件。

《京津救济善会图说》　　北平孙乐园编辑

此书述光绪二十六年八国侵略军侵占北京天津时，陆树藩约同"德国医官"贝尔榜，德人喜士，德文翻译洪中，绅士严复，陈季同随带家人小工等八十二人搭附爱仁轮船去京津以救济善会名议救济难民事，一图一说，可见当时情景。

《滦州庚子记事》　　王星五叙述

宛平陆继周序

约光绪廿七年刻印。

此书述天津城破，芦台不守，联军乘胜略地，滦州吴海秋立支应局，具牛酒犒师。直至光绪廿七年所谓"保全"滦州地方事。实则记其汉奸丑行甚详。此书《义和团书目解题》未著录。

《释惑录》　　庆云崔钟善子万氏著

光绪二十七年刻本，全一册。

自序中云："去岁拳匪肇乱，扰及京畿，顺直全省蹂躏殆遍。……推原其故，良由穷乡僻壤，民智不开，弗思自古迄今，邪教罔不败者。……适兰溪由津避乱来东，谈及拳匪系白莲教遗孽，与余意见相合，因出夙所摘录史鉴邪匪门约计二十余事示兰溪侄……"

目录计有;

张　角	张　鲁	张　昌
孙　思	刘　弘	吕用之
孙方简	张遇贤	马希广
孙延应（王彦洪）	王　则	方　腊
郭　京	韩林儿	唐赛儿

《粤商自治会函件初编》　　南海关伯康编辑
　　　　　　　　　　　　光绪卅四年出版
　　　　　　　　　　　　铅印一册。

　　辑录光绪三十三年粤商七十二行反对英国在西江缉捕小轮，侵犯我主权事。电文中有："外部谬允，中外哗然，诧为卖国，主权一失，扬子江及各省内河将非我有，亡可立待。粤已开会死拒。"等语，向各方通电后，各地及华侨响应声援的文字，辑成此集。

《五十日见闻录》　　南海朱通儒著
　　　　　　　　　　北京通报馆刷印
　　　　　　　　　　民国元年三月出版。

　　述民国元年五十日见闻，封面有五色旗及"革命裨史之一"字样。

《襄阳光复记》　　长沙毛拔著
　　　　　　　　　民国元年六月出版。

　　记光化县令黄仁荄起兵河口，直下襄阳，建立军政分府等事。

《王金发》　　岑梦楼编辑
　　　　　　　上海华洋书局印刷
　　　　　　　民国4年仲秋出版。

　　述王金发一生事迹，其中有涉及蒋匪介石处。为咒骂王金发的作品。前有王金发行刑前后照片两张。

《国血民》　　古歙退省庵主延陵懒痴氏作于申江客次
　　　　　　　民国7年，上海江东茂记书局石印。四卷四册。

述民初袁世凯称帝等事。章回体。卷末结尾诗云：
"编成国血不平鸣，笔秃心枯泪转盈。
蛇鬼牛神同秉政，山妖水怪尽提兵。
民穷尚未停罗掘，世乱无从定死生。
困苦流离忘岁月，豳风何日听重赓？"

发表《龙门造像目录（稿本）》按语

清陆蔚庭稿本《龙门造像目录》一册，系近人陆和九重录本，封面题"重抄陆蔚庭稿本""龙门造像目录庚寅九月晦日陆和九题。"原稿是否即由陆和九藏存，因陆已死去，无从查询。

陆蔚庭字继煇，江苏太仓人，清同治十年进士，任编修官及河南汝宁府知府。为《金石续编》及《八琼室金石补正》著者陆增祥之子，著有《金石粹编补正续编》六十四卷（见《金石著述名家考略》）、《龙门山造像释文》一卷（见容媛辑《金石书录目》，谓有林钧藏缪荃孙旧藏稿本），此外则有这一目录。

此册凡录洛阳龙门造像题记及经幢等计九百三十七种，原稿可能少于此数，因"道钦奎造像"一目下，注有"又增入陆蔚庭前辈赠五刻"等字样，可见又经后人增补。其中有朝代、年号可考者凡四百余种，缺朝代、年号者近五百种。

此册著录时，曾参考孙星衍、邢澍所著之《寰宇访碑录》，对孙著颇有校正，注中"孙录"云云，即指孙著而言。注中又有"陆作""陆释"等字样，可能是指陆增祥《八琼室金石补正》。从一些注中的语气看来，似为陆和九所加。因缺乏原稿查对，暂作如此推测。"眉批"所注年号等字，想亦为陆和九所书，陆和九藏碑帖拓本甚多，或曾就己藏查对并附记。

日本人所著《龙门石窟の研究》一书，其中"龙门石刻著录书目"一页，列举各家书目凡四十种，但未著录此一书目。

洛阳龙门石窟，近百年间受到帝国主义者尤其是美帝国主义者百般破坏，到处是断肢残首，斧凿遗痕。直到洛阳解放以后，才结束了强盗的摧残，得到认真的保护。今年3月国务院更公布为全国第一批重点文物保护单位之一。将在已有的保护基础上，做进一步的整理和开展研究工作。本刊特发表这一目录稿本，以供整理、研究时参考。

悼念郑振铎副部长

劫余文物费周章①,九载辛勤筹划忙。
事业如今新气象,我君辛苦不能忘。

九年共事在京华,笔不停挥手不暇。
遥忆长空灰烬里,几多心血付天涯。

犹忆先前院里谈,殷勤约我去阿联。
不料如今成永别,音容面貌在庭前。

和平战士乘风去,为国捐躯死亦豪。
六万万人齐跃进,我君鲜血不轻抛。

---

① 解放前我国古文物受美、蒋大量破坏搜刮,解放后在党和政府的领导下,祖国文化遗产才得到保护,1949年文化部设文物管理局,郑振铎同志任局长,筹划独多。

悼念郑振铎同志逝世三周年

历史绵延千万年，光辉灿烂有遗篇。
流传文物多丰采，一世辛勤费苦研。

牛鬼蛇神据百年，抢偷砍凿餍馋涎。
三山推倒方能保，规划苦君常不眠。

北国相随近十年，堂堂步伍直奔前。
书林漫步真成癖，笔不停挥手不闲。

魂飞骨化已三年，留得音容笑貌妍。
一束香花权供养，蒸蒸事业慰君眠。

1961 年 10 月 15 日深夜

过 大 同

一片新城压旧甍，卅年往事注心头。
天翻地覆从头改，陋巷空余戏凤楼①。

在鄂温克族自治旗蒙古包中做客

草原无际碧如茵，蒙古包同雨后菌。
万马奔腾向天际，群羊追逐去河滨。

风霜炼就红铜脸，雨露浸成赤铁身。
大小欢歌迎远客，帐中温暖似初春。

达赉湖边

草原走尽近湖滨，一片波涛万马惊。
红日银鳞相映里，山河壮丽庆常青。

访大兴安岭鄂伦春自治旗

兴安岭上林如海，鄂伦春旗百事新。

---

① 由西蒙去东蒙时，路过大同，小住两日。三十年前曾游此地，那时荒城古道，破败不堪，现在已是一个新兴城市。在九楼巷里还有传说中正德皇帝"游龙戏凤"的酒楼。

猎兽番成养兽者,伐林又是育林人。
从来无路今通路,到底有家胜野行。
红瓦白墙新市起,南腔北调大家庭。

无　题

"黄沙白草无人烟","塞北""九边""大漠天"。
古人那见今朝事?绿草肥羊气象千。

　　古代诗人文士,形容蒙古一带,总是许多荒凉的辞句。弄得我们这一代人,没有去过蒙古的,脑子里也总是萦绕着那些杂七杂八的东西。这次到了蒙古一看,完全不是那么回事:大青山多么刚健,土默特川多么肥美,河套多么富饶,牧区的草原多么迷人,原始森林多么苍翠美妙,达赉湖边许多肥猪叼着鱼儿笑嘻嘻地奔跑,森林里象油沙一样的黑土长着多么肥大的土豆,而各族人民在这万里边疆为祖国创造多么巨大的财富,他们歌唱着、欢跳着、劳动着,金地银天,气象万千。把我们留在脑子里已经几十年的甚至有时还哼来哼去的一些乱糟糟的东西一古脑地赶跑了。

青　冢

昭君坟上草青青,当日雄装赴北廷。
地阔天空在飞舞,为何定教屈宫庭?

　　呼和浩特市黑水附近有昭君坟,又称青冢;包头黄河隔岸也有一座昭君坟,据说还有几处,总之昭君的故事在这一带成为民族友好的象征,有一座小山包,就可能说成是昭君坟,这本来是很自然而又非常美丽的故迹。可是历代有许多文人雅士,不知替昭君流了多少眼泪,作了许多像"独留青冢向黄昏"这样凄凉的诗句。仿佛汉族姑娘就不能嫁给外族,仿佛昭君就应该在汉宫庭里过着永不见天日的奴仆生活才是幸福。前天读到张执一同志的诗,为之不平,不禁也有同感。

1961 年 10 月 14 日夜

题包头赵长城畔与范老合影(并有小记)

踉跄垢面出牢门,今日长城留笑痕。

数度生逢非易事,回看"难友"几人存?

1930 年冬与范(文澜)老同时出狱,在步出当时"北平警备司令部"大门时,范老忽然想到眼镜尚被没收于看守所中,欲再入门索取,余急拉之速走。

1933 年,余由"宪兵第三团"出狱时,因在狱中得到消息云不久将捕范老,乃急往送信,促其早逃。深夜出门后不远,见胡同中小贩车旁有着西装者在,心知有异,不料第二日范老即被捕。

1947 年秋,余因北京地下电台被破获,得吴晗教授之助,逃出虎口。次年一月与范老相聚于晋冀鲁豫解放区,——太行山上潞城北方大学。劫后重逢,欢快无似。

1961 年 8 月随范老、翦（按：翦伯赞）老等史学家访问团去内蒙古，在包头附近赵长城遗址处合影。归来每看此一照片，便记起许多往事，乃以二十八字记其大略。

1961 年 10 月 4 日夜

访普救寺

　　同蒲路蒲州站附近有普救寺遗址，是唐代元稹所作《会真记》以及后来《西厢记》产生的背景所在。原来是一所很大的寺院，在明代嘉靖三十四年（1555 年）冬一次大地震时全部毁坏了。后八年有蒲州知州张嘉胤重修了塔院，现在还剩下一座塔和三间窑洞；还有一些五代到宋、明的碑刻。老乡们把这座塔叫作"莺莺塔"；高级社时就叫"西厢社"；还有"红娘队"、"十红娘远征队"等生产小队。我们问了一位"红娘"，为什么不叫"莺莺队"？她说："莺莺是小姐，叫她作甚？"

　　　寺名普救风流久，社号西厢韵味长。
　　　"作甚"莺莺扭捏样？远征十女有红娘。

访洪洞"苏三监狱"

　　　虎头牢里羁红妆，一曲搅翻臭水浆。
　　　王三公子今何在？此地空余丈八墙。

途 中

三十年前曾来晋南,那时人地荒凉,不堪入目;今日重游,棉粮丰盛,男女欢腾,不禁有感。

破车羸马走荒城,褴褛衣衫大地贫。
重游又见山河变,一派棉粮笑语频。

1961年11月

内蒙古忆旅

　　1961年夏秋之交的季节，民族历史研究工作指导委员会组织了以范文澜、翦伯赞为首的历史学家和其他有关同志访问了内蒙古部分地区：从东部到西部，从首府呼和浩特到工业基地包钢，从土默特川到河套平原，从呼伦贝尔盟的草原牧区到达赉湖的渔业区，从大兴安岭的林场到风景如画的扎兰屯。纵横旅途达7 000多公里，看到了蒙古、汉、回、满、朝鲜、鄂伦春、鄂温克、达斡尔等民族兄弟姊妹在一个大家庭里团结得像一个人一样，辛勤地劳动着，欢快地歌唱着，碧空绿草，人壮羊肥，——真是历史上从来没有的一片兴旺的气象。

　　你看那大青山下的呼和浩特市，不再是什么"归化""绥远"，而是名符其实的"青色的城"。自从1947年5月1日内蒙古自治区在这里宣告成立以来，它就成为自治区迈步前进的心脏，正如毛主席当时给自治区贺电中说道：

　　　　曾经饱受困难的内蒙古同胞，在你们领导之下，正在开始创造自由光明的新历史。

真的，新的内蒙古历史篇章就从这里开始了。

你看那土默特川平原和那黄河河套的富饶的土地上长着多么茁壮的庄稼！历史上，传说中的"塞北""口外"，给人多么荒凉的印象，而现在却是青葱满目，亚赛江南。

你看那包头郊外的赵长城，麻池附近的汉城遗址，不是说述着历史上的纷争霸业吗？你再看那包头市新建起一座钢铁长城，真是长龙卧波，瑞气祥云，来自全国各个省市自治区的工人兄弟在那你教我学，你追我赶，为祖国创造着多么巨大的财富。

你看那呼仑贝尔盟，不就是整个自治区的缩影吗？农、林、牧、副、渔样样俱全。当我们到鄂温克族自治旗锡尼河公社锡伯生产大队去的时候，草原牧区的景色一下子把我们所有的人都迷住了。我们之中有人是研究了一辈子蒙古史的专家，但他却没有到过蒙古，更没有到过牧区，原来游牧民族是这样的生活着：

他们以万里碧空作穹庐，如茵的绿草作毡毯，把这一片天地作他们的牧场，你看那布列亚特蒙古族同志，男男女女，戴着尖帽子，穿着缎袍子，套着毡外套，骑着骏马，驰逐在万马群羊之间，多么矫健的身躯，多么刚强的儿女。

当我们在蒙古包中做客的时候，道恩德格队长的家庭真是人丁兴旺，胖姑娘，胖小子，地下跑的，吊窝子里躺着的，小蒙古袍子，小皮靴子，一对对铜铃似的圆眼睛；而队长夫妇正在青春年少，红铜似的脸，钢铁般的身子，很可能再有十个二十个孩子；家家如此，草原上不是更加丰采了吗？

我们在呼和浩特市曾听到杨植霖书记、王再天书记向我们谈，解放前的牧民人口逐年在下降，疾病和生活常年的迁徙不定，刚生下来的孩子包裹得很紧放在牲口上随着大人转移，到了住地，打开包来喂奶，小孩像刚出屉的馒头一样冒着热气，一受风就常常死亡。那时蒙古包中很少见到小孩子。现在客人们一来，小孩子就围成群，我们到蒙古包外看赛马，套马，驯马，小孩子们多么想上去试一试身手，你看那一对对小眼睛不是看得出了神吗？

书记们又同我们说：过去的牲畜也是逐年下降的。一个大风雪天，一只羊钻在另一只羊的肚子下面取暖，风雪越紧，钻得越凶，能挤成一座羊山，压在下面的就会被压死，一死就是成千上万。现在是实行了定居放牧。我们看到的地方是夏营地，到了冬季，就迁到定居地去了。那里牲口能避风雪，人有暖和的房舍，还有学校，卫生所，——一个健康的有文化的民族就是在这样细心培养下成长起来。历史上的游牧民族曾经有过这样温暖的时代吗？

我们之中有许多人曾经到过满洲里，总有些边境荒凉的感觉。这次离开满洲里不远，就又是一望无垠的草原，在草原的中间像悬着一个明镜似的大湖，绿波荡漾，日暖风和，那就是成吉思汗发祥地——达赉湖和它周遭肥美的草原。这个海样大的湖，是祖国边疆上大渔场之一，到了冬季，要用720米长网在冰下打鱼，场长讲了半天，我们还是不明白怎么能把这样长大的渔网下到冰下又是怎么拉起？可是我们看到了这里鱼真是丰富极了。几个不会钓鱼的人，投下钩去就钓上鱼来，一会功夫，就是十几斤。渔场喂了一群肥猪，在渔网拉出来之后，它们成群结队的跑来，一口叼着两条鲤鱼笑嘻嘻地奔跑回去。猪会吃鱼。真是历史上从来也未曾著录过的事情吧！

湖边漫步，发现沙石之中夹着许多玛瑙石、燧石、石髓等石子，原来"细石器"的老家就在这样的地方，莫怪我国细石器文化是沿着游牧民族的走向而分布的。我们从达赉湖到了札赉诺尔，又看到了可能是鲜卑族的墓群，原来这一片水草丰盛的地区，自古以来中华民族的优秀儿女就在这里开发着，繁衍着。

当我们从牙克石向大兴安岭的深处甘河林场前进的时候，经过所谓"岭顶"，这实在出乎我们意料之外，当我们上小学的时候就读过有着大兴安岭记载的课本，我们一辈子都觉得这里总是高山峻岭，峰峦插天，谁知到了这里平平稳稳，静静幽幽，都是不高的山坡，却长着茂密的森林。这就是祖国的森林基地之一，这就是原始森林的海洋。你看那落叶松多么挺拔，白桦林多么净洁，而这过去几乎从来没有人烟的地方，现在却有来自祖国各个地区，几十万祖国儿女在这里遵照内蒙古自治区党委的指示："右手栽树，左手斫树"，进行着更新育林的工作。它将为祖国供应着永远不绝的木材，它也将是万世常青的林海。

我们从这里又到了鄂伦春自治旗的所在地，这是在不久以前还过着原始狩猎经济生活的民族，现在却是飞跃到社会主义的大家庭中，过着定居狩猎的日子。过去是只打不养，现在却是育养着许多鹿群；过去是烧山捕兽，现在却是护林防火的尖兵；过去是住着"撮罗子"，现在却是白墙红瓦的房子正在兴建。我们参加了这里的舞会,看到鄂族姑娘刚刚跳完极为原始的模仿着"黑瞎子"动作的舞蹈,然后她们一阵风似地跳跃到我们面前一伸手一弯腰,要同我们跳交际舞。这个场面使我很激动,它生动地表现了历史的进程。

内蒙古自治区党委对我们参观访问的安排,真是无微不至的关怀,当内蒙古旅行快要结束的时候,让我们来到风景如画的札兰屯。这里又是乡村,又是城市,树木把这个城市罩得严严的,碧水从这个城市中和周遭流过,安静得没有一点嘈杂的声音,人们正可以把将近两个月来见所未见、闻所未闻的新的历史图册在脑子里慢慢打开来重温一遍,我也就不自觉地把毛主席的词句读出声来:

"……江山如此多娇,引无数英雄竞折腰。惜秦皇汉武,略输文采;唐宗宋祖,稍逊风骚;一代天骄,成吉思汗,只识弯弓射大雕。俱往矣,数风流人物,还看今朝。"

1961 年 12 月 14 日夜追记

晋 南 访 古 记

一九六一年十一日三日

下午3时20分由太原乘车去侯马。一上车，马上就想起约在三十年前，曾由太原去运城，那时同蒲路刚刚通车到介休。路是窄轨，车厢就是拿些木板钉起来的，没有玻璃窗，就在木板上锯开一块长方孔，旁边有一块板子，可以推上拉开。车子走得极慢，坐急了可以像坐大车一样，从车上跳下来，跟着火车走一段，再坐上。沿路的站台都没有修，车子快到一个所谓"站"的时候，远远地叫几声，就看见从附近村子里跑来一两个人，拿着一个小箱子，跑到车停下的地方收票、卖票。车子要开了，连个哨子也没有，最后一节车子那里，有个人打着绿旗子，大声叫着：

"开吧！开吧！"

车子又慢慢地晃着身子走动了。

据说同蒲路的修起来，是阎锡山在德国银行存款，取不回来现款，只允许给器材，他于是要了小火车的一套设备，用兵工筑路，今天修十里就开十里，路基很松，车子当然不能开快。这样算盘一打，同蒲路修通了南段以后，不久就把在德国的存款全部赚回来还搭了利钱。

我记得那时天刚亮从太原上车，一直弄到昏天黑地才到了介休。第二天雇了牲口还是搭了一辆破轿车，一直走了五六天才到运城，仿佛有很多时间是沿着汾河边的山道走，留在印象里的是破车羸马，荒凉满目。现在火车直通到风陵渡，都换了宽轨，沿路庄稼长得很好，妇女们正在一片片的大棉田里摘棉花，衣服穿得十分整齐；每隔一段的路边都有许多自行车放在那里，上边装饰着一些花花绿绿的东西。想起三十年前旅途中见到的哪会有自行车？哪会有穿着整齐的男女小孩？哪有一望无际的平整的田园？——破烂的、惨酷的旧社会像一幅肮脏的画图在脑子里一页一页地翻过。

入夜以后，每到一个站，都是亮晶晶的电灯照耀着，附近的城市也是一片灯火。夜里一点半钟到侯马，住招待所。

十一月四日

昨夜3时半入睡，6时半即醒来，起来到外边一看，院子很大，都是一排排平房，坐北朝南，一排房的前面都有空地，种着辣椒、菜蔬，长得很好。房子不高不大，很整洁实用。这里工作人员的工作、生产、学习都搞得很好，什么事都井井有条。

10时半去看曲沃附近的古城，在现在的曲沃县城西南一公里处，城址还依稀可见，除了南城被河流冲没以外，东西北三面有的还保留一至三米的高度。古城内周代和汉代的瓦片还不少。

乾隆年间曲沃知县张坊曾修刻了县志，这部志书实在修得很好，不像一般县志，东抄西袭，人云亦云。这位张坊不但自己作了许多考证的文章，如《晋综》，《曲沃征》，《新田征》等文，而且录入了别人论证的文章，如《曲沃辩》（李延宝）。并且把有关曲沃的历史资料都辑录出来，很便于参考。

他在《曲沃征》中认为："今之沃，犹古之沃也。……故城在县治西南二里，至今遗址宛然，是即晋成侯所徙之都，桓叔所封之国也。"

他又在十景《沃国春光》一条中写道："……东西北三面遗址宛然，其城东接韩村，西抵林城，面对绛山，下临浍水，极为奇观。"

他所考证的"沃国"，同现在地面的考查以及探测的情况是很为符合的。很可能就是公元前七百多年"沃国"的遗址。

下午3时，我们又到侯马西面约五里的牛村古城遗址，在城内北部的高地上还有建筑的遗址，台基高6.5米，正方形，长宽各52米，顶部有1米多厚的建筑物坍塌的堆积。台前南面的广大地区为牛村居民历代取土，将文化层几乎全部破坏，成了一片凹地。

近几年在这个城东南郊一带发掘出几处手工业作坊，如铸铜器作坊，出了几万块陶范，花纹异常精美。还出了五件人形器足的陶范，有男有女，赤足露腿，有的穿着短衣，有的穿着草履，其中还有一个人衣服上有"山"字形花纹，和战国"山"字形铜镜花纹几乎完全一样。

这里还发现了骨器作坊，有骨料、半成品和成品。还有一件上面有用火烫出的花纹。

此外有烧造陶器的窑址、居住遗址、窖穴、墓葬等。

这个遗址据张坊的考证,认为就是晋景公十五年(公元前585年)迁都新田的所在。他列举了八点认为无可置疑的理由来论驳前人的谬误,他有《晋国七都考》的诗,写得很简明扼要,录《新田都》一首以见:

新田都

在曲沃县西南三十里,景公迁此,历厉、悼、平、昭、顷、定、出、哀、幽、烈、孝、靖十三公,后分为魏、赵、韩。

土厚水深,文详左传;背汾面浍,注悉桑经。不观侯马之墟,谁识新田之旧。一经揭出,三传宣昭。

春秋左氏大卿材[①],新绛嘉谋古所推。二百年间垂霸地,十三公尽主盟来[②]。总由沃国讹新晋,致使乡中失绛台[③]。自我指明侯马是,千年障翳似云开。

看来他的说法和现在初步发掘的情况对照,这里是"新田"的可能性是很大的。因为一来地点正处在"汾""浍"之交的三角洲,二来晋景公以前晋国还没有统一晋东南一带的地区,像这样大量铸造青铜器,其合金原料也会成问题的。现在

---

① 原注:上卿韩厥。
② 原注:出哀后,诸卿尚主盟中夏。
③ 原注:温公故绛城诗:"若问廐祈地,乡人亦不知"。

后来唐代的豪王官吏又屡有增设，到了樊宗师的时候，这个园子相当可观。宋代咸平六年（1003年）有位孙冲来作绛州通判，他对照樊文观察园亭情况，还有"虽与旧多徙移，然历历可见"。

这个园子历隋、唐、宋三朝都还很好，以后就逐渐毁败了。孙冲还看见过樊宗师的碑记，他说很卑小，又重刻了一块，现在这些亭台连同碑刻都不可寻了。可是这个地点想来是不会错的，因为这里一直作州衙，正是居于街市的高地上边，园子里还留下很深的两个池沼，中间有桥梁可以通过，北岸还有高台（可能是北齐斛律光的庙址），前面还有后人修建的"虎豹门"，前院还有一座唐或六朝造像。总之还有一些规模留存，原来的泉水引进想是从高台那里下注的，很可能造成一个飞泉瀑布的样子。若干年以后假若照那篇《绛守居园池记》，恢复出原来的面貌，倒是很好的。

我们看了园池，就到前院看碧落碑，是在跨院里修了一个亭子保护着。一共两块大碑：靠北面的一块为原刻，系唐咸亨元年（670年）李训、李谊、李谋、李谌兄弟四人为纪念他们的母亲建了庙舍，有碑落天尊像，写了碑记，因此后来就称为碧落碑。一说因碑在碧落观得名。大字篆书，据说唐代篆书大家李阳冰见此碑"裴回数日不去"，欧阳修、赵明诚、钱大昕等也都很重视它。虽然在元代这碑曾经倒裂过（一说明末雷击倒仆），但是现在保存的还相当完好，缺字不多。其中有一段讲到石刻或壁画的地方很生动：

"土木非可久之质，熔铸为诲盗之先。肃奉冲规，图辉贞质,晬容伊穆,玄仪有炜。金真摛耀,疑金阙之易奔;琳华扬彩,若琳房之可觌。……"

这块碑的后面刻着唐开元二年国长史李汉所撰的《黄公记》,其中说到这个"李谟"是唐高祖的孙子,韩王元嘉的儿子。别封为"黄公",在武后时"议起兵伐诸武,……发觉伏诛。"

碑阴《黄公记》的下半部是把碑阳篆文翻为楷书刻下的,是唐咸通十一年(870年)郑承规奉命写的。

南面一块碑,碑阳是复刻碧落碑的篆文。碑侧有元至元三年(1266年)"管勾米张琮"等的刻字,说是这块碑为"马逸倒仆,乃寻工复刻"。

碑阴是金大定二十三年(1183年)《绛州复建州衙南门记》,是元代把这块金朝碑的阴面磨刻了碧落碑的。大定这块碑后面的署名是些开国伯、开国男一些头面人物。据侯马市副市长权老先生谈,鼓堆泉还有一块元朝"猴儿年"的碑,看来这一带古碑是很多的,能专门有人访碑,出几套《访碑录》,不知有多少好资料。

绛州在宋代本来有位驸马爷潘师旦把《淳化帖》增入别帖刻在石头上,称为《绛帖》,因为《淳化阁帖》流传少,这个《绛帖》也很著名。后来潘氏死了以后,这个帖由于潘氏分家分到两下,后来有一半为绛州公库所收,又补刻其余,称为东库本。还有其他翻刻本,我们打听了一下,现在不论是石刻或是板刻的都一无所存了。

隆统治汉人的某些政策；一方面也看出那时盐商及其他行业富庶的情况。

中国科学院考古研究所山西工作队就住在这个庙里，他们正沿汾河两岸作调查，发现新石器遗址很多。预备继续上寻，搞清这一带的文化情况及各种文化的关系，这种做法实在很好。

由关帝庙三时半出发，翻中条山去永乐宫，上下约四十里，在山顶那里，车坏了，停修约一小时，然后下山，山上多绿色岩层，到芮城永乐宫新址时已经天昏地黑了。时约7点钟。

十一月九日

早起到院里一看，原来在永济永乐镇的永乐宫已迁在这里重新修建起来。

事情的经过是这样的：

约在1954年，山西文教厅崔斗辰同志在普查山西各地文物时，发现了这座永乐宫（可惜这位老先生后来在五台普查文物时，坠马中风，养病多年，终于故去。他对山西的文物工作是有功绩的，令人永远怀念）。除了山门以外，其他四重殿都是元代建筑，而且有大幅精美的壁画。可是三门峡水库兴建以后，这个位置在黄河北岸的永乐宫，正在淹没区，于是就设法剥取这里的壁画加以保存。就在1959年3月间开始了正式揭剥壁画的工作，到这年10月1日我们建国十周年时，就全部揭剥完毕，只用了七个月的时间。而且一不锯脸面，二来锯缝很窄，揭剥得十分成功。接着就是拆卸全部建筑，连同壁画运输到四十五里以外的新址。剥下来的 552 块壁画,最大的达到 6 平方米,重约一吨,用汽车来运输,保证不震不裂,这实在不是件容易的事情。可是这些都难不倒不怕一切困难的人们,他们想了许多办法,终于把这 960 平方米的精美壁画运到新的工地,而且都入了安全的仓库。

这座雄伟的元代建筑群连同它的精美壁画,将完全恢复原来的面貌,供千秋万世的人们来欣赏。

郑振铎同志曾为文物出版社出版的《永乐宫壁画选集》写了序言,我还想就手头材料补充几点:

一、关于"大纯阳万寿宫"(现通称永乐宫)创建的经过及年代:

永乐宫旧址原属山西永济县,今属芮城。在唐代的时候,是河中府,永乐县。相传吕嵒字洞宾的这位"仙人"就出生在这里。吕嵒一说是在唐敬宗宝历元年(825 年)举进士(见永乐宫最早碑文:金代兴定六年二月公元 1222 年《有唐吕真人祠堂记》。按此碑金末裂于火,元代曾两次重刻)。一说是在唐懿宗咸通(860—873 年)举进士,时年六十四岁(见万历二十年本《吕祖志》)。后来遇见同时人钟离权(按钟离权,为吕洞宾同时的人,因为自称"天下都散汉钟离权",后人把"汉"字属下,成为"汉钟离",是错了的)就学道成仙。乡人就在他出生地"招贤里"建立祠堂。一直到金代兴定六年(1222 年)有位同乡进士袁从义(字用之)撰上述《祠堂记》时,还是"祠堂",大约到了金末元初才"改祠为观"。中统三年(1262 年)《重建大纯阳万寿宫之碑》的文中说道:

"近世土官以隘陋故□□增修门庑，以祠为观。……长春之应诏北还，□祖师仙迹，一为发扬，自是其功□□□，其徒日益广，岁甲辰（按应为1244年）暮冬野火延之，一夕而……，故鼎新之兆，明年有敕升观为宫，进真人号曰天尊。披云真人宋德方在陕右谓其徒曰：'师升其号，观易以宫，苟不修祟，曷以称是？……'"

按照这个碑文来看，"明年有敕升观为宫"应为公元1245年。但是什么时候修建这个宫，在上述碑文后面的"铭文"中说道：

"是宫之作，肇于德冲；十年于兹，告成厥功。"

若按此碑立石在1262年，上推十年，应是1252年。这样说永乐宫是公元1252年兴建的。

另外在泰定元年（1324年）"大纯阳万寿宫提点段通祥"等重刻上述《有唐纯阳宫真人祠堂记》（按此碑即兴定六年《有唐吕真人祠堂记》，碑名作了改动，内容则一）的时候，在碑后加了一段题记，其中说道："圣朝尊道贵德，比比化荆棘为道林，岁在壬子（按应为元宪宗二年的壬子，公元1252年）冲和大师潘德冲奉清和宗师命提点河东，于是辟垣庸，新宫宇。……既而冲和谢世，厥后积以岁年，宫事大备。……"

这又是永乐宫兴建于公元1252年的旁证（但是这里所说"清和宗师"，即尹志平，他已在1251年死去）。

此外永乐宫现存碑刻中有一块很大的元碑，前后两面各分作上中下三栏，碑的东侧，也刻了一段，除中统三年二月十二日"昌帝大王令旨"的一栏外，其余都是刻的"丙午年"（按应为元定宗元年，公元 1246 年）十至十二月当地官府官员人等如"宣差平阳府路都达鲁花赤"，"宣差河南南路都总管府"，"宣差平阳总府官"，"宣差河东南北两路舡桥都总管"等的敦请"潘公大师住持永乐镇纯阳宫，平阳府长春观"的疏文。从疏文中看潘德冲此时还没有来永乐，所以常有这样的句子：

"敬邀鹤驭以遄行，谨命舆而远致。……愿蒙金诺，请陟云程，谨疏。"

——其一

"敢劳一着脚，快使众归心幸。"

——其二

"久旷主持，只好便当承受。猿啸鹤鸣，犹嗤钝滞；溪声岚色，似笑迟疑。叩首不辞，邮驿路众，乃倾诚拂衣，来作主人翁，谁云不可？三祷哕颜回蓟北，一川和气满河东。谨疏。"

——其三

若按这些疏文来看，潘德冲在"丙午"年以前，是还没有来永乐的。那么潘来永乐最早也只能在"丙午"次一年即公元 1247 年。

但据 1960 年第八期《考古》所载徐苹芳《关于宋德方和潘德冲墓的几个问题》一文，他根据《甘水仙源录》、《祖庭内传》及其他材料，考证潘德冲为"元太宗后三年（1244年）……开始营建永乐宫。宪宗四年（1254年），应忽必烈普天醮。六年，死于永乐宫。"

又说："潘德冲则是中统元年（1260年）下葬的。"

这样潘德冲来永乐营建大纯阳万寿宫的时间是有两种不同的说法，还待进一步考证。

但是有一点可以肯定的，潘德冲是主持兴建永乐宫的人。潘德冲字仲和，淄之齐东人。他是长春真人丘处机于元太祖十五年（1220年）往八鲁湾去见成吉思汗时所带的十八"侍行门人"之一，三年后回燕京。尹志平主持道教时，他是燕京都道录兼领宫事。后来大约还是由于李志常的推荐，作了"河东南北两路道教都提点"，就开始兴建永乐宫，后来就死在这里。这次迁移的碑刻中有一块中统三年（1262年）的碑，全文如下：

"上头天底气力里

皇帝福荫里

昌帝大王令旨，据河东南北两路提点潘德冲，清标迈俗，雅趣不凡。万里随师，预十八之高选；平生所志，唯五千字之秘文。重兴永乐之胜，兼复潍阳之旧观。能事甫毕，乘化而仙，可赐号冲和微妙真人。尚服殊息，以光仙籍。准此。

中统三年二月十二日"

这次迁建工程中也对三座有关的墓葬作了清理，其中就有潘德冲墓，石廓上有线刻二十四孝图及可能为"杂剧"的图刻（详见《考古》1960年第八期所载发掘简报及徐苹芳考证文字）。可惜的是缺少墓志，留下一些麻烦。

二、宋德方和纯阳宫修建是什么关系？宋德方墓也是这次清理的墓葬之一，另一座为所谓"吕祖"墓。在上述发掘简报中说道："据宋德方出土墓志和石棺盖题记，祠堂碑记等记载：披云子姓宋名德方，字广道，号披云，系山东莱州掖县人，十二岁入道教，元太宗十二年（1240年）来永乐宫，见宫宇残废，遂策划重修。"又说：据元统三年（1335年）所立"披云子祠堂碑"中说："宋德方于元宪宗二年（1252年），死于陕西终南山重阳宫，后二年（1254年），迁葬于此。……"

因为简报没有把全部文字材料录出，只能看到这么一点情况。但是在永乐宫这次所迁碑刻中有中统三年"玄都至道披云真人宋天师祠堂碑铭并引"及至元十一年（1274年）"玄都至道崇□明□真人道行之碑"都为宋德方的碑文，记述宋德方一生事迹很详细。这位宋德方是长春真人丘处机的小同乡，元太祖成吉思汗召见丘处机时，丘选了十八道徒随行，宋德方也是其中之一。后来丘回到燕京住长春宫，宋也在此。到了元太宗四五年间（壬辰、癸巳。1232—1233年）宋应了"大行台外郎崞州王纯甫"，"大丞相平阳胡公"的"请主醮事"，到了山西。他在甲午年（1234年）还游了太原，把"太原西山德古昊天观故址"的两个石洞其中都是道教像壁上还有"宋仝"（一本作宋童）二字的这些洞窟，外面都加了殿阁，进行了三年工程，修成一座洞天道观。后来他主持在"平阳"的刻道藏的事情。庚子年（1240年）他来到永乐，拜谒纯阳祠，看见祖祠"等。"披云道院"当为纪念宋德方的。宋德方与潘德冲都是随长春真人西游去见成吉思汗的，万里遐征，同辛共苦，所以宋德方在终南山重阳宫死了以后，骸骨移葬到永乐，大约也是潘德冲进行的。

永乐宫有许多块元朝碑，其中有元武宗至大三年（1310年）的多块，都是策封长春真人和十八侍行门人的。又有"俺的牛儿年""俺的兔儿年"等碑都是元朝皇帝下令保护宫观不许任何人搔扰侵占的。——可见这个永乐宫受到元朝皇帝的特别照拂。一则表现了元朝对于利用宗教的一种政策；一则也看到王重阳、丘处机这一全真教派在当时道教中有很大的势力。至少是从当时大都（北京）到山西、陕西等地都是他的门徒的势力范围。

我们还看了新宫附近几处古迹。原来迁移方案有四个，后来才选定在这里：后面是中条山，前面是黄河水库，将来水库的环湖公路距此不远，而这个新宫所在地本身就是"古魏城遗址"，西北方几里地的地方有个龙泉村，一股碧清的泉水，上面还有一座龙泉寺，三间不大的殿，却是唐代的建筑，是古广仁王庙。乾隆二十三年经过重修，但还基本保持唐代建筑的原貌，墙上镶着两块唐碑，一块是"元和戊子龙泉记碑"（按元和为唐宪宗年号，戊子年为公元808年），一块是"大和六年龙泉记碑"（按大和想为唐文宗太和，六年为公元832年）。殿中还有一块唐代残刻石，线刻供养人像，很精美。这一带风景绝佳，果木树很多，柿树尤多，将来把泉水引到永乐新宫，几年以后，树木长起，将更是一番好气象。

十一月十日

上午到永乐宫旧址去看,水位稍高时,已淹到三清殿。我们去时,水已退下,还可到几个殿址处徘徊。一片瓦砾,淤泥中已经长出芦苇来了。可惜前几年总是想来来不了,没有看到原来的样子,实在是终身遗憾。

回来经过芮城县城,正逢赶集,很热闹,有卖小猪、小羊的,有卖柿子、苹果的,有卖涝糟鸡蛋的,卖炒凉粉的。赶集的男男女女都穿得非常整齐,妇女们更是花花绿绿。

晚上同工地的员工们座谈,有来自五台山的老技师,有北京来的工程师,有当地的生龙活虎般的建筑工人,有迁建委员会的员工,其实都是一些"平凡"的人,却做了一件古今中外很少做过的事。不说是"绝后",也算得"空前"。

十一月十一日

早8时出发去风陵渡,离开新宫很远了,再回头一看,山光寺景,宋塔依城,将来水陆交通,实在是一处游览的胜地。约10时到风陵渡,想起三十年前经过此地时是一片大河滩,沙滩上有各种各样的赌摊、烟场;各种各样的流氓地痞,欺侮着过往客商,过一次渡口,总要剥掉一层皮的样子。现在已经是火车站,附近都盖起许多房舍来了。由此去西侯渡看旧石器遗址,路过一个村子叫独头村,说是杨贵妃出生的村子。按《杨太真外传》中说:"杨贵妃,小字玉环,宏农华阴人也。后徙居蒲州永乐之独头村……"。《永济县志》更言之确确,"其父元琰家于蒲州之独头村,贵妃生其间,及入宫后,号其村为贵妃村，今独头坡，正唐时村地。"不料无意中走过。前行到了西侯渡，因为前不久下雨塌方，把发掘地掩盖了，听说裴文中、贾兰坡等专家明后天就要来这里，可惜我们不能等待了。匼河也在附近，发现了比"北京人"时代更早的文化遗址，晋南的好戏真是越唱越远了。

回风陵渡已12时，饭后2时上火车去蒲州。2时42分即到达。到这里是来看闻名已久的《西厢记》中的普救寺的。由车站步行约二里到达蒲州公社新盛镇管理区，这里是原蒲州城关镇的居民在解放前因黄河发水即将淹没蒲州而迁到这里的。现在是很整齐的一个市镇。由此骑脚踏车去"普救寺"，约三里多路即到达，寺原在一小山坡上，现在只剩下一座塔，三间窑洞。绕行登山，到处可以看见残砖烂瓦，山头的土坡削面，可以看到厚厚的砖瓦层，这种情况说明当初是一片很大的庙宇，由于嘉靖乙卯（1555年）一次大地震全部倒塌了。现在的塔，老乡们还叫做"莺莺塔"，是这次大地震后过了八年蒲州知州张佳胤重修的。

他在一块碑的碑文中说道：

"蒲东旧有普救寺，创自隋唐，工制壮丽，嘉靖乙卯冬地大震，摧折无遗，越八年余来典斯郡……。"

张佳胤修塔倒是做了一件好事，他把一些旧碑都镶在塔的周围。我们看到——

东墙有："显德二年（按为后周世宗，公元955年）岁次乙卯……侄女阿师子"尊胜陀罗尼经碑。

北墙有：淳化五年（按为宋太宗，公元994年）碑。
西墙有：大宋至道二年（按为宋太宗，公元996年）碑。
南面有：嘉祐四年（按为宋仁宗，公元1059年）造像并题记。

南面还有嘉靖四十一年（1562年）蒲州知州张佳胤碑。

东边地上还有宋崇宁元年（1102年）碑，记载的较详，可惜已倒仆碎裂，无法去看字迹。

这里虽然没有发现唐碑，但在将来清理以后可能有所发现的。从塔台西看蒲州，已经是一座荒城。老乡口中流传当年蒲州胜况的歌谣道：

一巷三阁老，对门九尚书。

站在鼓楼往南看，二十四家翰林院。

可见原来蒲州是异常繁盛的。这里又是当时河南、山西去唐代京城——长安的大道，普救寺就在蒲州城东约六里，赶考的士子住在蒲州，到这里玩耍或者寄居在这里是完全可能的。至少元微之是到这里来过，他的《莺莺传》正是以此处为背景写出的。他说：

"……无几何，张生游于蒲。蒲之东十余里，有僧舍曰普救寺，张生寓焉。适有崔氏孀妇，将归长安，路出于蒲，亦止兹寺。……"

从这一篇著名的传奇——《莺莺传》，又演成《西厢记》杂剧，一直流传到现在。

塔的下面东边有窑洞三间，里面还有些塑像。当初一座大寺院，现在只剩下这些东西了。可是人们到此，仿佛看到一段风流戏散的情景，倒也不必去追究哪里是"西厢"，哪里是"跳墙"之处了。

下山后在新盛镇食堂吃饭，大师傅特别烙了"沙子饼"。是用"莺莺塔"后面山沟里出的一种"莺莺沙"，放在"饼铛"里，沙子烧热以后，把饼放上烙成的。两面黄焦，很好吃。据说这种沙子可以作玻璃的原料。以前这里的高级社就叫"西厢高级社"，还有红娘队、十红娘远征队等名称。实在是个戏剧化的好地方。

晚8时30分乘火车去洪洞。

十一月十二日

晨4时到达洪洞，夜间和整夜未睡。到招待所睡了一会，早饭后即去看隔壁县人委院里的"苏三监狱"。这里还完全保持着一个旧县衙监狱的样子，经过两边都有低矮囚室的普通牢房，然后一转角，看到墙上画着虎头的关押死刑犯人的所谓"虎头牢"。这是一所小院子，有高大的墙，一角有两间牢房，向南的一间，据说就是苏三住过的，里边一座低矮的土炕，很潮湿。一个控诉封建社会罪恶的戏剧就是由此产生的，而且有人说过去县衙里还有这件案子的档案。——不管怎样，从我们保护文物的角度来说，保存着这么一处典型的有故事性的牢狱，供后来人观看，也是很好的。

由此去看著名的广胜寺，寺距县城约三十五里，车行约一小时。

广胜寺分上下两寺院，下寺在霍山脚下，上寺在霍山上。下寺旁又有龙王庙。霍山下边有一股巨大的泉水，从山脚下许多山洞中流出，碧清见底，荇草丛生，真是一派好山水。龙王庙更是由于这股水而修建的。

正是这股水，在旧社会时，洪洞、赵城两县人民在豪强地主的逼使下争水械斗的事是不断发生的，据说每年三月十八日是这里庙会，三月十七日有许多人进城理发、洗澡、割肉、杀鸡，大吃一顿，为的是第二天庙会上械斗，不知能否生还。又说：这两县的人家小孩子打架，被打哭回来的孩子，要受到家长的责骂，骂了以后说："找你妈烙饼、擀面，吃饱了再去打！"说得更加邪虎的是："火车走到这两县都不敢多停，就赶快的洪洞——赵城，洪洞——赵城的跑走了。"

这两县人民的强悍是著名的。到了抗日战争时期，在共产党领导下，两县人民团结起来，组织成游击队，共同去打日本鬼子，出了许多民兵英雄。

龙王庙里有著名的"明应王殿"，保存着元代塑像及精美的壁画。那幅中国戏剧史上最为珍贵的《大行散乐忠都秀在此作场》的壁画就是在这个殿的南壁东侧的墙上。这一行大字的两头，上手竖写着："尧都见爱"四字；下手竖写着"泰定元年四月 日"等字。这幅壁画的上面又有墨笔题记一方，系记修缮之事以后把有关的"芳名"写在这里的，有主事人如"渠长"等人姓名，有画工如"待诏"胡天祥、高文远、席待诏等，有僧人等法名，有官吏等姓名官职，末两行署："时大元岁次甲子泰定元年蕤宾月初一日志笔，写人容受之。"

南壁西侧也同样的下有壁画，上面也有题记。且保存较东这批大藏经。广胜寺的老和尚听到风声后，就赶紧报告了活动在赵城附近的八路军游击队。当时太岳军分区负责人之一是薄一波同志，他接到报告后，立即派队伍去广胜寺抢救，日寇也正派人去抢，发生了战斗，我们牺牲了几位战士抢救出这批经藏，交给太岳行署保存，太岳行署把它藏在一所秘密煤窑洞里。当时太岳行署主任牛佩琮同志和一位刘同志每年还秘密地去检查保存的情况。日寇投降了，刚把这些经卷拿出煤窑，蒋介石又发动内战，1946年把这批经藏运到太行山里的涉县，当时的北方大学校长范文澜同志派了张文教同志去涉县照管，他把这四十多箱经藏晾晒包裹，还每天走出四十里路以外去担柴、买纸、弄粮食、烧饭，因此吐了血。北京解放后，华北人民政府马上把这些经藏让张文教同志运来北京交给了北京图书馆。图书馆特别请了装裱的高手来托裱它们，直到现在还在进行。

我们来到这个事情发生的地点，看到殿中原来藏经的柜橱，想起在那艰苦岁月中的战斗，其中包括着为了抢救文化遗产的斗争，正是说明了这一条真理："斗争，失败，再斗争，再失败，再斗争，直到胜利——这就是人民的逻辑，他们也是决不会违背这个逻辑的。这是马克思主义的又一条定律。"（《毛泽东选集》第四卷第一四九一页）

我们在晋南看了这些优秀的文化遗迹遗物，能够保存得这样好，能够彻底地斩断帝国主义者盗劫的黑手，还不是经过几十年的斗争，人民取得政权以后才会有这样的结果吗？

1961年12月26日追记

（引用永乐宫碑刻文字，系根据油印本《永乐宫碑刻选辑》，字迹多模糊不清或有错字，只好待以后再核正）

的公事，也煞是好。我前时已有圣旨文字与你来，教你天下应有底出家善人，都管著者！好的歹的，丘神仙你就便理会！……"① 这位丘神仙回来以后，就住在现在北京白云观这里，于是"诸方道侣云集，邪说日寝。京人翕然归慕，若户晓家喻；教门四辟，百倍往昔。"当时就有道徒如王道人等，带着人马，悬着圣旨，"横行诸州"。长春真人丘处机和成吉思汗不久都死了，而且是同年死的（1227年）。可是这个"全真教"还在继续大发展。丘处机去见成吉思汗时带了十八位"侍行门人"，除了一位死在西域没有回来外，其余的人回来以后，尤其是丘死以后，大都执掌教门大权，如宋道安，尹志平，以及《长春真人西游记》的记述者李志常等。其中李志常（号真常子）主全真教事的时间达二十一年，侵占各路寺院482处②，道教向各路作了大发展。

对寺庙是这样情形，对和道教有关的地方，如吕祖祠这类地方，当然更要大修宫殿了。

上面我们已经说过永乐宫吕祖观在1244年烧掉了。在1246年有"河东南路"，"平阳府路"等地官员几次上疏③，请十八门人之一的潘德冲来主持"纯阳宫"，加以前有十八门人之一的宋德方也有几次倡议要修建纯阳宫，于是尹志平、李志常就推荐了潘德冲做了"河东南北两路提点"，这样就正式兴建"大纯阳万寿宫"（即永乐宫），1252年李志常奉命去祭

---

① 引文俱见《长春真人西游记》。
② 事见释祥迈撰《辨伪录》。
③ 见永乐宫现存碑刻。

"岳渎"的时候，路过这里，看到规模宏敞，认为非潘不能"毕此胜缘"，又帮助了经费，到 1256 年潘德冲死的时候，大约还没有全部建完，1262 年永乐宫的建筑才告一段落。当时建造的有上宫和下宫，相距有四十多里。未迁前的永乐宫旧址，是下宫。

永乐宫的壁画，很可能是宫殿建筑好了以后，过了较长时间才画上去的。现在可以看到壁画上的题记有作："泰定二年六月"（按：为元晋宗二年，公元 1325 年）的，有作："十方大纯阳万寿宫彩画，纯阳帝君□游显化之图……时大元至正十八年（1358 年）岁次戊戌季秋重阳□□□□□"及"会昌朱好古门人……"等同年"毕工"的题记。由此可见永乐宫的修建和壁画的绘制差不多和元代共始终，前前后后，断断续续，搞了一百多年，许多"鲁班匠手，道子画工"长年累月的劳动，才使我们在六七百年以后还看到一座保存大部完好的元代建筑群和大量的中国画派的精美的壁画。它是和敦煌壁画受到外来影响不同的。

可是那位吕洞宾和主持永乐宫修建的潘德冲毕竟还不是"神仙"，他们没有算到"黄河"也会有"清"的日子，"八仙"真是要"过海"，——这里却成了三门峡大水库。

那么，这座"神宫"眼看就要作"龙王宫"了，怎么办呢？头一步就需要把壁画剥离下来，然后再把房子搬走。从 1957 年开始进行准备工作，美术学院的师生去临摹，摄影师们去拍电影、照相，古代建筑修整所的工程师们去测绘。一面做了这些记录工作，一面就研究剥离壁画的办法，经过专家研究，搞出一套完整的办法，做出一套剥离的工具，又经过几次试剥，完全成功。于是就在1959年3月间，山西省组织了永乐宫迁建委员会，三门峡工程局和各地党委都给了大力的支援，从3月间就开始了剥离壁画的工作，到了这年10月1日新中国建国十周年的时候，只用了七个月时间，就把全部960平方米的壁画全部安全地剥离下来，接着拆迁建筑的工作也就开始了。又在四十五里以外的芮城找好了"新宫"的地址。把壁画和建筑构件全部运到新宫，实在不是一件容易的事情，这剥、拆、运、建之中，不知遇到多少困难，可是它丝毫没有难住不怕困难、不畏艰苦的人们，到了1960年6月底，三门峡水库拦洪以前，旧宫那里除了一只特别庞大的石乌龟，很想洗个澡再来以外，其余的一砖一石，一树一木，都搬到"新宫"来了。一个多月前我们到了"新宫"一看，四层大殿又照原样恢复起来，壁画全部安全地躺在宽敞的库房里等待安装，树木不但开花，而且结了果。这里背后是巍峨的中条山，前面十里开外就是碧清的大水库，右边有一座唐代的龙泉寺，而新宫的本身正是在东周时古魏城的遗址里，将来环湖公路修通，水陆都可以到达，那时春秋佳日，将是世世代代的游览胜地。

当这座"神宫"准备搬迁的时候，有的老乡就说：

"神宫是鲁班爷修的，别说拆不开；就是拆开了，也搬不走；就是搬走了，也对不上。"

这会有的老乡到芮城赶集，特别来到城外五里地的新宫一看，半晌才说出话来：

"共产党毛主席领导的人，就是行，啥事也能办得成！"

这就是"神宫"变异的经过。

1962年1月4日夜

拨开"涩"雾看园池

晋南好戏不寻常，史迹绵延万古长。
猿人更有猿人早，那论唐虞与汉唐。

四句闲诗道罢，且说晋南的历史剧越演越远了。在风陵渡附近匼河一带，发现了比"北京人"还要早的旧石器；在这里唐尧、虞舜的故迹流传已久；夏文化也有许多线索可寻。古人类学家、历史考古者在这一带辛勤的工作着，将要从地下把中华民族的历史序幕揭开。我们从晋南的土地上走过，不仅看到棉粮丰盛，男女欢腾，而且听到这个历史剧揭幕前的锣鼓声调了。

好戏正在唱"闹台"，我且说一处似乎被遗忘的隋唐时代的花园遗址。

我们从侯马市到新绛县去，原来是去看"碧落碑"的。这是一块唐高宗时期的篆书碑刻。据说唐代篆书大家李阳冰看到这碑，徘徊不忍去。说得更加"邪虎"的是："李阳冰自恨不如，以锤击之，今缺处是也"。现在这块碑和元代摹刻的碑都保存得很好，就在新绛中学里。

新绛是靠近汾河和浍河边上的一座县城，城的西北部是高崖。这个城据《直隶绛州志》的记载，是隋开皇三年（583年）建筑的。县衙门以及后来的州衙就修在这个高崖上。以后一直是官衙，现在是新绛中学的校址。

我们到这以后，才知道这里除了"碧落碑"以外，还有一座古代的花园遗址。到了后院一看，果然亭台有致，池沼清凉，园池的规模还依稀可见。靠南面进园的地方，有一片门墙，就是所谓"虎豹门"；转过去就有一处凹下去的水池，池当中有桥梁隔开；东面的池中修了一座八角亭，西面的池子是种着荷花；北面有一座高台，可以登临远望，也可以俯首近观。我们上去一看，西北是姑射山雄峙，东南面有汾河浍河环绕，城中房屋栉比，好一座繁华的城市。这就是古绛州的所在。在这山川城市之间，有这么一处园池点缀，设计是很好的。

回到旅舍借来《绛州志》一看，才知道这座园池，从唐代起就弥漫着一片"涩"雾，弄来弄去，几乎把它埋没了。可是也正因为有这片"涩"雾，倒还保留着这座园林的最早史料。

原来这座园池是隋文帝开皇十六年（596年）一位"内军将军临汾县令梁轨"[①]开创的。那时他看到当地常常有旱灾，井水又多卤咸，既不好吃，浇地也不长庄稼，于是他从现在新

---

① 新绛县是"民国"时候改名的，这里在汉时是临汾县，隋初改正平县，以后屡次改名，但都是州府所在。引文见宋治平元年（1064年）薛仲儒《梁令祠记》。

绛北面三十里"鼓堆泉"那里引来泉水,开了十二条渠道①,大部分用来灌溉田地,小部分流入当时刺史的"牙城",从州衙的后面经过,流入街市和城郊,解决了人民吃水问题和田园的灌溉。这股水从高原流下来,形成瀑布。到了隋炀帝大业元年(605年),炀帝的弟弟汉王谅造反,绛州薛雅和闻喜裴文安据此与隋将军周罗睺打仗,"伐土筑台",因之形成了大水池②。

据说人民为了感谢梁轨,曾经刻石纪念,可是有姓无名,因此后来就不大为人知道了。到了二百多年以后,在唐穆宗长庆三年(823年),有位绛州刺史樊宗师(字绍述)作了一篇《绛守居园池记》才把他的名字写出,到了宋代就为他建立了祠堂,当地人薛仲儒写了《梁令祠记》,这位兴修水利的县官才享受了一些"香火"。

这位樊宗师是韩愈的老朋友,作文非常古怪,不肯抄袭前人,一言一句,都要独造。所以他的文体,在当时就号称"涩体"。有向韩学"奇",向樊学"涩"的说法。

他的这篇《绛守居园池记》,一共七百七十七个字,不知历代花费了多少好奇人的心血为它句读,为它注释,结果还是不能全部通读了解。他死以后,韩愈曾为他作了《南阳樊绍述墓志铭》,说他的著作是很多的,可是似乎全部是"涩体"③,

---

① 司马光曾有《鼓堆泉记》,说是开了三条渠,一条通过州城,两条散布田间,灌田万顷。薛仲儒为本地人,说是开了十二条渠,灌田五百顷,较为可信。
② "伐土筑台"事,见樊文及《绛州志》,但与《隋书》有关记载有不同处。
③ 近年出土了樊绍述所作《樊浍墓志》,却是通达易读,可见他也有不涩的东西。

韩愈在墓志中说：

"樊绍述既卒且葬，愈将铭之，从其家求书，得书号魁纪公者三十卷，曰樊子者又三十卷，春秋集传十五卷，表笺状策书序传记纪志说论今文赞铭凡二百九十一篇，道路所遇，及器物门里杂铭二百二十，赋十，诗七百一十九。曰多矣哉，古未尝有也。然而必出于己，不袭蹈前人一言一句，又何其难也？……呜呼，绍述于斯术，其可谓至于斯极者矣。"

欧阳修的老丈人家就是绛州薛家，他在这里住过较长时期，也曾有诗批评了这位樊先生。说他是"异哉樊子怪可吁，……一语诘曲百盘纡。"

我且引录一段看看这种"涩体""涩"到什么程度！例如他写这园子西南有个门叫"虎豹门"，壁上画着画，他说：

"左画虎搏立万力千气底发巑匿地努肩脑口牙怏抗雹火雷风黑山震将合……右胡人髯黄笐累珠丹碧锦袄身刀囊靴挝绺白豹元斑铗踞掌胛意相得"

虽然"涩"到如此地步，可是毕竟他留下了关于这座园子的最初描述和考证。上面说过的水和池的缘起就是他说的。他又说后来的"豪王才侯"，就此处建筑起"台亭沼池"，以"奇意相胜"。到樊宗师来当刺史的时候，还可以看到有三丈多高的瀑布；有桥梁可以南北贯通；水中有"回涟"亭，靠岸边有红的蔷薇,绿的蔓草围绕着;有"井阵"形的"轩"舍,有突起的"香"亭;西南有"虎豹"门,画着鲜艳雄伟的人物、虎豹等大幅壁画;东南有"新"亭,有一棵古槐拥护着;东边有"望月"渠,有"柏"亭,有古柏苍苍和古槐像是朋友相望;北面可以看见渠道的来径,向西面回绕;东南方可以看到黄原似玦,汾水如钩;早晨起来看那东北方的山光景色,仿佛近在楼台;东方有"苍塘",北方有"凤堤",西北面有"鳌鼋"原,西面有"白滨",梨花开处像素女一样,雪花一般的飞舞;这一股泉水,从这里流向城市,流向田园,然后进入汾河。——看这一片"涩"雾之中,弥漫着多么美好的景色?最后他结论似的说道:

"呜呼!为附于河渠则可,为附于污宫其可?书以荐后君子。"

就是说园池附丽于水渠之利是可以的,要是大兴土木,斗艳争奇,成为罪恶的渊薮那怎么可以呢?① 所以要写来奉告后来的"君子"。

这所园池的初起,的确是由于兴修水利而曼衍起来的,后来由于就在王府、州衙后面,就大肆增设。到了宋代咸平六年(1003年)有位孙冲来做绛州通判,对照樊文,观察园亭情况还是"虽于旧多徙移,然历历可见",亭台等等比樊文还多,已经不是附于河渠,而是以园池为主了。

欧阳修、梅尧臣、范仲淹等文人学士都有诗歌咏过这座园

---

① 樊文用"污宫"典故,见《礼记》《檀弓下》,原意是罪人的宫室,应当掘洿其宫,成为水池。这里是译意。

池，可见历隋、唐、宋三朝都有所增修。直到光绪二十五年还有位州官李寿芝重新修过，现在我们所看到的一些建筑规模和奇形怪状的碑刻，大约就是这位"风雅"之士的遗留。

这座后花园，从前是达官贵人、夫人小姐游玩的地方，现在却作了中学的校园，男女学生都在水池边树荫下看书的看书，唱歌的唱歌。——它终于回到人民的怀抱里来了。

《海市杂诗》

——夜读偶记

《海市杂诗》一册,是九十四年前有关上海的诗集,分上下两卷,稿本。题"宝山沈慧孙、稚聪著"。凡诗一百五十二首,残缺一首。编成于同治七年(1868年),似未曾刊印。书之来源,系1961年6月陈叔老介绍书商萧某送书与康生求售,康生退书时,嘱告此书可购,乃得以留览。

此书编成以后,又请多人题跋,有同治八年(1869年)"信美斋主人钟文烝序",同治十年(1871年)"劫末留人仙侯李宗泌序","上海贾履上、云阶"题诗八首,"婺源齐学裘、玉谿"题诗四首,并附齐所作《申江观鬼歌》及《听英夷麦都思讲经慨然有作质诸有道》诗。又有"乌程许国年、希庵"、"嘉定宋书升、梅卿"、"上海潘崇福、紫楼、妙香居士"、"上海李曾裕、啸瀛"、"嘉定朱桂书、馥君"、"吴下十如老人叶廷琯"、"江左老米周文乐"等人题咏。

此一诗集的编成年代,上距太平天国天京陷落(1864年)

仅四年，李秀成攻上海（1860年）仅八年，上海小刀会首领刘丽川占上海县城（1853年）仅十五年，上海开港（1843年）仅廿五年。——因此它的写作时代，是在鸦片战争"南京条约"签订之后，上海作为"五口通商"的一个口岸，逐步成为外国侵略者的所谓"冒险家的乐园"的时候。这部诗集，正是这一时期上海的写照。作者以及一些题跋这一诗集的人士，正是对这种魑魅魍魉，吸血榨脂的恶鬼，表现了中国人民的愤怒；对开门揖盗的清政府表现了不满。并且吐露了他们的忧国忧民的哀思。例如：钟文烝在序言中说：

"……今因[①]下之恬不知忧，大聩大梦者众矣，聩而聪之，梦而醒[②]，则吾将以沈君诗为遒人之铎。……"

李宗泌在序言中说：

"余尝谓彝场一角，蜃气幻空，魑魅罔两，变□万状，几成别一世界，一时惑异教者信而从，况锥刀圈趋而就，嗜蛊毒者溺而安，即一二有识之士，亦或听之气运，存而不论，举世如聋如聩，谁其起而振发之者？……今野史成《海市杂诗》，皆关尊攘大局，余故亟为序之……。"

作者的外甥周晋堃在序言中说：

"……而乃寺创大秦，神传袄教，鼎鼎杂四洲之种，戎戎通五口之商。……薰天蛊焰，积惨惨于人痏，偏地袄祠，谈荒荒之主宰。此观世者所为裂眥碎

[①] 此处有残缺，想为"天"字，以下仿此意添，或空格。

齿，涌气回肠，但怀杞天之忧，不顾唾壶之缺者也。"
上海贾履上题诗中说：

"洋经西岸接吴淞，酒地荒天兴太浓。
吸尽脂膏敲尽髓，毒人最恨阿芙蓉。

今我乘风到五羊，金银气尽十三行。
回头却笑家山□，得更繁华梦几场？"

许国年题诗中说：

"漫道和戎魏绛才，任教蜃气现楼台。
芙蓉百韵春秋□，何日軺轩太史来？"①

此诗下有跋语一段说：

"彝夸族萃处海上，较他口为最多，所见所闻，有心人无不痛恨。……"

孙玉堂题诗中说：

"误夸烟禁弛，开门进虎狼，流毒曷有已？官高避忌重，遇事鲜臧否。……"

齐学裘题诗中说：

"外邦云集筑耶城，到处蛮歌不绝声。
驷马高车偏载鬼，有心人见气难平。

听经观鬼昔年歌②，呓语荒唐唤奈何？

---

① 原注：余曾作阿芙蓉诗一百韵。
② 原注：余有《申江观鬼歌》、《听麦都思讲经诗》。

不意剑人投笔去① 又逢聪叟著南柯。"

　齐的诗后附有他的《申江观鬼歌》及听经诗，愤激之情，溢于言表。录《观鬼歌》全诗如下：

　　"天风吹我来沪上，恍入地狱观变相。
　　昔年黄浦今黄泉，风潮怒激声悲状。
　　鸟兽不可与同群，鬼也可堪结比邻？
　　忍将五土作鬼域，始作俑者为何人。
　　我皇圣德迈万古，保兹黎庶心良苦。
　　天复地载靡不容，魑魅魍魉何足数？
　　嗟哉人心不可问，引鬼入门事真仪。
　　苍生不幸遭流离，枯骨有灵抱幽愤②。
　　鬼楼缥缈凌海天，千妖百怪来眼前。
　　板筑之声震双耳，令我垒块胸中填。
　　白日见鬼刱有事，聊假高歌摅愤气。
　　手无斧柯奈鬼何？天乎何为而此醉。"

　上海潘崇福题诗中有：

　　"揖盗开门事可伤，咽喉从此失堤防。
　　和戎剂约争要挟，互市新增碛岛商。

　　弦管楼台倚碧空，燐燐鬼火彻宵红。
　　妖姬欢笑骷髅哭，十里春风醉梦中。"

---

① 原注：吾友蒋剑人著《英志》，又拟《致夷官书》皆已行世。
② 原注：申江洋泾浜以北，民房、坟墓，尽令迁徙，租于英夷造鬼子馆，板筑之声，昼夜不绝。

叶廷琯的评语中说：

"摹写侏僪异态，怪怪奇奇；穷搜倏忽殊疆，元元本本。具此才笔，直可作铸鼎象物观也，岂只诗云乎哉？"

叶廷琯的评语系同治五年（1866年）所书，叶已七十五岁。看来此一诗集或在写作过程中请叶看过，或者为同治五年初次编集，而在同治七年始最后编定的。

从这些序言、题咏的作者来看，当时的知识分子，恐怕大部分是属于这一类型的，他们对于清政府的投降派，开门揖盗是十分不满的；对于外国强盗的入侵，不论是从军事上，政治上，文化上，宗教上，都是坚决反对和极端厌恶的。可是他们毕竟是封建社会的士大夫，所以还只能是"尊王攘夷"的拥护者或宣传者，同后一时期的"向西方寻求真理"的一些知识分子，还有所不同。

诗歌的作者沈慧孙与上述的一些作者却又有不同，他很可能受到林则徐、龚自珍、魏源等人的一些影响，不是盲目的反对，而是想从"知己知彼"、"洞悉夷情"着手。他受到尤侗的《外国竹枝词》，印光任、张汝霖的《澳门纪略》，蒋敦复的《英志》等书的影响亦深。他在"自序"中就把"景教"、"天主教"传入中国的经过及"西彝"入华情况加以叙述，然后谈到英夷入侵的历史。例如：

"若英本荷臣蜀，最后款关，康熙时始来通市，前此王会所未列，自乾隆以来，日益疆大，如极西之美利加边地，西南洋之印度及南洋濒海诸市埠与南海中岛屿，远近凡二十余所，尽为割据，以兵船相联络，遂骎骎乎萌窥视华疆之意。前则有洪任辉、度路利辈垂涎濠镜、舟山，后则有义律、布林麻辈豕突澳门、厦门，至沙连弥、仆鼎渣，连樯入寇，而闽广吴越间，群种蠢起，竟成燎原滋蔓之势，逆焰未有若斯其炽也。嗣奉朝议，立约通商，上海为五口之一，西人乃于沪城北郭外，租地建廛，先后麇至者凡十七国，如英吉利、法兰西、美利加、意大利、俄罗斯、土耳其、希腊、大吕宋、葡萄牙、瑞士、日耳曼、奥地利、布鲁士、荷兰、比利时、瑞典、连马等是也。"

因此他的诗也是"凡系通市者，各纪大略，英为戎首，意为教宗，独从详焉。"

如：

"一从公会聚南洋，剪食骎骎逼海疆，
南贾不知边衅重，家家艳说十三行。"

自注云：

"英于康熙五十八年立南洋公会，何大庚《英彝说》，昔其国去西北数万里外，似非切肤之患，今则骎骎移兵而南。凡南洋濒海各国，远如民呀喇、曼达萨、孟买等岛，近若吉兰丹、丁加罗、柔佛、乌土及海中之三佛齐、葛留巴、婆罗诸岛，皆为其所胁服。今粤洋新埠，亦为所据，与新加坡势成犄角。初西商至粤关，劳以牛酒，牙行立之，曰：十三行。舶长、大班、二班，得居行内，余悉守舶。"

又如：

"乍入香山互市时，西商局早散公司。

谁教海内多戎首,揖盗开门悔已迟。"

自注云:

"初广东互市十余国,皆散商。惟英创立公司,后公司多流弊,洋商屡控国王,道光十三年,遂散公司局,卢制军误听洋商言,反令饬领事来粤,十四年始来者曰劳力卑,再至者即义律。听洋商簧惑之私图,岂期遂强今日之戎首。"

其写意大利诗,仅次于写英国的诗(十九首),盖以其在中国传教最久也。

如:

"义宁坊早毁波斯,累代无人问古碑。

宣武门偏营兔窟,金牌绣袋拜祆词。"

自注云:

"唐贞观五年,敕令长安崇化坊,立波斯寺。天宝四年,改两京波斯市为大秦寺。艾儒略撰《西学》一卷,末附碑文,称贞观十二年,义宁坊敕建波斯寺,旋敕毁。历宋、元其教不甚传。明季利氏入华,开教堂于宣武门,散布党羽于十三省要害之区,凡三十窟穴,一年六十余会,收徒数十人,各给金牌绣袋,妖书会单,以为凭验,西教盖自意人始也。前五代时,有祆神祠,又有胡祆祠,即祆神,祆神即天神,乃天主教之嚆矢也。佛经所谓摩醯首罗也。"

又如:

"函编天学小羲和,一曲西琴十字歌。

二里沟头流祸水,涓涓不壅变江河。"

自注云："利氏著《天学全函》、《西琴曲意》等书，西堂词有：'历家今号小羲和'，及'试作耶稣十字歌'句。利氏死葬阜城门外二里沟，曰：利西泰墓。其徒庞迪我等，居南京。礼部疏禁，变姓行教如故。流传至今，遂成滋蔓。"

沈氏此诗集上卷，都是记述外国的诗篇，有的述其历史，有的述其与中国的关系，有的述其侵入中国的经过。计有：英、法、美利加、意大利、俄罗斯、土耳其、希腊、大吕宋、葡萄牙、瑞士、日耳曼、奥地利、普鲁士、荷兰、比利时、瑞典、连马、阿非利加、五印度、榜葛剌、暹罗、安南、日本等。诗中对每一国家历史大都有简要叙述，对侵略国家寄以愤恨，对弱小民族抵抗外来侵略寄以同情。如写安南一诗，读之令人气壮。

"顺化兵艘失利坚，眉公河复烬飞烟，
　将军平海殊杨襆，不驾楼船驾轧船。"

自注云："安南即交趾。红毛恃其船坚炮利，雍正初寇安，由顺化港闯其西都，安人以水攻沉之。嘉庆中，有喇弗者，由富良江口闯其东都，安人以火攻烬之。富良江即眉公河。盖安人拒敌用小舟，名曰：轧船，长三丈，两头尖锐，驾巨炮击船底即沉。红毛见之，胆落而去。"

此诗集下卷都为记述外国入侵后上海的魑魅横行，洋货充斥，洋场习俗等情况，诗前有小引，可以看出诗人愤激之情：

"袁崧垒畔，黄歇浦滨，蜃市喧嚣，鲛人出没。燐焰宵碧，鬼车昼鸣。地非绝塞，时闻羌笛；人效参军,都解蛮语。憎飓风之扑人,厌靴声之撼榻。蒿目时艰,杞忧独抱。非好谈殊俗,亦聊记边情尔。"

如:

"鲸浪无端涌海门,西台云暗将星昏,
当年野祭憎披发,瞥见伊川徙贲浑。"

自注云:

"道光十五年夏有英国船一只,始进淞口,船主为胡嘎米,秋后乃去。及二十二年五月,兵船寇吴淞,陈忠愍公驻兵西炮台,殉焉。酋长郭姓,遂入上海,彝场权舆于此。崇祯时邑人徐光启'尊利玛窦为极西圣人'① 以城内潘氏故宅居西士潘国光,即今邑庙东天主堂是也。以城外双园居第西为西士郭黎等建圣母堂,故徐家汇等处,西人之潜入传教者,数百年来,未尝绝迹。今通市独盛于此,机之伏也远矣。张汝霖'澳门即事',有:'野祭初披发,廛栖但乞皮'句。"

又如:

"漫把鸿沟画界深,路环雉堞太相侵。
鄆权归我知何日?一寸江滩一寸金。"

自注云:"西人奉和约后,租地不惜重价。洋泾浜北为英地,南为法地,虹口左右为美地,立石分界,环城皆筑马路。"

又如:

---

① 此句稿本上有勾号,可能拟删去者。

"渠渠夏屋位番酋，关税纷纷纳海陬，
烙漆铃书最机密，都从加比纳中投。"

自注云："英、法、美、俄、丹、吕、布、荷、葡、比、意十一国均立和约，有领事官，英法美有领事公馆。江海北关，俗呼新关，税务司立之，以纳彝税。衙门办事处西语曰：'加比纳'，华言机密处也。凡封递文书有番字小印，融火漆。"

又如：

"道旁白骨践零星，飞鞔奔轮日夕经。
蓦铲山丘作华屋，啾啾鬼哭不堪听。"

自注云："西人租地后，尽发古冢，改筑街衢，更建重楼杰阁。"

又如：

"馆崇翚鸟傍金台，铁券重颁口禁开。
迢递仙津探又熟，飞轮时向日边来。"

自注云："原约五口通商，广州、福州、厦门、宁波、上海是也。咸丰十年换约，复开津门、汉阳诸口，乾隆末英贡舟抵都，使臣马戛尔，请留一人居京师，专理贸易事，敕谕其王止之。至是准于都中设总领事馆。"

其写洋行所售诸物诗：

"五都纷列赛波斯，百宝胪陈太陆离。
远物中朝原不贵，莫将淫巧自居奇。"

自注云："洋行所售，除氍毹呢绒外，多奇巧玩器，如自鸣钟、自来火、自转雄、察天筒、时辰表、阴晴表、寒暑针、千里镜及风镜、风琴之类,不可枚举。乾隆时赐英敕谕:'奇珍异宝,并不贵重'。嘉庆敕谕云:'凡尔国奇巧之器,亦不视为珍器。"

其写贩运中国茶丝情况如:

"锦纹碧䉶万千箱,争载婆兰羡饷磅。

番女帛衣蚕女冻,新丝又贩出重洋。"

自注云:"西人宝大黄,经年不服者死。凡贫者,亦必囊系胸前,舌舐而鼻嗅之,所食膻酪甚肥腻,非茶叶无以清营卫,西商茶价,照客价明加每石银十两八两不等,名曰饷磅。以此重唊茶商。乾隆时李侍尧奏言,禁止丝斤出洋,可抑英彝骄纵之气。英商白兰等求请,每年准买土丝五千斤,二蚕丝三千斤,其头蚕湖丝及绸绫,不得影射取利。今番舶以货易丝茶,出洋益多。凡大舶可载千婆兰,三百斤为一婆兰。"

其写鸦片输入有诗如:

"花吐金红毒蔓滋,鸩媒入骨累相思,

黄金掷牝伊何底?谁向重溟塞漏卮。"

注云:"阿片亦号相思土,刺取罂粟苞津液和陈死人士并有蛊如蚂蝗者,烧灰杂入。一落肠胃,见水即生,化而为瘾。曼达喇萨出者,金花红为上,油红次之。巴旦挐出者为公班,皮黑最上。马喇他及盎几里出者为红皮,次之孟买即杜出者为白皮,进华最多。吸食自乾隆末始,嘉庆初食者渐众。道光时黄鸿胪有《请塞漏卮》一疏。"

沈诗中亦有记太平天国进攻上海时情况。作者在这方面又站在中外反动派的立场，对"洋枪队"，以及"戈登"、"华尔"等刽子手有所颂扬。亦时代和阶级立场所限也。如：

"筑耶城畔妖氛炽，铜鼓喧阗铁骑屯，

力挽狂澜招柘羯，守陴先辟障川门。"

自注云："咸丰十年，粤'寇'逼沪，开小北门，以便西兵出入助守，名曰障川门。取昌黎'狂澜障百川'意也。西兵出队，必击铜鼓。唐书西域传，募勇健者为柘羯，华言战士也。"

又如：

"回纥幡然竟助唐，拔弧小队领洋枪。

遐荒也有知忠义，功迈当年出海王。"

注云："同治元年，西将戈登、华尔及河伯法等统带洋枪小队助剿'发匪'，累著奇功。迭邀奖赏。法水师提督卜公罗德阵亡，西人铸铜像于大自鸣钟前，表其忠勇。康熙初荷兰遣出海王领弋船至闽，助战有功。"

又如：

"十里羌笛退贼师，危郊换作乐郊时。

珠楼莺燕欢声聚，鹤警鸿嗷总不知。"

注云："'发贼'畏西兵，不敢逼沪。四方之避兵者云集，一时彝场声妓之盛，过于承平日也。"

从这几首诗中也可以看到中外反动派相勾结进攻太平军的情况，并可以看到当时地主阶级中人，逃入上海，在洋人庇护下仍然过着荒淫无耻的生活。

关于作者沈慧孙事迹，在光绪八年（1882年）重修《宝山县志》中附于沈学渊小传之下。是沈学渊的侄子。但所述极简，只说他是"诸生。晚岁侨居沪上，有感时事，作《海市杂诗》。"从李宗泌序文中可以看到沈慧孙又别号"茶湾野史"，喜究研"有益身世之学"，科举不得志以后，就"精究歧黄"，著有《医犀稿》一编，没有印行。在上海业医十余年。"平生著作，不肯留稿，斯篇独秘诸行箧，自非寻常吟弄可比。"从沈学渊小传中看到学渊的"从弟"学炜，"习先世医业，能自出精意，奏效如神"。是否就是沈慧孙的父亲，也不可知。

作者尚有《无名树轩诗集》，为《宝山县志》所著录。未见。

1962年7月3日灯下

喜赋忠王剑归国

六解京围百战雄，汉奸洋鬼避如风。
东征西讨无休止，宝剑常随万马中。

戈登掳自侍王宫，流落英伦垢辱蒙。
夜夜长鸣激北斗，归来已是满天红。

太平天国忠王李秀成佩剑，近为英国友人柯文南觅得送回。忠王东征西讨，六解京围，其间把汉奸刽子手曾国藩等反动军队，打得落花流水，曾逆给李续宾信中曾说："鄙人心已用烂，胆已惊破。"忠王自传中又曾说道："那时洋鬼并不敢与我见仗，战则即败。"忠王在最后一次回救天京时，将此佩剑交与侍王李世贤，不料侍王在张渚镇作战时，溧阳守将吴人杰据城叛变，英国侵略者戈登乃得以入溧阳，在侍王府中掳得此剑，携回英伦，"呈奉"与当时"英国陆军总司令剑桥公爵"，此剑乃流落异国含垢忍辱几近百年（溧阳失守为1864年3月，距今为九十八年）。今日重归祖国，山河大地，已成为人民所有；红日当天，早已不是百年前乌烟瘴气的世界。忠王有知，亦当含笑九泉；宝剑有灵，也当长啸快歌，庆幸重光吧。

1962年8月22日晨2时

台 湾 厅

我记得在七年前,中日建交的谈判,总理为此曾经两三天日夜不眠。那时我正接受总理交给的一个任务:在人民大会堂里布置一个台湾厅。这样,具有各省独特风格的各省厅就都有了。先找一个在东门厅两侧的房子,里面有两面墙很不好布置。后来经过许多人的努力,终于完成了。

那是一个上午,正是中日建交达成协议的日子,总理签了字后,有人告诉他,台湾厅布置好了。他很高兴地向东大厅走来,走进台湾厅,把刻在郑成功添画大屏风后面的台湾历史简介,从头到尾看了一遍,然后说:这个介绍很好;又看到郑成功画像的摹本,我说这是郑家第多少代后人捐献的,是最接近真像的。他说这个好。这张郑成功像画的正是收复台湾的景象。然后三间房子都走了一遍,就对林丽韫同志说:"这个台湾厅很好,你是台湾人,就请当台湾厅厅长吧!"然后非常愉快地离去。

那一天,总理特别高兴,他是为中日两国人民几千年的交往又得以恢复而高兴。但遗憾的是,总理生前没能看到中日友好和平条约签定。

大地春回百事新

解放前,我很少去上海。大约一共去过三四次,时间最长的一次,是在江湾住过半年多。那是在1928年。

老实说,我那时对上海的印象是很不佳的。

黄浦江里停着外国兵舰和商轮,街上站着外国巡捕,高楼大厦都是什么外国银行、洋行、领事馆……,明明是中国地方,却是什么"公共租界""法租界"……,明明是在中国土地上的公园,却挂着"华人与狗不许入内"的牌子,走着路,会突然遭到袭击,叫做"抄靶子"……。总之,一切的一切,都像是外国人的天下。还有那些依附于外国人的所谓"高等华人"、买办、流氓……,真是把中国偌大一块美好土地,弄得乌烟瘴气,鬼魅横行。

那时候的上海,是所谓中外"冒险家的乐园",是中外反动派压榨剥削中国人民的罪恶的渊薮。

自从1842年耻辱的"南京条约"订立以后,上海成为"五口通商"的一个口岸;1843年上海"开港",帝国主义者在这里扎了根,反动统治者在这里找到了后台老板,从曾国

祝贺永乐宫壁画（摹本）在日本展出

本年9月1日，永乐宫壁画摹本及永乐宫建筑模型等件将在日本东京展出，这是继敦煌壁画1958年在日本展出以后的又一次大规模的壁画展览。这是中日文化交流中一件大事，为此表示我们热烈的祝贺。

永乐宫元代建筑和壁画，自1952年为中国古代建筑修整所研究人员和山西省文物工作者调查发现以后，就得到政府和社会上有关人士的重视。1957年2月由于附近水利工程的关系，中央文化部和山西省人民委员会决定把永乐宫建筑连同壁画迁移到距旧址二十二公里的芮城县城北的风景区。水利工程部门在经费和人力物力方面曾给予大力支援。迁移之前，中央美术学院及当时的华东分院、古代建筑修整所和其他有关部门做了临摹、揭取、拆卸等一系列的科学记录和准备工作；在迁移过程中，又得到当地人民和党政领导机关的有力支持；还有来自北京和五台山等地的老技师、工人、工程师，做了具体的迁建工作。——所有这一切，都说明了只有在中华人民共和国的时代，才有可能郑重地保护了我们珍贵的民族文化遗产，在这以前，是不可能做到的。也从来没有这样做到过。

现在永乐宫的建筑已经在新址复原重建起来，无极门的壁画已经安装完毕，明年将可以完成全部的工程，这里将成为游览的胜地。

我们保存这座建筑和壁画，是为了它是13世纪元代保存至今最为完整宏伟的一个建筑组群；是为了它有着14世纪不同风格的元代壁画；在壁画的数量上来说，也是除了敦煌以外所少有的。——它恰恰是研究中国建筑史、中国美术史的一个重要环节。在一处地方、一个建筑组群里，包括着两个世纪的珍贵文化遗物，值得我们迁移重建，传之后世。

从壁画的风格、形式来看，无疑的是中国传统壁画的继承。唐代大诗人杜甫所看到的洛阳城北"玄元皇帝神庙"中吴道子所画《五圣图》，正仿佛是永乐宫壁画三清殿部分的写照。他在诗中写道：

"画手看前辈，吴生远擅场；

森罗移地轴，妙绝动宫墙；

五圣联龙衮，千官列雁行；

冕旒俱秀发，旌旗尽飞扬。"

吴道子这一伟大画家的遗墨已经不可得见。只能从这位大诗人的描绘中见其神采。

唐张彦远《历代名画记》卷三所载《记两京外州寺观画壁》，已达百处，其实远远超过这个数字。可见唐代画壁之风很盛，凡是重要建筑，尤其是宫殿寺观，大都是当时名画家的手笔。

到了宋代，文人画兴起，卷轴画代替了壁画，壁画逐渐成了民间艺人的专门行业。但是由于宋真宗、宋徽宗等皇帝崇信道教，道观壁画还有所发展，武宗元、张昉等人就是以画道教壁画著名的。当时宋真宗（1008年左右）所建玉清昭应宫，是拥有2 610楹的大建筑，修了七年才完成，开始时应征画工达三千人，以后由武宗元等百余人集体绘成的。现在看到的传为武宗元《朝元仙仗图》或《八十七神仙》卷子，都可能是他们画壁的底稿。

到了元代，道教又在统治者时扬时抑中起伏，而吴道子、武宗元一派的壁画传统，却赖民间艺人以流传。永乐宫的壁画即是例证。

从壁画的内容来看，天神、地祇、真人、哲士，无不网罗在内，看起来极为复杂，骨子里则极为荒诞贫困。马克思曾经写道：

"宗教的贫困，一方面是现实贫困的表现，一方面又是对现实贫困的反抗。宗教是苦难者的呻吟，是毫无心肝的世界的情操，是缺乏精神的状态的精神。它是人民的鸦片烟。"

"作为人民虚幻幸福的宗教之扬弃，就是人民真实幸福的要求之提出。抛弃那笼罩着人民生活状态的幻想之要求，就是抛弃那依靠幻想而存在的状态之要求。所以，对宗教的批判，胎子里是对人间苦海的批判，而人间苦海圣光则是宗教。"①

宗教最初的起来，本是起于原始氏族公社制度下人们对于

---

① 《马克思恩格斯论宗教》第二页，人民出版社，1962年，北京。

自然力的不可认识、不可抗拒而产生的揣测、幻想；以后阶级社会产生，宗教逐步为统治者所利用，作为麻醉人民的工具。让人民对现实社会的罪恶不要去反抗，而寄托希望于死后的天堂。宗教不是凭空创造出来的，它本是自然界和社会力量在人们意识中的反映，但是它是现实的歪曲的、错误的、颠倒的反映。宗教画因为是要绘诸形象，则更加夸大、粉饰，但是剥去迷信的外衣，还可以看到当时的人们对自然现象和社会现象的理解和控诉。

例如三清殿壁画中许多天神地祇，象日月、星辰、五岳、四渎，本来是自然界存在的物体，或由于当时人们还不可能作科学的理解而做出各种揣测；或由于宗教家根据宗教的需要和统治者的需要做出各种荒诞的解释，成为麻醉人民的工具。

又如纯阳殿的壁画中所表现的吕洞宾神游显化故事，荒唐已极。其主要目的无非是把人们引向"祖师"的"奇迹"，寄托于偶然的度化飞升。实际上让人们忍受现实社会的屈辱和剥削，而幻想着超现实的"安慰"。列宁曾在《第二国际的破产》一书中指出，宗教的安慰是具有反动意义的，"……谁要安慰奴隶，而不去发动他们进行反对奴隶制度的起义，谁就是帮助奴隶主。"这实在是一语道破。

但是剥去这层迷惑的外衣，又可以看到当时社会实质，人们处于"无告"境地的苦楚。人们需要控诉，而统治者正利用宗教空诉移转到"前生"，而把希望移转到神仙度化或死后的飞升，这样对于现实只剩下忍受。这对统治者无疑是有利的。

全真教的初创，正是金人入据中原的时候，王重阳最初的行径，本有遗民愤世佯狂，消极反抗的色彩。但到了丘处机则逐渐变质，成为统治者的工具，贵盛一时，不可一世。以后等而下之，为统治者玩弄于股掌之间，全真这个教派也就由极盛而走向衰落了。

重阳殿的壁画和它的题记，以及永乐宫整个建筑和绘制壁画过程，就可以说明上述的情况。

因此，永乐宫的建筑和壁画，我们是从美术史、建筑史的角度来保存的。无疑的它是表现中国气派，中国作风的伟大艺术。若就其宗教内容来说，只能是研究批判的对象；若是从绘画取材方面来说，则又是当时（宋、元时期）社会现实、社会风貌以及建筑、服饰、用具等等方面的研究资料。

《文物》月刊为了祝贺这次展出，把永乐宫的建筑、壁画、彩画等方面初步研究的成果，发表出来，以供各方面参考。其中尤其是三清殿所绘286众的天神、地祇，这次也作了初步的辨认。这是极为复杂细致的工作，研究人员和绘制人员都作了辛苦的努力。

在壁画临摹方面，当年主持临摹的同志把临摹方法和临摹时的心得，作了说明。

最后我们附录了纯阳殿、重阳殿的全部题记，并作了校勘。这是过去未曾发表过的。虽然内容荒诞无稽，但是作为研究壁画内容的资料，还是需要的。

我们预祝这次展出的成功，并编辑了这本专辑作为纪念。

1963年7月31日

访日杂咏(四首)

一

老僧特为启珍藏,如意犹存手泽香。
到此徘徊难遽去,十年辛苦不寻常。

东大寺系唐鉴真和尚来日本时最初所居寺院,住持僧特为启宝藏库,得见鉴真遗物如玳瑁如意、佛像等事。

二

风风雨雨唐禅院,大树参天何处寻?
千古深情难磨灭,至今犹在万人心。

唐禅院系鉴真和尚在东大寺讲经休止之所,原建筑已不存,只知在此一片大树丛中。

三

一年一度开山拜,万里无缘见影真。
多谢虔诚高妙手,千年得向故乡陈。

　　招提寺系鉴真和尚开山,其遗像所供养之处,名开山堂。每年只在鉴真圆寂之日——六月六日,开放一次。此像系和尚生前,其门徒据真人塑造者,极为逼肖。现经日中文化交流协会倡导,由塑像家重新模造,不久即将护送至我国扬州呈现。在东京时,曾参加此一仪式。

四

开山堂闭唐僧影,塔里深藏已化身。
万里漂行重一诺,目盲犹作远游人。

　　鉴真和尚圆寂于招提寺,寺内有塔纪念。

1963 年 10 月

东 游 琐 记

一　记金兵南下的一件瓷枕

1963年9月21日，我们在日本镰仓开始了第二天的访问，日本陶瓷研究的著名学者小山富士夫先生陪着我们先看了常盘山文库，然后绕道登山，到了镰仓山的山顶。这里林木茂密，山光海色，风景绝佳。我们在这里访问了日本陶瓷协会理事长梅沢彦太郎先生，梅沢先生和陶瓷协会的几位朋友，在东京曾给我们热情的接待，今天又在他周末休息的别墅里迎接着我们。进到房里，就看到"塔塔密"上已经放了许多包袱，不用说，一定是瓷器。在这种既软又硬的草席上看瓷器，真是再好没有了。

我们看了几件宋元瓷器以后，忽然一件瓷枕把大家的目光全吸引住了。

这是一件绿色的瓷枕，上半部有碧绿色的釉，下部为白地。底部有一长方形印痕，字迹前一字很模糊，似为"赵家造"三字。这种宋瓷枕倒也不甚稀奇，珍贵的却是枕面有一篇记事的文字，正是记着金兵南下的事情，文字录出如下：

"时难年荒事业空，弟兄羁旅各西东。田园寥落干戈后，骨肉流离道途中；吊影分为千里雁，辞根散作九秋蓬。共看明月应垂泪，一夜乡心五处同。时余游颍川，闻金兵南窜，观路两旁，骨肉满地，可叹可叹。为路途堵塞，不便前往，仍返原郡。又闻一片喧哗，自觉心慌，思之伤心悲叹。在家千日好，出门一时难。只有作诗，少觉心安。余困居寒城半载，同友修耽共二十有余，时在绍兴三年清和望日也。"

按绍兴三年为南宋高宗年号，时当公元1133年。上距金人陷汴京（开封）掳徽宗钦宗北去仅六年。

这时南宋政府已偏安于临安（杭州），一面有抗战派如岳飞等人，力图恢复中原；一面有投降派如秦桧等屈膝求和，把北方大片土地让与金人，企图换取偏安局面。而北地人民纷纷起来抵抗侵略者，河南一带，正是斗争尖锐的地区。这位瓷枕的作者，正处于这种战乱的时代里。他想由颍川（河南禹县？）南下，又看到金兵的窜扰，白骨满地，不敢再去；折回到颍川，可是这里也是"一片喧哗"。在小旅店中住着，同朋友作了二十几个瓷枕（原文作"耽"），大约都有诗文。这个瓷枕前面的一首七言律诗，为唐白居易在河南经战乱寄其兄弟的诗。因情景相同，为瓷枕作者所引用。瓷枕作者也许是一个打算去临安的小商人。看他仍奉着南宋的年号，对金人不满，是有些民族意识的；但是前去怕狼，后去怕虎，又正表现着这种人的矛盾心理。

这个瓷枕想是河南禹县一带制作的。当时烧制磁枕可以由定烧的人题字、画画。这种风气一直传到后代。现在我们看到元代瓷枕上有刻元曲的就是例证。

从镰仓回到东京以后,在我们的告别酒会上,又看到陶瓷协会企画长矶野风船子先生,谈起这件瓷枕来,他告诉我东京国立博物馆,还有一件,同这件一模一样,就是文字不同。他答应给我照片。他说后一件是南宋和尚带到日本来的。

二 细川护立先生家看珍藏

9月24日下午3时半到侯爵细川护立老先生家看他私人收藏。我们到东京后,就听到杉村勇造先生说,这位老先生的收藏都是"天下第一"的精品,今天我们怀着十分兴奋的心情,到了他在东京的住所。我们在车上就打算又得脱鞋,这是访问日本朋友的家最不习惯的一件事。谁知进了朴素的门墙以后,见到的是一所西式建筑,完全不用脱鞋就走到楼下的客厅,杉村先生已经在这里等着我们,他说"细川先生已经在楼上候着你们了。"一块上了楼,细川先生亲切地接待我们,他虽已八十岁,但身体高大,后背笔直,全无龙钟的老态。他说很对不起,今天正是他家里佣人休息的日子,只有一个人帮助拿东西,可以慢慢地看。首先拿出的就是一个盒子里面装着四件银器:

一件银人,高约三寸,穿着无领的偏衫。背后刻着一行字迹:(见左上)

一件银制鎏金耳杯,杯底有以下字迹:(见右下)

一件带流的银杯,杯内有钻点组成的花纹。

一件带柄有环银杯,底边有文字一行。

四件都为洛阳金村出土物。又另拿出一件金村出土金银错狩猎纹镜，上有人兽图案，灿烂如新。洛阳金村出土物，多为金、银、玉器，制作极精。1928年这群战国古墓（共约八座）被盗后，出土珍物即流诸国外，现在上海博物馆仅存同第三件银杯一。不意此地即有五件之多，且为金村精品中之精品，即此一项，也可证明杉村先生所说之不虚。

　　又见越王矛，有错金字。

　　又有战国错金字镦（？）。

　　又有透兽纹带鞘铜剑，剑仍可以拔出。

　　又有嵌松石大带钩。

　　又有刘宋元嘉十四年（437年）韩谦造鎏金佛像，为端方旧藏。细川先生谈，南朝鎏金造像极少，十几年前美国人拟购此物，有人告知，认为若任美国人购去，东方将无此物。战后无钱，仍以当时一千万日元购下。

　　又有错金银、嵌琉璃、嵌金珠壶，有盖。极为少见。主人云此件也是奥林匹克会会长要购，而为他留下，也花了几千万元。

　　我们一面看，一面赞赏，主人也极为高兴。问我们愿不愿意到楼上陈列室一看。于是一同到了陈列室，铜器、瓷器以及纸墨笔砚，图章石料等，无一不精，唐三彩中蓝彩极为珍贵，而这里就有许多件。看了下来，主人又顺手在那里拿下三件东西：

　　一件为"熙宁八年二月神宗敕书司马温公告身"。后有许多官员签字，其中有苏轼所签之"轼"字。

　　一件为"黄山谷伏波神祠"字卷，大字长卷，系黄山谷病后得意之作。细川先生说，他三年前购进。

又有一薄黄纸经卷，正面为：《大乘百法明门论开宗义记》"京西明道场沙门昙旷撰"写经。而背后所书为《文选》带注。（据杉村先生说）字句中有"刘备""表、绍"字样。因时间已晚，卷又太长，未及细看。

主人要我们题字留念，我写了"大饱眼福，天下无双"八个字。时间已经到了6时，下边另一个地方一个宴会还在等着，只好告辞别去。

当我们从外地回来，杉村先生告诉我，不知为什么细川护立老先生对你们印象特别好。可惜我们时间排得满满的，不能再去访问他，不知道还有些什么"无双"的精品。我利用到箱根的旅途上，在火车中写了四句诗：

珍藏每不示人看，天下无双尽我餐。
碧眼小儿那懂得？物留东土士人欢。

离别东京的时候，我把这首诗托人送给他。

三 可望而不可及的世界文化宝库——正仓院

久已闻名的奈良正仓院，几乎在奈良的参观日程中漏掉。原因是接待单位认为既不可能到仓里参观，那又何必去看？可是我还是坚持从外面看看也好，终于又补上了这个日程。

这里是由皇室管理的，据说仓库的二道门上贴有天皇的封条。每年只有10月20日至11月1日，约十天的时间，作为晾晒，可以取出一部分在奈良博物馆中陈列。封或启都要得到天皇许可的。

9月17日上午11时许，我们来到这个神秘的宝库的院里。周围大树参天，院中极为静穆整洁。我们在管理部门的办公室略坐后，就进入正式的仓院。由一位"文部省"的"技官"给我们作了简要的说明。

正仓院中还保留八世纪建筑的木造仓库一所，这种仓库在奈良时代到处都有。因为那时奈良是京城，政府向各地方抽税，其中的实物税收如谷物、铁、绢、麻布等物就储存在这种仓库里，因为是政府正税收藏，所以叫"正"仓；因为有许多仓库在一起，所以叫作"院"。——这是对于正仓院的一种解释。

另一种解释，当时奈良的大寺院很多，在各地有属于这些大寺院的小寺，他们向大寺纳献粮物，大寺必需有些仓库储存。像现在所存的正仓院，即是原来东大寺的仓库。

这座正仓是全部用木材建筑起来的，用的是桧木，外面不加漆饰，木头原来的纹理就是极好的花纹，又因经过一千二百多年的风霜雨露，有纹理的地方突出出来像是浮雕一样，非常好看。

这座仓库长约33米，深约9.5米，是离开地面2.5米建筑起来的。从地面到顶约14米。因为都是用木头交加叠造的，又叫"校仓"。

这一座仓房内分北仓、中仓、南仓三部分。每一部分都是隔开的。仓内一般两层，上边有一层阁楼，是互相可以通行的。

这个仓库第一次收藏重要文物是奈良中期天平胜宝八年（756年）六月二十一日。这一天是圣武天皇死去后四十九天（圣武天皇五月二日死去），即"七、七忌日"的时候，光明皇后把皇帝的遗物献给东大寺，据记载约为六百件，当时即存放在这个仓库里。这是正仓院宝物的中心，其中有袈裟、橱子、典籍、物尺、尺八、琵琶、棋盘、双陆盘、唐大刀、镜、屏风、枕、寝台等物；

又在同一天献了六十种药物，是为第二次；

第三次是同年七月二十六日献纳屏风等物；

第四次是在天平宝字二年（758年）六月一日献纳了王羲之父子的墨迹；

第五次是同年十月一日献纳了藤原不比等书写的屏风等件。

以后各代都历有收藏，并将其他寺院一些珍贵收藏集中此地，成为收集世界文化遗产的宝库。其中如中国、伊朗、希腊、罗马、印度等国的珍贵文物都是当时流入日本，而原封不动地被保存着的。

例如这个宝库保存着的中国隋、唐文物，其中大部分是八世纪盛唐时代开元、天宝的遗物。如"金银平脱（文）琴"，"螺钿紫檀五弦琵琶"，"螺钿紫檀阮咸"，"红牙拨镂拨"，"刻雕尺八"，"鸟毛立女屏风"，"木画紫檀棋局"，"木画紫檀双陆局"，"银熏香炉"，"螺钿花鸟镜"，"金银平脱花鸟镜"，"银平脱墨斗"以及盛唐的毛笔及"开元四年丙辰秋作贞□□□□"的长几近尺的墨，等等。这些珍贵文物都有当时"奉献帐"及后代"曝凉帐""出入帐"可资查考。例如在"奉献大小王真迹帐"中记着：

"大小王真迹书一卷[①]"。又一"杂物出入帐"中记有："欧阳询真迹屏风一具拾贰扇……高四尺八寸半……。"这些珍品就在这座仓库里保存了一千二百多年，我们看到正仓院图录中文物，完整如新，正是这个宝库的最大特色。

我们现在所有看到的许多盛唐遗物，大都是出土的，而这个仓库中文物，从来就不曾入过土。天壤间哪会还有这样的地上宝库？

正仓院所藏我国唐代文化遗物，要与我们近年发掘的唐代文物进行比较研究，将会丰富我们对于盛唐文化的了解。

可惜我们只能在院中望库兴叹。其实现在这个库已经没有文物了。而把这座天平时代的建筑当作"国宝"保存着。它的正面和背面都距建筑不远安装有避雷针。四周并安有消防设备，一旦有事，马上即可打开喷枪，向建筑喷水。警察特别试验给我们看，大约不到一分钟的时间，即可射水，水力很强大，应付这里万一的火灾，是绰绰有余的。

原来仓中的文物，都移到新建的"东宝库"中去了。东宝库为"昭和二十八年"建成。"昭和三十七年"又建成"西宝库"，完全为新式建筑，有防火、防震、调节温湿度及净化空气等设备。听说还有一种空气压缩设备，可以把所有的虫害消除。

日本在许多文物集中的地方，都建有新式设备的宝藏库。库房的建筑大都是离开地面的，虽然是钢骨水泥建筑也是如此，目的为了防潮。同时对于防盗也有好处。而库内设备尽量

[①] 原注：黄半纸面有大王书九行七十七字背有小王书十行九十九字……。

利用现代科学技术，保证文物的安全和延长它的寿命。这是很值得我们学习的。

四　中尊寺

9月24日夜11时半乘急行车去平泉，卧车车厢不似我们的车厢形成房间，而是与车平行，中为走道，两边上下两层，铺位与铺位之间隔以板壁，外面拉上布帘，亦颇安适。一夜无话，次早本应8时到"一之关"站。不知何故，延迟二小时，10时余始到站。由车站乘汽车去中尊寺，寺在山半，约10时40分到达。此时大雨倾盆，山间已是一片雨气。到寺中小坐后，与中尊寺执事长佐佐木实高见面，和尚气宇轩昂，谈吐朴质。随即导入寺中宿舍。每间房子都有很雅致的名字，我住在"月之间"，系二层楼房之一角。推窗外望，大树参天，豪雨如注。在东京还正是炎夏，这里已是深秋的样子了。房中颇觉寒冷，不久送来炭火，使我想起春天到麦积山，也是遇到大雨，下山不得，与曾昭燏院长等围炉闲话，不料在海外山中，又逢此景。

午餐素食。饭后由执事长导观"金色堂"，这是我们到此的主要目的。这个"金色堂"是中尊寺中最为珍贵的建筑，也是东方建筑中的一颗明星。

原来日本有位慈觉大师，在距今一千一百多年前，约在我唐宣宗时期，他曾到中国留学很久，回国以后，到他的家乡去，觉得日本东北地区还不开化，他就从青森南下，每个地方都建了些寺庙，在平泉这里建了中尊寺，还建立了毛越寺、瑞岩寺等。他本人曾在中尊寺住过二年。他是日本佛教中天台宗的第四代。当时日本"仁明天皇"（834—850年）命名为弘台寿院。到了"清和天皇"贞观元年（859年）改名中尊寺。从此以后即称"关山中尊寺"。

后来这里发生战争，藤原清衡战胜，成了这一带的统治者，于堀河、长治二年（1105年）经营中尊寺的扩建，当时建有"堂塔四十余座，僧房三百余间"。到了崇德、天治元年（1124年）建成了金色堂。

这座金色堂虽然只有三开间，单层建筑，可是堂的内外四壁，原都为漆地锤贴金箔，内部梁柱则是集金银平脱、螺钿镶嵌的大成。我们看到盛唐时代曾把这两种工艺用在铜镜及几、案、乐器等小形器物上面，已是灿烂华丽，美不胜收。而这里却用在整个建筑上，虽然已经过八百五十多年，但是进到堂中，却觉眼花缭乱，光彩照人。这实在是一件世界上绝无仅有的工艺品。当时不知有多少工匠为此耗尽了心血。

堂中正间为一铜制须弥座，座上为紫檀盖，上供十一尊佛像，盖下面原为清衡的"木乃伊"金棺，两旁的须弥座下为清衡的后代基衡、秀衡等的"木乃伊"及忠衡"首桶"所在（1950年经过学术调查已取出另外存放）。须弥座四周都为青铜鎏金打制孔雀、灵鸟等图像。周槽则有宝相花饰。

须弥座外的四根金柱，高七尺二寸，则全用金银花饰及螺钿镶嵌。柱分四段，各有菩萨像，称为"七宝庄严柱"。

梁柱都为上述做法，斗拱仍保持我唐代建筑的法式，斗拱与斗拱之间有"蠢股"。

这座建筑据说当时以十六年时间建成。因当地出产金子，故大量使用金料。内外金色灿烂，故称"金色堂"。

金色堂建成后在露天暴露了一百六十五年。然后加了复罩式的建筑来保护它。可是有了复罩建筑以后，就很难看到原来建筑的全貌。我们这次去，正是一个极好机会，使我们看到内外的全景。因为这里正进行彻底修缮，把外罩已全部拆卸，迁移在附近保存。对于金色堂正在准备全部落架，把所有缺失的螺钿、金花、脱漆的地方都进行全面恢复，每个部件都拆下来修整以后，再重建起来。仍然要恢复到当时的金光闪灼的面貌。然后在金色堂外面加上一个钢骨水泥而外形协调的复罩建筑。里面可以调节温湿度及防火防虫等科学设施。外罩也加宽加大，可以在罩中看到金色堂外部的全貌。打算以六年时间完工。有一个"国宝中尊寺金色堂保存修理委员会"来进行具体施工工程。

日本学术界的朋友和接待单位给我们安排这个日程，实在是很难得的机会，因为若是早去，原有外罩未拆除，看不见建筑外部全貌；迟去了，金色堂已拆卸。假若迟几年再看，那又完全是另外的样子了。

我们特别访问了修理委员会的临时工房，见到在这主持修缮的"文化财专门审议会"的专门委员服部胜吉，和"工事主任"五十岚牧太，作了亲切的交谈。知道这个修缮工程是由一个修缮委员会来领导，由建筑师和历史学者八人组成，决定一些修缮原则。例如保持现状和恢复原状，拆下修还是不拆下修都是有争论的。最后决定是完全恢复原状和拆卸下来修好后再安装。

拆卸的方法，用一种极薄的锡纸接触有螺钿的部件表面，然后在后面糊纸，纸后面加塑料海棉垫，海棉垫后面用木板承托，两面用木板时，可以用螺丝钉拧紧。——这样可以保证在拆卸时部件表面镶嵌不受损失。补修所用的螺钿，系由南琉球找到的一种海螺，看来和原用的海螺很相似。究竟原来所用的海螺是由中国来的还是哪里来的，还未弄清。五十岚牧太先生送了我们金色堂现状的照片，正是这个难得的时间拍摄的。

这次修缮所用经费为一亿二千万日元，国家出百分之七十五，其余为地方及寺庙筹集。

由此去藏经堂看所藏经卷，有宋刻《法苑珠林》，六行，行十七字，一纸五页，约有二十一册。又有金银书写《一切经》，原有七千五百卷，是一千个和尚写的，现存三百卷，是藤原清衡时期的写经。

又到"宝藏库"，这是1955年建成的钢骨水泥库房，为了保存各种"国宝"性文物而设的。原因在二百五十年前这里遭过一次大火，几乎把寺庙的建筑都烧掉，只有群众全力保护的"金色堂"未毁。当时抢救出一些佛像，散存各处，"宝藏库"建成以后，把重要的集中在库中保存，建筑为平安朝式，共三层，地下室为库房，中层为库房兼陈列室，最上一层为修理室。

我们参观了中层，有许多定为"国宝"或"重要文化财"的文物，如和"金色堂"同时期的木雕佛像，平安末期木雕佛像，有藤原时期螺钿及金铜镶嵌礼盘，有清衡等木乃伊穿着衣物及饰物等，其中藤原三代秀衡所穿衣袖，同北海道爱依奴族衣服一样，所以有人认为藤原一族可能为日本的少数民族。有藤原时代"螺钿平尘案"，制作极工。

又有一室，一般不开放，其中有藤原末期"一字金轮佛"，高髻金冠,面容丰美,实在是一件不朽的雕刻。此像原来供在金轮阁,失火时抢救出来的。一般人叫她"人肤佛像"。并经考证,作者为当时著名雕刻家康庆。

由此又到钟楼,执事长特撞钟,说是让我们听听八百多年前的钟声。音响清越,雨中别有韵味。

回寺中宿舍晚餐。夜间执事长来谈,多谈木乃伊事。学者们研究究竟有无药物处理?据化验,无药物反映。但三代都是木乃伊,无药物处理又恐不可能。有人认为藤原清衡等可能是爱依奴族,因为据说爱依奴族的酋长死后即做成木乃伊保存。——这些问题,都正在研究。

又说,修缮金色堂,到底是拆卸落架修,还是不落架修,也有很多争论,两年没有解决。后经执事长到文化财保护委员会呼吁,说天天掉粉末,木材内部糟朽很厉害,后派人调查了解,认为梁柱上的镶嵌,都是先在作坊中做好然后安装的,乃决定落架重修。

又说木乃伊系"昭和五年"时开棺处理过,当时加了石棉,有的专家认为加石棉不好,会影响保存,后以战争就没有能取出,这次"昭和二十五年"打开再看,专家认为肉干了,眼睛下陷,都是放石棉的关系。这次换了新棺,加了防腐剂,肚子还是软的。放了五年,打开检查,没有变化。并说明天可以放电影给我们看。

26日早起,执事长特为我们拿出昨天因光线不好看不清楚的有墨题的刻经。一卷为福州《毗卢大藏》阿育王传第四,为西晋安息三藏安法钦译,前有:

"福州开元禅寺住持传法慧通大师了一仪募众缘

恭为今上皇帝祝延圣寿文武官僚资崇禄位圆成雕造毗卢大藏经板一副时绍兴戊辰闰八月日仅题"①

后有墨笔题字一段：

"奉大道弟子王永安并妻陈氏三二娘子妹王细工娘子男王勋女王十二娘子新妇宋百十娘子男孙王六五并阖家人口等。"

后又有写刻题字一段：

"观旧闻多以羊为生朝之馈，词（？）之不可。又念此物无不杀之理，乃易之，而以缯归佛僧；庶假佛慈，不复罹刀几之苦云。绍兴戊辰十月七日洛阳富直柔题。"

后到放映室，观看木乃伊影片，系摄取当时开棺经过。

由此即下山去火车站，走另一大路下山，执事长一定要送我们到车站，一路又看了许多古迹。看到有许多小学生冒雨来山游览。日本的观光事业，非常发展，古迹名胜地区游览人很多。

下山乘汽车赴车站。执事长殷切接待，他对保存文物十分热心，对我们远道来看文物保护工作，更是非常尊重，让我们看到许多东西，详细地作了解说。修理委员会的各位先生在修复技术方面、方法方面都向我们作了认真的介绍。汽车中偶成四句，写了送给执事长：

万里来游金色堂，金花螺钿甚辉煌，

---

① 见《中国版刻图录》说明及图版159。

精工细作人间宝，维护功高世代扬。

五 清凉寺

我们在东京的时候，有"中国研究所"池田醇一先生来访，他送来一部分照片，就是《文物》1962年第一期冀淑英同志曾经介绍过的北宋高文进版画的那部分照片。那是从外文书上翻制的，不甚清晰。这次见到的是从原件上照下来的，很清楚。知道不但有宋太宗雍熙元年（984年）雕印的北宋著名画家高文进所绘佛像，还有其他版画、经卷等，这些文物的原件都在京都清凉寺。

我们到了京都以后，当天下午6时去清凉寺拜访冢本善隆教授。谁知日程弄错了，告诉他的时间是4时，他等了很久，我们未去，他另有别事走了，他刚走，我们去了。这所寺院实在是"清凉"，苍松秀竹，绿水青山，环境极为幽静。冢本先生既是京都大学人文科学研究所的教授，又是国立京都博物馆馆长，同时他又是和尚，是这座清凉寺的"住职"。他一家人就住在寺里一所很宽敞的房子里。我们到他家里，夫人、公子、女婿都出来热诚地接待我们，并把高文进的版画原件及其他文物给我们大饱眼福。

原来日本有位高僧奝然（此僧俗姓秦氏，很可能为中国人而流寓日本者，京都至今仍有秦姓），为东大寺和尚，于永观元年（983年，相当宋太宗太平兴国八年）八月一日偕四僧二童子"由九州出发，同月十八日到台州，巡礼天台山，由杭州、越州、扬州坐大运河船，经泗州入汴京。谒宋太宗，赐'法济'大师号及紫衣。并与延喜五年（927年）入中国，已经忘掉日本语,年八十五岁的日本僧赵会相遇。又巡礼五台山、洛阳白马寺、龙门广化寺。赐新雕大藏经(蜀版)五千四十八卷及宋新译经四十一卷,太宗御制佛书等。乃就归途。在台州得到开元寺僧以及僧俗男女的援助,造成所谓优填王释迦瑞像的模刻。八月十八日纳入五脏等品。"(见冢本善隆著文)此佛像带回后即在清凉寺供养,1955年前修理这座佛像时,在腹中出来大批文物。冢本先生正在研究这批东西,将全部发表。

这批文物,都做了很好处理,如版画、佛经、丝织物都用两层玻璃夹起,但中间似留有空隙,抽为真空,玻璃四周用一种金属物封闭,似此处理以后,翻阅甚为方便,对原物毫无损害。

版画我们看到四张:

一张为高文进署名的"弥勒菩萨像";

一张为"释迦多宝如来全身舍利宝塔"雕绘,出现人物约八十余众,极为壮观;

一张为文殊骑狮图;

一张为普贤骑象图。

又有一卷纸本墨书奝然《入宋求法巡礼行并瑞像雕造始末记》,为台州开元寺僧鉴端所书。全长四尺九寸五分多。

又有纸本墨书小字法华经;

又有日本天禄三年(972年)文书;

又有《金刚般若波罗蜜经》,经后有施印题记:

"高邮军弟子吴守真舍净财开此版印施上答四恩三友下酬生身父母然保自身雍熙二年六月日记"。

又有各色丝绸制为五脏；

又有一施舍人名单，有"林十二娘"等人名；

其他则有开元等钱一百二十多枚、银器、贝叶经、水晶珠、耳珰等件。

我们看后，主人家属招待茶点，又送了我们冢本教授的著作多种。就去看这尊中国传来的佛像，由教授住所，有很长的走廊曲曲折折可以通到大殿。佛像前有幔帐垂下，冢本教授的大公子念经启帐，敲着木鱼和铜磬，幔帐慢慢上启，经越念得紧张，木鱼也敲得紧急，我们看见佛像渐渐露出，雕造极为精致，体态瘦长，远远看去仿佛较真人略大。不料其中珍藏着这许多珍贵文物，尤其是北宋著名画家高文进的作品，恐怕已是绝无仅有的了。高文进曾在宋太宗时期，画过很多壁画，现在也只能从这种版画中见其面目。所以这几张版画，不仅是版画史上的重要资料，也是研究北宋壁画的重要资料。

其雍熙二年所刻《金刚般若波罗蜜经》，在经首亦有版画。此经每行十二个大字，与《中国版刻图录》所著录的北宋崇宁三年以前的小字刻本不同。

1963 年 11 月 18 日追记

东游记忆新

从香港飞出去，就是大海，除了波涛，什么也看不见。天色渐渐暗下来，三个小时过后，下面看到一片霓虹灯火，东京就在眼下了。

我们从第一天到东京起，一共在日本呆了五十一天，走了十二个城市。我们会见了许多日本朋友，不论是政界，学术界，教育界，新闻界，宗教界，工人，农民，学生，到处洋溢着中日友好的呼声，到处喊着"老朋友"——这个"老朋友"的含义是两千年的友谊的代名。

日本考古界元老原田淑人先生说：从日本的九州、奈良等地发现的汉代文物来看，中日两国人民的友谊往来至少是一世纪已经开始了。

我们在奈良东大寺，唐招提寺看到唐代高僧鉴真大和尚的许多遗迹遗物，我们听到许多人重复这样的话："鉴真是日本文化的恩人"。有人又告诉我们，今年日本纪念鉴真逝世一千二百周年，有许多豆腐店和酱园的老板捐了钱，原因是据说这两种今天仍是日本人民喜爱的食品，就是鉴真传来的。

我们看到宋代和尚牧溪的画，看到明代著名画家唐寅给日本朋友彦九郎的送别诗。

我们在仙台看到鲁迅先生读书的学校和他住过的房子；我们看到镰仓的海滨的聂耳墓地，秋田雨雀先生为他写了墓碑。

我们看到冈山郭老上学时常去散步的后乐园，那里有解放后郭老送去的丹顶鹤和刻在石头上的郭老的诗。

我在一次讲演会上，听到日本朋友讲演以后。我说：你们说"中国文化是日本文化的恩人"，我以为文化交往是互相影响的。就拿20年代来说，中国最初读到马列主义书籍，有许多就是通过日本译文传到中国的；我们有许多革命者在日本流亡，学习；我们当代的两大文豪——鲁迅、郭沫若不都是在日本学习过的吗？

两千年的人民间文化交往，两千年的"老朋友"，这是任何势力所斫不断，挡不了的。

有很多日本朋友向我们表达了对新中国的友好愿望，有很多朋友表示我们两国人民应当永远地团结携手，反对共同的敌人，来保卫亚洲的和平。就是一些学术界的朋友，他们不谈政治，但是对于我们的领袖毛主席表达了衷心的敬仰。

他们鄙弃所谓"美国文化"，对"美国文化"毒害后一代极为担心。我们在一个地方看了一次现代美术展览，那是些除了作者本人，甚至连他自己过后也不知画的是什么东西的所谓"油画"。一位陪我们去的教授说：你们永乐宫的壁画快来这里展出吧，你看这叫什么艺术！

日本书道界权威丰道春海老先生，已经八十六岁。他到中国访问的时候，在山东曲阜途中看到我们大学生参加农村劳动，他感动得掉下眼泪，当场向学生讲了话。他对我说，这种办法好极了，日本大学生现在很少劳动。我们在一次宴会上每谈到中日友好的话，这位老先生就同我握手，六个钟头的聚会，不知握了多少次手，他说手都要握肿了。在他家里的一次宴会就更热闹了，几十人中有书道家，有前首相，有前海军大将。我们大谈中日友好，最后丰道老先生和我们以及全体来宾大呼中日友好万岁的口号，直到夜深才散。

我们一到名古屋的晚上，日中友协的支部正在开会，听到我们来，会也停开了，大家都到了旅馆，畅谈到深夜。

我们在京都，日中友协的朋友们举行了"馒头会"，大家在一块聚餐。有陶瓷工人，有邮电工人，有大学教授，有工商业者，有日本共产党中央委员，有《天平之甍》的编剧者，有和尚，有学生，有妇女……大家欢快地谈着。到过中国的就急忙问他到过的那个城市现在怎么样？陶瓷工人就说陶瓷是中国传来的，现在哪些窑厂在烧造瓷器？工人兄弟的生活怎么样？一位"商业部长"说他就要到中国参加工业展览，一位妇女说他的一位女儿正在中国访问。……会场上始终洋溢着中日友好的感情，有千丝万缕的线连接两国人民的心。

我们见到九十岁的老和尚大西良庆，他说别的什么地方也不想去，这一生愿意再到一次中国。他说他六十年前到过中国，还会说"请坐"！"请坐"！上个月他果然如愿以偿，访问了中国。

我们在病院中会见了正在病中的京都日中友协联合会的会长末川博老先生，他说要尽一生力量来加强中日两国人民间的友谊,来保卫亚洲和平。

最难忘怀的是在我们举行的告别酒会上,有多少人要我们把他们的心意带给中国人民,有多少人一次又一次地为友好干杯。当大部分朋友走了以后,剩下几十位朋友,又围拢在一个桌子上,重新举杯高歌,连轻易不唱歌的中岛健藏先生也唱起歌来。这正是:

千古交情难磨灭,中日友好在人心!

11月21日夜

版画《富士山之绘》

——难忘的记忆

  1963 年，我第一次到日本举办文物展览时，见到了日本考古界元老原田淑人先生。他来到还没有布置完的展览厅，观察每件文物，都细致入微。那时中日还未建交，我们从旅馆一上车，就有警视厅的人"保卫"着，到展览厅也是这样。展览厅在一个百货大楼上，人很多，可是原田淑人先生来了，很高兴地看着展览。当我说到 1925 年左右在北京大学二院听过他讲考古学的时候，他回忆在中国的往事，微微地笑着，问起我是不是北大学生。我说不是，那是蔡元培先生的德政，不是北大学生，也可以到北大旁听每个教授的讲课，毫不加以阻挡。连外国学者来这儿讲学也不例外。从此以后，我同原田先生就成了良师益友的关系。那时他已经退休（日本规定年满六十五岁必须在国立机关退休），在一所私立女子大学教课。我每次去日本，他总是我先要拜访的一位。1973 年在日本举办铜器展览时，我又去拜访他，他这时已不良于行，只能在家里坐在手推车里见客了。我去见了他,还送了他一本图录,他一面仔细观看图样,一面一丝不苟地问着一些铜器,那种热爱中国、热爱中国文物的情景,令人感动。临走时,他特别让人取来一幅版画——《富士山之绘》。美丽的富士山,山下绿树成荫,一条碧绿的河流,看了令人心爽。回来以后,一直挂在我的墙上,每次看到它,都引起一些美好的回忆。

1974年12月间,周总理病重的时候,我想到他青年时代在日本住过,把这幅画送给总理在病中看看,总比听那些无耻的狗叫好得多了。这时正是"四人帮"极其阴险地恶毒攻击总理的时候。我送去以后,过了一些时候,总理派人把画送回,并附一封信,是总理亲自用铅笔写的:

"冶秋同志:

　　谢谢你的好意。日本版画已欣赏多次,今晚得到池田大作送我另一幅画,现将你得到的赠品送回。

　　我仍在治疗中,情况尚好,请释念。

　　　　周恩来　一九七四、一二、五。"

我又把这幅画挂在原来的地方。总理逝世以后,我很想写篇短文纪念这件事,但是不知道版画作者的情况。今年3月到日本去,想请日中文化交流协会问一问原田老先生的儿子,知道不知道画的作者。谁知原田正己先生竟然到旅馆来看我,写了详细的情况,并又送了这位作者另外一幅画,也是刻的富士山。他知道我把这幅画送给周总理看过,十分感激与欣慰。他现在是早稻田大学中国哲学教授。看了他写的说明，知道画的作者是川濑巴水，镝木清方的弟子，伊东深水的同年，江户版画流派中比较著名的版画家，1945年死去。

版画题目，也可译为：《富岳图》（富士山之绘）。

原田老先生已去世了，我上次去看望井上靖先生，他同我说：你是原田老先生最后见面的一个中国人了。

现在我得知版画作者，但是送画的人与一位特别的看画人都逝世了，令人不胜悲伤。富士山是永存的，昆仑山也是永存的，看着画面上的苍翠山色河流，让人感到中日人民之间的友谊正像这河流，万古常青！

读 书 偶 记

——关于"番薯"的来源

偶阅抄本《国初莆变小乘》,系清初莆田人陈鸿(字邦贤)所编。康熙三十七年(1698年)陈鸿死去,年八十一岁。以此计算,陈鸿当生于明万历四十五年(1617年)。此书述清初福建莆田"变乱"事甚为扼要。其中有一段讲到"蕃薯"的事:

"庚寅顺治七年

………

蕃薯亦天启时番邦载来,泉人学种,初时富贵者请客,食盒装数片,以为奇品。今兴、泉、漳遍洋皆种,物多价贱,三餐当饭而食,小民赖之。"

久旱逢雨,院中蕃薯抽条攀秧,生长甚快,是否就是上述"蕃薯"的嫡系,也不甚了了。录此一条,供研究者参考。

夜 读 偶 记

一 《千佛岩歌》

《瑞芍轩诗钞》（清仁和许乃縠著）有《千佛岩歌》并序：

"敦煌城南四十里，有千佛岩，即雷音寺。三危峙其北，山错沙石，坚若铁。高下凿龛千百：其中圮者数百，沙拥者数百，危梯已断，不能登者，又数百。而佛像如新，画壁斑斓者，尚不可以数计。莫高窟前有周李君《重修莫高窟佛龛碑》。文中叙前秦创建之由及李君修葺千龛之纪事，武氏圣历元年，实唐中宗嗣圣十五年也。睡佛洞外有《唐陇西李府君修功德碑》。文载灵悟法师为李大宾之弟，按其世系，大宾即周李君之昆孙，以故重修复。旁开虚洞，横建危楼，时则庚辰开元二十八年也。按河西郡县，至德后陷于吐蕃，大中中始复（按：此推测有误，应是丙辰大历十一年）。此碑记年剥落，惟十字、年字、辰字，犹约略可认。天宝后改年为载，大中前正朔未颁，辄以开元断之。碑阴为《李氏再修功德碑》，叙其先赠散骑常侍功德及张义潮时事。其碑建于甲寅，为唐昭宗乾宁元年。莫高窟旁如来窟檐上书：'宋乾德八年归义军节度史西平王曹元忠建。'（按：即敦编第427窟窟檐）按唐宣宗大中五年张义潮归诚授节，传至张维深卒后，沙州推长史曹义金为帅，请命朱梁，仍授归义节度使。周宋间其子元忠奉表入贡，遥授封爵。至宋乾德只有五年，所书乾德八年，实开宝三年，以其时中外隔绝，朝命罕通故也。文殊洞外有《元皇庆寺碑》（按：文殊洞即敦编第51窟即五台山窟，该碑现存敦煌文物研究所陈列室），至正十一年建。功德主为西宁王，记文者沙州教授刘奇也。余谓既有唐碑，必有前秦碑。访之耆士赵秀才吉云：乾隆癸卯，曾于岩畔沙土中得断碑一片，书：'前秦建元二年（苻坚年号），沙门乐僔立。'旋为沙压，偏寻不得。盖前秦创建，唐一再修，宋元继之，力大功巨，吁其至矣。爰为作歌，且以是数碑为金石家所未著录，志乘内亦未搜入，因详及之。

楞伽一朵飞天边，何时堕落三危前。沙石碎劚佛骨出，昌黎先生见应叱，佛骨不见见山骨，我来独游诧人力，人力所到天无功，凿破混沌开洪濛。高高下下千百洞，由颠及麓蜂房通。天梯云栈钩连密，贝多树拥梵王宫，一龛无数佛，四壁无万像；丹黄千百年，斑驳还炫晃。就中一佛耸百丈，天外昂头出云上。一坐一卧大无量，人人耳轮倚藤杖。额珠百斛伊谁拾，慧灯千盏何由集。负此擎天拄地材，膜拜无人自山立。前秦建元穷雕锼，盛唐李氏一再修，继其功者宋及元，千锾万镒空谷投。有明曾遭吐蕃毁，山摧石烂沙霾飐。金碧犹余不坏身，登历依然欲穿趾。呜呼具此龙象力，何不施之田畴活兆亿？丰碑屹立镇佛国，普佛慈悲作功德；普佛慈悲作功德，我佛闻之笑咥咥。"

秋案：许乃縠为清道光时举人。字玉年，浙江仁和人。曾为甘肃环县令八年，筑环江书院，办积学堂。又以当地"苦寒少薪木，民几不得火食"，创开煤窑。又修水利，劝农桑，"环乃大治"。

又作皋兰县令，山丹县令，导泉开渠，办书院，有利于民。

道光十一年冬调任敦煌县令，也是兴学，开煤窑，在党河上筑桥。在敦煌做了三年县官，很得老百姓信任。道光十四年冬，调署安西直隶州牧，又劝民种树，开马连井金厂，垦荒地数万顷，道光十五年正月初八日死去，年仅五十一岁。敦煌士民，听到这个信息，为之哭泣，并请建祠纪念他，并且谣传他死后做了敦煌县的城隍，看来可能是一位想为老百姓做点好事的清官。

他会画画、作诗，并有《画品》二十四则，流传到当时的高丽。高丽诗人金秋坪曾托人要他的画，高丽商人也曾在北京琉璃厂买他的画。他与林则徐亦相识，并有诗赠和。

他所作敦煌千佛岩歌，粗翻各家谈敦煌的文字，都未著录。

他所记莫高窟前有周李君《重修莫高窟佛龛碑》，原在敦煌第332号窟，今存敦煌文物研究所陈列室。碑早毁破，文亦磨损。现北京大学藏有刘燕庭旧拓本。

他所记《唐陇西李府君修功德碑》，尚存，在敦煌第148

号窟。碑阴即为《陇西李氏再修功德碑记》。

他所谓当地赵秀才云乾隆癸卯在沙土中发现的断碑,系前秦建元二年沙门乐僔所立。这个碑似未再发现。此事又见徐松《西域水道记》卷三,许应是摘自松书。

二　普救寺

《池北偶谈》(清王士禛著)有《普救寺》条:

"西厢传奇,河中有普救寺。《画墁录》(秋案:此书为宋张舜民著)郭威宿师河中,逾年登蒲阪以望城中,愤蒲民固守,曰:'城开日,当尽诛之。'幕府曰:'若然,守愈固矣。'第告之曰:'诛守城者,余皆免。'城既开,乃即其地为普救寺。《蒲志》云:'旧名永清院,院僧与郭威约,城克之日,不戮一人。因改名普救寺。二书大同小异。然寺名实始五代,传奇假以成文耳。"

秋案:郭威为唐末五代后周太祖,在位三年,年号为广顺(951—953年)。今普救寺塔砌有显德二年(后周世宗,955年)碑刻。与广顺年代相距极近。

三　赵州画水

《池北偶谈》有《赵州画水》条:

"赵州画水,世传是吴道子笔。陆俨山《大驾北还录》云:宣德间定州何生作也。"

今年三月去赵县看大石桥(即永济桥),顺道看城内柏林寺,即传说有吴道子画水的寺院。大殿解放前即已毁败,说是佛像后壁有画水,后墙特开一窗,从窗外即可看见水波荡漾。

此寺有金大定、元至元、延祐等碑。

按陆俨山即陆深，明上海人，弘治进士，嘉靖时为太常寺卿，距宣德不远，当时人记当时事，较为可信。可证吴道子画水事不确。

四　陆机《平复帖》

《无事为福斋随笔》（钱唐韩泰华，小亭著）卷上载："晋陆机平复帖刻于秋碧堂（秋案：秋碧堂为清真定梁清标堂名）；后由梁氏入朝鲜人安氏仪周手；再归成王诒晋斋；现存郑亲王府，郑王别刻一本。"

按韩泰华为清道光、咸丰时人。研究元史，并喜收藏字画及铜镜等文物。曾得阮元收藏宋椠十卷《金石录》，亦刻"金石录十卷人家"小印。

书中尚有一条记有："赵倦仔玉印归粤东潘氏。……秦汉以上皆用玺，汉以后方刻印。而玉之流传不多，或由易于改毁。如王逢（秋按：逢为元末明初人有《梧溪诗集》）诗云，'皇朝内府多旧玺，尽畀太师（后至元伯颜承相）作鹰坠'也。"

上述《平复帖》及所谓赵倦仔印，解放后均归故宫博物院入藏。《金石录》十卷，归上海图书馆入藏。

夜读偶记

"唐景教流行中国碑,记西教入中国之始,故西人屡欲盗去。前年有某国人欲盗此碑,已刻赝者谋易原石。适吾友方君以告。予乃亟白之学部尚书荣协揆,电陕抚令迅移至碑林,并着地方加意看护,此碑乃得无恙。某国人不获已,乃运赝刻之石以去。"

见罗振玉著,容庚校《俑庐日札》。此稿最初编成于光绪戊申(即光绪三十四年,公元 1908 年),后发表于《国粹学报》,"民国二十三年"容氏校订重印。按最初编定时间计算,盗碑之事约在 1906 年前后。

陈眉公《太平清治》卷二载有李嵩骷髅画条:

"余有李嵩骷髅团扇绢面,大骷髅提小骷髅戏一妇人,妇人抱小儿乳之,下有货郎担,皆零星百物,可爱。又有一方绢,为休休道人大痴题,金坛王肯堂见而爱之,遂以赠去。"今此画藏故宫博物院。

《羽琌山民遗事》，邵阳魏季子撰。羽琌山民即龚自珍别署。其中有云：

"婕好妾赵玉印，以宋搨化度寺帖相易，又滕以五百金得之。甚宝爱。儗在昆山县玉山造阁三层，名之曰宝燕。未几因博，丧其资斧，又质之人矣。"

由此可知这一玉印曾入龚自珍手，又因赌输，抵压了出去。

古 装 书 法

《疑耀》载有"古装书法"一条：

"今秘阁中所藏宋版诸书，皆如今制乡会进呈试录，谓之蝴蝶装。其糊经数百年不脱落，不知其糊法何似？偶阅王古心《笔录》，有老僧永光相遇，古心问僧前代藏经接缝如线，日久不脱，何也？云：'古法用楮树汁、飞面、白芨末三物调和如糊，以粘纸，永不脱落，坚如胶漆'。宋世装书，岂即此法耶?!"

此法很可一试。《文物》前曾发表马子云同志传拓技法一文，访日时，有人告我，此文已译为日文，因日本传拓不悉用"白芨"，见马文颇有启发故也。中国保存文物，有许多很好方法，值得我们研究继承。

刊登砚史资料说明

中国什么时候开始有砚？还有待考古发掘来证明。汉，刘熙《释名·释书契》云："砚，研也；研墨使和濡也。"汉，许慎《说文》云："砚，石滑也。""滑"训作"利"，与研磨同义。可见中国自古以来，就把砚解释为研磨的工具。

从考古发掘材料来看，原始氏族社会已有彩绘陶器，利用红黑两色或其他色彩，绘出多种多样的花纹（主要有几何形图案和动物形花纹），颜料已经极为细腻，说明那时已有研磨颜料的工具，这种工具恐怕就是砚的祖型？

从殷墟发现的甲骨刻辞来看，除刻字以外，还有用毛笔朱书或墨书的。有的甲骨上还残留着朱书、墨书的痕迹。那么朱和墨的研磨一定也有工具的。

周代铜器铭文，其铸范以前，一定先有书写，然后据以刻范。可惜侯马出土几万块陶范，都是刻划以后烧制过的。看不见烧制以前书写的痕迹，若是书写在未经烧制的泥土上，想是无法保存下来的原故。

长沙在解放以前出土过战国的《缯书》，解放后出土过毛笔；信阳长台关战国大墓也出土过毛笔及"文具箱"、竹简。

看来研墨工具应已齐备，但独不见"砚"的出土，很是奇怪。

汉代砚台，1955—1956年在广州华侨新村工地发掘的四十座西汉墓中，发现了石砚八件，除砚石外，大都附有"研石"一块。砚的本身形状多不一样，系采用圆而扁的石料磨制而成。出土时有的砚面和研石还有红朱粘着。1955年在广州东郊马棚冈发掘西汉晚期木椁墓出土了燧石砚一件，砚面还有许多墨迹。由此可见西汉广州砚台系包括砚石及"研石"两件工具，用此研磨一种颜料或所谓"墨"，此时的"墨"究竟是石墨还是烟煤所成，还需作进一步的考察。

汉代砚台，解放后在洛阳及安徽等地亦有出土。1955年洛阳在一汉墓中发现汉石砚，为圆形三足，同时并发现一"研石"放在砚上。安徽在1956年于太和县李阁乡双孤堆农民取土时发现汉石砚盖，亦为圆形。刻划三圈，每圈均以三角形组成简单花纹。又在太和县税镇马古堆农民开荒取土得一石砚，亦为圆形三足，缺盖。而在太和县李阁乡另出一完整石砚，亦为圆形三足，盖有透雕双螭首形象（从照片上看不甚清晰），盖及底均有刻划花纹。此种圆形石砚，亦见于汉墓壁画中。由此可以得一概念：西汉末至东汉石砚，多为圆形、三足、平面、有盖，并有刻划花纹。

本期发表的第一块石砚，即为此种汉石砚，原有三足当较高，已磨损，很可能有盖，已缺失。

1955年广州市东郊发现东汉时代墓葬，出土汉代陶砚，亦为圆形、三足，并有漏斗形高盖。

汉代陶砚，还有山形砚及龟砚。山形砚，砚面前部有塑造十二山峰，内左右两峰下，尚各有一负山人像，三足为叠石状。塑造极为有力。此种陶砚，不详其为何地出土，观其砚形、山形、水滴，特别是人像之塑造和风格，似为西汉文物。而其结构之奇特，从未见诸任何著录。也未见有二，实为陶砚中之孤品。

本期另刊出三个陶龟砚，造型极为生动，有直颈、屈颈单龟，交颈交尾双龟三种不同造型。都有盖。盖即为龟背，刻划有龟甲纹。直颈单龟砚，砚底有一"寅"字。

据长期研究砚史的人，擅长复制古物的老技工，以及日本有邻馆藏一陶龟砚，都认为系汉代文物。

1962年河南上蔡县城东南一华里处，出一唐墓，亦发现一陶龟砚，略似直颈单龟砚，但其头部有差异，龟甲纹也不同。未见实物，尚需进一步研究。

魏、晋、南北朝除继承汉代石砚、陶砚外，由于瓷业的渐兴，故多瓷砚。解放后，浙江、江苏、江西、湖北、湖南、四川等省都有发现，大都是"青瓷"。即以瓷土为胎，而挂以青釉。砚面无釉，以利研磨。多为圆形，有足或"蹄足"。1959年《文物》第4期曾载南京石门坎发现一墓中有三足瓷砚，上置一有魏正始二年（505年）铭文的铜弩机，为此类砚的较早者。以后此种青瓷砚发展为多足砚，制作也更趋精致，体形也有大至径尺者（但有一种所谓晋瓷或越窑"三足盘"，有的是砚，有的不是砚。需就实物进行研究加以区别）。

此一时期除石、陶、瓷砚以外，也有用铜为原料制砚者。如米芾《砚史》中所述："有十蹄圆铜砚"。1957年2月间安徽肥东县草庙乡大孤堆出土一件南朝铜蟾蜍砚，通体碧绿中闪出鎏金，再镶嵌红、黄、蓝、白之宝石，作为蟾身之疙瘩，造成五彩缤纷之形象，极为美观。此铜砚，其砚面部分，并非铜制，乃是一石片镶成。

隋、唐时代陶砚仍有发展，多为后部二足，此二足有安在后部两角者，有与两角有一定距离处安足者。砚面作箕形，实即米芾《砚史》中所谓："有如风字两足者"。有在砚首及边沿印制花纹及动物形象者。此种陶砚在隋、唐之际仍为通用的砚台。在1960年7月间广东省文物管理委员会和华南师范学院历史系在韶关市西北郊罗源洞山麓发掘了唐代著名人物张九龄的墓葬，出土了一件陶砚，泥质灰陶，作箕形（即俗称凤字形），两足即在后边的两角处。砚面存有墨迹，砚底面刻一"拯"字，按系其子张拯之砚，而纳入墓中的时间为开元二十九年（741年）三月三日，可见开元盛世达官贵人也还用陶砚的。韩愈《瘗砚文》说的也是陶砚，都可作为例证。

1957年广州出土唐代陶砚，圆形高圈足，砚面前部有突起两圆筒，可以置笔，中夹一水盂，可以注水。日本白鹤美术馆有一陶砚，为长方形，周围有圈足，砚面两边有笔形凹印，可以置笔；砚面前部另有两窍，亦可置笔。——此种陶砚亦极少见。

唐代瓷砚仍在烧制，尤以越窑三足砚或多足砚为多。此外岳州窑、邛窑也有烧造。邛窑砚有大小成套者，粗胎挂釉，极为古朴，亦为箕形。

唐代石砚已开始讲求石材，端溪已经开采。唐代著名诗人如李贺、刘梦得等都有咏端砚的诗，如刘梦得有"端州石砚人间重"的诗句，便是例证。

安徽婺源的歙溪石材，也于开元年间开采。

此外澄泥砚唐代也开始制作，最初出于山西绛州。据说用绢袋装上汾水河泥加以漂洗淘澄得出细泥烧制而成。

此外唐三彩砚也开始烧制，多为小型，制作精美，有人以为或系宫闺画眉之用。

1956年在洛阳出土唐末五代后晋天福二年（937年）陶砚，砚心亦为箕形，边侧刻划字迹为"天福二年八月"题记；底部亦有刻划字迹。

到了宋代，石砚已普遍采用。达官贵人，文人学士尤讲求端、歙、洮等石，多为"抄手砚"。宋，米芾所作《砚史》，实即为砚石谱。其中仅有二三处讲到陶砚，可见此时箕形灰陶砚已日趋没落。但澄泥砚还是发展的。宋代一般日用石砚，多有就地取材，雕工亦不甚讲求，形式亦多种多样，如钜鹿所出的石砚，安徽在解放后曾于某处发掘一大铁锅，其下面有石砚一二十个，都为日常用砚。

宋代由于瓷业的大发展，瓷砚烧制种类尤多。近来发现有北宋元符三年（1100年）款的影青砚，此外有龙泉砚，建窑黑瓷暖砚；辽瓷（或南宋）砚，以及绿瓷砚等。可见当时南北各地名窑都曾烧制过瓷砚。

此外宋代即已制作漆沙砚，虽便于携带，但终不适用，未能通行。宋代也制作过铁砚，亦不适用。

元代砚解放后亦有所发现，大同西郊冯道真墓出土一长方形石砚，砚面水池部分作葫芦形，盖墓主为道士，想系其自制。同时出土一锭大墨，上有"中书省"字样。

明、清更是讲求石砚，端溪唐代开采的龙岩，宋代开采的上、中、下三岩已不可用，又在水岩开采，分为大西洞、小西洞、正洞和东洞四个洞。由于在水下，非冬季浅水时不能开采。开采时先抽水，洞小水寒，工人裸身在水内凿石，至为辛苦。

明、清石砚除讲求石材外，对于雕工、式样乃至前代名人收藏、题跋款识，以及砚匣制作，都极为讲求。石砚至此，已经到了盛极而衰的地步了。

明、清亦有瓷砚，有的瓷质花纹极为精致，有的是腹空灌水的暖砚形式，多是用作绘画，或朱墨研磨之用，用作墨书的已经很少了。

从以上简略的叙述来看：砚的历史是很悠久的，它从最初的研磨工具，逐步变为文化生活中不可缺少的一"宝"；因此砚的历史，也是我们历史文化生活中的一种反映，它与每一时代风尚和生活、生产情况，都有关联。例如汉石砚多为圆形，三足平面，可能与当时所用的"墨"有关系，看来这时的"墨"它本身还不能研磨，须用另外两种工具来研磨它。又如唐、宋时代多为席地而坐，砚之后部高，前部低，与此种生活方式很有关系；又如青瓷的发展，而瓷砚盛行一时，与当时生产情况很有关联。若是能根据现有实物，考古资料及有关文献，进行关于砚史的研究，把这一文化工具发展情况理出脉络，倒是一件有意义的工作。前人出版了不少砚史、砚谱，如米芾的《砚史》，除其"样品"一章提供了一些砚史资料外，其余各条，实为砚谱，不能算作砚史；宋，苏易简《文房四谱》更是只从文献上摘录了与砚有关的资料，也不是砚史。其余砚谱，多讲砚石；高南阜的砚谱想以《史记·列传》制谱，实为他自己制砚的谱录。因此真正一部讲砚的发展的砚史，还有待于今人的努力。文物博物馆研究所和故宫博物院及其他各地博物馆，解放后都收集了许多砚台，有些砚是从考古发掘中获得，其确实使用年代，可以相对获得。因此今天完全有条件以实物对照文献编出一部真正的砚史，可以看出这一历史文化工具发展变化的全貌。兹商得《文物》编辑部同意，先以文物博物馆研究所收藏的石砚及陶、瓷诸砚陆续在《文物》发表，借以引起各地的注意，并希望提供更多的实物照片和科学记录资料，为将来编辑砚史创造条件。

我对砚史，可以说毫无研究，写此说明，不过是提供一些极不成熟的线索和看法，供各地热心此一工作的同志参考批评和指教。

1963.12.23 夜

刊登张珩同志遗著说明

张珩同志是当代书画鉴定专家,去年 8 月病逝以后,文物、博物馆研究所曾约请一些同志,对他的遗著进行整理。本期发表的《怎样鉴定书画》,就是他近年在各地鉴定书画时,应文物、博物馆工作者的要求所作的几次讲演,经过核对记录整理出来的。他本来想通过在全国鉴定书画,不断丰富内容,然后再加以写定发表的,可惜他没有来得及做到这一步。

本期发表张珩同志另一篇《两宋名画册说明》,是他近年所写的一篇鉴定书画的说明文字,由于原画册购置不易,特再发表于此,便于文物、博物馆工作者和其他书画爱好者对照来看。

张珩同志出身于一个大资产阶级家庭,其最初收藏书、画、信札……,本出于个人玩赏。当时他豪于资财,重金选购,收得不少唐宋元明等名迹。1947 年郑振铎同志曾为之编印《韫辉斋藏唐宋以来名画集》,如唐,张萱《唐后行从图轴》,唐,周昉《戏婴图卷》,宋,易元吉《獐猿图卷》,金,刘元《司马槱梦苏小图卷》,元,颜辉《钟馗出猎图卷》……

等都是极为珍贵的文物，但是由于抗战胜利后四大家族的搜刮，他所经营的商业失败破产，这些名迹也都散诸国外了。解放前，私人收藏家常常落到这样的下场。但他肯于钻研鉴别，下过苦功，解放后，1950年以一个鉴定专家的身份参加了革命机关工作。十三年来，在党的教育培养下，他参加了历次运动和经常的政治理论学习，思想觉悟不断有所提高，近年来文化部又组织了以他为首的书画鉴定小组，到全国各地鉴定书画。两年来鉴定了十万件。他正在逐步跨出资产阶级专家的圈子，企图以新的观点方法，以终身的精力，把中国古代书画遗产，去伪存真，分析精华糟粕，作一次全面的整理、著录；并想通过这个工作，摸清规律，对中国书画鉴定学予以科学的建树。令人特别惋惜的是，当他正跨进社会主义文化事业大道愉快前进的时候，病魔却夺去了他的生命。

《怎样鉴定书画》这篇讲稿，他首先破除迷信，把书画鉴定的一些神秘玄妙的外衣剥掉，放在一个科学工作的位置上。认为不是一门高不可攀的学问。进一步他提出了鉴定书画需要学习辩证唯物主义和历史唯物主义，以此来武装我们头脑和指导实践。他就是在这样初步认识的基础上提出来鉴定书画的"主要依据"和"辅助依据"。主要依据是"时代风格"和"个人风格"，辅助依据则是"印章、纸绢、题跋……"等——这样一些认识和指出鉴定的方向、方法，都是一个很好的开端。

他的《两宋名画册说明》，对宋代六十幅画作了精审的鉴定。采取了客观的实事求是的态度，"知之为知之，不知为不知"，肯定和否定一件画，不作轻率的判断。例如对于《金明池争标图》是否为张择端真迹，反复辨证，定为南宋人摹仿，是比较令人信服的。

鉴定书画,在文物鉴定中是比较困难的一个项目,但是不是不可以掌握的项目。只要我们把它当做一项科学工作来看待,老老实实地去学习钻研,不要故弄玄虚,占有详细的材料,进行比较、研究,周密的考查,从客观事物中引出其中固有的而不是臆造的规律,把这门学问认真地、科学地建树起来。以今天的条件,也只有在社会主义的今天,才有可能这样做。

我们发表张珩同志遗著,看到他所走过的道路,作了新的开端,值得我们学习、研究,作更进一步的努力,取得更大的成就。

1964.3.5

堂书目》全印一册，但是前言及后面所抄有关资料，都未有注明究系根据何本重印；定名为《红雨楼书目》，亦未注明出处。实则《红雨楼书目》乃刘燕庭所加，徐𤊹手定的书目，并无此名。刘燕庭跋中云：

"……此目诸书皆未著录，惟千顷堂书目有之，作七卷，兴公书斋名红雨楼，余即以题其书目云。"

我这次看到的《宛羽楼记》，明明是述徐氏藏书经历之记，独未提到红雨楼，最初不得其解，后来才知徐氏藏书目，本来就没有《红雨楼书目》之称，其最初之目，即称为《徐氏家藏书目》。后人乱加名目，往往造成疑难，此事即是一例。

曹学佺手书宛羽楼记，略有虫蛀，福建藏书，不为虫蛀者极少，此册损字不多，可谓幸事。原文录后，缺损处以□代之。

宛羽楼记

曹学佺能始撰

愚尝闻会稽有宛委山，大禹以藏金简玉字之书，故于兴公徐氏之新楼成而欲以宛委命之，又嫌其贰于越也，乃易而为宛羽之□，于是客始不得其解。兴公曰：子不观穆天子传云：仲秋甲戌，天子东游，次于雀梁，曝蠹书于羽枺；又云，天子季冬甲戌，饮于留祁，□于丽虎，读书于菹丘者乎。夫以天子之游，□不废读，则吾人可知。且传再云甲戌，而兹楼实以甲戌岁落成，噫！亦甚相值之奇矣。予观前代积书之最著者，莫过于宋庐山楼贤之李氏，苏东坡为之记；其次则眉山之孙，归德之曹，幽州之窦，皆建书楼为公塾，以□四方来学之士；置产收粒，以为供给，厥予若孙，世守勿替。然其时请额于朝，曰眉山，曰应天，曰燕山，而尤择一山长以主之，多系冗员废职，或避地于斯而摄兹事，故不曰师长而曰山长，以别于见为教授者，示不侵官之意也。国初右文，征天下书于内库，又自南京而输之北，虽百艘千牛，犹不能给。然以部分之未析，典守之不严，而年岁既久，散佚孔多。且如释老二氏，俱有藏板，而儒书独无，愚甚愤之。妄意欲辑为儒藏，以补缺典。但卷帙浩繁，固不胜收，而玉石业混，观览亦难，乃复撷其精华，归诸部分，庶免挂漏之讥，与夫庞杂之患。夫子曰：吾自卫反鲁，而后乐正，雅颂各得其所。夫诗之与乐，亦有分矣。夫子犹必以乐以阐诗，以诗而别乐，信乎附丽相资之法，不可少也。予妄欲著作，而藏书不富，且以多亡，每每借本于兴公；兴公之意，略无倦怠。即或他出，厥子若孙，亦善体祖父子志，故予遇有乏，若取诸宫中而用之。夫古昔谚语以借书一嗤，还书一嗤，盖积善者流通之□□难也。抑观诸庐山之李，蜀、宋、燕山之孙、曹、窦氏，其以书塾而公之人者乎。不但招徕之，而且饮食之，朝有额，山有长，作之非一人，述之非一代，彼时之盛，虽不得复见于今日，而如吾友兴公徐氏之所以乐与同志者流通之之意，则与古风庶几犹存，而足以愧夫自私不广者矣。予既命其楼曰宛羽，而仍为之记。楼凡二成，累若千尺，以楹计者三十，以户计者四方。而九仙台观两峰浮图则在目前云。

　　崇祯戊寅岁正月之念有三日

下有"曹学佺印"、"曹能始氏"印。

其后为曹氏题宛羽楼诗为七律二首，以下各人和诗，前一首多写景，后一首多写事。从诗中亦可知此楼在鳌峰风景最佳处。所谓："红雨低从山下落，绿筠高向雾中移。"红绿丛中，书楼独耸，亦佳事也。

光绪年间福建侯官郭柏苍（兼秋）作《竹间十日话》一书，其中有云："曹能始为徐兴公筑楼，题曰宛羽。"因忖此《宛羽楼记》册页，郭或曾见及，大约一直在徐家保存，光绪以后始散出，今归北京文物博物馆研究所入藏。

谈蠹鱼

福建、广东等地的藏书、藏画，乃至碑帖，往往被蠹鱼咬得遍体鳞伤，几至不能阅读。福建藏书，不被虫蛀者绝少。明·福州长乐人谢肇淛在《五杂俎》中说道：

"岭南屋柱，多为虫蠹，入夜则啮声刮刮，通昔搅人眠。书籍蟬蛀尤甚。故其地无百年之室，无五十年之书。"

这话虽然是有些夸大，可是近几年看到一些福建来的古籍，确实吃得厉害，有的后半本已经几乎吃光，有的把重要字句吃去，无法通读。最可恨的是蛀得像刻花一样，上下打通，每一翻检，就要去掉若干字迹。

郑西谛先生喜购书，尤喜收同乡福建人著作，尝在他的书室看到架上、地下堆满着书籍，有的常年也不翻动，因之蠹鱼滋生，活虫乱跑，把不是福建的来书也作了安身立命之所，实在也是藏书的一劫。

本来蠹鱼在北方是很少的，大约是天气干燥，不易生存的缘故。据书业中人谈，书铺子的书是没有蠹鱼的，原因是时常翻动。这话也不尽可信，也不无道理。不尽可信的是，我在书铺中买来的福建来书，就有活虫子在；不无道理的是，书铺中的书，毕竟还是虫子滋生较慢。大约北方干燥，常翻，都有关系。我请教了一位医学专家，他也认为南方潮湿是虫子滋生的主要条件。

明·李时珍《本草纲目》虫部有《衣鱼》目，《释名》曰：

白鱼（本经）蟫鱼（覃淫寻三音）蛃鱼（郭璞）壁鱼（图经）蠹鱼（宗奭曰："衣鱼生久藏衣帛中及书纸中，其形稍似鱼，其尾又分二歧，故得鱼名。"时珍曰："白其色也，壁其居也，蟫其状态也，丙其尾形也"）。

《集解》中则有：《别录》曰："衣鱼生咸阳平泽。"颂曰："今处处有之，衣中乃少，而书卷中甚多。身白有厚粉，以手镯之则落。"段成式云："……俗传壁鱼入道经中，食神仙字，则身有五色，人得吞之，可致神仙。唐张易之之子，乃多书神仙字，碎剪置瓶中，取鱼投之，冀其蠹食，而不能得，遂致心疾。书此以解俗说之惑。"时珍曰："衣鱼，其蠹衣帛书画，始则青色，老而有白粉，碎之如银，可打纸笺。"

可见我国古代科学家如苏颂、李时珍等人，都对它作了仔细的观察，但都不见有除治的方法。这实在是文物保存中一件值得研究解决的问题。

尝在国外参观某大图书馆，见有一室，俨然如医院中之化验室，许多白衣女士在那忙碌着，许多试管中装着吃书的虫子的标本,始知"洋书"也有虫祸,其最常见者,在显微镜下,酷似《天牛》,但蠹鱼则未见。始知吃书虫子也因中外书籍质地的不同和自然环境的不同而有异别。又参观其除虫方法,极为粗野。有一大铁罐,一旁有门可启,中轴可以转动,轴之四周装有钢架,可以放书其上,约为三四层。书放上以后,将旁门关闭,按电钮则中轴转动,书籍因转动书页自然打开,铁罐为夹层,中有药水,罐内边有小孔,打开后,药物则向书籍喷射,若干时后取出,再到烘干室烘干,然后再用电烙铁烫平。如此,虫子似乎死了,书籍也死了大半。这种方法,对中国线装书是万万不能施用的。

中国历代藏书家大约有五怕:水、火、兵、虫、"不肖的子孙"。在旧时代这五怕是很难避免的。"水"是应该包括潮湿、霉烂在内的。水湮及沉舟,那是历代有许多记载的,伪郑得隋藏书,在运往长安途中,行经砥柱,多被湮没。北宋富弼藏书,为洛阳大水所沉;火则如绛云一炬;兵则如海渊阁住了土匪军队,把宋版书拿来拭抹鸦片烟签,拿来烧火;"不肖的子孙"则从《艺林》发表的《谈藏书印》一文(按:已收入《艺林丛录》第八编)已经可以看出。其实也不一定是"不肖的子孙"才干,例如有些收藏家生前即将祖国书籍,售诸国外,或者是要把祖国书籍,运存外国图书馆"保存"(?)。那么陆心源之子树藩把《丽宋楼》、《守先阁》、《十万卷楼》售诸日本岩崎氏之静嘉堂,更无论矣。

说到虫祸,例子也是很多的:

《穆天子传》即有"天子东游,次于雀梁,曝蠹书于羽林"的记载,周穆王时书籍是个什么样子,还待考查,那么有无蠹百年海内藏书之家，惟此巍然独存。余两登斯阁，阁不甚大，而列柜书干燥无虫蠹，是可异也。"

《古今典籍聚散考》并举谢堃所述故事，颇为动人：

> 鄞县钱氏女，名绣芸，范茂才邦柱室，邱铁卿太守内侄女也。性嗜书，凡闻世有奇异之书，多方购之。尝闻太守言，范氏天一阁，藏书甚富，内多世所罕见者，兼藏芸草一本，色淡绿而不甚枯，三百年书不生蠹，草之功也。女甚慕之，绣芸草数百本，犹不能辍。绣芸之名，自此始。父母爱女甚，揣其情，不忍拂其意，遂归范。庙见后，乞茂才一见芸草，茂才以妇女禁例对，女则恍然如有所失，由是病，病且剧，泣谓茂才曰："我之所以来汝家者，为芸草也。芸草既不可见，生亦何为？君如怜妾，死葬阁之左近，妾瞑目矣。"

这里所说芸草辟蠹，宋人多所著录。如：宋·邵博《河南邵氏闻见后录》，宋·李石《续博物志》所引鱼豢《典略》，宋·罗愿《尔雅翼》，宋·张邦基《墨庄漫录》，宋·王钦臣《王氏谈录》等书都谈到此事，可见不是无因。宋著名博物学家沈括在《梦溪笔谈》中说道：

> 古人藏书辟蠹用芸。芸，香草也。今人谓之"七里香"者是也。叶类豌豆，作小丛生，其叶极芬香，秋后叶间微白如粉污，辟蠹殊验。南人采置席下，能去蚤虱，予判昭文馆时，曾得数株于潞公家，移植秘阁后，今不复有存者。……

此处所谓"潞公"为文彦博，《墨庄漫录》记此事曰：

文潞公为相日,赴秘书省曝书宴,令堂吏视阁下芸草,乃公往守蜀日,以此草寄植馆中也。因问:"芸辟蠹,出何书?"一座默然。苏子容对以鱼豢《典略》,公喜甚,即借以归。

按鱼豢为三国时魏人。著录芸草辟蠹,恐以此书为最早了。

李时珍《本草纲目》著录称为"山矾",并说沈括所述"与今之七里香不相类","恐沈氏亦自臆度耳"。究竟芸草是什么样子,是否可以辟蠹? 还有待于今日有关科学家研讨。

中国今日的藏书,绝大多数都归诸公共图书馆,旧社会藏书家的"五怕",大多都可避免,惟独蠹鱼一害,尚未根除,有关部门,也正在研究解决,病中念及此事,常梗梗于怀,录此有关资料,聊供研究参考。

1964 年 12 月 9 日夜深

画史外传

我国古代画家的作品,因为种种关系,有的流传国外,国内几至绝迹,甚至画史上也失去他们的名字,或者记录的极简略。我想应该把他们的姓名和作品,再写入中国的画史上来,这是我们应该做的工作。我对画史既无研究,流传国外的情况也不熟悉,写此《外传》,不过是抛砖引玉的意思,希望通过大家的努力,来完成这一工作。

中国书画,流传到日本的很多,其中有些人的作品便有上述情况。首先要谈到的就是牧谿。

僧,法常,号牧谿,蜀人。其生活年代约在南宋理宗到元世祖至元时期(1225—1294年前后)。元,夏文彦所撰《图绘宝鉴》,关于他的记载很简略,且加恶评:

"僧法常,号牧谿,喜画龙虎猿鹤,芦雁山水,树石人物,皆随笔点墨而成。意思简当,不费妆饰;但粗恶无古法,诚非雅玩。"

陈眉公所订正之《画禅》一书,亦有关于牧谿的记载,系抄自《图绘宝鉴》的。其他如清初卞永誉《式古堂书画汇考》

及《石渠宝笈初编》等书，著录过他的绘画，但都极为简略。

关于牧谿的有关资料及作品，日本所存，较我国为多。尤其是牧谿作品，在中国异常稀少，而日本尚存有多幅，并大多定为"国宝"。

关于牧谿生平，日本人常引用元代吴大素所著《松斋梅谱》中的一段记载，这是至今看到的关于牧谿身世最为重要的资料，可惜此书只见于清代黄虞稷《千顷堂书目》，作十五卷。而目前国内究竟有无传本，尚不得知。

吴大素，字季章，号松斋，元末会稽人。其生活年代约在至正十一年（1351年）前后若干年。能画山石、水仙，尤善画梅，日本尚存有他的作品《雪梅图》（44.0×73.0厘米，新潟，贞观园藏）、《松梅图》（149.9×93.9厘米，山梨，大泉寺藏）等幅。也是国内失传的画家。其《松斋梅谱》，日本亦有传本。其中关于牧谿一段，由日文译回，大意如下：

"僧法常，蜀人，号牧谿。喜画龙虎猿鹤，禽鸟山水，树石人物。不曾设色，多用蔗查、草结。又随笔点墨，意志简当，不费妆缀。松竹梅兰，不具形似；荷鹭芦雁，具有高致。一日造语伤（贾）似道，广捕之，避罪于越之丘氏家。所作甚多，唯三反帐（疑为三幅屏帐）是其绝品。后世变事释，圆寂于至元间。江南士大夫家至今存其遗迹，竹稍少，多芦雁等。今亦有赝本。遗像在武林长相寺，中有云'喜爱北山'"。

这段记载很重要，由此可以知道牧谿曾反对过卖国殃民的贾似道，遭到追捕，直到南宋灭亡，才敢出面。是一位不畏强暴的和尚。

他的画在元代即有赝本。所谓"三反帐",当系指三幅一堂画而言。

宋末元初,社会混乱,他的画大约因此丧失不少。但他在当时与日本来华学习佛法的僧人多有交往,例如他与日本"圣一国师"同是南宋高僧无准师范(1178—1249年)的"法嗣"。他的代表作观音像及猿、鹤图轴即是由圣一带回日本的。日本,能阿弥所编《君台观左右帐记》(见到张珩同志抄本《左帐记》),著录了牧谿画一百〇四件之多,对日本的画派影响很大,至有"画道大恩人"的说法。

牧谿画存于日本的还不少,多被定为"国宝"或"重要文化财"(简称"重文")。但以上述观音、猿、鹤图轴为代表作。现存于日本京都大德寺。《君台观左右帐记》著录的"大"幅画中"观音胁猿鹤",当即指此。所谓"三反帐",也是指这种三幅一堂画而言。

《猿图》(173.9×98.8厘米)立轴,绢本墨画淡彩[①]。

《白衣观音像》(172.4×98.8厘米)立轴,绢本墨画,观音跌坐旁之山石上有署款:"蜀僧法常谨制"六字。"法常"两字较小,其上盖有"牧谿"阳文印章。

《鹤图》(173.9×98.8厘米)立轴,绢本墨画淡彩。

这三幅画,我前年去日本时,大德寺主持曾特别取出观赏,同时看到的还有牧谿的《龙、虎图》。

---

① 著录均依日本便利堂所出《宋元の绘画》一书说明。日本其他著录,尺寸略有不同。

释道画往往有一定粉本或几种固定画法，世代相传，成为定型。而牧谿所作观音等三幅却能打破这种窠臼，独树风格。

　　跌坐白衣观音像，面容丰满，体态轻盈，风度自然，有类生人。发饰衣纹，山石草木，都是随意点染而成，没有造作的痕迹。

　　猿、鹤图，假若没有写生的基础，是很难画得如此生动的。猿为长臂白面，母子相依，坐在一棵缠着藤萝的老松树上。猿面只用四五笔开出，毛发蓬松，极具真实感。臂爪在茸毛中显露着肌肉柔劲、灵活。鹤正在竹林前漫步，意态闲适；仰首向天，似在唳鸣。——这两幅画完全脱离释道画色彩，是极为生动的中国水墨写生画。

　　这三幅画无论从流传情况及图画的本身来看，都是牧谿的真迹，是毫无疑问的。拿它来鉴别牧谿画的真伪也是最为可靠的依据。

　　《宋元の绘画》一书，印出牧谿画十三幅，计有：

　　　（22）　　　蚬子和尚图　牧谿笔
　　　（23）重文　罗汉图　　　牧谿笔
　　　（24）国宝　观音图　　　牧谿笔　　京都大德寺藏
　　　（69）国宝　猿鹤图　　　牧谿笔　　同上
　　　（72）重文　龙虎图　　　牧谿笔　　同上
　　　（73）　　　松树八哥图　牧谿笔
　　　（75）重文　芙蓉图　　　传牧谿笔　京都大德寺藏
　　　（114）国宝　渔村夕照图　传牧谿笔　东京根津美术馆藏
　　　（115）重文　平沙落雁图　传牧谿笔

（116）重文　远浦归帆图　传牧谿笔
（117）国宝　烟寺晚钟图　传牧谿笔

　　以上计11号，13幅作品。其中八件定为"牧谿笔"；五件定为"传牧谿笔"。我在日本时看到观音、猿、鹤、龙、虎等五幅。前三幅上面已经说过是真迹无疑。龙、虎两幅：龙图题作"龙兴而致云"，虎图题作"虎啸而风烈"。虎图有署款："咸淳己巳牧谿"，"谿"字作"溪"。画法较粗，疑《图绘宝鉴》所谓"粗恶"的，即指此类。或是牧谿早年有此一路风格。

　　龙、虎图，绢本墨画淡彩，其长宽各为147.7×94.0厘米。与另一幅罗汉图，绢本墨画，长宽为160×152.5厘米，画风很相近，且均经日本足利义蒲所藏，有他的藏印："天山"。这三幅是否原为一堂，也需进一步查考。

　　再从《宋元の绘画》图片上看其他二件：

　　（22）蚬子和尚图，只有牧谿图章款。上有黄闻题跋及"广闻印章"、"偃谿"、"起于涧东"等章。画法极为生动，画蚬子和尚故事，和尚一手挟抄网，一手拈一活虾，跳跃欲出。偃谿的题跋为：

　　　　"信手拈来，拖泥涉水；赃物现前，当面难讳。
　　若无神前酒台盘，终不脱酒家活计。
　　　　　　住冷泉黄闻题"

　　此一题跋，由左右行，南宋和尚画赞，常有此种题法。左上方有"牧谿"印章，这一印章与《观音图》印章初看似非一个；仔细看来，此为纸本，打印清楚，笔道较细；彼为绢本，印出较粗,似乎还是同一印章。当然还需看原件才能确定。

这幅画及偃豁题跋均佳。似为真迹。

(73) 松树八哥图,与猿、鹤图风格一致,笔法苍老,松树枝干及松针、松果,画得极为自然逼真。八哥虽比例较大,但神态极佳,"牧谿"印章亦好,亦系真迹。

其余山水、花卉,是否真迹,无从比较。

总之,牧谿画有他独创的风格,有人说他的画来源于石恪、梁楷,看来也不是一路。他是从写实的基础上来进行创作的。不论人物、禽兽、树木、花草,都有精细的观察,写来乃能生动,非一般模仿抄袭可比。

牧谿人品也可取,画史上应该有他的名字和著录他至今还存在的作品。

另外,日本现存中国释道画家的画,还有不少,多为宋、元时期的民间画家。如金大受、林庭珪、周季常、张思恭、陆信忠等。这些画家在中国画史上多不著录。其原因:过去编画史的人把民间画家作为画工、画匠看待,不能与文人画家比并;二来是这些人的画,多为日本来华求法的僧侣购去,国内可能流传很少。

例如金大受的画,在日本很受重视,称为"西京居士",实则系能阿弥所编《君台观左右帐记》断句有误,便一直延误下来。

金大受的落款为:"大宋,明州,车桥西,金大受笔"(断句把"西"字属下,弄成"西金居士"),这是民间职业画家传统的落款方式,带有广告的作用。

从北宋以后，一些民间释道画家，也随着政治上的分治，分为二支：一支流传在北方，一支则随着南宋的南渡，而在南方地区传播。在北方的一支，从现存实物情况看，它的中心可能在山西、河南一带。它一直绵延到明代（现存明代佛画中，有年代地点和画家姓名可考的以山西为最多）。就是在明代的佛画中也可以看到它还保存着一部分宋代法则。同时，可能由于地区的关系，这些画家，在明代以前，仍然是以画庙宇壁画为主的。南方的一支，从现存实物情况看，它的中心似在浙江，尽管同样继承着北宋释道画的传统，但是它已发展为卷轴画了。

这些民间职业画家，或者开有画铺，或者寄居寺院，专门画释道画，供寺庙作法事时或平常张挂。甚至可能有专做外销生意的。日本在1961年于东京国立博物馆展览中国宋元绘画时，曾展出有他们的作品，如：

1. 《释迦三尊像》，一幅，绢本着色，传张思恭笔。南宋。（133.0×82.3厘米），神奈川，建长寺藏。

2. 《释迦十大弟子像》，三幅，绢本着色，传张思恭笔。（中178.0×107.0厘米，左右139.4×74.4厘米），京都禅林寺藏。

3. 《五百罗汉图》，82幅之一，绢本着色。林庭珪、周季常笔。南宋。（111.8×53.6厘米）京都大德寺藏。有僧义熙题记："淳熙五年戊戌"（1178年）。

4. 《十六罗汉图》，10幅之一，绢本着色。日本人定为"西金居士笔"，东京原邦造氏藏。此画题款为："大宋，明州，车桥西，金大受笔"。

5.《十六罗汉像》，16 幅之一，绢本着色。陆信忠笔。（115.4×50.6 厘米）元代。京都相国寺藏。

从上述一些画看来，这批民间职业画家，活跃在南宋至元代的南方，专门从事佛画。他们大约存有北宋的佛画粉本，把多至五百罗汉的壁画本子，移到卷轴上。由壁画到卷轴，这是研究中国画史的一个空白的题目，而这批画正在这方面提供了重要的线索。

留在北方的一支，仍在画壁画，这从永乐宫的壁画中，可以看出一些门径。例如永乐宫壁画中有几处题记，一处在三清殿有两次题壁，举一以见：

"河南府洛京勾山马君祥长男马七待诏把作正殿

前面七间，东山四间，殿内斗心东面一半，正尊云气

五间。

泰定二年六月工笔（毕）。

门人王秀先、王二待诏、赵待诏、马十一待诏、马十二待诏、马十三待诏、范待诏、魏待诏、方待诏、赵待诏。"

这里看出民间艺人洛阳马君祥的儿子马七，带了十个徒弟到山西永乐宫画壁画。最近又在洛阳白马寺无意间发现了两块元朝小碑，一块大德十一年四月的碑正记着"大德三年召本府马君祥等庄绘，又费三百五十定（中统钞）"的事。由此得知白马寺大殿原也有壁画，现在保存着的三尊佛像及侍者，两旁的十八罗汉，都是元代塑像，可能也是这位民间艺人马君祥塑造的。这位马君祥是释、道画都会画的，所以佛寺、道观都请他们去装绘。他们继承着中国唐、宋壁画的传统，一直曼延到

致郑振铎等

西谛、文中、葱玉、孔才、昌方、天木诸兄及局中同志：

到莫[①]后曾有一电及一较详函致沈部长，不知已看到否？5日到此后，6日即开始点交展品工作，每日工作约九小时，经过三天，开箱登记工作完毕，一面进行印刷目录，西谛兄的序及古代分类说明，均作为学术文字登入两月刊之《艺术杂志》，因艺术杂志届时出一特刊，将有一百幅插图。目录另外印行，由我赶写一篇总说明，格鲁哈略娃写一篇介绍中国古代艺术的文字，彦涵写一篇近代艺术的文章，插图约30幅。

此次艺展，苏联十分重视，特列洽柯夫画廊是不易借出的，原先是拟在美术学院楼上，我去看了以后，觉得不够，经提出，由艺委会决定的。昨日商讨布置计划，特列洽柯夫画廊下面一层十七间大展览室全部借出，拟第一部分现代油画能表现今日中国者，然后按年代由史前至清（我们分类陈列计划，不适合他们习惯），最后又是现代木刻、年画、新国画，给人

[①] 指前苏联首都莫斯科。

以新中国印象结束。定于10月1日开幕，届时将发请帖两千份，预计4 000人，还要举行开幕仪式和剪彩。总之苏方是很隆重的来举行，此事若照联络局过去所定，派一个或两个人，那是很糟的。苏方是认为新中国成立后，第一次大规模的在苏联艺术展览。

待目录打出后，即办一正式协议书，展品交由特列洽柯夫画廊保管，双方签字。

开幕后始能开始参观节目，在艺委会开会时暂时决定在莫展览一个半月，然后在列宁格勒展览一个月，估计两处三个月，若不延长，我想等待完毕后一同回去，因参观也需要很多时间。

1．文化部汇来400美金，经由大使馆转我的，不知是给我们的生活费还是其他用途，请即问明告我。

2．在此需要零用钱，拟按立波等在此每日发12个卢布（每人），已与大使馆曾参事、周扬部长当面请示批准，还望与沈部长一谈，正式由部批准才好，这里已经由5日起借发了。

局中情况请见告，航信八天即可到此。

生活很好，但不大习惯。

3．现代手工艺品，不值得带回，望请示沈部长如何处理？

4．回去由满洲里到京之车运等费，也得事先清好，届时寄到满洲里外交部联络处转我以便取用。（以上请择要转呈沈部长，并能发新闻稿才好）

敬礼

　　　　　　　　　　　弟　王冶秋 1950年9月17日于莫斯科

致郑振铎并转局中同志

西谛局长并转局中同志：

　　展览会已于 1 日开幕，详情请见另稿（此稿系苏中央广播委员会中国部约请对中国的广播，已于今晚 8 时半录音，中国报纸若尚未转载，请即能交新华社发表，若新华社不能播全文，则分缮寄各报。请孔才兄或王毅一办）。展览会是花了很多钱，布置得富丽堂皇。参观人也很多，印象都很好。特列治柯夫画馆馆长今天向我说，平常他们每天有 1 500 人参观，自从"中国艺展"开幕，每天增加一倍，有 3 000 观众。现在我们每天上午仍去画馆办公，因为观众有许多问题，说明片还需更正检查，下午 3 时后开始参观。去列宁格勒否？尚未十分定。局中所需书籍，还未购买，因为天天没时间，工作完了回来，铺子又关了门。两天后可开始购买。

　　现有数事请分别费神代办：

　　1. 俄文版目录已出版，艺委会送了 100 本，我又买了 100 本，10 个卢布一本，用去 1 000 卢布，算文物局买的，还是算部里买的，还未定。明天先寄五本到局一看，过些天艺术杂志就要出版，恐也需 10 卢布一本，文物局是否也购 100 本，部里要不要？请即复示。两种都算文物局买，则需付出 2 000 卢布，购书钱就2 000卢布了。恐买不到什么东西，我还想买点博物馆用的仪器之类的东西。特列洽柯夫画廊不久就要举行1950年艺展，听说有些以中国为题材的，有毛主席斯大林会见的，我想要有十分好的，拟请原作者临几幅，以备革命博物馆之用，似此就需钱甚多，请考虑。若认为必要，则需请外汇寄来。我认为中国油画太差了，若弄去四五幅像样的，对于中国画家是有很大教育作用的。他们的一幅作品，真是不苟且。不过现在还未打听价钱，恐需5 000至10 000卢布。请酌量办理。

2. 我等在此之零用费，现按每人每天12个卢布发，1个月就是1 800卢布，还有许多意外的花费，长期住在这里及长期在画馆办公，走时都需给小费，也需要很多钱，假若再去列宁格勒，则文化部带来之7 500卢布，实不够用，望能再向部交涉，即请外汇美金800元或1 000元，寄此备用。可先不取，万一可以不用，用美金存银行，听说还可退回本国，卢布就无办法退回了，但也可供后来的人用。请向部交涉。

3. 文化部前寄来一笔美金至大使馆交我者，不知何种用途，戈宝权说系文化部买书的，若是，请部即将书单开来（北京买不到的才买，否则，太划不来）。

4. 最近若有人来，能带东西，则希望考虑可否将故宫各种花样的较好绸缎带10匹或20匹来，以备向各博物馆交换出版或复制品之用，因为博物馆出的书很难买到，多是战前出版物，博物馆之售书处也不卖了，所以只有用交换的办法。请考虑。

5. 革命博物馆之经费想有剩余，我的意思，是拿出一笔钱来，向可靠的画家，的确能不苟且的担任作画，或雕塑的人（思想上技术上可靠者），指定题目范围，请他们作画或雕塑，定出贷款合同，说明将来要经过评选决定入选与否？（苏联博物馆大都是向美协或画家定画，自己没有美术工作室及画家雕塑家，所以革命博物馆不必再请美术家）

6．此次展品油画及年画、木刻、艺术照片、新国画，拟全部（后四种）或部分（油画）购入革命博物馆，以备将来之用。此事需与部商讨，请艺术局或美协能提出一收购办法，将来运回时即不再分散，因为征集一次是很难的。盼与沈部长商讨决定。上述之件因此次展览部中已经付钱购买了的，则可由部决定拨交革命博物馆；未付款购买的，则由革命博物馆付款。

以上是想到的一些事，很琐碎，兄若无暇可请孔才兄、王毅同志办理。

此外还有一件小事拜托，就是我的母亲可能来了，一切尚请照顾。

　　　　此致
敬礼

弟　王冶秋 1950 年 10 月 5 日

兹先寄去目录三本，部寄两本，明后日再寄 50 本到部。

以上有需呈报者，请孔才兄择要代为报部，我就不再写信给沈部长了。

又及

致 钱 俊 瑞

钱部长：

送去访苏简报，请阅批。

关于写总结需时三周的问题，乍看也许太长，但若仔细了解一下，也许就会知道并不是故意拖延时间，而是有实际困难。

1. 此次去系专业学习，不是一般的参观或演出，总结比较难写。

2. 这次去一个月时间，参观了 47 个有关博物馆单位，大小座谈会在 40 次以上（其中有八天整天开座谈会，开了 13 次）。而翻译带去的一人，不解决问题，有许多东西翻不出。在莫斯科和列宁城又临时请了两位中国留学生当翻译，虽然程度比较好，但对博物馆专业不懂。因此我们的记录需要趁着目前还有些印象的期间，整出一份比较可靠的记录，虽然在车上分两组对了一遍，但只作了记号，颠簸太甚，无法誊抄，所以从 15 日起直到今天上午，才将记录对出一份比较可靠的，正在分头在三个博物馆中打印，明天可能打齐，打齐以后才能应用写总结。大纲及写法已初步拟出,准备先写一个全面的、比较概括的工作报告,然后分别按不同性质的馆分为四大类,分头写出小结及附上各馆座谈及参观记录,经过部里审查以后,可以印行发到各馆。原来年度计划在 11 月召开一次各地志博物馆的馆长会,在山东开,因山东地志博物馆 10 月份可以全部搞出,届时可以在这个会上报告。因此时间两周是无论如何搞不出来的。若是马虎的搞,或者放下将来搞,从长远利益着想,都是有损失的。因为这次学习,在苏联方面是尽了大力来帮助我们的,而且非常重视。这次安排专业学习,对中国博物馆事业能有根本性的一些帮助。对外文协主席、副主席、俄共和国文化部正副部长一再问到这事,我以为必需认真地来总结一下。

3. 关于我个人的工作,陈部长已有指示,除总结外,要我把招待外宾的工作担任起来,我已按他指示作了,并对故宫等单位国庆节前后招待外宾工作做了布置,还写了报告。此外,对要出国的两个展览进行审查,其中一个也写了报告到党组,所以我目前也并非完全脱产搞总结。

以上意见,不见得对,请你再考虑批示。

王冶秋 1955 年 9 月 22 日

对外文协主席、副主席、东方部主任、玛沙、郎志阔等人都托我问候你。

我想还是应当告诉你,我自参观一半时,因太累,又写了一篇稿子,又吐了血,直到现在,近几天又吐得多了。但是我相信还可以支持下去,未向党组报告。

　　此件谨供你了解情况,有何指示,批在后面打字的报告上即可,并请能向几位部长口头说明一下。请能即批,以便布置。

致钱俊瑞、夏衍

钱、夏部长：

　　来西安后，已看了一些地方。今天陈毅副总理去看了半坡遗址及考古所工作站的陈列室，他有一些指示。特报告，请考虑：

　　一、他指示：要搞一个很好的博物馆，将遗址全部放在里面，搞玻璃房子，搞好一些。明年 4 月全国考古会议时，将有一二十个国家代表来，到时候这个博物馆开幕。

　　我因已与省文化局及赵省长都谈过，他们都很愿搞，但没有经费。赵省长希望中央能拨 30 万元把这个博物馆搞起来，但省文化局只能筹出 4 万元。我将此情形，向陈副总理报告，他说："国务院可以拨款，挖西湖国务院还拨了 100 多万元，这里是世界一大发现，应该搞一个很好的博物馆。"

　　当时省委书记也在，他说，希望国务院拨专款，省里今年经费很紧，筹不出。

　　此事，我未来前曾向财务方面打听过，谈根本不能下拨款。我与郑部长商议有三种办法，请考虑。

1．根据陈副总理指示请求国务院拨专款，约三四十万元。

2．请科学院拨专款，作为西安考古站的附属博物馆，将来此馆即由科学院领导。

3．文化部设法拨专款，作为中央直属的一个专馆。将来建成后，委托陕西省代管。

以上三种办法，如都做不到，则即由陕西省文化局以四五万元建一临时草棚，将遗址罩上，另搞两三间小陈列室及住人看守说明。但此种建筑，怕明年4月考古会议时，因外宾来得多，且其中有资本主义国家代表，恐临时又须重新盖，则此四五万元可能被浪费。

总之，此一遗址，必须即加保护。现在每次来人，即将填土取出，参观人走了又将土填上，每次均有损失。有时有几千人参观（陕西党校）。许多地方都搞坏了。

再有，若遇见大雨，可能全部破坏。

如何办理，请能即加决定，电告陕西省文化局。

二、我三天后可能去延安，需五六日返回，然后去山东等地。

三、丰镐遗址问题，基本上已解决。省已开会决定不在遗址取土，迁厂还有问题。

此致

敬礼

王冶秋

1956.3.20

致钱俊瑞、夏衍并转周扬

党组钱、夏副部长并转
周扬副部长：

15日中宣部开会以后，16日我即全部"脱产"去革命博物馆办公[①]，并带了局内博物处副处长于坚同志去担任秘书，根据周扬部长指示，这个办公室的任务是解决革命、历史两馆陈列；为着陈列的调干；征集文物，三件大事，几日来进展情况如下：

一、革命、历史两馆陈列要点已初步拟出，革命博物馆的陈列要点，系由田家英同志召集会议，然后分别包干拟出的（田家英同志包旧民主主义部分；李践为、缪楚黄、张君三同志包新民主主义部分；王宗一同志包社会主义部分；王冶秋包中央大厅）；历史博物馆的陈列要点，系由历史博物馆写出，由尹达同志组织人审定的。由于分别包干，写法不一，最后无人汇总。我则对党史、历史，毫无研究。无法也不敢加以改动，因此还需开会研究，加以修改才能报中央。此事请部长们

---

① 1959年1月15日，中共中央宣传部讨论中国革命博物馆和中国历史博物馆的筹建问题，根据周扬的建议，决定成立以王冶秋为主任的两馆筹建小组办公室。

抓紧进行，否则其他工作不好全部进行，影响甚大。

二、调干，由高级党校等地可调到十个人，但直到现在，还没有一个人来到，近代史所的需要3月份才能调来，这一批研究人员不能早来，陈列计划则很难拟出，影响整个制作。另外从全国各博物馆、革命纪念馆拟调30人左右，可以参加具体的设计工作，也可以当做一个训练班。一方面解决两馆目前人力不足，一方面也借此给地方培养一批骨干，已报请部里发文，要求2月5日报到，6月15日结束。

三、征集文物，革命博物馆向全国约调集文物文献4 000件，目录已开出。且有千件左右已到手，拟再请中宣部向各地党委指名调，估计问题不大。

历史博物馆过去出去征集，思想不对头，想借此机会把库藏也解决，以20万件作为奋斗目标，闹得各省意见甚多，至今弄成僵局，各省等待中央决定。前拟党组报中宣部稿，不知发出没有？我们希望一面中宣部批发部党组的文，一面要让历史博物馆，根据今年陈列必需的展品，开出目录，大大减少数目（我估计最多只需从地方调二万件），革命博物馆则认真查对一下藏品有纯属地方性质的文物资料，最好交还地方一批，这样或者可以把问题解决，但是若在2月份展品还不能到手，也就影响整个陈列计划。

以下把我想到的根本性问题报请考虑解决：

（一）两馆业务领导关系问题

我认为不论从今年的陈列任务和将来不断提高陈列质量来说，都必需解决这个领导关系问题，否则枝枝节节请人临时帮忙，是不能解决根本问题的。我的具体意见，可否请中央宣传部考虑，历史博物馆的业务领导，明确由科学院历史所来领导，革命博物馆暂由高级党校来领导（若成立党史研究所，则由党史研究所领导）。这样科学院及高级党校党组也就会认真考虑这个问题，也就会列入计划，担起这个任务，干部问题也易于解决。行政领导仍由北京市文化局负责。

（二）两馆馆长及主要业务领导骨干，是否也请即加考虑，正式任命，业务骨干也正式调来（不是目前的帮忙性质），这样就可以早日上轨道，干部也可作长期打算，事情才可以落实，否则我看有落空的可能。我个人意见，历史博物馆是否可请尹达同志兼任，革命博物馆由杨献珍同志兼任，下边骨干由他们推荐调来。

（三）两馆分别聘定专门委员若干人，包括一些省的专家和文物工作的负责人，以便搞具体陈列计划时提供意见，及补充重要展品。

（四）目前的办公室需改组，因为事情杂乱，把可以做研究工作的人员放在办公室是不妥当的。另有报告。

（五）最后一项意见，也是最重要的一条意见，今年这两个馆任务重，时间紧，尤其是革命博物馆，关系整个党史，工作又牵连到各个方面。我以为最好由党中央派员主持，才能保证陈列质量，及各方面得到支援；否则也需有部长亲自脱产主持这个工作，不然，这样大的事情，是很难搞好的。

以上意见，是否有当，请考虑批示。

王冶秋

1959 年 1 月 24 日夜

复中共嘉兴县委员会

嘉兴县党的委员会：

一、关于南湖开会船型的问题，已请示董老，他的答复是：

（一）事情已经距这近四十年了，要想对当时各种情况都得确切是不可能的。如船的样式、窗帘的颜色、桌凳的方圆等，总的来说一二三几条我是记不得了。

（二）船的样式，你们找了当地造船的，驾船的，旅馆老工人座谈，这是一个好办法。看那时候1921年嘉兴南湖的游船是一种什么样式，我们坐的船一定是普通的形式，决不会是特殊样式，因为是秘密会，怕人注目。

（三）记得有两点：一，那天是两只船，不是一只船；二，大会是在船上结束的，那么"一大"的决议，党章，成立中央机构，可能是在南湖船上通过的。

二、建筑问题：

（一）船坞今年可以不修，待船入水以后经过一二年，大家看了没什么意见，再修船坞，为妥当。请考虑。

（二）船的设置地点，可以即在烟雨楼东南方的湖心，先用锚固定。

（三）陈列室最好采取南北向，要注意多留墙面，注意防潮设备，其余由地方审查决定。

王冶秋
1959 年 6 月 12 日

致夏衍、徐平羽
并党组转文委、外办

夏、徐部长并党组转文委、外办：

展览会经过紧张布置已于8月30日午后1时在白木屋开幕，参加开幕仪式的约四五百人。由读卖新闻老板正力松太郎剪彩。这是中岛[①]先生第一次见面就说过，他们要考虑请老的资望高的来剪彩。此人掌握读卖新闻及读卖电视，而且轻易不出来的。

日共中央野坂参三、夸田里见等都来了，还有松村谦三、片三哲、平野义太郎、铃木一雄、南原繁、出口荣二（大本教的"总长"）、大河内隆弘（和尚），还有学术界著名人士如原田淑人、龟井一太郎、田中一松（国立文化财研究所所长）等，还有到过中国的一些代表团的团长和人员，还有新闻界人士。

大家参观后举行酒会，反映很强烈，交谈应接不暇。

一、一致认为展览会规模大，布置好，出于意料之外。

---

① 日中文化交流协会主席中岛健藏。

二、各方面人士都可以来看，接触面广（日中友协负责人就说开幕及参加酒会的人，包括政界、经济界、学术界著名人士，他们平常很难接触到的，对他们今后工作有好处。象这样的聚会，东京这些年是少有的，左中右聚集一堂），从中可以了解中国革命、建设中还注意保存历史文化遗产，对他们是很难想象的。松村谦三见面时就说：革命是要破坏的，你们却保护了文化遗物，他又说，有人说中国把一些文化遗产破坏了，你们这个展览，正好给他们以驳斥。

三、美术家们表示，现在日本一些美术家谈起美术，就是西洋美术，把东方美术忘了，这个展览可以改变他们的观点，认识东方美术的伟大。

四、一些老人及考古家都强调，中国文化是日本文化的恩人。正力松太郎在剪彩前谈话中特别强调这点。考古家们认为展览可以看出两国文化的关系，中国文化对日本文化的影响。

五、陶瓷界人士说，世界元代陶瓷只存有100多件，这次就拿出22件，是无价之宝，难得的欣赏机会。

六、刺激日本人民要保存民族文化传统，反抗美国文化的侵入。现在美国黄色文化，黑色文化（如抢劫、杀人等影片每天在电视中放）在日本泛滥，毒害青年，一家人不能在一块看电视。

总之，这个展览是可以取得成功的。

另外，有几个问题请示（有便人可带信来，如艺术团，现艺术团的票已全部售完）。

一、神彰① 提出合同本为六个月，到 1964 年 2 月底期满，他要再延长一个月，到 3 月底结束。我根据廖公② 指示可以延长或缩短。我答以若是不再往下延长，可以同意。现在决定在名古屋、仓敷（尼龙成套设备的厂子所在地）、京都、福冈加上东京五个地方展出。

二、神彰已两次提出要搞古代美术展，我答以需与日中文化交流协会及带意见回国，与有关方面商量再定。前天已与白土③ 谈此事，告以古代美术及出土文物都不好搞，将来可以考虑明清绘画展及碑刻拓片展（日本书道盛行，书道联合会据说有 20 万人），但哪一方面提出都不把话说死，也不说可以搞什么展，一切待中岛 12 月去北京谈明年交流计划时再谈。

三、神彰提出，这次展品中国代垫的由北京到东京的保险费（单程）77 万日元太贵了，他在这里与日本保险公司谈由天津到东京及各地展出七个月再送回，一共才要 55 万日元，他问是否算错了。他的意思是想要求减少，请文委展工室考虑后答复（见附件）。

四、为了瓷器的安全，尤其是要走几个地方，下上极易损毁，临走很急，只配了三四个匣囊，其余都无匣囊，只用纸包，很危险。我们已提出作匣囊，而神彰至今未答复，大约怕花钱。我想为了瓷器不受损失，此款是否即由我们出？

五、临走时举行告别酒会，原定 100 人的计划，看现在各

---

① 日本友人。
② 廖承志。
③ 日中友协秘书长白土吾夫。

方面接触情况及一些参加工作人员的辛苦劳动（白木屋这次作了最大的努力，也花了很多钱，现场保卫人员就是 40 人）。恐怕临走都要招待一下为好，拟扩大到二三百人，可否，请指示。必要时需分两次（一次一些知名人士，一次参加工作的人员及华侨）。

六、日本文化财（即中国的文物局、文物博物馆研究所）正在修复大谷寺石窟，用树脂处理风化，我们已去参观，很好。我们云岗可以用此办法，但什么树脂配方，可能不给。他们说了一两种街上可以买到的树脂，我们拟购一二公斤树脂作试验，需用外汇，可否，请告（数目不大）。此外，日本出版的关于中国的考古书籍（难得的）及一些重要文物，想请他们照照片，也需要用些外汇，可否购一些？

按合同日方每人每日给 2 000 日元零用费，全部交出。神彰给此款时又打了算盘，只给 9 月 1 号开幕以后一个月的，其余不给了。此事我们只告诉了白土，未向神彰表示什么。上述四、六两项款是否可以从此外币中开支？便中请告。

我们明天有一个 400 人报告会。文化学术界人士，后天参观。4 号即去名古屋、京都、奈良等地参观，18 日返东京参加闭幕。然后再在东京访问朋友及参观，9 月底或 10 月初即可回国。

昨日读卖新闻发表开幕消息时，用引号说我讲话中说"由于正力松太郎的努力，壁画得以展出……"，我昨天见报后即电话告知白土吾夫，请他考虑是否要处理，并如何处理。读卖大约故意这样来抬高正力松太郎。

总之，情况复杂，我们谨慎从事，还未出什么问题。

特报告如上。

王冶秋
1963.9.1

1. 会场布置效果很好，减少了（15）幅

2. 关于道教、元朝的问题，问了中岛先生及一些人，都认为没有问题。

办后原件退文物局，以便将来总结参考。

又及

致姜德明

德明同志：

  几次打电话给你，都没找到你，书早收到。好久没看见这类书了，看后高兴异常，送了些给爱好者，也都一致称赞，认为若是公开出版，几万册会一抢而光的。

  今天得来信，正值靖华同志在此，我们谈了一下，想再版前，若能三五个人再商量一下，能增加一些篇幅才好。

  一、前边语录字体是否就是"黑体"字？感觉不够鲜明突出，排的也太挤。

  二、鲁迅手迹，靖华主张用一篇完整的信或者索性用一首鲁迅自书诗。

  三、鲁迅讲过，《答徐懋庸信》发表时忘记将徐的来信低两格排，便宜了他！（大意如此）这次再版，需要把徐信低两格文字排，其他是否有类似处要改排？

  四、这本书设计朴素大方，十分可爱，鲁迅很注意插图，不知再版时可否加插一两页？插什么，可以大家考虑。

  五、文章是否还增几篇，工农兵容易看懂的，如《记念刘和珍君》、《为了忘却的纪念》、《忆韦素园君》等，现在这些杂文，不注释实难看懂，就是注了，能否看懂？最好找工农兵座谈座谈。有人说出《鲁迅全集》要出白文，乃成定本，实在荒唐。又不出书信，实不知是何居心？别人费了心血搞了注，又说是"红卫兵语言"。我同几个人看了注，觉得注得很好，自觉水平太低，看不出有什么"红卫兵语言"也！

书信似可再增几封，最近从香港找到的是否已收到？

早期给韦素园信，最后一封，有"无论如何，将来总归是我们的"的话，此信写于1931年，可见鲁迅的坚定的信念，终归实现。

六、我有一个大计划，可惜不见得能实现。拟将鲁迅所有手稿、墨迹、书信都影印出版。过去文物出版社曾有出二十大本的计划，广平先生并写了序言，那时因有阎王殿，不可能实现，故改用选集出了三本（？），现在全国各地手稿若影印出，对于原稿可不再翻动，无论从备战或普遍能看到手稿都是大好事，可惜现在文物出版社已拆得七零八落，实现这一计划还须作很大努力，希望能大家想出办法来，请中央领导同志批准。北图就有鲁迅手稿800页，抄得十分整齐，是鲁迅亲自抄写的，去年竟在一个破庙中"战备"，潮湿、虫蛀，马上抽出放在北图的保险柜中作为特藏，但这些只是藏起来总不是办法。想最近能向全国图书馆、博物馆发一文，调查一下鲁迅手稿墨迹情况，但能否实现，也是问题。

改日再面谈吧！

此致

敬礼

王冶秋
1971.10.31 深夜

后　记

　　国家文物局新任局长张文彬同志到任不久，就接受建议，决定由谢辰生、彭卿云同志主持编辑出版《王冶秋文博文集》，以纪念冶秋同志逝世十周年。经研究，这个任务交由党史资料征集办公室来完成。我们党史资料征集办公室的几位同志，大都是从 50 年代起就在王冶秋同志领导下工作，对他一向深怀景仰之情，当然十分高兴接受这一任务。

　　1995 年由国家文物局主持编辑出版了《回忆王冶秋》，《王冶秋文博文集》是继《回忆王冶秋》之后出版的王冶秋同志的个人著述。王冶秋同志在从事文物博物馆工作期间，作过很多报告和讲话。他经常深入基层，足迹遍及全国古迹名胜和革命遗址。他利用考察工作之余，写下了不少文章和诗篇。这些文章和诗篇有的散见于报刊杂志，有的已汇编成册出版，有一部分报告和讲话的原稿保存在历史档案之中。我们一方面走访与王冶秋同志共事过多年的老同志，请他们提供线索；一方面查阅资料进行收集。除了查阅历年见诸报刊的文章之外，还查阅了文化部、国家文物局有关档案，对凡是有王冶秋同志亲自起草的报告、记录、讲话等都进行了复印、整理和编目。在编辑过程中，我们为作者对祖国文博事业的执着不渝的精神而深深感动；同时也为他的渊博学识而衷心折服；更对他在新中国成立前不平凡的革命斗争经历而深表敬意。本书将他从1949年建国初期起到1987年与文博事业有关的文章汇集起来，编成这本《王冶秋文博文集》。

《王冶秋文博文集》共收入文章73篇，有论文、讲话、散文、诗和书信，还收有《北京琉璃厂史话》专著，基本按写作时间次序编排，个别文章按内容适当予以集中。

本书在编辑过程中，文化部档案处为我们查询资料提供了方便；国家文物局办公室为我们完成任务给予了支持；一些老同志不辞辛劳前来参加座谈讨论，对本书的编辑提供了许多建设性的意见。参加座谈会的有（以姓氏笔划为序）王宏钧、卢少忱、吕济民、何国基、沈竹、姜德明、彭卿云、谢辰生、嵇春生等同志。罗哲文同志和王冶秋同志的家属及中国革命博物馆为本书提供了照片。在此，一并致以诚挚的谢忱。

参加本书编辑的有（以姓氏笔划为序）：王醒亚、白浪、白理文、叶淑穗、乔宏立、李亚珍、宋惕冰、季国平、鲁秀芳。

国家文物局党史资料征集办公室
1997年4月12日

(京) 新登字 056 号

封面设计　仇德虎
责任编辑　马志卿

王 冶 秋 文 博 文 集

国家文物局　编

*

文物出版社出版发行
(北京五四大街 29 号)
北京美通印刷厂印刷
新 华 书 店 经 销

850×1168　1/32 开　印张: 19.625
1997 年 9 月第一版　1997 年 9 月第一次印刷
ISBN 7-5010-0960-0/G·80　定价: 60.00 元